Filosofia Clássica

Dados Internacionais de Catalogação na Publicação (CIP)
(Câmara Brasileira do Livro, SP, Brasil)

Adamson, Peter
Filosofia clássica / Peter Adamson ; tradução Luiz Paulo Rouanet. – Petrópolis, RJ : Vozes, 2025.

Título original: Classical philosophy

1ª reimpressão, 2025.

ISBN 978-85-326-7170-7

1. Filosofia 2. Filosofia grega antiga I. Título.

25-257199 CDD-180

Índices para catálogo sistemático:
1. Filosofia grega antiga 180

Eliane de Freitas Leite – Bibliotecária – CRB-8/8415

PETER ADAMSON

Filosofia Clássica

Tradução de Luiz Paulo Rouanet
Revisão técnica de Israel Vilas Bôas

EDITORA VOZES
Petrópolis

Esta obra foi publicada originalmente em inglês no ano de 2014. A presente tradução é publicada mediante acordo com a Oxford University Press. A Editora Vozes é a única responsável por esta tradução e a Oxford University Press não se responsabiliza por qualquer erro, omissão ou informações imprecisas ou ambíguas eventualmente encontradas ou por qualquer perda causada pela confiança nela depositada.

Tradução do original em inglês intitulado
Classical Philosophy - A history of philosophy without and gaps - Vol. 1

Direitos de publicação em língua portuguesa - Brasil:
2025, Editora Vozes Ltda.
Rua Frei Luís, 100
25689-900 Petrópolis, RJ
www.vozes.com.br
Brasil

Editoração: Israel Vilas Bôas
Diagramação: Guilherme Ayres
Revisão gráfica: Nilton Braz da Rocha / Fernando Sergio Olivetti da Rocha
Capa: Pedro de Oliveira
Ilustração de capa: *A escola de Platão*, 1797. Friedrich G. Weitsch.
ISBN 978-85-326-7170-7 (Brasil)
ISBN 978-0-19-967453-4 (Reino Unido)

Este livro foi composto e impresso pela Editora Vozes Ltda.

Para Johanna e Sophia

Sumário

PARTE III
ARISTÓTELES

PREFÁCIO

Escrevi este livro por causa de dores nas costas. Não somente por esta razão, é evidente. As dores nas costas, contudo, contribuíram de maneira significativa. Elas me levaram a tentar entrar em forma por intermédio da prática da corrida. O problema com correr, sobretudo com fazer isso todos os dias na mesma vizinhança (ou se você vive em Londres, como eu vivia então, "arredores"), é que fica enfadonho. Em busca de diversão, descobri os *podcasts*. Trata-se basicamente de programas radiofônicos cujo acesso dá-se pela internet e proporcionam excelente distração durante os exercícios físicos. Por ser de natureza um tanto quanto filosófica, como já devem ter suspeitado, comecei a ouvir vários acerca do tema que eram ótimos. Mas me chamou a atenção que não havia séries de *podcasts* que cobriam a filosofia de uma perspectiva histórica e que contavam a história da filosofia em ordem cronológica, da maneira que outros programas haviam tratado de tópicos como a Roma antiga. Por ser historiador da filosofia, considerei que uma série dessa natureza seria proveitosa. Formaria uma narrativa contínua, e não deixaria nada de fora. Abarcaria a história da filosofia desde seu início e, para usar uma expressão de meu estimado colega Richard Sorabji, "sem nenhuma lacuna".

E o resto, em vários sentidos da palavra, é história. O *podcast* foi lançado no outono de 2010 e ainda continua firme, de modo que cobriu toda a filosofia antiga e agora a tradição filosófica do mundo islâmico. Embora a versão do *podcast* inclua episódios com especialistas em vários tópicos, o núcleo da série foi composto por muitos roteiros. Os roteiros de filosofia clássica formam a base do livro que você tem em suas mãos, o qual é revisado para este novo formato. É o primeiro de vários volumes planejados que oferecerão uma história contínua da filosofia, que se distinguirá por dar atenção a figuras e a movimentos menos comumente explorados. Neste volume, cobri vários tópicos que você não esperaria encontrar nem mesmo se estudasse filosofia de maneira intensa em nível universitário: alguns dos diálogos menos populares de Platão, por exemplo, e o *corpus* hipocrático. Isto ficará ainda mais evidente no próximo volume, quando examinarei movimentos relativamente obscuros na filosofia helenística, qual os cirenaicos. Espero ter conseguido não apenas incluir esses tópicos "menores", mas torná-los acessíveis para um número maior de leitores, bem como mostrar seu interesse histórico e filosófico. Meu objetivo nesta série de livros, portanto, é contar *toda* a história da filosofia de uma maneira divertida, porém sem simplificá-la de maneira excessiva.

Nós, filósofos, gostamos de definir nossos termos antes de começar; assim, permitam-me explicar o que entendo quando me refiro a "toda a história da filosofia". Comecemos com a palavra "toda". Em última instância, minha esperança é que a série lide não somente com a filosofia "ocidental" (para usar uma designação que não aprecio particularmente), mas também com as tradições filosóficas da Índia e da China. Como já mencionado, a filosofia no mundo islâmico, assunto que me é particularmente caro, também será abrangida. Mas, é claro, o lidar com qualquer uma dessas tradições "sem nenhuma lacuna" está condenado a permanecer mais uma aspiração do que uma promessa. Alguns leitores podem, por vezes, sentir que deixei de fora uma figura ou ideia que merecesse menção ou mesmo uma discussão mais extensa. O propósito de uma história cronologicamente contínua da filosofia consiste em evitar que se salte de um ponto culminante a outro, procedimento adotado por numerosos cursos universitários de história da filosofia – nos quais se passa diretamente, por exemplo, de Aristóteles a Descartes, num salto de dois mil anos. Em vez disso, desejo mostrar como cada pensador se apoiou naqueles que vieram antes, ao mesmo tempo em que apontaram para novas direções.

Isto me conduz à palavra "história". Obviamente, a história da filosofia não é como outras áreas da história. Não se preocupa tanto com acontecimentos, quando e por que ocorreram, e que pessoas importantes estiveram envolvidas. Nem é o tipo de história que retrata outra época, talvez centrando-se em pessoas que não eram tão importantes – camponeses, em lugar de potentados. Por outro lado, o historiador da filosofia não pode ignorar tais coisas. Veremos que forças políticas, sociais e religiosas estavam muito ligadas à maneira pela qual a filosofia progrediu, e mesmo com o fato de que a filosofia existisse de todo. Trata-se de um fato óbvio, mas facilmente negligenciado: a filosofia ocorre somente em uma sociedade que possa produzir filósofos. Usualmente, isto significou que a filosofia ocorreu em estreita proximidade com a riqueza e com o poder. É ingênuo pensar que a filosofia possa ser praticada, e preservada, sem algum grau de estabilidade e apoio econômico e político. Porém, é cínico pensar que a filosofia não seja senão expressão de poder político e econômico.

Para o período que estudaremos neste volume, forças históricas não só ajudaram a determinar quem eram os filósofos e o que pensavam. Também determinaram se suas ideias nos alcançariam e como tais ideias chegariam até nós. Ora, na maior parte do tempo entre os antigos gregos e nós mesmos foi com extremo labor e, portanto, demasiado dispendioso, transmitir escritos filosóficos: eles tinham de ser copiados manualmente. Só sabemos acerca da filosofia grega antiga graças a manuscritos escritos no período medieval – um "manuscrito" sendo, como a palavra diz à risca, um texto que é escrito à mão. Para que pudéssemos ler as primeiras obras de filosofia da tradição ocidental, os textos precisaram ser copiados e recopiados ao longo de muitas gerações. Mesmo esse processo só nos forneceu acesso direto às ideias apresentadas no século VI a.C., por um homem que tem alguma chance de ser o primeiro filósofo, e que, de qualquer modo, será o primeiro pensador a ser tratado neste volume: Tales de Mileto.

Mas antes de tratarmos dele, cabem algumas observações quanto à última palavra no título "história da filosofia" (suponho que vocês não tenham problemas com a palavra "da"). A pergunta acerca do que é a "filosofia", é claro, é ela própria uma pergunta filosófica. É uma pergunta que foi respondida de maneiras diferentes em diferentes épocas. Segundo se verá, a concepção antiga de filosofia era muito mais ampla do que a atual, pois abrangia numerosas disciplinas que hoje são consideradas ciências. Logo, este livro contém, por exemplo, capítulos quanto a como a tradição médica se relacionou com a filosofia, e acerca das contribuições de Aristóteles para a zoologia. Isto também faz parte do que entendo ao contar a história da filosofia sem nenhuma lacuna. Ademais, a melhor maneira pela qual posso dizer a você o que a filosofia é, ou foi em várias épocas no passado, é o convite à leitura deste livro e dos volumes subsequentes na ordem em que aparecem – mas não se deter aí. Minha esperança é estimular o apetite pela filosofia antiga, bem como inspirar a leitura (ou releitura) de Platão, de Aristóteles e dos demais. No final do livro aconselhei algumas leituras adicionais, nas quais recomendo um pouco de literatura acadêmica. Não obstante, gostaria muito mais que você prosseguisse e lesse as obras desses antigos pensadores. Você pode pensar neste volume, de fato, como um guia para um país estrangeiro. É provável que não leria um guia para Munique sem ter a intenção de visitar essa cidade. Do mesmo modo, este volume visa a ser um guia e um convite para aqueles que desejam explorar a história da filosofia sem nenhuma lacuna.

AGRADECIMENTOS

Este livro e a série de *podcast* na qual se baseia foram apoiados por uma série de benfeitores. Os *podcasts* receberam apoio financeiro do King's College, em Londres, do Leverhulme Trust, e, mais recentemente, da LMU [Ludwig Maximilian University], em Munique. Vários amigos e colegas também apareceram na série para entrevistas; os convidados que falaram acerca da filosofia grega clássica foram Hugh Benson, Fiona Leigh, M. M. McCabe, Malcolm Schofield, Dominic Scott, Frisbee Sheffield, Richard Sorabji e Raphael Woolf. Eu encorajaria o leitor a ouvir as entrevistas, as quais fornecem uma gama de perspectivas a respeito desse material adicional ou alternativo aos que apresento neste livro. As entrevistas estão disponíveis em www.historyofphilosophy.net

Agradecimentos especiais cabem a um leitor anônimo para a OUP (Oxford University Press), e a Dirk Baltzly e Fiona Leigh, os quais fizeram comentários extremamente úteis ao manuscrito. O *Sofista* de Platão foi tratado na série de *podcasts* por meio de uma entrevista com Fiona Leigh. Deixo meus agradecimentos a ela por me persuadir a escrever um novo capítulo a respeito do *Sofista* para a versão em livro, e, de modo similar, a Sandrine Berges por sugerir a ideia de acrescentar um capítulo acerca das mulheres na filosofia antiga.

Também sou grato às seguintes pessoas que me ajudaram enormemente com a produção dos *podcasts*, do livro ou de ambos: Fay Edwards, Stefan Hagel, Hugh Havranek, Falk Hilber, Andreas Lammer, Dominik Lehmann, Rory O'Connell, Richard Palmer, Julien Rimmer, Ian Rossenrode e Brett Trewern. Também recebi comentários de apoio e com críticas construtivas de muitos ouvintes do *podcast*. Agradecimentos também são devidos a Peter Momtchiloff, da Oxford University Press, por seus encorajamentos para produzir este livro, bem como a Jeff New por sua ajuda com a edição. Devo mencionar ainda a atmosfera de constante estímulo para o estudo da filosofia antiga de que eu tive a felicidade de usufruir, primeiro, em minha primeira casa em Londres, e hoje, na LMU, em Munique. Há muitas pessoas a mencionar a esse respeito, mas em relação a Londres devo pelo menos mencionar uma vez mais Fiona Leigh, M. M. McCabe, Frisbee Sheffield, Richard Sorabji e Raphael Woolf, assim como Charles Burnett, Ursual Coope, Verity Harte, John Sellars, o falecido Bob Sharples e Anne Sheppard. Agora, em Munique, tenho o privilégio e o prazer de trabalhar com Oliver Primavesi e Christof Rapp.

Por fim há a minha grande dívida, que é com a minha família: meu irmão, colega *podcaster* e fiel ouvinte, Gleen Adamson; meus pais e avô que sempre me apoiam; e, sobretudo, com todas as pessoas que têm de me dividir com a filosofia, minha esposa, Úrsula, e minhas filhas, Sophia e Johanna. Este livro é dedicado a duas delas, na esperança de que queiram lê-lo daqui a alguns anos.

Uma nota quanto às referências

Referências básicas aos textos primários estão incluídas nos capítulos. Para os capítulos acerca dos pré-socráticos, as citações no texto (marcadas com §) se referem às seções de G. S. Kirk, J. E. Raven e M. Schofield, *The Presocratic Philosophers* (Cambridge: Cambridge University Press, 1983). As páginas de referência a Platão e a Aristóteles seguem um padrão já conhecido por estudiosos mundo afora. Aludem a páginas em edições anteriores, e são chamadas de "Páginas Stephanus", no caso de Platão, e "números de Bekker", no de Aristóteles. Assim, as citações ajudam a encontrar a passagem relevante em qualquer edição ou tradução de suas obras. Para traduções inglesas do *corpus* hipocrático e dos sofistas, ver a primeira nota de rodapé nos capítulos pertinentes.

Um guia para leitura adicional é encontrado no final do volume. Nas notas aos capítulos também forneci indicações ocasionais de disputas acadêmicas importantes a respeito da interpretação desses antigos pensadores. Nesses casos, forneço citações relativamente abundantes de literatura especializada. Servem apenas como exemplos para alertar ao leitor de que existem essas controvérsias e que as visões que aqui apresento são elas próprias controversas (quase tudo o que se diz acerca de pensadores como Heráclito, Parmênides ou Platão será controverso). Essas referências não constituem, portanto, um levantamento exaustivo da bibliografia secundária pertinente. Minha esperança é que, ainda assim, possam ser úteis para alguns leitores, por exemplo, estudantes que desejem escrever um artigo que trate do tópico em pauta. Para outros leitores, elas podem ser ignoradas com segurança (bem, você pode *seguramente* ignorar o livro todo, para ser honesto, mas, por favor, não o faça).

DATAS

Todas as datas aqui apresentadas referem-se ao período antes de Cristo. A abreviatura "fl." designa *floruit*, "floresceu", isto é, é provável que tenha sido escrito aproximadamente naquela época, enquanto "c." designa *circa*, "por volta de".

Filósofos e outros autores	**Data de florescimento**	**Eventos selecionados na história antiga**	**Data dos eventos**
		Invasão dórica, emigração para a Jônia	c. 1050
		Poemas de Homero	Século VIII?
		Poemas de Hesíodo	Século VIII?
Tales	fl. início do século VI		
Anaximandro	fl. c. 580-570		
		Pisístrato e filhos, tiranos de Atenas	560-514
		Morte de Sólon	558
Anaxímenes	fl. c. 550		
Xenófanes	fl. c. 540		
Temístocles	fl. meados do século VI		
Pitágoras	fl. c. 540		
Teano	fl. c. 540		
Heráclito	fl. c. 500	Guerras greco-pérsicas	499-449
		Revolta jônica contra a Pérsia	499
		Derrota dos jônios	494
		Derrota dos persas na Batalha de Maratona	490
Parmênides	fl. c. 480	Batalhas das Termópilas e Salamina	480
		Fundação da Liga de Delos	477
Zenão de Eleia	fl. c. 460	Morte de Temístocles	459
Anaxágoras	fl. c. 460	*Oréstia* de Ésquilo	458
Melisso	fl. c. 450		

Filósofos e outros autores	Data de florescimento	Eventos selecionados na história antiga	Data dos eventos
Empédocles	fl. c. 450		
Leucipo	fl. c. 440	Péricles torna-se general em Atenas	443
Aspásia	fl. c. 440		
Protágoras	fl. c. 440		
Demócrito	fl. c. 430	Guerra do Peloponeso	431-404
Filolau de Crotona	fl. c. 430		
Diógenes de Apolônia	fl. c. 430		
Górgias	fl. c. 430	Morte de Péricles	429
Heródoto	morreu c. 425	*Édipo Rei* de Sófocles	428
Pródico	fl. c. 420	*As nuvens* de Aristófanes	423
Hípias	fl. c. 420	Maior parte do *corpus* hipocrático escrito	c. 420-350
		As troianas de Eurípides	415
		Expedição siciliana de Atenas	415-413
Eutidemo	fl. c. 410		
		Reinado de Dionísio I em Siracusa	405-367
		Morte de Alcibíades	404
		Trinta tiranos em Atenas	404-403
		Restauração da democracia em Atenas	403
Fíntis	fl. c. 400	Marcha dos Dez Mil	401-399
		Escrita dos *Argumentos duplos*	c. 400
Sócrates	469-399	Julgamento e execução de Sócrates	399
Tucídides	morreu c. 395		
Górgias	483-375		
Arquitas	c. 420-350		
Xenofonte	c. 430-350		
Platão	429-347		
Eudoxo	c. 390-340		
Espeusipo	c. 410-340		
Isócrates	436-338		
Arete de Cirene	fl. 350		
Aristóteles	384-322	Reinado de Filipe da Macedônia	359-336
Xenócrates	395-313	Morte de Díon em Siracusa	354
Teofrasto	c. 370-286	Alexandre o Grande	356-323

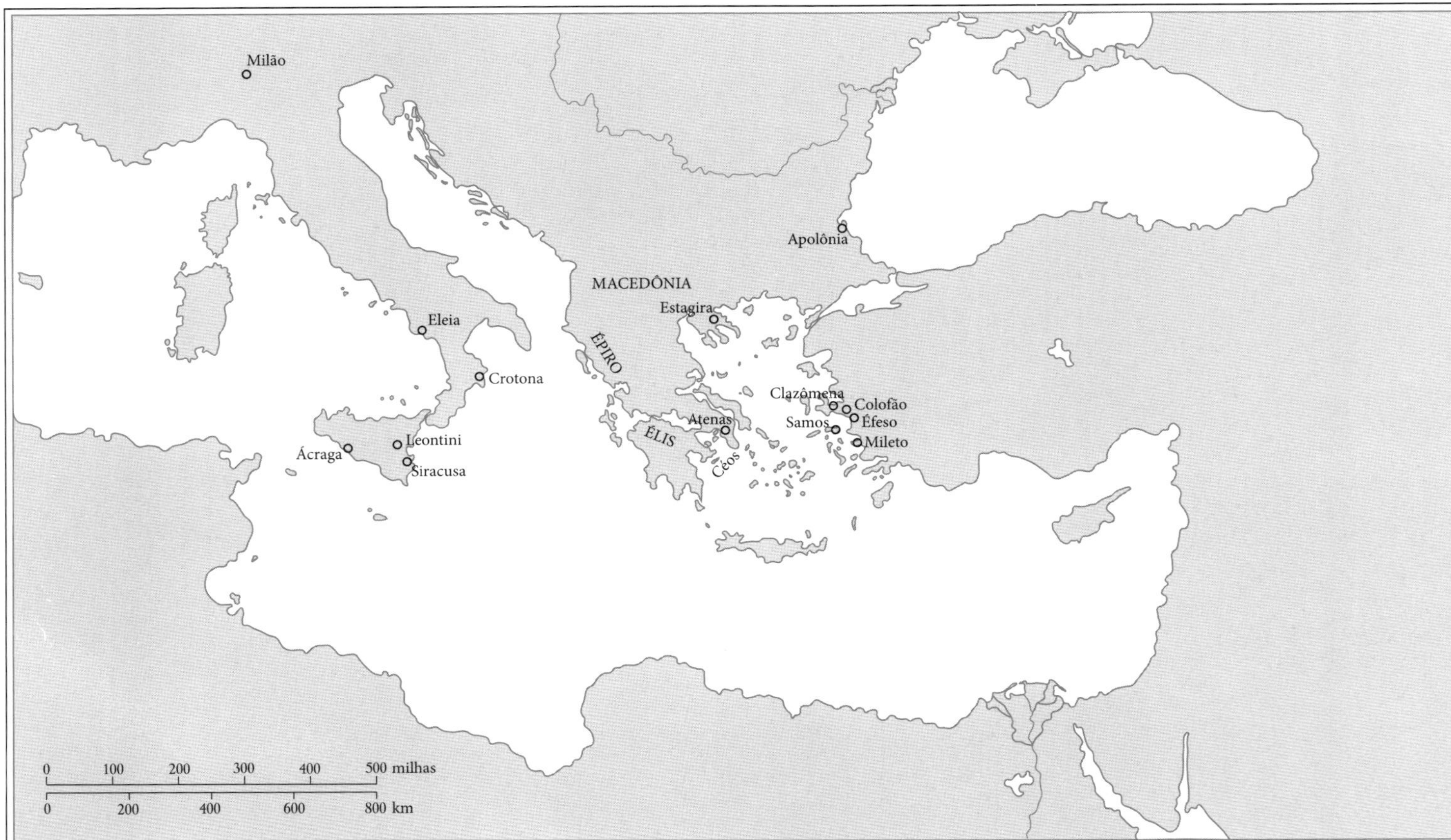

Mapa do Mediterrâneo na Antiguidade

PARTE I

PRIMÓRDIOS DA FILOSOFIA GREGA

1

Tudo está repleto de deuses: Tales

Nossa história começa no século VI a.C., e não, como você pode se surpreender em ouvir, na Grécia. A primeira filosofia antiga foi escrita em grego, mas no território chamado Jônia, na costa ocidental da atual Turquia. Você chegaria até lá se partisse da Grécia e contornasse ou atravessasse o Mar Egeu, em direção ao Leste, que é exatamente o que os povos de língua grega fizeram muito antes do século VI a.C. Os antigos historiadores da Grécia nos dizem que, por volta de 1100 a.C., em resposta a uma invasão do continente grego por um povo que eles chamaram de dórios, muitos habitantes do continente grego atravessaram em direção à Jônia. Esse nome, Jônia, provém de um líder lendário dos colonos, Ion (Jon). Esses refugiados estabeleceram uma série de colônias, algumas das quais foram extremamente bem-sucedidas. Uma das primeiras colônias foi Mileto, a cidade que Tales chamou de lar. Foi fundada por um grupo que veio da região de Atenas, o futuro lar de Platão e Aristóteles, e um dos poucos lugares na Grécia continental a não ser dominado pelos dórios. Isto, pelo menos, foi o que os historiadores antigos nos disseram, e sua afirmação é apoiada por similaridades entre o dialeto jônico e o dialeto que eles falavam próximo a Atenas – chamado de grego "ático", a Ática sendo a área que cerca Atenas.

Mileto era uma cidade rica e bem-sucedida. Assim como a Austrália no século XIX, Mileto passou de colônia à força econômica independente com base em seu comércio: sua madeira era exportada ao longo do Mediterrâneo. Mileto e outras cidades jônicas se tornaram ricas o bastante para fundar colônias próprias, tão distantes como as na Itália, mas também em torno do Mar Negro, que era uma área dominada em particular pelos milésios. Mileto se situava bem ao sul da Jônia, e sua localização e sucesso como entreposto comercial significava que Tales e os outros pensadores milésios podiam facilmente estar expostos a ideias e pessoas do interior do continente, em direção ao Leste, e do Egito. Assim, tem sido sempre tentador dizer que Tales e os demais pensadores de Mileto obtiveram algumas de suas ideias de tradições orientais ou egípcias. Por exemplo, Tales ficou famoso por ter previsto um eclipse solar em 585 a.C., e se ele realmente fez isso, pode ter usado tábuas astronômicas babilônicas para conseguir essa proeza. Há também alguns indícios de que Tales esteve pessoalmente no Egito (§ 68).

Mileto, então, era um bom lugar para se estar no início do século VI a.C., se você quisesse ser o primeiro filósofo. Mas mesmo Mileto não era o tipo de cidade na qual você pudesse apenas relaxar e observar as estrelas, tentando descobrir quando o próximo eclipse poderia ocorrer. Passaria algum tempo antes que um autor grego descrevesse a contemplação em tempo integral como algo próximo a uma vida desejável ou ideal. Acerca desse ponto, Aristóteles faz uma boa interpretação para nós, filósofos. Ele explica que, contrariamente às aparências, não estamos tão somente sugando a sociedade quando nos sentamos lendo livros e tendo ideias. Pelo contrário, somos os que alcançam mais alto, aqueles que realizam mais plenamente o potencial humano. Mas, de todo modo, uma vida de pura especulação não era o estilo de Tales, ou ao menos assim parece. Não era um observador distante; era antes um homem prático, de múltiplas habilidades. De fato, foi chamado de um dos "Sete sábios" do período arcaico da Grécia (outro dos Sete cujo nome é ainda lembrado hoje é Sólon, que promulgou muitas das leis de Atenas). A melhor maneira de mostrar o envolvimento político de Tales é um relato de que ele defendeu uma união política entre todas as cidades jônicas, de modo que elas pudessem resistir a seus vizinhos no Oriente, política que, caso tivesse sido adotada, poderia ter permitido que essas cidades permanecessem independentes por mais tempo do que o fizeram (§ 65). Na verdade, apenas poucas décadas depois da época de Tales, Mileto e outras cidades da Jônia caíram sob o domínio dos persas.

História mais divertida e que mostra também uma mente prática por parte de Tales é aquela a respeito das prensas de azeitonas (§ 73). Supostamente, o conhecimento de Tales das condições climáticas lhe permitiu prever uma safra excepcional de azeitonas na colheita seguinte. Ele se assegurou, então, das prensas existentes e, quando veio a safra excepcional que ele previra, fez uma fortuna ao alugar o equipamento quando as pessoas precisaram transformar as azeitonas em óleo. Por outro lado, Platão conta uma história de Tales caminhando olhando para o céu e caindo em um poço porque não olhava para onde pisava (§ 72). Convenientemente para a anedota, havia uma serva próxima, que riu dele, enfatizando que os filósofos não notam o chão debaixo de seus pés porque estão muito ocupados olhando para o céu. Uma vez que eu mesmo sou capaz de esmagar o meu polegar em uma pedra quando tento entrar em uma casa e ler um livro ao mesmo tempo, nutro muita simpatia pelo Tales que caiu em um poço. Mas os indícios de que dispomos indicam, pelo contrário, que devemos imaginar Tales como uma pessoa de boa conformação física, tanto envolvido com o mundo à sua volta como com a natureza do mundo como um todo.

Que tipo de indícios temos a seu respeito, então? Tales e os outros pensadores gregos desse período são chamados de "pré-socráticos": aqueles que viveram antes de Sócrates, mesmo que, como veremos, alguns chamados "pré-socráticos" de fato tenham vivido aproximadamente na mesma época de Sócrates. Por esse motivo, e porque parece um pouco rude rotular esses pensadores por referência a um filósofo futuro, intitulamos esta seção do livro de "Primórdios da filosofia grega". Essa expressão parece estar ganhando terreno entre os trabalhos especializados acerca do assunto. Ainda assim, por facilidade de expressão, usarei principalmente a denominação ainda comum de "pré-socráticos" para me referir aos primeiros pensadores gregos.

Para todas essas figuras, nosso conhecimento, em verdade, não se baseia mais do que em intrigantes migalhas. Pessoas que trabalham no campo chamam a essas migalhas de "fragmentos". Mas mesmo esse termo faz parecer que a situação é melhor do que usualmente é. O que temos de fato são trabalhos de autores antigos – ou melhor, cópias de cópias de trabalhos de autores antigos – que nos dizem algo a respeito, por exemplo, de Tales ou de Heráclito. Ocasionalmente, temos sorte e eles citam os primeiros autores literalmente, ou ainda melhor, *dizem* que irão citá-los literalmente, e o fazem. Alguns desses pensadores escrevem em versos poéticos, com métrica – isto, é claro, torna muito mais fácil afirmar que se trata de uma citação direta. Mas, com frequência, o que temos é a citação de algum pensador bem posterior nos dizendo o que um pensador anterior pensou, e temos de decidir o quão próximo isso pode estar da frase ou ideia original. Tecnicamente, esses relatos em forma de paráfrase são chamados de testemunhos, em vez de fragmentos. Mas nem sempre é fácil dizer qual é a diferença.

Mesmo se você for feliz o suficiente para dispor de um fragmento autêntico, não é necessariamente óbvio onde inicia a informação útil e onde ela termina. Uma de nossas mais ricas fontes para os pré-socráticos é Aristóteles, e ele tem uma tendência a mesclar os relatos daquilo que eles pensaram com palpites educados quanto ao que mais eles poderiam ter pensado, e porque pensaram o que pensaram. Além disso, ele está quase sempre forçando os pré-socráticos no quadro de suas próprias teorias, na tentativa de fazer seus predecessores parecerem como se estivessem rumando para os sublimes vislumbres do próprio Aristóteles. Uma parte do que já foi dito mostra os problemas que enfrentamos aqui: essa história de cair no poço é uma bela história, mas talvez seja *muito* bela. Soa mais como uma divertida anedota que foi atribuída a Tales porque ele é um filósofo famoso, da mesma maneira que observações espirituosas são atribuídas a Oscar Wilde ou a Dorothy Parker, mesmo que estes não tenham dito essas coisas. No caso de Tales, o problema é particularmente difícil, e devo admitir antes de avançarmos mais que quase nada pode ser dito a seu respeito com certeza. Mas faremos o melhor com aquilo de que dispomos.

Algumas das coisas que já mencionei dão o tom de uma dimensão importante daquilo que ele fez: ele era um cientista num sentido aproximado ao que daríamos ao termo. Se sabemos algo de certo a seu respeito é que ele se interessava por astronomia. A história das prensas de azeitonas também mostra que Tales tinha conhecimento daquilo que chamaríamos de ciências físicas, ou pelo menos tinha uma reputação de ter esse conhecimento. Isto é confirmado por outro indício. Conta-se que desviou um rio em dois braços, de modo que se tornasse possível atravessá-lo – pois cada um dos braços seria mais raso do que o rio não dividido (§ 66). E embora Tales possa de fato não ter escrito nada, algumas fontes nos dizem que ele escreveu um livro acerca de navegação marítima. Tudo isso é típico dos primórdios da filosofia grega, e, de fato, da filosofia até o período moderno. Como mencionei no prefácio, a tendência a separar a filosofia do que chamamos de "ciência" é um fenômeno recente, e, por certo, não seria um fenômeno que a maior parte dos pensadores gregos reconheceria.

Assim, esta é uma razão para afirmar que Tales foi o primeiro "filósofo": foi a primeira pessoa a adquirir reputação pelo tipo de análise independente da natureza que descrevemos como "científica". Por esse motivo, é tradicional descrever Tales e os outros pré-socráticos como sendo racionais, como contrapostos à cultura presumivelmente irracional que havia antes deles. Mas esta não é uma maneira muito útil de examinar o ponto. Os principais textos que temos para ilustrar as crenças culturais gregas antes da época de Tales são as obras de Homero e Hesíodo. A *Ilíada* e a *Odisseia* teriam sido, de fato, já para os pré-socráticos, as grandes pedras de toque da cultura grega. No antigo mundo grego eles tiveram o tipo de papel que a Bíblia exerceu na Europa medieval, e o que Shakespeare representa para nós – ou costumava representar quando as pessoas conheciam Shakespeare. Claramente, a *Ilíada* e a *Odisseia* não são textos filosóficos, mas isto não torna Homero *irracional*. A *Ilíada*, entre outras coisas, constitui uma reflexão acerca das fontes e das consequências da fúria de Aquiles (como é dito no primeiro verso)[1]. Com efeito, pode-se defender que Homero tem uma compreensão maior das relações de causa e efeito na esfera humana do que a maior parte dos pré-socráticos tem das relações de causa e efeito no mundo à nossa volta. O fato de que Homero com frequência invoca a ação de um deus ou deusa para explicar o que está acontecendo na Guerra de Troia, ou na longa viagem de retorno para casa de Odisseu, conta como irracional se você considera irracional acreditar nos deuses.

Próximo ao objetivo da filosofia pré-socrática está a *Teogonia* de Hesíodo, um poema que apresenta histórias acerca das origens e da natureza dos deuses, provavelmente recolhendo em parte material que já existia antes. Algumas delas parecem, de maneira mais ou menos explícita, evidentemente cosmológicas, de um modo não muito distante do tipo de cosmologia pré-socrática acerca do qual trataremos nos próximos capítulos. Sem dúvida, Hesíodo equipara seus deuses e deusas a seus princípios cosmo-

1. *Il.* 1, 1-5: "Ó deusa, canta a cólera mortífera de Aquiles o Pelida, a qual trouxe tantas dores aos Aqueus e lançou tantas almas valentes de heróis no Hades, e os seus corpos ficaram como presa para cães e aves de rapina" [N.T.].

lógicos – a palavra grega *ouranos* significa "céu" e é também o nome de um deus em Hesíodo, por exemplo. Mas, novamente, é difícil fazer uma boa defesa de se considerar Hesíodo como "irracional". Ele estabelece uma teologia, e essa teologia visa a ser consistente e explicar algo, ou mesmo explicar tudo. Se você pensa que a teologia não pode ser racional, espere até chegarmos a Aquino.

Penso que uma melhor maneira de compreender os pré-socráticos seria dizer que suas visões, pelo menos implicitamente, baseavam-se em *argumentos*. Isto, para mim, é a diferença entre os primórdios da filosofia grega e outras produções culturais gregas do período. Temos poucas evidências em relação a Tales para reconstruir os argumentos que suscitaram suas concepções, mas Aristóteles provavelmente estava certo em tentar reconstruir alguns tipos de argumentos. Podemos seguir seu exemplo voltando-nos, por fim, para as poucas proposições filosóficas atestadas de Tales. A mais conhecida afirma que ele considerava a água sumamente importante. Não é muito claro, infelizmente, de que maneira exatamente ele pensava que a água é importante. Aristóteles nos diz que Tales acreditava que o mundo gira em torno da água, como uma peça de madeira (§ 84). Parece que temos aqui uma visão cosmológica que estaria à vontade em uma tradição religiosa não filosófica ou teológica: o céu, como até mesmo Homero diz, é como um domo acima de nós, e o mundo um disco flutuando acima do mar e abaixo desse domo.

No entanto, Aristóteles nos diz algo adicional acerca de Tales e da água: ele pensava que a água era um *princípio* cósmico. Aqui, Tales pode ter antecipado argumentos que seriam defendidos por seus sucessores imediatos. Como veremos em breve, vários pré-socráticos pensaram que os materiais de que o mundo é feito foram formados pela condensação ou rarefação de outros materiais. Assim, talvez Tales, observando a importância da água para a vida em plantas, animais e humanos, ou o resíduo terrestre deixado depois que a água evapora, decidiu que, em primeira instância, tudo provém da água. Ora, provavelmente você está pensando agora: "Meu Deus, ele está certo, tudo *de fato* provém da água!" Mas, se Tales chegou a seu princípio da água dessa maneira, então pelo menos isso o mostraria como fornecendo uma nova explicação do cosmo, e utilizando um processo de argumentação para chegar a essa explicação. Se, como dá a entender Aristóteles, Tales também pensou que tudo é literalmente *feito* de água, isto é mais duvidoso (§ 85). Para pensar isso ele teria que ter acreditado que algo como a pedra, que parece eminentemente seca e sólida, consistiria na verdade de água. E não há razão para acreditar que ele tentou semelhante explicação, embora uma explicação assim seria fornecida não muito tempo depois por outro filósofo da mesma cidade, Anaxímenes.

Outra tese filosófica atribuída a Tales é que um magneto tem uma alma, e algo similar valeria para o âmbar (§ 89-90) (quando se esfrega o âmbar, ele atrai coisas, assim como faz o magneto; isto se deve à eletricidade estática). O que podemos extrair disso? Bem, Aristóteles nos informa a respeito de Tales e do magneto no processo de afirmar que todos os filósofos associam a alma com o movimento. Aristóteles pode estar certo em dizer que Tales já chegara a esse ponto: deve haver alma num magneto, pois do contrário ele não poderia iniciar o movimento que atrai para si e afasta uma peça de ferro de outra. Aristóteles nos diz também que, segundo Tales, "todas as coisas estão repletas de deuses" (§ 91). Este é um fragmento clássico da filosofia pré-socrática, filosofia na forma de uma charada. Como veremos, Heráclito é o mestre nesse estilo de filosofia. Mas levemos a sério a afirmação de que todas as coisas estão repletas de deuses, unindo-a com a outra ideia dos magnetos. O que se obtém é um bonito argumento, que seria algo como o seguinte: tudo está repleto de deuses, e eu mostrarei isso a vocês usando o exemplo do magneto. Ele parece desprovido de vida, mas deve ter uma alma, pois pode iniciar o movimento. Assim, por extensão, você deve estar pelo menos aberto à ideia de que tudo tem alma, a qual é divina. Isto, é claro, é fazer uma boa parte do trabalho por Tales, combinando dois fragmentos e preenchendo as lacunas. Mas, como espero que você concorde ao longo dos próximos capítulos, isso é o que torna os pré-socráticos tão divertidos.

2

Ao infinito e além: Anaximandro e Anaxímenes

Tales não foi o único pensador pré-socrático de Mileto a ser venerado. Foi seguido por dois pensadores com nomes maravilhosos, mas similares a ponto de se confundirem: Anaximandro e Anaxímenes. Sabemos um pouco mais a respeito deles do que a respeito de Tales, mas não esperem muito: nossos indícios acerca deles são demasiado tênues. Já mencionei como é admirável que informações quanto a esses primeiros filósofos gregos tenham chegado até nós. Talvez valha a pena nos determos um pouco mais neste ponto. Lembrem-se, essas figuras viveram no século VI a.C. Para ter alguma ideia de quanto tempo se passou desde o nascimento da filosofia, tome-se alguém que também viveu há muito tempo, Carlos Magno, o conquistador que fundou o Sacro Império Romano. Ele nasceu em meados do século VIII d.C., que é no início do período medieval. Mas isso ainda o deixa ligeiramente mais perto de nós no tempo do que a data de nascimento de Tales. Mesmo filósofos antigos como Aristóteles, Tales e seus sucessores imediatos estavam bastante distantes no passado para que fosse difícil saber muito a seu respeito. Assim, devemos realmente maravilhar-nos de que nós, mais de dois milênios após Aristóteles, saibamos algo dos primeiros filósofos gregos.

Mesmo que Aristóteles não estivesse tão bem-informado quanto aos primeiros pré-socráticos, ele ainda é uma de nossas mais importantes fontes de informação a respeito deles. Outra fonte importante é o aluno de Aristóteles, Teofrasto, que tomou como missão reunir e interpretar fragmentos de informação da história da filosofia até sua época. Este é o tipo de coisa que Aristóteles e seus seguidores amavam fazer: foram grandes colecionadores de informação, e lançaram-se a esse trabalho de maneira zelosa, quer estivessem dissecando moluscos, quer estivessem tentando reunir as ideias de alguém como Anaximandro. Infelizmente, há algumas ciladas para nós aqui. No capítulo anterior mencionei que Aristóteles com frequência reformulava as ideias pré-socráticas em termos de suas próprias ideias e vocabulário. Um bom exemplo é o primeiro livro da *Física*, no qual Aristóteles tenta classificar toda uma gama de pensadores pré-socráticos em termos de quantos "princípios da natureza" eles reconheciam. Como seria de esperar, dado que foi aluno de Aristóteles, Teofrasto parece ter seguido seu mestre a esse respeito.

Um segundo problema é que os próprios trabalhos de Teofrasto, assim como os escritos dos pré-socráticos, estão quase todos perdidos. Além de Aristóteles, os mais úteis relatos remanescentes dos pré-socráticos provieram da Antiguidade tardia. Como Aristóteles e Teofrasto, os antigos compiladores raramente estavam interessados numa apresentação neutra das teorias dos pré-socráticos. Alguns trabalhos muito informativos conhecidos como "doxografias" classificam as doutrinas características desses pensadores há muito falecidos apoiando-se em Teofrasto. Seguem a tendência aristotélica de forçar os pré-socráticos em diferenças e sistemas esquemáticos[2]. Outras importantes fontes incluem os platônicos da Antiguidade tardia, especialmente Simplício, um comentador de Aristóteles que viveu no século VI d.C., e os Padres da Igreja. Simplício, de fato, tem alguns assuntos filosóficos próprios, mas demonstra interesse incomum em relatar com fidelidade as doutrinas dos antigos, pois receia que as informações acerca deles se tornassem cada vez mais escassas já em sua época. Como é de se esperar, os padres cristãos têm uma visão ligeiramente menos positiva em relação a esses pensadores de muito tempo atrás. O resultado é que, quando lemos um conjunto de testemunhos e fragmentos dos pré-socráticos, quase sempre nós os vemos pelo filtro de múltiplas camadas de interpretação e de distorção. A tarefa de reconstruir o pensamento pré-socrático está começando a parecer bem assustadora.

2. Para uma boa introdução a esse gênero de escritos, cf. Mansfeld (2024).

A despeito de tudo isso, não sabemos muito mais de Anaximandro e Anaxímenes do que sabemos de Tales. A tradição sustenta que Anaximandro foi de fato discípulo de Tales, e Anaxímenes foi de Anaximandro. Não precisamos levar isso muito a sério, pois os autores antigos adoravam construir cadeias de relações mestres-alunos, quer existissem, quer não. Tudo o que se precisa realmente saber é que Anaximandro era apenas um pouco mais jovem do que Tales, e que Anaxímenes pertencia à geração seguinte. Assim, trataremos primeiramente de Anaximandro. Como Tales, ele podia reivindicar certo conhecimento em ciência física: a ele é atribuída a introdução de um *gnomon*, um utensílio que seria uma espécie de relógio do sol, primeiramente em Esparta e depois na Grécia continental (§ 94). Lembre-se de que Mileto se situa na costa ocidental do que hoje é a Turquia, assim, é notável que ele tenha viajado de tão longe até Esparta. Outra realização científica foi sua produção de um mapa que, como somos informados, mostrava tanto a terra quanto o mar (§ 98-100). Esta seria uma atividade apropriada para alguém de Mileto, que, como vimos, era um centro econômico vicejante, com conexões comerciais ao longo de todo o Mediterrâneo até a área do Mar Negro.

Anaximandro é mais conhecido por ter dito que o princípio de todas as coisas é o que ele chamava "o infinito"[3]. A palavra em grego é *apeiron*, que significa, literalmente, "o que não tem limite". Várias palavras diferentes em português têm sido usadas para traduzi-la: não apenas "infinito", como "sem limites", "ilimitado" e "indefinido". Essas diferentes traduções trazem outras conotações que realmente se aplicam ao princípio de Anaximandro. Ele aparentemente pensava que o *apeiron* era infinitamente *grande*; em outros termos, que se estendia indefinidamente no espaço, e cercava o cosmo no qual vivemos. Ademais, sabemos que ele pensava que era eterno – assim, infinito no tempo e no espaço. Por outro lado, Teofrasto pensou que era importante contrastar Anaximandro com Tales, dizendo que, enquanto o princípio de Tales era a água, o princípio de Anaximandro não era nada em particular: em outras palavras, era *indefinido*, de modo que não tinha

3. Outras traduções possíveis para *apeiron*, em português, são "indeterminado" e "ilimitado". Esta última é a opção de Souza (1978) [N.T.].

natureza. Em vez disso, dizia Anaximandro, as coisas com natureza definida, como o ar ou o fogo, eram "separadas" do *apeiron* (§ 104, 119).

Isto nos leva a um momento deveras estimulante, que é a oportunidade de citar o primeiro fragmento substancial remanescente da filosofia pré-socrática. Foi relatado por Teofrasto, e então preservado por Simplício, o comentador de Aristóteles, citado há pouco. Aqui está ele: "as coisas vêm a ser e são destruídas", dizia Anaximandro, "segundo a necessidade, pois concedem pena e retribuição umas às outras por injustiça, segundo a ordenação do tempo" (§ 101, 110)[4]. Depois de citar isso, Simplício acrescenta que Anaximandro estava se expressando de maneira poética, mesmo que escrevesse em prosa, e não em verso. Não há muito que trabalhar no fragmento, e na verdade nem mesmo é certo como se supõe que ele se relacione com o princípio chamado de infinito ou indefinido. Mas, assumindo a ideia de "separação", o que os intérpretes tendem a pensar é que as diferentes substâncias separadas do *apeiron* geram e se destroem mutuamente, e que no longo prazo esse processo se equilibra de modo que restaura o que Anaximandro chama de "justiça". A ideia quanto à "ordenação do tempo" pode sugerir que tudo isso ocorre de acordo com algum tipo de ciclo, que é uma ideia popular no pensamento grego dos primórdios, também encontrada em Hesíodo.

Podemos tornar isto um pouco mais concreto ao examinar outra evidência a respeito de Anaximandro, que mais uma vez provém de Teofrasto (§ 121). Essa evidência diz respeito a como Anaximandro pensava que o mundo à nossa volta havia se formado, e, em particular, como o céu e os corpos celestes surgiram. Ele disse que, mediante um processo que, infelizmente, é muito obscuro, uma bola de fogo passou a existir no ar cercando a Terra. Essa bola de fogo, disse Anaximandro, cercou o ar como a casca cerca uma árvore. A chama então se dividiu em anéis ou círculos, que mais uma vez foram envolvidos em algum tipo de ar ou névoa. Buracos redondos na névoa nos permitem ver os círculos de fogo, mas só parcialmente: e esses lampejos cir-

---

4. Na tradução de Souza (1978, p. 22): "Princípio dos seres... ele disse (que era) o ilimitado... Pois donde a geração é para os seres, é para onde também a corrupção se gera segundo o necessário; pois concedem eles mesmos justiça e deferência uns aos outros pela injustiça, segundo a ordenação do tempo" [N.T.].

culares do fogo são os corpos celestes. A Lua se derrete e desaparece porque os buracos na névoa estão continuamente se abrindo e se fechando.

Ora, isto é claramente muito legal, mas como se relaciona com o ponto do infinito, e com a separação das coisas, pagando retribuição umas às outras, e tudo isso? Bem, o relato que acabei de descrever se inicia afirmando que, no esquema de Anaximandro, algo separa o quente e o frio do eterno – o eterno, presumivelmente, é seu primeiro princípio, o *apeiron*. A parte fria provavelmente é o ar ou a névoa, e a parte quente obviamente será o fogo. Note como eles interagem entre si, a névoa primeiramente sendo mantida junta pelo fogo, como a casca em uma árvore, e então envolvendo os anéis de fogo nos céus. Tudo isso sugere que Anaximandro estava fascinado pelas forças opostas que vemos na natureza à nossa volta. Essas forças contrapostas, que são coisas como a névoa e a chama, com características opostas, é o que paga retribuição umas às outras. O infinito é indefinido – não goza de características que possam se opor umas às outras. Mas é de certo modo a fonte do que entra em oposição. E, porque é infinito no sentido de ser inesgotável, o processo de oposição mútua jamais cessará.

Esse tema de oposição constante e dinâmica, que ocorre contra o pano de fundo de uma unidade subjacente, é uma das características mais duradouras da filosofia pré-socrática. Nós a encontraremos de modo mais marcante em Heráclito, mas a mesma ideia também aparecerá em Empédocles e em Anaxágoras. Mesmo Aristóteles tentará explicar a natureza em termos de oposição e unidade. Também tipicamente pré-socrática é a tentativa de explicar algo enorme e complicado – na verdade, o cosmo todo – invocando componentes e forças fundamentais. As ambições da teoria podem ir ainda mais longe: alguma evidência sugere que Anaximandro tinha em mente mais do que apenas nosso cosmo. Teofrasto nos diz que, na teoria de Anaximandro, não eram apenas elementos como o ar e o fogo que estavam separados do infinito, mas também mundos inteiros (§ 113-114). Se isso não estiver completamente equivocado – e alguns pensam que está – isto poderia significar tanto um número infinito de mundos como nosso próprio mundo, dissolvido pelo infinito, ou poderia significar uma série interminável de ciclos para nosso próprio cosmo. Ambas as ideias, mais uma vez, teriam ressonâncias com o pensamento pré-socrático posterior.

A noção de que pelo menos nosso próprio cosmo opera em ciclos é apoiada por um testemunho que diz que Anaximandro acreditava que nosso mundo está secando, os mares gradualmente recuando à medida que o sol os aquece e transforma a umidade em vento (§ 132). Talvez a ideia seja a de que vivemos em uma parte do ciclo cósmico na qual o calor subjuga paulatinamente aquilo que é frio e úmido: uma versão do século VI antes de Cristo do aquecimento planetário. A ideia de que as coisas eram mais úmidas no passado distante se encaixariam bem com outro fragmento de informação, que preserva o que provavelmente é a ideia mais memorável de Anaximandro além do princípio do infinito. Ele sustentava que os primeiros animais foram gestados dentro do úmido e então o deixaram, como se através da casca de uma árvore – ele parece ter alguma fixação com casca, não se pode evitar notar (§ 133). Também sugeria que o homem não poderia ter sido originalmente da maneira que é hoje, uma vez que a primeira geração de crianças não teria sobrevivido (por serem muito vulneráveis). Em vez disso, elas foram formadas dentro do peixe, e adultos crescidos surgiram delas (§ 135). Isto não deve ser tomado como uma espécie de teoria incipiente da evolução, pois não há ideia aqui de que o peixe gradualmente se torna mais e mais humano ao longo de muitas gerações. Parece mais com uma tentativa de se tomar a ideia de Tales de que todas as coisas provêm da água, ou úmido, e tomam corpo, se me permitir o trocadilho (se não permitir, este livro pode não ser para você).

De maneira geral, parece que Anaximandro tinha um tratamento mais abstrato – um, somos tentados a dizer, mais filosófico – do que Tales. Seu infinito constitui um salto conceitual, e parece ser derivado de puro argumento, em vez de observação empírica. Alguns estudiosos identificaram um direcionamento filosófico notável na sua explicação da razão por que a terra permanece no lugar em que está. Ele pensava que a Terra é um cilindro achatado, na forma de um tambor, e que vivemos na superfície lisa superior (§ 122). Aristóteles diz que Anaximandro se perguntou, então, por que essa Terra cilíndrica não se move. A razão é que a Terra está bem no centro do cosmo, decidiu ele. Assim, não haveria uma direção preferencial para a qual ela devesse se mover (§ 123). Isto é interessante porque mostra Anaximandro se perguntando se há uma boa *razão* para a Terra se mover em uma direção particular, caso se mova. A mera equivalência de todas as direções para as quais poderia se mover é suficiente para mantê-la no lugar.

Poderíamos esperar que as coisas se desenvolvessem mais nesse sentido, tornando-se cada vez mais abstratas e conceptuais. De fato, o farão quando chegarmos a Heráclito. No entanto, o próximo pensador de nosso itinerário é Anaxímenes, que parece ir na direção contrária. Ele concordava com Anaximandro que o princípio de tudo é infinito, mas estava feliz em prosseguir e identificá-lo com uma substância particular: não a água, desta vez, mas o ar. Seria errado, todavia, pensar que Anaxímenes estava apenas ignorando seu predecessor de nome similar e recuando para uma visão como a de Tales. Sua filosofia efetivamente se apoia em Anaximandro em pelo menos um importante aspecto ao explicar como os diferentes elementos que compõem o cosmo são gerados uns dos outros.

Se você começa com o ar, disse Anaxímenes, você pode modificá-lo tornando-o mais espesso ou mais tênue (§ 140-141). Quando se torna mais tênue, mais difuso, fica mais quente e se torna fogo. Mas quando se torna mais espesso, fica mais frio e se torna vento, então nuvem, água e, por fim, terra e pedras. Por que ele começa com o ar, e não com o fogo, a substância mais tênue – ou com as pedras, as mais densas? Três razões, supomos. Primeira, as fontes sugerem que Anaxímenes ficara impressionado pela fluidez do ar. Assim, talvez ele tenha selecionado o ar como seu princípio porque ele queria enfatizar o dinamismo do mundo natural, como Anaximandro com suas forças em constante oposição. Em segundo lugar, um ponto relacionado: assim como o *apeiron* de Anaximandro, o ar de Anaxímenes é aquilo do que outras coisas são separadas. O interessante a respeito do ar, pelo menos em sua teoria, é que você pode torná-lo tênue e formar o fogo, ou torná-lo espesso e fazer coisas frias como a água e a terra. Trata-se de um elemento intermediário, e, assim, pode ser o princípio tanto de coisas quentes quanto de coisas frias. Em terceiro lugar, há o fato de que o ar é invisível, diferentemente do fogo, das nuvens, dos oceanos e das pedras. Assim, se há alguma substância infinita, ilimitada, cercando-nos em todas as direções, deve ser o ar. Do contrário, seríamos capazes de vê-lo.

Como Tales e Anaximandro, Anaxímenes desejava explicar todo o cosmo em termos desses componentes básicos. Ele dizia que a Terra em que vivemos não tem a forma de um tambor, mas de um disco (§ 150-151). Ela se forma pelo processo acima mencionado de espessamento do ar, e então passa para o ar que ainda está em seu estado original. A comparação óbvia é com o disco metálico que as pessoas arremessam no jogo de malha, embora eu não tenha visto qualquer bibliografia secundária acerca da filosofia pré-socrática que seja tão frívola a ponto de apontar essa analogia particular. Sua Terra, portanto, é sustentada pelo ar, da maneira que a Terra de Tales flutua acima da água, como um pedaço de madeira. É pouco provável que essa similaridade seja apenas uma coincidência. Por certo, Anaxímenes estava mais próximo aqui de Tales do que de Anaximandro, uma vez que ele concordava com o primeiro pensador tanto a respeito da forma de disco da Terra quanto a respeito da necessidade de que ela surgisse de algo. Ele disse, além disso, que as estrelas, os planetas, o Sol e a Lua eram feitos de fogo. Em uma imagem adorável, Anaxímenes aparentemente os comparava a folhas impetuosas flutuando no céu repleto de ar, ilimitado (§ 154). Em uma comparação mais divertida, dizia que os céus fazem a rotação em torno do disco da Terra como um chapéu de feltro girando em torno da cabeça de alguém (§ 156).

Anaxímenes também tinha algo a dizer acerca da alma. De modo não surpreendente, ele dizia que a alma é feita de seu elemento favorito: o ar, o qual, neste caso, é sopro (§ 160). Essa ideia da alma como sopro, ou em grego, *pneuma* – é de onde extraímos o termo "pneumático" – terá uma longa carreira na filosofia antiga tardia. Faz bastante sentido, dado que, se um animal para de respirar, deixa de viver. Isto também permite que Anaxímenes faça uma comparação entre o corpo humano e o corpo de cosmo, ambos sustentados pela substância mais fundamental, a saber, o ar. Mais uma vez, trata-se de uma ideia com longa história desde então. Logo mais, no período medieval, será popular afirmar que o ser humano é uma versão diminuta do cosmo físico; literalmente, um microcosmo. Embora haja alguma dúvida de que Anaxímenes estivesse defendendo isto, julgo plausível acreditar que ele já acalentava algo como a ideia do homem como um microcosmo. Não muito tempo depois dele, Heráclito proporá uma teoria bem similar segundo a qual tanto a alma do homem quanto o princípio do universo são feitos da mesma matéria, em seu caso, o fogo. Lembre-se de que também Tales disse que os magnetos têm alma, possivelmente porque ele desejava sustentar que todo o cosmo físico é permeado pela alma, assim como nós. Assim, durante as primeiras gerações da filosofia pré-socrática, esse paralelo entre o homem e o cosmo parece ter sido feito no ar, se me permitirem outra brincadeira.

Tanto o infinito de Anaximandro quanto o ar de Anaxímenes são caracterizados como divinos (§ 108-144). Anaximandro também dizia que o infinito, tal como ele o apresenta, "conduz" tudo. Não fica claro como poderia fazê-lo. Talvez, forçando a justiça recíproca entre as coisas dele separadas? Em todo caso, é importante perceber que esses primeiros pensadores gregos não estavam abandonando inteiramente a noção do divino. Relata-se, de fato, que Anaxímenes disse que havia deuses, como ensinava a religião grega, mas que eles também provinham do ar. O que vemos aqui é uma característica sutil, mas de importância central, da filosofia socrática: trata-se de pensadores que desejam manter uma noção de respeito religioso diante do cosmo dinamicamente mutável que eles descrevem. Não estão descartando a religião, mas, antes, colocando em dúvida concepções anteriores da religião. A maneira pela qual fazem isso é deveras nuançada. Mas as coisas ficarão menos sutis com o próximo filósofo que discutiremos, Xenófanes. Ele encetou um ataque direto à concepção dos deuses que encontramos em Homero e em Hesíodo. Ao fazê-lo, ele inaugurou uma rivalidade, nem sempre amistosa, entre a religião e a filosofia grega que persistirá até Platão e Aristóteles.

3

CRIADO À NOSSA IMAGEM: XENÓFANES

Na *Ilíada* de Homero há uma passagem picante em que Hera decide seduzir seu marido, Zeus. A razão pela qual ela deseja fazê-lo é que ela apoia os invasores contra os troianos, mas Zeus está do lado destes últimos. Assim, para ajudar os gregos, ela precisa distrair Zeus por algum tempo. E uma maneira muito segura de chamar a atenção de um homem é seduzi-lo. Com a ajuda de Afrodite e de Hipno, a quem ela suborna mediante a promessa de casamento com uma das deusas conhecidas como Graças, Hera persuade Zeus a se deitar com ela, de modo que Zeus cai em sono profundo depois do ato. Enquanto ele dorme, Heitor, o mais poderoso guerreiro troiano, é gravemente ferido. Ao despertar, Zeus reage a isso como faria qualquer marido traído, especialmente se ele fosse o pai dos deuses. Ele diz a Hera: "Ó Hera intratável de manhas malignas, o teu dolo pôs o povo em fuga e parou o combate do divino Heitor! Na verdade eu não sei se tu serás a primeira a beneficiar novamente da tua malevolência funesta e se eu hei de espancar-te à bofetada" (*Il.* 15, 14-17).

Ora, você pode julgar estranho que os gregos antigos contassem histórias picantes como essa a respeito dos *deuses*: os mesmos deuses a quem eles faziam sacrifícios, para quem oravam, construíam templos. Mas existem muitas histórias como essas. Por exemplo, segundo Hesíodo, o pai de Zeus, Cronos, cortou as genitais do avô de Zeus, Uranos, com uma foice, e a mãe de Cronos as jogou na água. Foi do resultado dessa espuma que nasceu Afrodite. Em outro relato, Afrodite e Ares foram pegos cometendo adultério. Os gregos julgavam possível repetir essas histórias ao mesmo tempo em que ainda julgavam válido adorar os deuses. Sua compreensão dos deuses encontrou plena expressão nos poemas de Homero e de Hesíodo: para os gregos, esses poemas eram algo próximo a textos sagrados. Os filósofos da Grécia antiga não podiam evitar se envolver com Homero e Hesíodo, assim como os filósofos da Europa medieval não podiam evitar se envolver com a Bíblia. Os filósofos gregos, no entanto, adotavam uma postura muito mais crítica em relação à religião do que qualquer coisa que possamos encontrar na Europa medieval. E ninguém mais o fez do que Xenófanes.

Antes de chegarmos a ele, examinemos brevemente os deuses em Homero, ou antes, em um dos dois poemas a ele atribuídos, a *Ilíada*. Já me queixei de quão pouco sabemos acerca dos pré-socráticos, e sabemos ainda menos acerca de Homero. De fato não há nem sequer concordância quanto a se os dois poemas são o trabalho de uma só pessoa, ou se são compilações que emergiram ao longo das gerações. A *Ilíada*, como você provavelmente já sabe, é a história da Guerra de Troia, na qual os gregos, liderados por Agamenon, sitiam Troia a fim de recuperar a formosa Helena, cuja beleza extraordinária fez lançarem-se ao mar mil navios. Os mil navios que foram lançados por sua face foram aqueles que levaram os gregos a Troia.

A *Ilíada* cobre um pequeno período da Guerra de Troia. Como é dito em suas linhas iniciais, ela se concentra na "ira de Aquiles": a história de como Aquiles é ofendido e se recusa a lutar, o que leva a um impasse entre os dois exércitos, até que sua raiva é apaziguada e ele enfrenta e mata Heitor, o principal herói troiano. Embora o ápice seja um duelo entre Heitor e Aquiles, existem muitos heróis de ambos os lados, incluindo, do lado dos gregos, Odisseu, cuja viagem de volta para casa será o assunto da *Odisseia*. Há muitos personagens secundários que não são heróis poderosos, até mesmo homens e mulheres simples. O idoso Príamo também ocupa um bom papel como pai em luto depois que Aquiles mata seu filho Heitor e o arrasta em torno da cidade amarrado a seu carro de combate. Mas, além dos heróis, os principais personagens são os deuses. Estes se envolvem sempre que algo significativo ocorre aos personagens humanos. Já tivemos um exemplo disso: Homero nos mostra que Hera precisa distrair Zeus, fazendo-o adormecer, de modo que ela possa providenciar que Heitor seja atacado sem a interferência de Zeus.

O efeito geral disso, de um ponto de vista filosófico, é que os deuses de Homero são as explicações em última instância, ou mesmo de primeira instância. Nada pode acontecer sem que os deuses estejam envolvidos. Ou antes, praticamente eles precisam permitir que os humanos ajam. Com frequência, parece que a ação humana é apenas uma extensão da ação divina. Quando os guerreiros são bravos, é porque os deuses inocularam coragem em seus corações; quando recuam, foram os deuses que esvaziaram sua disposição para lutar. Por um lado, isto faz parecer que os humanos são meros joguetes dos deuses. Por outro lado, as divindades homéricas se assemelham muito aos seres humanos, e não se fala aqui somente dos humanos bem-comportados. As divindades ficam iradas, disputam entre si, enganam e seduzem umas às outras. Assim, alguém poderia olhar para os deuses de outro ponto de vista, e dizer que a esfera humana foi estendida de modo que incluísse os princípios explanatórios últimos, a saber, os deuses.

Agora, voltemo-nos para o outro principal texto que nos informa quanto à religião grega antes dos pré-socráticos – o que se poderia chamar de crença pré-pré-socrática acerca dos deuses. Veio da parte de um pastor chamado Hesíodo, da área rústica da Beócia, na Grécia continental. Hesíodo escreveu um poema chamado *Os trabalhos e os dias*, que tem muito a dizer acerca da agricultura, assim como dos deuses, embora Hesíodo também encontre espaço para se queixar de seu irmão preguiçoso. Mas o texto mais importante para nós é sua *Teogonia*, a qual, como diz seu título, é um poema que trata da geração ou do nascimento dos deuses[5]. Depois de uma longa prece de abertura, dirigida às Musas, Hesíodo nos diz que a primeira coisa a surgir foi o deus Caos, que parece representar algum tipo de vazio ou hiato entre o céu e o mundo subterrâneo. Vem então Gaia. Gaia é a Terra, e ela dá nascimento a Urano, que significa "céu". Eles copulam para produzir toda uma geração de deuses, incluindo o pai de Zeus, Cronos. Este é um tema comumente encontrado em outras religiões dos primórdios: o acasalamento entre a terra e o céu, que produz outros princípios cósmicos.

Até aqui, isto soa um pouco como algo do que vimos nos pré-socráticos: Tales diz que tudo provém da água, Anaxímenes que tudo provém do ar, Hesíodo que tudo provém do Caos e da Terra. É claro, na história de Hesíodo, os princípios cósmicos são deuses, mas ainda assim ele está for-

5. Ambos disponíveis em Lombardo (1993). Em português, Lafer (2020); Torrano (2000) [N.T.].

necendo uma cosmologia. Mas existem algumas grandes diferenças entre Hesíodo e os primeiros filósofos de Mileto. Como os pré-socráticos, Hesíodo tenta explicar as coisas. Mas as coisas que ele tenta explicar tendem a ser bem diferentes. Por exemplo, ele conta uma história na qual Prometeu engana Zeus e lhe entrega ossos e pele de um animal, em lugar de sua carne. Isto supostamente explica por que os gregos sacrificam animais aos deuses, mas podem comer a carne, em vez de oferecer o animal todo. Este, incidentalmente, é um refrão comum em Homero: os deuses, com frequência, estão satisfeitos ou aborrecidos com nossos heróis, pois eles sacrificam ou não sacrificam da maneira apropriada. Mas, em geral, Homero está muito mais interessado na esfera humana do que Hesíodo, pelo menos na *Teogonia*. Isto faz da *Teogonia* uma obra que apresenta mais pontos de comparação e contraste com nossos primeiros filósofos pré-socráticos.

Outra importante diferença entre Hesíodo e os pré-socráticos é que Hesíodo não nos fornece argumentos, nem mesmo de maneira implícita. Em vez disso, ele declama narrando uma história épica que convencerá com sua força e instilará respeito, bem como crença. A despeito disso, seus deuses são muito semelhantes aos deuses de Homero. Eles se enganam mutuamente, dormem entre si, ficam irados e guerreiam. Isto pode nos parecer distintamente não filosófico. Mas devemos lembrar que todos os filósofos gregos, de Tales até os neoplatônicos no século V d.C., mais de um milênio depois, conheciam Homero e Hesíodo de trás para a frente. Esses poemas foram obras definitivas não só de religião, mas também de literatura e de história no mundo grego. Constituíam uma cultura comum que uniu a civilização grega. De modo não surpreendente, Platão e Aristóteles citam com frequência tanto Homero como Hesíodo, e atribuem tranquilamente várias doutrinas filosóficas a esses grandes poetas. Por exemplo, em um diálogo chamado *Teeteto*, Platão associa Homero com a doutrina de Heráclito de que tudo está em constante mudança. Já Aristóteles, sempre que pode cita uma linha de Homero para ilustrar determinada visão – isso mostra que pessoas sábias tendem a levar essa visão muito seriamente, Homero sendo o exemplo cabal de pessoa sábia. Essa maneira de tratar os poetas é desconcertante. Platão e Aristóteles não conheciam de fato a diferença entre poesia e filosofia? Como veremos mais tarde neste livro, eles certamente conheciam, e, de fato, Platão tem sérias contendas com Homero. Mas estavam abertos à ideia de que Homero e Hesíodo podiam estar enfrentando os mesmos problemas tratados por filósofos, mesmo que não exatamente da mesma maneira.

É isto de fato que torna possível haver uma disputa entre os filósofos e os poetas. Se Homero tivesse apenas discorrido acerca da ira de Aquiles e da jornada de volta para casa de Odisseu, se Hesíodo tivesse apenas discorrido acerca da agricultura e de seu irmão inútil, então Xenófanes não teria do que se queixar. A razão pela qual ele perseguiu os poetas foi que eles trataram também de outro assunto, um assunto que em Xenófanes tinha concepções bem firmes, a saber, os deuses. O próprio Xenófanes era poeta, embora não autor de versos épicos. Seus fragmentos filosóficos se encontram em métrica poética, e os fragmentos mais longos que temos dele são de elegias, poemas que ele provavelmente declamou em banquetes. Viveu bastante tempo – num fragmento diz que, na época em que escrevia, tinha 92 anos (§ 161). Isto, mais o fato de que é difícil saber quando ele nasceu, significa que ele pode ter sido contemporâneo de vários filósofos que ainda não discutimos, incluído Heráclito, que criticava Xenófanes nominalmente. Mas, basicamente, estamos olhando para um homem que viveu a maior parte de sua vida no século VI a.C. Sabemos de onde ele era: Colofão, uma cidade costeira na Ásia Menor, na costa mediterrânea do que hoje é a Turquia. Fica um pouco mais ao Norte do que Mileto, onde Tales, Anaximandro e Anaxímenes viveram. Xenófanes parece ter viajado extensamente: ele foi para o Ocidente, até a Sicília. Algumas fontes posteriores nos dizem que ele foi para Eleia, na Itália continental, mas podem ter inventado isso, pois queriam que ligássemos Xenófanes com Parmênides, que era de Eleia (§ 163-164).

Xenófanes representa um novo desenvolvimento na filosofia pré-socrática, pois foi o primeiro a atacar explicitamente a autoridade dos poetas. É claro, os milésios, os filósofos que examinamos nos dois capítulos anteriores, também estavam se distanciando dos poetas ao substituir os deuses por explicações físicas mais complicadas do cosmo. Mas Xenófanes foi o primeiro a realmente atacar Homero e Hesíodo. Uma de suas queixas era algo que já mencionamos: os poetas dizem coisas escandalosas acerca dos deuses, contam histórias de seus adultérios, roubos e engodos mútuos. Esses deuses não são apenas *como* humanos, são todos *demasiado* humanos. E não é de se espantar, diz Xenófanes em outros dois fragmentos, pois a concepção que temos dos deuses é de fato uma projeção da natureza humana. Os poetas descrevem os deuses como tendo nascido de pais, assim como os humanos; vestem roupas; falam. De fato, assinala Xenófanes, não são apenas os poetas. Os etíopes pensam que os deuses têm pele negra, como as pessoas da Etiópia, enquanto as pessoas de cabelos loiros da Trácia pensam que os deuses têm, como se pode adivinhar, cabelos loiros (§ 168). No que pode ser a primeira piada na história da filosofia, embora uma piada com uma mensagem séria, Xenófanes observa, de maneira sarcástica, que se vacas ou cavalos pudessem descrever os deuses, os mostrariam parecidos com vacas ou cavalos (§ 169).

À primeira vista, este parece o tipo de coisa que um ateu cético dos tempos modernos poderia dizer. Deus não criou o homem à sua imagem, nós criamos Deus à nossa imagem. Mas Xenófanes não era ateu. Em vez disso, ele era motivado por respeito pelos deuses, e julgava espantoso dizer que eles se envolviam em adultério e roubo, ou mesmo que vestiam roupas. Mesmo em um de seus poemas não filosóficos, ele disse que os poetas deviam dedicar hinos piedosos aos deuses e não falar de guerra ou enfrentamentos entre gigantes e titãs, tema favorito da poesia mítica. Assim, parte da posição de Xenófanes consistia em simples e antigo ultraje moral: descrever Cronos castrando seu pai não é adequadamente reverencial. Não envia uma boa mensagem para todas as crianças que o ouvem. Mas ele também tem sua própria concepção positiva de Deus, que ele pensa que *seria* compatível com a religião e adequadamente reverencial.

Xenófanes parece ter chegado à sua concepção invertendo o tratamento de Homero e de Hesíodo. Seu Deus não seria semelhante aos humanos; em vez disso, seria tão diferente dos humanos quanto possível, e melhor em todos os aspectos. Diferentemente de nós, Deus não necessita de nada, a despeito do que os poetas queriam que acreditássemos. Assim, pode-se parar de sacrificar esses animais. Deus não se move de maneira alguma – Ele não precisa ir a parte alguma – e talvez nem mesmo tenha um corpo. Por outro lado, como os deuses homéricos e hesiódicos, Ele é muito poderoso. De fato, Ele pode "sacudir tudo" apenas pelo pensamento, como diz

Xenófanes (§ 171); essa frase ecoa sua nêmese, Homero, que diz na *Ilíada* que Zeus sacode o Olimpo. Outro fragmento de Xenófanes diz que Deus vê, pensa e ouve como um todo – em outros termos, Ele não faz nada senão pensar e perceber (§ 172). Talvez o que seja mais marcante, Xenófanes afirma que "Deus é uno entre deuses e homens, incomparável aos mortais em corpo ou pensamento" (§ 170). Esse fragmento é um pouco confuso: "Deus é uno entre os deuses"? Dirá que existe apenas um Deus, ou um Deus que é maior do que todos os outros deuses? Se for o primeiro caso, então Xenófanes está abandonando não só a concepção antropomórfica dos deuses que encontramos nos poetas, mas até mesmo a ideia de que existem muitos deuses. Podemos vê-lo como outro passo na direção da simplicidade, tal como encontramos nos milésios. Cada um deles tem seu princípio único: a água, o ar ou o infinito. Xenófanes tem seu Deus uno.

Assim, o que dizer quanto a todas as coisas que os poetas explicaram se referindo a seus múltiplos deuses? Um belo exemplo é o que Xenófanes diz quanto ao arco-íris. Os gregos tinham uma deusa, chamada Íris, que era identificada ao arco-íris. Bobagem completa, diz Xenófanes: um arco-íris nada mais é do que uma nuvem com algumas cores (§ 178). No que diz respeito ao Sol, não é um deus chamado Hélio, é uma bola de fogo que foi reunida (§ 175). Podemos ver aqui Xenófanes estendendo a ideia de seus predecessores milésios como uma forma de substituir a visão de mundo dos poetas. É quase irresistível chamar a esse novo tratamento de "científico", porque se refere a materiais físicos como nuvens, em lugar de deuses e deusas. Porém, mais uma vez como os milésios, ele não se livrou do sentimento religioso. Se ele está a dizer algo, é que o respeito adequado pelo religioso deve nos levar a adotar sua concepção de um Deus único que não faz nada a não ser pensar, e não tem nada em comum conosco a não ser sua capacidade de pensar. Mas por que Deus está pensando, e não se movendo ou fazendo qualquer outra das coisas que fazemos? Talvez porque pensar seja a única coisa que os humanos fazem que seja merecedora de Deus. Mas mesmo aqui, Xenófanes insiste que Deus não tem nada a ver conosco: é incomparável conosco tanto em corpo *quanto* em pensamento. Pode-se notar, por exemplo, que não podemos sacudir todas as coisas apenas pensando a seu respeito.

Pode-se apenas imaginar o que os contemporâneos de Xenófanes devem ter pensado de tudo isso. Aonde pretende chegar esse tipo arrogante vindo da Jônia que diz que tudo aquilo em que acreditamos quanto aos deuses que acalentamos é tolo? E certamente Xenófanes, tal como o apresentei até aqui, parece, senão arrogante, pelo menos abençoado com tremenda autoconfiança. Seu maior alvo são os poetas. Mas outros fragmentos passam uma impressão diferente. Nesses fragmentos, ele mostra que tem uma atitude cautelosa, e talvez até mesmo cética, em relação ao que os humanos (incluindo a si mesmo) são capazes de conhecer. Ele diz que ninguém realmente conhece os deuses e outras coisas que nos contam; em vez disso, mesmo que você seja suficientemente afortunado para *acreditar* na verdade, você não *saberá* (§ 186). Isto é tão revolucionário como suas ideias acerca de Deus. Distingue-se entre acreditar em algo e realmente conhecê-lo, distinção que será tremendamente importante quando chegarmos a Platão, por exemplo. De fato, isto é importante para a filosofia como um todo: a tentativa de separar o que podemos conhecer daquilo em que tão somente acreditamos.

Mas não fica exatamente claro o que Xenófanes está dizendo aqui: Quais são as coisas que ninguém pode nem sequer conhecer? Ele está dizendo, pelo menos, que a natureza de Deus, ou dos deuses, está além da apreensão humana. Em outro fragmento, no qual parece que discorre a respeito de seus próprios ensinamentos, ele diz "deixe que acreditem nessas coisas como sendo *semelhantes* à verdade" (§ 187). Onde está essa tremenda autoconfiança agora? Ela parece ter sido substituída por uma profunda modéstia quanto às capacidades de entendimento humanas. O melhor que cada um de nós pode fazer é encontrar as crenças mais plausíveis e apropriadas. Mas isso não impede Xenófanes de ser demasiado duro com pessoas que não alcançam essas crenças plausíveis e apropriadas, especialmente acerca de um tópico tão importante quanto a religião. Nós não *sabemos*, talvez, que Deus pensa e pode sacudir todas as coisas pelo pensamento, mas devemos *acreditar* nisso. Ao passo que certamente não devemos acreditar que Deus comete adultério.

Esses temas de Xenófanes reverberarão ao longo da filosofia pré-socrática, bem como em Platão e em Aristóteles. Outros pré-socráticos também farão a distinção entre aquilo em que podemos apenas acreditar e aquilo que de fato conhecemos; mas tenderão a ser mais confiantes quanto às suas próprias concepções do que era Xenófanes. Também continuaremos a assistir a uma espécie de rivalidade entre os filósofos e os poetas. Isto é verdade para Heráclito, por exemplo, a quem em breve visitaremos. Heráclito insulta Hesíodo e Xenófanes na mesma frase ao dizer que ambos nos mostram que aprender muitas coisas não garante que você seja inteligente. Mas, primeiro, examinaremos outro filósofo a quem Heráclito insulta na mesma passagem. Esse filósofo será um cuja relação com a religião grega tradicional será muito mais amigável do que a de Xenófanes – com efeito, ele não era tanto um amigo dos deuses como um membro da família.

4

O HOMEM COM A COXA DE OURO: PITÁGORAS

Os filósofos sempre amaram a matemática. Não é difícil ver o motivo disso: uma das coisas pelas quais eles mais se interessam é pelo conhecimento. Acabamos de ver um dos primeiros filósofos gregos, Xenófanes, fazendo uma distinção entre realmente ter conhecimento da verdade e ter meras crenças. E se você procura um exemplo sólido e belo de conhecimento a matemática é o melhor que existe. Você simplesmente não acredita que 2 + 2 = 4, você de fato *sabe* isso. Ou, pelo menos, isto é o que a maior parte das pessoas pensa: que a matemática é uma espécie de padrão-ouro à luz do qual outros exemplos de suposto conhecimento podem ser medidos.

Essa maneira de ver a matemática remonta até a filosofia grega, mesmo que, é claro, a matemática seja muito anterior. Não me refiro apenas ao contar ou ao efetuar pequenas somas. Os babilônios e egípcios eram peritos nos tipos de matemática requeridos para agrimensura e astronomia. Já vimos que Tales, o primeiro filósofo pré-socrático, estudou alguma astronomia e pode ter obtido uma parte de seu conhecimento acerca do assunto dos egípcios. Também Pitágoras, segundo a lenda, viajou para o Egito e pode ter adquirido algum conhecimento da matemática lá. Assim, a matemática é mais antiga do que a filosofia, mas ambas foram companheiras muito próximas desde que a filosofia entrou em cena. Platão é famoso por ter enfatizado os vínculos entre filosofia e matemática. Supostamente, ele tinha uma placa na entrada de sua Academia que dizia: "Que não entre aqui quem não souber geometria". Embora a matemática seja uma das poucas disciplinas em que Aristóteles não foi um gênio pioneiro, ele teve permissão para entrar na Academia, e com frequência ele trata a matemática como um exemplo paradigmático de conhecimento. Podemos encontrar atitudes similares muito mais tarde na filosofia grega. Galeno, por exemplo, o grande médico do século II d.C., uma vez rechaçou um ataque cético se refugiando nas certezas da matemática. Seu contemporâneo, o igualmente grande astrônomo Ptolomeu, diz que, entre as ciências teóricas, a matemática é a única disciplina de fato certa[6].

Mas muito antes de Galeno e de Ptolomeu, na verdade, bem antes de Platão e de Aristóteles, houve Pitágoras. Praticamente todo mundo ouviu falar de Pitágoras, nem que seja devido ao teorema que leva seu nome. Posso contar a novidade de imediato: não há bons indícios de que Pitágoras tenha de fato descoberto o teorema de Pitágoras. Em todo caso, era conhecido de seus seguidores, os pitagóricos. Isto dá o tom do restante de nossa discussão de Pitágoras. Sabemos em demasia acerca da tradição dos pitagóricos, que dele derivam seu nome, mas sabemos muito pouco acerca do próprio homem. Entre os pré-socráticos, todos os quais foram cercados por uma boa dose de desinformação e de lenda, ele se destaca como uma figura que foi mais um mito do que um homem. Mas que mito! A ele é atribuído ter sido o primeiro a fundir filosofia e matemática, ser autor de milagres, ser divino ou semidivino, filho seja de Apolo, seja de Hermes. As crenças a ele atribuídas vão desde ideias metafísicas e religiosas antigas, por exemplo, a reencarnação, até ensinamentos éticos caseiros, por exemplo, de que não se deve comer feijões ou carne. Tipicamente, existem outros textos que dizem que ele comia carne[7].

Mas antes de sermos arrastados pelo mito – e, não se preocupe, seremos arrastados por ele dentro em breve, pois o mito é muito bom para que se silencie a seu respeito –, comecemos com o que sabemos acerca do homem. Vimos que os primeiros pré-socráticos vieram de Mileto, na costa da Ásia Menor, na atual Turquia. Xenófanes também veio de lá, mas viajou para o Leste. O mesmo deslocamento vale para Pitágoras: temos boas

---

6. Para Galeno, cf. *Meus próprios livros*, 40 em Singer, 1997. Para Ptolomeu, *Almagesto* I.1; tradução inglesa em Toomer (1984).

7. No campo antivegetariano estava o pitagórico Aristóxenes (DL, 8.20); mas a maior parte das fontes sustenta que ele jamais comeu carne, um exemplo enfático sendo o platônico Porfírio, da Antiguidade tardia. Para sua fascinante defesa do vegetarianismo, cf. Porfírio (2000).

indicações de que ele era de Samos, uma ilha ao largo da mesma costa (§ 264). Mas também ele viajou através do Mediterrâneo, possivelmente tendo deixado seu lugar de nascimento porque não podia suportar a presença do tirano local, Polícrates (§ 266). O lugar ao qual ele é mais associado, por conseguinte, não é Samos, mas Crotona, uma cidade na Itália meridional (§ 269-270). De fato, autores antigos gostavam de lhe atribuir a fundação de uma tradição filosófica distinta, a chamada "Escola itálica". Aqui pode valer a pena mencionar que a Sicília, a própria Itália e outras partes do Mediterrâneo ocidental foram colonizadas por gregos nos séculos anteriores ao surgimento dos pré-socráticos. Os gregos se mantiveram no sul da Itália por bastante tempo, até que os romanos por fim os expulsaram da região, a qual chamaram de *Magna Graecia*. O próprio Pitágoras teria vivido ali no século VI a.C., cerca de dois séculos após a fundação de Crotona, no final do século VIII[8]. Mas ter certeza acerca das datas que o cercam não é algo fácil. Sabemos que tanto Xenófanes quanto Heráclito se referem a ele nominalmente, o que significa que ele é aproximadamente um contemporâneo de ambos, o que é suficiente para nossos propósitos.

Assim, ali está Pitágoras, no sul da Itália, sem ter descoberto o teorema com seu nome. Outra coisa que ele não fazia era escrever livros. De fato, chama a atenção o fato de que Pitágoras e Sócrates, pode-se sustentar, foram os dois mais famosos filósofos antes de Platão e de Aristóteles, e nenhum deles escreveu nada. Talvez sejam tão famosos precisamente *porque* jamais escreveram nada. Sócrates, tal qual Pitágoras, tornou-se um personagem literário – um recipiente para as ideias e imaginações de outras pessoas. E, embora gostemos de pensar que temos uma ideia razoavelmente vívida do Sócrates real, graças a Platão e a outros autores, como o historiador Xenofonte, no caso de Pitágoras estamos realmente à deriva em meio a lendas e mitos. Não só Pitágoras é um pouco anterior a Sócrates, como sua maneira de fazer filosofia – se é que ele a fazia – era bem menos publicada do que a de Sócrates. Enquanto Sócrates caminharia com as pessoas no mercado e as assediaria pedindo-lhes para definir a virtude, Pitágoras e seus jovens alunos em Crotona supostamente observavam um código de silêncio para impedir que seus

---

8. Para uma visão geral detalhada do que é conhecido a respeito das várias partes do mundo grego antigo, cf. Grant (1987).

ensinamentos secretos fossem divulgados para não iniciados. É claro, talvez esse código de silêncio seja apenas outra lenda, mas permanece o fato de que temos pouquíssima ideia daquilo que o próprio Pitágoras disse ou pensou não só devido à falta de indícios confiáveis, mas porque os poucos indícios confiáveis parecem, com frequência, ser deliberadamente obscuros.

Para piorar as coisas, esses fragmentos de indícios confiáveis estão enterrados sob uma avalanche de indícios mais duvidosos de pessoas que viam a si mesmas como "pitagóricas". Essa tradição de pitagorismo é uma das mais duradouras na filosofia grega antiga. Ela começa, de maneira deveras óbvia, com o próprio Pitágoras e seus seguidores imediatos. Houve então um movimento razoavelmente bem-definido de pitagóricos no século V a.C.; e Platão e Aristóteles, no século IV a.C., tinham associados e estudantes que se autodefiniam como pitagóricos. Aristóteles julgou esse fenômeno suficientemente interessante a ponto de escrever um livro a respeito de Pitágoras e de seus seguidores, mas infelizmente este se perdeu. São de fato os pitagóricos do século V a.C., após a morte de Pitágoras, mas antes do advento de Platão, que devem receber os créditos por fundir a filosofia com a matemática. Ideias como a harmonia das esferas – a noção de que as proporções dos corpos celestes são organizadas de acordo com algum tipo de ordenamento musical – provavelmente surgiu nesse período. Não obstante, todos os autores antigos presumem que o próprio Pitágoras tinha intenso interesse pela matemática, e podemos acompanhá-los nisto, ao mesmo tempo em que lembramos que seu interesse pode ter sido mais religioso ou simbólico do que técnico.

Os antigos autores que falaram de um pitagorismo precoce provavelmente construíram um contraste fictício entre dois tipos de seguidores do divino Protágoras (§ 280). Há aqueles que se interessam pelos preceitos religiosos e éticos que ele estabeleceu, os chamados *acusmata* (§ 275-276); e há aqueles que são os obcecados com a matemática. É entre os preceitos éticos, por exemplo, que temos a instrução de não comer feijões ou carne. Ah, e jamais toque num galo branco! Eu já mencionei a proibição de enterrar corpos vestidos com lã? É difícil para nós explicarmos essas regras, e não era muito mais fácil para os antigos: várias explicações simbólicas são fornecidas por autores posteriores favoráveis ao pitagorismo. No que se refere aos obcecados com matemática, estes são os pitagóricos que realmente interessam a Platão e a Aristóteles. Eles são mencionados nas obras remanescentes de Aristóteles, assim como em seu trabalho perdido a respeito dos pitagóricos, do qual só restaram alguns fragmentos. Trata-se de pensadores que chegaram ao ponto de dizer que as coisas no universo físico, de alguma maneira, são *feitas* de números (§ 430-432). Aristóteles afirma considerar essa ideia dificilmente compreensível, mas se estivermos nos sentindo generosos, podemos querer ver nisso uma antecipação da ideia moderna de que os conceitos matemáticos constituem os fundamentos da física. Veremos mais tarde que, em seu diálogo *Timeu*, Platão sugere que os elementos dos objetos físicos são literalmente feitos de triângulos, que se unem para formar objetos sólidos. Este é o tipo de ideia inspirada pelos pitagóricos, mesmo que não tenha sido algo que eles mesmos pensaram.

Os pitagóricos de inclinação matemática tinham uma compreensão do número profundamente simbólica, talvez até mística. São pessoas como Filolau, do lar adotado por Pitágoras, Crotona. Filolau e outros pitagóricos efetuaram avanços genuínos na matemática, mas também costumavam dizer coisas como esta: 2 e 3 representam simbolicamente a mulher e o homem, de modo que 5 é o número do casamento, pois é 2 + 3. Um número particularmente importante para eles era o 10, que, entre outras coisas, é a soma dos primeiros quatro números, aos quais eles chamavam de *tetraktis*; em outras palavras, 1 + 2 + 3 + 4 = 10. Aristóteles, de fato, diz-nos que os pitagóricos pensavam que deve haver um corpo celeste que está sempre oculto de nós, a chamada "antiterra", pois os corpos celestes visíveis, incluindo o Sol e a Lua, eram em número de 9, mas deve haver 10 deles, pois 10 é o número mais importante (§ 446-470).

Depois de Aristóteles e dos seguidores imediatos de Platão, os pitagóricos desapareceram por um tempo, mas fizeram uma grande reentrada no século I a.C. Nesse ponto, começamos a ver uma poderosa tendência de combinar as ideias de Platão com ideias pitagóricas, como o simbolismo dos números. Essa tendência sobrevive até o final da filosofia grega pagã, com a tradição à qual hoje nos referimos como "neoplatônica": chamamos aos filósofos da Antiguidade tardia do século III d.C. ao VI d.C. de neoplatônicos porque eram seguidores de Platão, mas também tinham muitas ideias "novas" que os estudiosos atuais não encontram em Platão. Para eles, uma das maiores influências foi a tradição de Pitágoras, a quem veem como a fonte última das próprias ideias de Platão. Assim, Pitágoras, um dos primeiros pensadores gregos, tornou-se uma das mais importantes autoridades e um dos mais importantes heróis intelectuais dos pensadores gregos na Antiguidade tardia, mil anos depois.

Um dos neoplatônicos que mais admirava Pitágoras era Iâmblico, que viveu entre os séculos III e IV d.C. Chegaremos a ele como filósofo de pleno direito em um volume futuro desta série. Eu o menciono agora porque ele escreveu um livro chamado *Acerca do modo pitagórico de vida*, que mostra a maneira pela qual Pitágoras era percebido nesse período bem posterior da filosofia grega[9]. Na época de Iâmblico, a lenda de Pitágoras prosperara de tal modo que ele era visto como sábio definitivo, o qual era capaz de operar milagres e que gozava de sabedoria aparentemente inesgotável. Em certa passagem, Iâmblico afirma que existem três espécies de seres bípedes: as aves, os seres humanos e Pitágoras. A afirmação se faz plausível em vista dos acontecimentos prodigiosos que ele atribui a este sábio e taumaturgo antigo (alguns dos quais já eram relatados muito antes, por exemplo, por Aristóteles). Por exemplo, Pitágoras dizia ter uma coxa feita de ouro, que certa vez ele exibiu em Olímpia. Seria capaz de ver o futuro, por exemplo, prevendo um terremoto. Poderia falar com animais, e mesmo dar-lhes instruções: Iâmblico o mostra se confrontando com um urso que vinha atacando pessoas na região, e persuadindo o animal a moderar seu comportamento. Se isso não for suficiente para impressioná-lo, ele também pode falar com locais geográficos: tanto Aristóteles como Iâmblico nos dizem que certa vez ele foi saudado por um rio (§ 273).

Esse tipo de coisa pode nos parecer divertido, hoje, mas tinha um propósito sério na época. Foi sugerido que a lenda de Pitágoras era enfatizada por autores como Iâmblico porque eles viviam em uma época em que suas crenças religiosas pagãs estavam sob pressão devido à rápida expansão do cristianismo. Para um platônico pagão como Iâmblico, ou como seu mestre Porfírio, que escreveu venenosos ataques aos cristãos, Pitágoras podia servir como um ideal de homem sagrado capaz de rivalizar com Jesus. Sua piedade

9. Tradução inglesa em Iamblichus (1991).

e seus ensinamentos religiosos foram enfatizados o tempo todo, e ouvimos o conselho de Pitágoras acerca de como se comportar em relação aos deuses e a seus templos. Ele diz, por exemplo, que não se deve jamais visitar um templo a não ser que este seja o motivo principal de sua viagem; apenas passar por um templo no caminho para algum outro lugar é inapropriado, mesmo que você esteja passando por um. Por outro lado, Iâmblico definitivamente vê Pitágoras como filósofo. Ele o vê, na verdade, como *o* filósofo: o fundador da própria tradição intelectual de Iâmblico e ainda o primeiro homem a chamar a si mesmo de *philosophos*, que significa "amante da sabedoria", já que *sophia* é o termo grego para sabedoria. Segundo esse relato, Pitágoras foi o primeiro a fazer do amor pela sabedoria um modo de vida.

Como seria de se esperar, Iâmblico também enfatiza as conexões de Pitágoras com a matemática, especialmente com a música. Desde cedo, na tradição pitagórica, música e matemática estavam intimamente ligadas. E não é de se admirar, pois as relações entre as notas são exemplos justos de razões matemáticas. De fato, você faria uma lira grega esticando numerosas cordas na mesma tensão: as diferentes extensões das cordas fornecem as diferentes notas. Iâmblico conta uma história pitoresca, na qual Pitágoras tem essa ideia quando passa por uma ferraria e ouve o martelo batendo contra o metal, repercutindo em diferentes tons. Pitágoras vai para casa, então, e experimenta esticar cordas com pesos, de modo que obtém diferentes razões musicais como a oitava. Iâmblico acrescenta a ideia bastante implausível de que Pitágoras de fato inventou toda uma gama de instrumentos musicais.

Os pitagóricos acreditavam que as harmonias musicais tinham algum tipo de afinidade com a alma humana, bem como algum efeito nela. Outro feito atribuído a Pitágoras – um que você pode tentar fazer em casa – é usar diferentes tipos de música para induzir diferentes estados emocionais, tal como Iâmblico diz que Pitágoras certa vez conseguiu fazer ao acalmar um homem bêbado enfurecido ao apenas fazer com que alguém tocasse o tipo correto de música em um conjunto de flautas. A ideia de que a alma e seus estados de alguma maneira reagiriam à música, se você quiser, combina com a ideia de que a própria alma poderia ser um tipo de harmonia. Essa ideia é mencionada, mas rejeitada, tanto por Platão quanto por Aristóteles[10]. A teo-

10. Platão, *Fédon* 85e-86d; Aristóteles, *De anima* 407b-408a.

ria pode nos parecer bastante plausível, desse modo. Segundo essa concepção, a alma não é uma entidade separada do corpo, mas, antes, é a afinação ou a proporção que mantém o corpo em funcionamento. Assim como a lira tocará mal, ou não tocará de todo, se as cordas foram tiradas da tensão harmônica correta, do mesmo modo um corpo se tornará defeituoso (doente, por exemplo) ou simplesmente morrerá se sua afinação for perturbada.

Mas existe um enigma aqui. Embora, em certo sentido, não surpreende ver Pitágoras obcecado com música e matemática, propondo esse tipo de teoria da alma, ela certamente não é a teoria da alma que o próprio Pitágoras adotou. Pois, segundo Pitágoras, a alma pode deixar o corpo de alguém e prosseguir para residir em outros corpos, incluindo os corpos de animais (§ 285)[11]. Em outras palavras, Pitágoras acreditava na reencarnação. Parte de sua lenda é que, diferentemente do resto de nós, ele era capaz de se lembrar quem ele tinha sido em suas vidas anteriores: por exemplo, ele foi o sujeito que matou Pátroclo, o amigo de peito de Aquiles na Guerra de Troia. Porém, mais uma vez, não há aqui nada mais do que lenda. Mencionei que Xenófanes se refere a Pitágoras pelo nome (§ 260): ele diz que Pitágoras ouviu um filhote chorando quando lhe bateram, e exclamou: "Pare, pois reconheci que sua voz pertence a um amigo meu!" Esta é uma pequena anedota às custas de Pitágoras, mas que só faz sentido caso se saiba de antemão que ele acreditava na reencarnação.

Talvez você não esteja convencido de que isso deve ser contado como filosofia. Suponho que, caso você encontre alguém em uma festa que esteja convencido de que era Maria Antonieta e então, depois da passagem pela guilhotina, uma girafa, você na pensaria: "Aha! Uma filósofa". Mas essa teoria da reencarnação pelo menos se relaciona, e talvez inaugure, uma teoria filosófica com grande linhagem: o dualismo. O dualismo é tão somente a visão segundo a qual a alma e o corpo são duas coisas distintas. Muitos dualistas extraem a inferência adicional de que uma pode existir sem o outro. Isto, obviamente, está implícito na ideia de reencarnação: a alma sobrevive à morte do corpo, a saber, de Maria Antonieta, antes de entrar no próximo, a saber, o de uma girafa. Talvez a concepção de Pitágoras fosse ainda mais forte –

11. Na verdade, é essa teoria que Aristóteles associa com Pitágoras em 407b.

e certamente pitagóricos posteriores desejavam interpretá-lo dessa maneira mais forte – e ele sustentasse que a alma e o corpo são entidades metafísicas completamente diferentes. Seriam mais diferentes, digamos, do que o seu nariz e o meu. São coisas distintas, e um pode existir sem o outro, mas são o mesmo tipo de coisa. Já segundo a maior parte dos pitagóricos na filosofia antiga, a alma e o corpo são tipos de coisas profundamente diferentes. A alma é imaterial e, provavelmente, indestrutível. O corpo é material e será inevitavelmente destruído. Essa concepção é o que os filósofos usualmente entendem quando usam a palavra "dualismo", e será defendida por muitos filósofos famosos. Platão e Descartes, especialmente, vêm à mente. De fato, há boas razões para pensar que Platão tinha o pitagorismo em mente quando desenvolveu sua versão particular do dualismo. Assim, demos um grande passo na direção de compreender os fundamentos de Platão, ou pelo menos o fundamento de um tema importante em sua filosofia.

E agora, se você me perdoar uma vez mais um trocadilho, completamos todo um círculo, o que nos faz voltar ao interesse dos pitagóricos por coisas como os círculos: números, formas e todos os outros objetos estudados na matemática. Não é coincidência, penso, que o pitagorismo seja associado tanto com teorias dualistas da alma quanto com uma ênfase na matemática. A alma postulada pelo dualista tem muito em comum com os números. Ambos são entidades abstratas, imateriais e, supondo que existam, parecem ter existido desde sempre. Como você matará uma alma imaterial ou assassinará o número 7? Uma razão pela qual o platonismo e o pitagorismo puderam se combinar tão facilmente é que tanto Platão quanto os seguidores de Pitágoras estavam interessados nesses objetos imateriais estáveis. Desejavam se afastar da confusão das coisas físicas, com sua constante mudança, e do fato de serem sujeitas a um número infinito de características diferentes. Esta por certo não é a única ideia que impulsiona Platão, mas parece ser a mais importante; e é ainda mais importante para pensadores posteriores que veem Pitágoras como o inventor da filosofia platônica, tal qual nosso amigo Iâmblico. Em tudo isso, os pitagóricos são muito diferentes de nosso próximo pensador, que certa vez observou que as coisas que ele mais valoriza são as coisas que podemos ver, ouvir e aprender a seu respeito. Seu nome era Heráclito.

5

O VELHO DO RIO: HERÁCLITO

Pode-se dizer que Heráclito de Éfeso é o último pré-socrático. Ele reúne muitas das características que associamos à filosofia grega antes que viessem Sócrates, Platão e Aristóteles. Por exemplo, a maior parte dos pensadores que examinamos até aqui desejava reduzir todo o cosmo a um princípio fundamental: Tales escolheu a água; Anaxímenes, o ar; Anaximandro, seu princípio mais abstrato, o ilimitado. Heráclito também tinha seu elemento básico, a saber, o fogo. Outro exemplo: esses pensadores também desejavam explicar a mudança e a oposição, e, uma vez que Heráclito entrou em cena, suas incursões nessa direção parecem com mero prólogo para sua teoria da unidade dos opostos. Mas, é claro, o fato mais óbvio acerca dos pré-socráticos é que lemos apenas fragmentos de seu pensamento. Só os conhecemos mediante intrigantes citações e paráfrases encontradas em autores posteriores. Heráclito, porém, de certa maneira escreveu em fragmentos. Seu corpo de textos não é diferente daquele de um comediante dos anos de 1950: consiste em grande parte de frases curtas.

Heráclito, ao que parece, escreveu um livro. Como a maioria dos pré-socráticos, é-lhe atribuída a autoria de um livro chamado *Acerca da natureza*. Esse título não significa que ele fosse um cientista natural, ou tão somente isso. A palavra grega para "natureza" é *physis*, de onde provém a palavra "física". Tal como utilizado por esses primeiros pensadores ela tinha um significado demasiado amplo. Natureza era praticamente tudo o que havia, e esse era o tópico do livro que Heráclito escreveu. Nele, ao que se relata, ele lidava com o cosmo, com questões políticas e com os deuses. Temos fragmentos a respeito de todos esses tópicos. Mas, com uma grande exceção, os fragmentos que temos de Heráclito não parecem, de fato, com excertos de um livro. Parecem, como dissemos, com frases, ou como enigmas filosóficos. Por exemplo: "O caminho para cima e para baixo é o mesmo" (§ 200). Ou, com um leve parafrasear: "Mar-água: saudável para os peixes, nocivo para os homens" (§ 199). Ou, a mais famosa: "Não se pode entrar duas vezes no mesmo rio" (cf. § 214). Com frequência, seus ditos envolvem jogos de palavras. O exemplo mais óbvio é: "O arco: seu nome é vida, sua obra é morte". Trata-se de um trocadilho, que não funciona em português, mas faz sentido em grego antigo: as palavras para arco e vida são ambas proferidas como *bios*. É com bons motivos, portanto, que os antigos se referiam a ele como "o enigmático" ou como "Heráclito, o obscuro". Ele não se tornou benquisto com esta modalidade de filosofia em sua cidade natal, Éfeso, mais uma cidade da Jônia, tal qual Mileto, Colofão e Samos, locais de onde provieram os nossos filósofos até agora. Diferentemente de seus contemporâneos no século VI, Pitágoras e Xenófanes, Heráclito não viajou para o Oeste. Parece que ele ficou muito contente em ficar no Leste e provocar as pessoas fazendo-as pensar, ou simplesmente irritá-las, com seus enigmas.

Como eu disse, há um fragmento que parece como um excerto de um livro, como se fosse o início de seu livro (§ 194). Não obstante, exibe sua característica inclinação para o jogo de palavras. Na sentença inicial desse fragmento, Heráclito escreve: "Os seres humanos demonstram não compreender o *logos* que é perene". Aqui ele cuidadosamente insere a palavra "sempre" (*aei*), de modo que possa ser lida também com o que vem antes: o *logos* sempre é – ou com o que vem depois: os homens sempre provam não compreender (Aristóteles a dá como um exemplo de grego mal-escrito, devido à sua ambiguidade – o que não foi o momento mais brilhante do filósofo de Estagira). Mas o que é essa palavra "*logos*"? É um termo que sempre apresenta dificuldade para tradução em textos filosóficos gregos; neste caso, é ainda mais difícil. Basicamente, *logos* significa "palavra", mas se expande para significar muitas outras coisas, como "explicação" e "razão", ou ainda "proporção" ou "medida". É de onde vêm todas as palavras terminadas em "logia". Por exemplo, "teologia" é fornecer uma "explicação", um *logos*, de "deus", *theos*; "antropologia" é fornecer uma "explicação", um *logos*, do "homem", *anthropos*; e já vimos que *bios* significa "vida", daí nossa palavra "biologia". Assim, é uma palavra deveras importante e é aqui, com

Heráclito, que se torna realmente crucial na filosofia grega. No início de seu livro, Heráclito nos diz que o *logos* de que ele fala é algo que ninguém compreende, nem mesmo depois de ouvi-la. As pessoas vivem em serena ignorância do *logos*, mesmo que os indícios estejam bem diante de seus olhos. O que é vergonhoso, já que o *logos* que Heráclito está querendo que você ouça é um que, segundo ele, explica absolutamente tudo; e aqui ele usa essa palavra "natureza" ou *physis*. Trata-se de uma explicação de tudo o que há.

O que estava contido nessa explicação? Outro fragmento do começo do livro, com a familiar forma curta, diz: "Ouvindo não a mim, mas ao *logos*, é sábio concordar que todas as coisas são uma" (§ 196). Despendeu-se muita tinta a respeito dessa sentença[12]. Entre outras coisas, por que ele distingue entre ouvir o *logos* e ouvir a ele, Heráclito? Não se trata de sua explicação, de seu *logos*? Talvez a ideia seja: não devemos acreditar nisso porque ele o está dizendo, mas porque é verdade. Outras explicações foram apresentadas; por exemplo, que aqui *logos* não significa realmente "explicação", no sentido das concepções oferecidas no livro de Heráclito, mas sim proporção que une todas as coisas, de modo que elas se revelam ser uma só. Por outro lado, esse *logos* precisa ser algo ao qual você pode dar ouvidos. Com efeito, todas essas interpretações podem estar perto da verdade. Heráclito gostava de jogar com os duplos sentidos das palavras gregas, e parece provável que ele tivesse em mente vários aspectos diferentes da palavra *logos* quando escreveu isso.

O que dizer a respeito da outra parte desse fragmento, de que devemos concordar que todas as coisas são uma? Isto é deveras estimulante, pois torna Heráclito o primeiro a respaldar o que é chamado de "monismo": a ideia de que tudo, em certo sentido, é uma unidade. Aqui, Heráclito antecipa a teoria de Parmênides, acerca da qual trataremos no próximo capítulo. Parmênides, como veremos, pensava que a unidade é tudo o que há, e, assim, rejeitava nossa experiência do mundo que nos diz que existem múltiplas coisas. Heráclito não ia tão longe, porém. Com efeito, é típico dele dizer que todas as *coisas*, no plural, são uma só. Sua ideia não é que a realidade é uma, em vez de múltipla; é de que a realidade é tanto multipli-

12. Cf., *e.g.*, Mackenzie (1988, p. 1-37). Para mais bibliografia, cf. Mackenzie (1988, p. 9-10).

cidade *como* unidade. Heráclito salienta a unidade, aqui, porque pensa que este é o aspecto da realidade que tende a nos escapar. Vivemos sem ouvir o *logos* porque nossa apreensão limitada só apreende um pequeno pedaço do mundo de cada vez. A filosofia de Heráclito visa a nos ensinar a ver toda a natureza – tudo o que existe – como um todo unificado, mas um todo que inclui muitas coisas diferentes.

E isso nos traz à ideia central de Heráclito, a chamada "unidade dos opostos". Já vimos exemplos dessa ideia em alguns de seus aforismos. Por exemplo, a água do mar envenena os humanos, mas o peixe necessita dela para viver. Trata-se da mesma água, mas com propriedades opostas. O arco é tanto "vida" (devido a seu nome, *bios*) quanto morte (devido à sua função, de matar). Um provérbio heraclitiano similar diz que burros preferem lixo a ouro. O ouro é valioso para nós, enquanto o lixo não tem valor para nós, mas, para o burro, dá-se o contrário. O mais claro exemplo é quando Heráclito diz que a estrada é a mesma, seja para cima, seja para baixo. Seu argumento aqui não é se a estrada para cima ou para baixo depende de nossa perspectiva, a saber, se você está situado no topo da montanha ou na planície. Seu argumento, em vez disso, é que a mesma coisa realmente é a estrada para cima e, ao mesmo tempo, é realmente a estrada para baixo. O ouro é, de fato, tanto valioso quanto inútil, assim como o lixo. Nossas perspectivas diferentes só são relevantes na medida em que nos levam a apreender apenas um dos aspectos opostos de cada coisa. Mais uma vez não estamos ouvindo o *logos*. Com nossa limitada compreensão, estamos tão somente cientes de que podemos comprar coisas com ouro, de que precisamos evitar beber água do mar e de que estamos caminhando para cima.

É claro, nem tudo no mundo une de maneira tão óbvia os opostos. Mas Heráclito tem algo a mais em seu bolso para persuadi-lo, aquilo pelo que ele é mais famoso: sua atenção ao fenômeno da mudança. Um de seus mais belos ditos é acerca de uma bebida popular entre os gregos da Antiguidade, feita de vinho, cevada e queijo. Ele disse que essa bebida de cevada permanece parada, mas somente quando se move. Para um exemplo com o qual estamos mais familiarizados, pense a respeito de um molho de vinagrete para a salada: como você tem de agitá-lo e então colocá-lo na salada rapidamente logo em seguida, antes que o óleo se separe do vinagre. A natureza da bebida ou da roupa depende do fato de que está em movimento, ou em mudança. Como o vinagrete, a unidade do mundo consiste no que Heráclito chamava de "guerra" ou "conflito" constante entre todas as coisas (§ 211). Talvez vejamos aqui por que Heráclito decidiu expressar sua filosofia nesses misteriosos enigmas fragmentários: a verdade do que ele estava tentando expressar era, em si, paradoxal, a saber, que a estabilidade reside precisamente na mudança, que a unidade reside precisamente na oposição.

Isto está em desacordo com aquilo que usualmente nos é dito acerca de Heráclito. As coisas que as pessoas tendem a associar a ele, mais do que qualquer outra, é a ideia de que tudo está sempre mudando e que, portanto, não *há* estabilidade e tampouco há unidade. Essa versão de Heráclito é demonstrada em seu mais famoso enunciado: "Não se pode entrar duas vezes no mesmo rio" (§ 214)[13]. O mundo é como o rio, ele não persiste, mas flui constantemente; existe apenas mudança e nada permanece o mesmo de um momento a outro. Algo interessante acerca dessa interpretação de Heráclito é que ela fornece um claro contraste com Parmênides, o qual pensa que a mudança é uma ilusão. Ele pensa isso, como veremos, porque todas as coisas são uma: para que a mudança ocorra, uma coisa precisaria se tornar algo diferente de si mesma, porém não há nada distinto de si mesma. Assim, teríamos Heráclito, que acredita na mudança ou no fluxo constante, e Parmênides, que acredita que a mudança é impossível. Bonito e fácil de lembrar.

Sou sempre favorável a facilitar a fim de lembrar as coisas, de modo que, lembre-se disso: a interpretação de Heráclito do fluxo é errônea, e é tudo culpa de Platão. Foi Platão, em seu diálogo *Teeteto*, que estabeleceu essa nítida oposição entre a teoria da unidade de Parmênides e a teoria do fluxo radical de Heráclito. Ele pode tê-lo feito de boa-fé. Sabemos de pessoas que viveram na época de Platão que se viam como seguidores de Heráclito, e, aparentemente, acreditavam nessa doutrina do fluxo. Um deles foi Crátilo, filósofo a quem, como veremos, Platão dedicou um diálogo. Crátilo é famoso por ter sustentado que é impossível nomear qualquer coisa, pois ela está sempre em mudança, em constante fluxo diante de seus olhos. Em vez disso, pode-se apenas apontar para ela. De maneira sagaz, ele

13. Sobre isso, cf. Tarán (1999, p. 9-52).

tentou superar Heráclito ao afirmar que não se pode pisar no mesmo rio nem sequer *uma* vez.

Mas esta suposta melhoria de Heráclito mostra o quão mal Crátilo, e talvez, como resultado, Platão, o compreenderam, pois Heráclito *acreditava* que há um e o mesmo rio em diferentes ocasiões. Podemos verificar isso a partir de uma versão diferente do famoso dito, cuja linguagem e propósito parecem estar mais próximos do que Heráclito realmente disse (ou talvez, tenham dito ambos). Nessa versão, ele disse: "Diferentes águas fluem por aqueles que pisam nos mesmos rios" (§ 214). É o *mesmo* rio em diferentes ocasiões, mas com diferentes porções de água em cada vez. Isto ilustra o ponto acerca do qual temos falado, a saber, a unidade dos opostos: assim como o ouro é tanto valioso como inútil, o rio é tanto o mesmo quanto diferente. Assim, talvez ele pensasse que todas as coisas estão constantemente em mudança e em fluxo, ao mesmo tempo em que permanecem as mesmas e estáveis. Isso explicaria o fato de ele fazer da guerra ou do conflito um tipo de princípio universal. Mas deixa de pé sua ideia de que todas as coisas são uma; de fato, isso explica *por que* ele pensa que todas as coisas são uma.

Talvez seja porque estivesse tão impressionado pela mudança e pela destruição que Heráclito escolheu o fogo como elemento fundamental de sua cosmologia. Em outro fragmento, ele diz: "Todas as coisas são trocadas pelo fogo, e o fogo por todas as coisas; como o ouro por bens, e bens por ouro" (§ 219). Sua ideia aqui é, em parte, que o fogo consumirá as coisas e, com efeito, há de transformá-las em si mesmo – pense em uma pequena chama engolindo toda uma floresta e, aparentemente, transformando-a em chama, até que esta se consuma e a conflagração termine. No entanto, Heráclito pensa que pode ocorrer também no outro sentido, o fogo se transformando em água e terra. De fato, ele vê uma oposição fundamental entre o fogo e a água. Os elementos podem se transformar uns nos outros, como o ar de Anaxímenes, que pode se transformar nos outros elementos. Podemos encontrar um paralelo da imagem de Heráclito de um pagamento com fogo com a ideia de Anaximandro de que todas as coisas pagam retribuição umas às outras. Aqui, temos o mesmo pensamento básico, mesmo que Heráclito utilize uma analogia econômica, em lugar de uma jurídica.

Outra razão pela qual Heráclito enfatizava o fogo, ao que parece, é que ele ficara demasiado impressionado com os corpos celestes e queria conferir-lhes um lugar principal em sua cosmologia. Ele disse que o Sol, a Lua, os planetas e as estrelas são de fato bolas cheias de fogo voltadas para nós, de modo que olhamos para os recipientes (§ 224). De maneira elegante, ele sugeria que a razão pela qual a Lua derrete e desaparece a cada mês é porque esse recipiente está girando lentamente, de modo que só podemos ver uma parte do fogo. Assim, a despeito de seu óbvio interesse pelos princípios fundamentais das coisas, Heráclito continua o interesse pré-socrático por fenômenos específicos do mundo natural, e, especialmente, pelas estrelas – lembre-se, isso recua até Tales, com seu conhecimento especializado em astronomia. O interesse deles pelas estrelas não é tão surpreendente. Afinal, esses filósofos viveram em uma época antes da eletricidade, e, portanto, antes da poluição luminosa. Se você caminhasse à noite, mesmo dentro dos muros de uma grande cidade como Atenas, você veria um espantoso céu estrelado, com mais estrelas do que a maior parte dos europeus consegue ver hoje. Se alguma coisa no mundo dos gregos antigos clamava por explicação, era o céu. Assim, tigelas de fogo viradas? Por que não?

Outra área de filosofia de Heráclito na qual o fogo desempenha um papel importante é sua teoria da alma humana. Com efeito, ele pensa que a alma humana é simplesmente *feita* de fogo. Quando morremos, é porque nossas almas de fogo se transformaram em água (§ 229). As almas mais ardentes – Heráclito as chama de almas "secas" – são aquelas que são as mais sábias (§ 230). E eis a minha coisa favorita dita por Heráclito: podemos explicar o comportamento patético de pessoas bêbadas pelo fato de que suas almas são úmidas (§ 231), presumivelmente devido ao vinho que beberam. Essa ideia de que a alma é feita de fogo faz mais sentido do que se pode pensar à primeira vista. Afinal, quando os humanos e outros animais estão vivos eles estão quentes, e é fácil notar que eles esfriam rapidamente assim que morrem. Heráclito não será o último pensador grego a sugerir que a alma tem algum aspecto impetuoso. Ele acrescenta – e, novamente, isto é algo com que filósofos posteriores concordarão – que nossa respiração está intimamente relacionada com a alma, sugerindo até mesmo que recebemos fogo do cosmo ao respirá-lo juntamente com o ar. Isso mostra que sua concepção do fogo não é apenas a de uma chama, como se veria em um incêndio; é uma concepção mais abstrata de alguma matéria seca, quente, em rápido movimento, que é a substância mais exaltada do universo. Note-se também como ele faz tanto das estrelas como das almas substâncias ardentes, sugerindo que compartilhamos uma natureza com o mundo celestial divino.

Um aspecto final do pensamento de Heráclito é um ao qual, em geral, não é dado muita ênfase. Mencionei que fontes posteriores lhe atribuíam escritos acerca de política, embora uma anedota antiga maliciosa sustente que Heráclito foi procurado pelas pessoas de sua cidade, Éfeso, que lhe pediram para escrever um conjunto de leis para eles, como fez Sólon para Atenas. Ele declinou, dizendo que preferia brincar com as crianças da cidade. Isso é bastante encantador, mas infelizmente não é uma história muito plausível. Em todo caso, não temos muita coisa de seu pensamento político, mas o que temos enfatiza obediência às leis da cidade: elas devem ser protegidas assim como se protegem as muralhas em um cerco (§ 249). Ele também diz que as leis humanas são apoiadas pelas leis de Deus (§ 250). Se essa referência à lei deve seu lugar ao *logos* e à unidade dos opostos de Heráclito é algo que não está claro, mas é tentador pensar que essas são regras absolutas de justiça que nossas leis imitam.

Uma última história a seu respeito que eu gostaria de mencionar também carece de plausibilidade histórica, mas tem em seu favor o fato de ser muito divertida. Segundo esse relato, Heráclito era tão misantrópico que acabou por se retirar da cidade e passou a viver nas colinas próximas a ela, subsistindo de plantas selvagens. Sua dieta lhe levou a sofrer de um problema de excesso de água em seu organismo. Ao retornar à cidade, de forma enigmática ele perguntou aos médicos se conseguiriam transformar uma tempestade em uma seca. Eles ficaram desconcertados, de modo que Heráclito decidiu resolver o problema sozinho indo para os estábulos, onde se enterrou na esperança de que o calor o fizesse expelir o excesso de umidade. Quando isso falhou, ele morreu (§ 190). É claro, trata-se de uma lenda, mas uma que inteligentemente une diferentes aspectos da filosofia de Heráclito: os enigmas, a severidade em relação à sociedade humana, a associação do calor com a saúde e a vida.

Em certo sentido, a lenda é fiel a Heráclito, que já forjara elos entre as diferentes partes de sua filosofia. As ideias que encontramos nos pré-socráticos pertencem a áreas da filosofia que distinguimos. Foi Aristóteles quem realmente se propôs a distingui-las. Hoje, é comum, e até mesmo esperado, que um filósofo profissional trabalhe apenas na ética, por exemplo, ou somente na área de filosofia da mente. Já Heráclito tinha algo a dizer a respeito de todos os assuntos filosóficos, e as diferentes coisas que ele tinha a dizer estão todas vinculadas entre si. Com efeito, seus vários ditos provavelmente são pensados para fazerem ressoar uns aos outros e para serem lidos uns ao lado dos outros. Assim, "Ouvindo não a mim, mas ao *logos*, é sábio concordar que todas as coisas são uma" deve ser lido junto com a sentença inicial, "Do *logos* que é sempre [...]". Um fragmento que ainda não mencionei poderia quase ser tomado como um comentário do trocadilho a respeito de "arco" e "vida", deixando mais explícita a relevância do exemplo para a unidade dos opostos. Nesse outro fragmento, Heráclito observa que as pessoas não percebem como as coisas são "unidas" pelo ser, "postas à parte", e dá os exemplos da lira e do arco, que são mantidos juntos ao serem mantidos em tensão (§ 209).

Assim, a despeito desses trocadilhos curtos e da ênfase nos opostos, o próprio pensamento de Heráclito também apresenta uma bela unidade. Nisto, antecipa as ambições sistemáticas de Platão e de Aristóteles, os quais, por exemplo, ligam o problema do que é ser um ser humano com o problema de como os seres humanos devem conduzir suas vidas. Em outros termos, para eles, a ética e o estudo da natureza humana estão intimamente relacionados. Até onde podemos dizer, Heráclito foi o primeiro, com seus fragmentos enigmáticos e curtos, que se entregou à tarefa de fazer filosofia de maneira sistemática. Porém, nisto foi superado por Parmênides, que oferece não um, mas dois sistemas: o sistema verdadeiro, que te diz que tudo o que você julgava conhecer estava errado; e o sistema que consiste em mera opinião, mas que, ainda assim, é deveras diferente daquilo que você pensava conhecer. Parmênides tem muito mais em comum com Heráclito do que Platão nos levou a acreditar, mas há pouca dúvida de que, com ele, estamos de fato entrando numa nova era da filosofia, a qual podemos denominar de era da metafísica. Trata-se de uma era que ainda não terminou.

6

O CAMINHO MENOS PERCORRIDO: PARMÊNIDES

O estilo sistemático e abrangente de filosofia do qual Heráclito foi o pioneiro, e seguido tanto por Platão como por Aristóteles, não está mais em voga. Talvez porque a filosofia cresceu demais para que qualquer pessoa a trate como um todo ou porque ora se valoriza mais a especialização do que a sistematicidade. No mundo anglófono, ao menos, os filósofos tendem a valorizar a profundidade em detrimento da abrangência. E não sem boas razões, uma vez que a filosofia é composta por partes e cada uma delas parece ser demasiado desafiadora por si própria. É claro, há partes da filosofia que nos dizem o que fazer: a ética e a filosofia política. Tanto a palavra "ética" quanto a palavra "política" provêm do grego: no grego antigo, *ethos* significa costume ou caráter, e *politikê* significa "político", pois *polis* significa "cidade". As duas outras grandes áreas da filosofia são a epistemologia e a metafísica, e você jamais adivinhará de onde provêm essas palavras: do latim! Não, brincadeira, são mais uma vez palavras gregas. Epistemologia é de *episteme*, e significa "conhecimento"; assim, epistemologia é o estudo do conhecimento. Por exemplo, epistemólogos desejam saber qual a diferença entre conhecimento e crença, ou se sequer é possível conhecer alguma coisa, em geral.

Metafísica tem uma etimologia um pouco estranha. Significa de fato "após a física", e muitos filósofos da Antiguidade tardia e da Idade Média consideraram que a metafísica é literalmente a disciplina que se estuda depois de estudar a física: você se gradua ao passar do estudo do mundo físico para o do mundo "metafísico" das coisas imateriais, como Deus. Outra possível derivação para a palavra é que o livro de Aristóteles acerca da metafísica passou a ser chamado assim porque era estudado, ou apenas colocando na estante, depois de seus livros acerca da física. Em todo caso, a ciência da metafísica é primeiramente assinada de maneira explícita por Aristóteles em seu livro com esse título, ainda que ele não tenha dado esse título à obra. Aristóteles chama a metafísica de "primeira filosofia", "primeira" não porque é a primeira que se deva estudar, mas porque é a investigação filosófica mais fundamental. Ele nos diz que aquilo que a metafísica estuda é o *ser*. Em outros termos, estuda qualquer coisa que exista, na medida em que existe. Isso significa que muitos dos problemas tradicionais da filosofia são problemas metafísicos: Deus existe? Há algo como a alma humana? Há alguma coisa além dos corpos físicos? Outros tópicos, como o problema do livre-arbítrio, são usualmente considerados como pertencentes à metafísica, ainda que estejam relacionados à ética.

Nosso próximo pensador pré-socrático, Parmênides, foi o primeiro filósofo de quem podemos dizer que nutria um claro interesse pela metafísica, o estudo do ser – o estudo do que existe. Por certo, encontramos ideias metafísicas em alguns dos pré-socráticos dos quais já tratamos, Xenófanes, em especial, com sua crítica dos deuses gregos tradicionais. Em parte, em virtude disso alguns autores antigos tentam nos convencer de que Xenófanes foi mestre de Parmênides. Mesmo que isso seja cronologicamente possível, nós provavelmente não devemos levar tal sugestão muito a sério, uma vez que os antigos tentavam dizer a todo instante que todo filósofo famoso era discípulo de algum outro filósofo famoso. É claro, Sócrates de fato foi professor de Platão, e Platão de fato foi o de Aristóteles, o que, de certa maneira, contradiz o argumento que tento respaldar aqui... Assim, talvez eu diga apenas que esta é a exceção que prova a regra, o que quer que isso signifique, e sigamos adiante.

Em referência à cronologia, isto nos conduz a outro aspecto acerca de Parmênides, a saber, que ele constitui o primeiro filósofo de nossa análise cuja atividade intelectual se deu no século V a.C., não no século VI a.C. Platão escreveu um diálogo que retrata um velho Parmênides encontrando um jovem Sócrates em Atenas. Isto também é algo que provavelmente não devemos levar muito a sério; mas, a não ser que Platão esteja realmente brincando com a cronologia, isto significa que Parmênides teria sido um adolescente quando o século V a.C. teve início. Este século seria uma época de turbulências para os gregos, com os persas tentando invadir a Grécia continental em mais de uma ocasião, e as duas alianças lideradas por Atenas e Esparta enfrentando uma a outra na Guerra do Peloponeso, a qual grassou no final do século. Mas seria uma boa época para a filosofia e a ciência gregas. Não só esse século assistiu às carreiras maduras de Parmênides e de Sócrates, como foi o período no qual os pitagóricos construíram os sistemas matemáticos, como já discutimos; foi a época na qual a medicina grega começou a funcionar de fato; e quando Empédocles, Anaxágoras e os atomistas desenvolveram as ambiciosas cosmologias das quais nos ocuparemos nos próximos capítulos. Esse século da filosofia terminou com uma explosão um ano depois, quando Sócrates foi executado pelos atenienses, em 399 a.C. Aliás, essa é uma boa data para se lembrar, se você for o tipo de pessoa que gosta de se lembrar de datas: 399 a.C., a morte de Sócrates.

Dado o caos e a guerra que grassavam na Grécia continental, bem como a dominação da Jônia por reis sejam aliados, sejam súditos dos persas, talvez não cause surpresa que no século V a.C. a ação filosófica em grande parte se mova para o Ocidente, para a Itália e a Sicília – embora até mesmo esse lugares tenham sido arrastados para o conflito entre Atenas e Esparta na última parte do século. Parmênides e seu pupilo, Zenão, eram de Eleia, na Itália, e, como vimos, a Itália também se associava veementemente com os pitagóricos. Empédocles nasceu e atuou na Sicília. Anaxágoras é a principal exceção, uma vez que era da Jônia, como a maior parte dos filósofos que examinamos até aqui. Dali, Anaxágoras foi para a cidade de Sócrates, Atenas. Em todo caso, Parmênides se identificava profundamente com sua cidade de Eleia, de modo que seus seguidores foram com frequência chamados de "eleatas". Quando Platão criou um personagem em um de seus diálogos (o *Sofista*) para representar o tratamento parmenidiano da filosofia, chamou-o de "Hóspede de Eleia".

Mas é difícil ser muito mais estranha, ou estrangeira, do que a filosofia original de Parmênides. Pensadores sistemáticos como Platão e Aristóteles podem tentar nos persuadir que toda a filosofia é uma disciplina só. Isto não é nada comparado com o que sustenta Parmênides: que a própria realidade é una[14]. Nada jamais muda ou se move. Todo tipo de multiplicidade não passa de ilusão, seja a multiplicidade dos diferentes objetos, das diferentes cores ou dos diferentes eventos que ocorrem em tempos diferentes. Tudo isso é mostrado por intermédio de um poema escrito em versos hexâmetros, cuja primeira parte constitui uma incansável cadeia de argumentos que procede com base na pura razão, em vez de em observações quanto ao mundo à nossa volta. Nessa primeira parte de seu poema, Parmênides é o filósofo original de gabinete: ele pensa que pode estabelecer a natureza de toda realidade com um argumento puramente abstrato. Nisto, ele apresenta interessante contraste com Heráclito, o qual, em alguns de seus fragmentos, enfatiza que usa seus olhos e ouvidos para observar o mundo e para aprender as leis que o regem. Mas Parmênides e Heráclito concordam quanto a uma coisa: todos os demais, exceto eles próprios, são completamente confusos, inconscientes da natureza da realidade. Os pré-socráticos raramente careciam de autoconfiança.

Quiçá porque Parmênides saiba que aquilo que ele tem a dizer é espantoso, seu poema se inicia presumindo as armadilhas da revelação divina. Ele nos diz que viajara a bordo de uma carruagem na companhia de jovens ajudantes até os portões que conduzem aos caminhos da noite e do dia (§ 288). A deusa Justiça é persuadida pelas ajudantes a permitir que Parmênides entre com sua carruagem, e, então, ela o congratula por encontrar o caminho que os mortais não percorrem. Ela lhe diz que ele aprenderá duas coisas: primeiro, a verdade, e, segundo, as meras opiniões dos homens mortais. Elas correspondem às duas metades do poema que se segue. Na primeira metade, recebemos o chamado "caminho da verdade": os argumentos de Parmênides em favor da unidade do ser. Na segunda parte, o chamado "caminho da opinião", recebemos uma cosmologia bem similar à que encontramos nos primeiros pré-socráticos da Jônia.

Concentrar-me-ei no caminho da verdade, uma vez que se trata do trecho mais famoso e mais estimulante, mas primeiro permitam-me dizer

14. Sigo aqui a leitura mais "literal" de Parmênides, às vezes chamada de "monismo estrito". Vários outros tipos de interpretação, os quais admitem o reconhecimento de alguma multiplicidade, foram oferecidos. Para dois exemplos proeminentes, cf. Mourelatos (1970); Kurd (1998).

algo quanto a essa divisão do poema em duas partes. Tenho me referido a Parmênides como sendo o pai da metafísica, mas com essa divisão também podemos vê-lo a efetuar uma grande contribuição para a epistemologia. Você deve se lembrar que Xenófanes já distinguia a mera crença do conhecimento genuíno. Mas Parmênides vai muito além aqui porquanto dedica metade de seu poema ao conhecimento e a outra metade à crença. O que é interessante nisso é que ele dedique tanto tempo às meras crenças. A segunda parte do poema, que lida com cosmologia e com outros tópicos em ciência natural, não foi tão completamente preservada como a primeira, mas era claramente demasiado extensa, e, até onde podemos dizer, foi oferecida com intenção séria. Parmênides parece estabelecer as crenças que se deve adotar caso não se seja capaz de apreender a mais fundamental e subjacente verdade da unidade do ser. Temos um fragmento que, ao que parece, formava uma transição do caminho da verdade para o caminho da opinião (§ 300), e ele nos adverte ali que não se deve confiar no caminho da opinião: ele não é tão fundamentado quanto o caminho da verdade. Ainda assim, é a segunda melhor opção, pois, segundo Parmênides, trata-se da explicação mais plausível de coisas como os corpos celestes e o corpo humano, sendo estes o tipo de tópicos que ele tratava no caminho da opinião (§ 301). No caminho da verdade, o argumento racional nos mostrou que coisas como os corpos celestes são meras ilusões. Não obstante, Parmênides parece pensar que vale a pena fornecer uma explicação dessas coisas. Parece dizer-nos: se você rejeitar o caminho da verdade e acreditar que algo é falso, então pelo menos acredita nas falsidades apresentadas no caminho da opinião[15].

A principal mensagem do poema de Parmênides, no entanto, é que não devemos confiar nos sentidos, mas sim seguir o argumento filosófico aonde quer que ele conduza. Sigamos, então, o caminho menos percorrido: o caminho da verdade. Parmênides começa fazendo uma distinção entre dois possíveis caminhos de investigação: seja "é, e deve ser", seja "não é, e não pode ser" (§ 291). O segundo caminho é rejeitado, pois envolve tentar pensar acerca do que não é: o não ser não é algo acerca do qual possamos

15. Mais uma vez, esta não é uma leitura universalmente adotada. Alguns pensam, por exemplo, que as duas partes do poema são complementares, e juntas fornecem uma única explicação da realidade. Cf., *e.g.*, Finkelberg (1999, p. 233-248).

pensar ou falar de maneira dotada de sentido. Existe, na verdade, um terceiro caminho, mencionado um pouco depois, que é ainda pior: segundo esse caminho, dizemos tanto "é" quanto "não é". Isto apresenta o mesmo problema que teríamos para apreender o não ser, porém, além disso, conduz a uma contradição: tanto é quanto não é, diz Parmênides, este é o caminho que a maior parte das pessoas tenta seguir, e é por isso que a maioria das pessoas é totalmente confusa (§ 291). Com efeito, pior do que confusas: elas estão involuntariamente envolvidas em autocontradição.

É nessa altura que a maior parte dos leitores começa a suspeitar que não tem a menor ideia quanto àquilo de que Parmênides discorre. "É e deve ser?", "Não é e não pode ser?" O que é, e o que não é? Em grego não há sujeito explícito para o verbo "ser", ele tão só flutua livremente[16]. Bem pode ser, porém, que a ideia seja de que podemos aplicar o argumento a qualquer coisa que queiramos: tomemos uma girafa. Ou a girafa é, caso em que pensamos e falamos a seu respeito, ou não há girafa, caso em que Parmênides está certo, na medida em que, pelo menos, é difícil compreender como se pode pensar ou falar acerca dela. Ele parece certo, novamente, quando diz que o pior tratamento seria dizer que a girafa tanto é quanto não é. Assim, o caminho que nos é recomendado não fora trilhado por ninguém, até que Parmênides passe por esses portões: admitir somente o ser, ao mesmo tempo em que se evita completamente qualquer tentativa de pensar ou se referir ao não ser.

Uma vez que encetamos esse caminho, nós nos encontramos em território desconhecido. Para iniciantes, Parmênides aponta que o ser não pode *começar* a ser. Afinal, ele começaria a ser depois de ser não ser – mas o não ser é algo que prometemos não contemplar (§ 296). Pela mesma razão, o ser tampouco pode ser destruído: teria de se tornar não ser (§ 298). Parmênides infere disso que a mudança é impossível. Se houvesse mudança, qualquer mudança teria de passar do não ser para o ser, ou do ser para o não ser. Uma vez que em ambas as direções haveria o envolvimento de não ser, isto é impossível. Mas, como uma girafa, Parmênides parece esticar seu pescoço um pouco demais aqui. Nem toda mudança envolve criação e

16. Para um estudo clássico das dificuldades concernentes a esse verbo na filosofia grega, cf. Kahn (1973).

destruição, afinal. Posso mover uma girafa sem matá-la, por exemplo, pintando-a de azul, se conseguir alcançar tão alto e tiver tinta suficiente. E esta é uma mudança que não envolve não ser. Parmênides teria de cometer um sofisma para discordar, seja porque o azul da girafa pintada substitui o não ser do azul na girafa, seja, o que dá no mesmo, porque a girafa azul passar a ser depois de não haver uma girafa azul.

O mesmo tipo de argumento funcionará para qualquer suposta mudança, ou ainda para qualquer suposta diferença entre uma coisa e outra. Para comparar nossa girafa azul com uma que *não é* azul, precisaríamos utilizar o conceito banido de não ser. Assim, pode-se pensar nisso como um argumento pela unidade do ser ao longo do tempo. O ser não é uma coisa num momento e outra num momento posterior, uma vez que não pode mudar. Além disso, o ser precisa constituir unidade em qualquer momento do tempo, pois, se nele houvesse variedade, uma parte dele seria diferente de outra parte; todavia, já foi estabelecido que, para se apreender a noção de diferença, faz-se necessário pensar no não ser, o que não se permite. Parmênides apresenta um argumento adicional em defesa da unidade do ser em um único e idêntico momento do tempo. Esse filósofo assinala que, se o ser estivesse dividido, ele necessitaria de lacunas ou divisões. Tais lacunas ou divisões, é evidente, consistiriam em não ser, pois são diferentes do ser. Consequentemente, o ser constitui também continuidade (§ 297). Qualquer parte dele será precisamente igual a qualquer outra parte.

Obviamente, está começando a parecer que Parmênides não está falando a respeito de girafas, e não só porque elas eram poucas na Itália antiga. Na verdade, é quase impossível imaginar esse ser acerca do qual Parmênides fala, até que ele a compara com uma esfera (§ 299). Ele diz que é esférico, pois deve ter algum tipo de limite ou determinação. Esta talvez seja a passagem mais enigmática no caminho da verdade, a despeito da forte competição oferecida pelas demais passagens no caminho da verdade. Entre outras coisas, se o ser é uma esfera, não haveria não ser fora da esfera, o não ser acerca do qual não somos autorizados a pensar ou falar? Por essas e por outras razões, alguns intérpretes desejam ver essa ideia de que o ser é esférico como um tipo de metáfora: talvez, a ideia seja enfatizar que ela é determinada, porque podemos pensar, raciocinar e falar a seu respeito de maneira bem-sucedida. Mas ele pode entendê-lo de maneira mais literal e pensar que é uma esfera porque deve ter alguma forma, e a esfera é a forma mais perfeita – talvez reflexos do pitagorismo, aqui. Em todo caso, ele prossegue argumentando que o ser é perfeito, e aqui seu argumento é um pouco mais fácil de seguir. O ser deve ser perfeito, porquanto se não fosse careceria de algo: e nesse caso, conteria algum tipo de não ser, a saber, a ausência daquilo de que careceria.

Façamos uma recapitulação. As passagens que discutimos representam o argumento central do caminho da verdade de Parmênides, o qual chegou até nós de maneira quase integral. Isto, incidentalmente, deve-se a um comentador de Aristóteles chamado Simplício, que escreveu quase uns mil anos depois. Ele observou que o poema de Parmênides era difícil de obter em seus próprios dias – de modo que valia a pena copiá-lo extensamente em seu comentário. Ele também é uma fonte importante para os outros pré-socráticos. Assim, tomemos um momento para agradecer ao bom e velho Simplício. Em todo caso, temos esses extensos fragmentos do caminho da verdade, e o que eles mostram é que Parmênides oferecia uma dedução racional. Ele parte de um princípio básico – que se pode ter o "é", mas não o "não é" – e então prossegue para explorar as consequências disso, quaisquer que sejam elas. Independentemente do que façamos com seu argumento, trata-se de um salto quântico na história da filosofia. Parmênides não está apenas oferecendo explicações do que ele pode ver à sua volta, embora ele faça isso no caminho da opinião. Em vez disso, ele deposita toda sua confiança na razão, e confia mais na força do argumento do que na evidência de seus próprios olhos e ouvidos. Isso não significa que Parmênides seja o primeiro pré-socrático a oferecer argumentos. Já com Tales, sugeri que um dos argumentos implícitos que ele pode ter tido para suas concepções acerca da água é a afirmação de que tudo está repleto de deuses. Não obstante, Parmênides representa de fato algo novo. Ele tenta estabelecer um problema filosófico abstrato – a natureza do ser – com um argumento dedutivo explícito e complexo.

Mas, como se pode esperar, poucas pessoas foram persuadidas pelo argumento de Parmênides de que toda a realidade nada mais é do que uma única esfera imutável. Por outro lado, muitos dos filósofos posteriores a

Parmênides, cientes ou não disso, forneceram argumentos que lembram seu caminho da verdade. Por exemplo, o argumento pela perfeição do ser reaparece no período medieval como uma maneira de tentar compreender a perfeição de Deus. E, por certo, Platão e Aristóteles tomam Parmênides demasiado a sério. Aristóteles, por exemplo, dedica considerável energia para explicar como a mudança, afinal, é possível, a despeito do argumento de Parmênides de que ela envolveria não ser. Mais próximo de Parmênides foram seus seguidores mais imediatos, os outros eleatas. Eles trabalharam duro para defender as espantosas conclusões de seu mestre. Foi em busca desse objetivo que Zenão de Eleia desenvolveu o mais brilhante conjunto de paradoxos na filosofia antiga. Os paradoxos de Zenão tentam minar a possibilidade da mudança e da multiplicidade ao se apoiarem na tese de Parmênides de que ninguém pode contemplar o não ser sem acabar se autocontradizendo. Esses paradoxos serão – e, certamente, não serão – o tópico de nosso próximo capítulo.

7

NÃO SE PODE IR DESTE PONTO PARA AQUELE: OS ELEATAS

Imagine que você está na linha inicial de uma quadra de tênis. É a linha de trás que delimita a área a partir da qual se saca. É hora de mudar de lado; assim, você está a ponto de caminhar em direção ao outro lado da quadra. Você começa a percorrer um caminho de quase 24 metros, o comprimento de uma quadra regular; isto não parece particularmente desafiador. Quando você estiver na metade do trajeto, haverá, é claro, uma rede bloqueando o seu caminho, mas você imagina que lidará com esse problema ao chegar lá. Talvez você possa saltar por cima dela com facilidade, da mesma maneira que os tenistas costumavam fazer ao final de um jogo. Mas, antes de você chegar à rede, que aparece a cerca de 12 metros de distância, você chegará à linha desenhada na metade do caminho até a rede – como aqueles que conhecem tênis sabem, é chamado de linha de saque. Nesse ponto, você terá completado um quarto de seu percurso, tendo andado por cerca de 6 metros. Mas, é claro, para fazer *isso*, você primeiro teve de percorrer metade do caminho até essa linha de saque; você precisa andar 3 metros para frente. E, para fazer *isso*, você teve de andar metade desses 3 metros. Está começando a parecer um pouco mais difícil agora, não? Na verdade, agora que você pensa a respeito disso, existe quase literalmente um número infinito de coisas que você precisa fazer para caminhar até o outro lado da quadra: para chegar a qualquer ponto, você precisará atravessar metade do caminho até ele, e metade para essa metade, e assim por diante. Não existe um fim para as metades que você terá de percorrer. Seria melhor trazer um lanche para comer.

O experimento mental, obviamente, a quadra de tênis, foi inventado por um homem chamado Zenão de Eleia, que nasceu no início do século V a.C.

Foi associado e discípulo de Parmênides e, juntamente com Melisso de Samos, seu mais importante seguidor, Zenão é famoso pelos paradoxos que inventou em apoio da teoria de Parmênides de que o ser não pode mudar ou ser mais do que um. A palavra "paradoxo" é outra dessas palavras que provém do grego antigo. *Para*, neste caso, significa "contra", e *doxa* significa "crença": assim, se algo é *para doxon* é contrário a nossas crenças. O paradoxo das metades de Zenão, geralmente chamado de paradoxo do estádio ou da dicotomia (§ 318-320), é paradoxal nesse sentido. Ele mostra a você que é impossível se mover, e, ainda assim, você acredita que se move. Na verdade, você se move o tempo todo.

Paradoxos são uma grande maneira de introduzir as pessoas à filosofia, pois nos forçam a pensar com profundidade coisas que usualmente tomamos como certas. Há muitos tipos de paradoxos filosóficos. Por exemplo, em ética. Há dois prédios em chamas diante de vocês: em um deles, está sua mãe, em outro, várias crianças inocentes. Você só pode salvar os ocupantes de um deles: o que você deve fazer? Há também paradoxos acerca do tempo e do espaço; por exemplo, você entra em uma máquina do tempo, retrocede e vai para antes de ter nascido. Mas, então, como você existiu para que pudesse voltar no tempo? Esta, é claro, é a base deste clássico filosófico, o filme *De volta para o futuro*, o único caso que conheço em que a filosofia do tempo vem junto com um DeLorean. Existem também paradoxos lógicos, por exemplo, o paradoxo do barbeiro: imagine um barbeiro que faz a barba de todos os homens na cidade que não fazem a própria barba. O barbeiro faz ou não a própria barba? Ou o paradoxo do mentiroso: se digo "O que estou dizendo agora é uma mentira", esta é ou não uma mentira? E assim por diante.

Obviamente, diferentes paradoxos requerem diferentes tipos de solução. Você pode dizer que o prédio em chamas e outros dilemas morais não são realmente *paradoxos*. Tão somente não há uma resposta correta. O mundo às vezes nos põe diante de situações trágicas que não podem ser resolvidas moralmente. No caso de *De volta para o futuro*, podemos dizer simplesmente que semelhantes paradoxos mostram que a viagem no tempo é impossível. De modo similar, podemos dizer que o barbeiro no paradoxo lógico não pode existir. Em cada caso, o paradoxo nos força a parar e pensar a respeito do assunto em discussão, seja atravessar uma quadra de tênis, seja a natureza do tempo, sejam dilemas morais. Mas temos de supor que o paradoxo deve ser resolvido de uma maneira ou de outra. Dificilmente alguém deseja dizer que é e não é possível atravessar a quadra de tênis, ou que a sentença "esta é uma mentira" seja verdadeira *e* falsa.

Quando as pessoas pensam a respeito do paradoxo da dicotomia, naturalmente supõem que a tarefa consista em identificar o erro no raciocínio de Zenão. Essa estratégia presume que a tarefa do filósofo é defender o senso comum contra o paradoxo. Uma vez que nós evidentemente *atravessamos* quadras de tênis, deve haver um erro em alguma parte. É claro que esta é uma resposta perfeitamente razoável, mas não é a que Zenão esperava. O que ele desejava fazer, como discípulo de Parmênides, era mostrar que o movimento de fato é impossível. Parmênides, como vimos, afirmara que todo movimento e toda mudança são impossíveis, pois de alguma forma envolveriam o não ser. Parmênides argumentava de maneira positiva, partindo dos primeiros princípios – em particular, que só se pode falar e pensar acerca do ser, mas jamais acerca do não ser. Desse princípio, ele estabeleceu que o ser é imutável e eterno, uma esfera perfeitamente equilibrada. Zenão adota uma estratégia diferente, mais destrutiva. Com seu paradoxo da dicotomia, tenta mostrar-nos que o conceito de movimento é ele próprio sujeito à contradição. Que este era o método de Zenão é confirmado por Platão, o qual fez de Zenão um personagem em um diálogo que tem por estrela Parmênides, cujo nome lhe é homenagem. No diálogo *Parmênides* (127d-128a = § 314), Platão mostra Sócrates discutindo o livro de Zenão com o próprio Zenão. Sócrates pergunta se ele compreendera de maneira correta o objetivo do livro de Zenão: mostra que a crença na mudança e na multiplicidade conduz inevitavelmente à autocontradição. É exatamente isso, diz Zenão.

Há alguma incerteza quanto a como exatamente estava estruturado o livro de Zenão, e se todos os paradoxos a ele atribuídos estavam contidos nesse livro. Mas sabemos que ele de fato produziu uma série de argumentos paradoxais, alguns dos quais estavam acoplados um ao outro. Por exemplo, ele utilizou um argumento para mostrar que, se as coisas são muitas, então as coisas são finitas. E tinha outro para mostrar que, se as coisas são muitas, então as coisas são infinitas. Tomando ambos os argumentos em conjunto, pode-se concluir que, se as coisas são muitas, elas devem ser finitas *e* infinitas – uma contradição (§ 315). Assim, as coisas não são muitas; em vez disso, o ser é uno, assim como ensinou Parmênides. Temos uma informação acerca de um sem-número dos paradoxos de Zenão. Alguns são um tanto quanto complicados, de modo que discutirei alguns poucos deles, especialmente dado que já estou quase na metade deste capítulo (Zenão, assim eu te refuto).

Primeiro, retornemos ao paradoxo da dicotomia. Ei-lo aqui novamente, sem a quadra de tênis: sempre que você se mover de A para B, você terá de se mover para C, o ponto no meio do caminho entre A e B; para fazer isso, você tem de se mover para D, que é o meio do caminho entre A e C; e assim por diante. Haverá um número infinito de pontos assim, o que significa que, para se mover de A para B, você tem de realizar um número infinito de tarefas, o que é impossível. Ora, para colocá-lo da forma que faz Aristóteles quando o apresenta (§ 320), você tem de entrar em contato com um número infinito de coisas (a saber, os pontos intermediários). Mas por que isso é impossível? O é ou porque você tem apenas um tempo finito para visitar todos esses pontos, ou tão somente porque ninguém pode fazer um número infinito de coisas. Outro dos paradoxos de Zenão defende precisamente o mesmo argumento. Imaginamos que Aquiles aposta uma corrida com uma tartaruga, esta saindo na frente. Aquiles tenta alcançá-la o mais rapidamente possível. Porém toda vez que ele atinge o ponto em que a tartaruga estava antes, esta se moveu pelo menos um pouco mais. E quando Aquiles alcança essa nova posição, a tartaruga já se moveu novamente. Aquiles não é capaz de alcançá-la, por mais rápido que corra (§ 322).

Podemos refutar Zenão de outra maneira além de nos levantarmos e irmos embora, de modo que se prove, assim, que o movimento é possível afinal? Pensa-se às vezes que certa matemática moderna, e especialmente nossas noções de infinito, resolveram o paradoxo da dicotomia. A ideia seria, suponho, que hoje não temos problema em aceitar que a série metade, um quarto, um oitavo, um dezesseis avos e assim por diante somam um. De fato, podemos dizer que o número representado por essa série *é* um. Assim, é deste modo que a distância é coberta. Mas isto não é uma solução: afinal, o paradoxo de Zenão repousa precisamente nesse fato, isto é, que a distância total é igual à soma da série infinita. Isto não significa que a compreensão de infinito de Zenão seja a mesma que a nossa. Mas este pode não ser o ponto decisivo: o problema não diz respeito à matemática, mas ao tempo e ao espaço. Decerto, podemos fazer hoje um modelo matemático da ideia de dividir o espaço ou um movimento em partes infinitamente pequenas. Mas o paradoxo de Zenão não é somente acerca de um modelo matemático, é acerca do tempo, do espaço e do movimento. Sua pergunta para nós seria: Certo, você obteve o modelo matemático; mas como ele se relaciona com o que realmente acontece[17]?

Aristóteles, penso eu, oferece a resposta mais relevante para Zenão (*Física* 233a). Ele diz que se pode dividir o tempo necessário para ir de A a B juntamente com a distância de A a B. Por exemplo, se leva vinte segundos para ir de A a B, levará dez segundos para ir até a metade desse percurso, cinco segundos para percorrer um quarto do caminho, e assim por diante. É simplesmente um erro, cometido por Zenão, pensar que é preciso uma quantidade infinita de tempo para visitar esse número infinito de pontos, pois as divisões se aplicarão tanto no tempo quanto na distância. Essa resposta, porém, presume que Zenão se preocupou com o fato de o movimento levar um tempo infinito para ocorrer. Mas, talvez seu argumento fosse, antes, que é impossível realizar um número infinito de movimentos particulares na quantidade finita de tempo que é necessária para realizar todo o movimento. Nesse caso, a resposta de Aristóteles de fato não resolve o paradoxo.

A menção ao tempo nos traz outro argumento de Zenão: o paradoxo da seta (§ 123-124). Aqui, considera-se uma seta, a meio-caminho entre o arqueiro e o alvo. Considere agora como as coisas se passam com essa seta em qualquer momento durante o voo – imagine que ela seja capturada por uma câmera. Nesse momento congelado pela câmera ela não está se movendo, pois pelo menos um pouco de tempo tem de passar para que qualquer coisa se mova. Como diz Zenão, ela está em repouso, pois está "contra alguma coisa igual". O que ele entende por isso, suponho, é algo neste sentido: nesse instante, a seta está exatamente alinhada com o pedaço de espaço que está ocupando, de modo que está em repouso em relação a esse espaço. É claro, isso será verdadeiro para qualquer instante durante o

17. Para tentativas contemporâneas de aplicar a matemática aos paradoxos de Zenão, cf. Grunbaum (1967), e, um pouco mais recentemente, White (1992).

voo da seta. Este, portanto, é o paradoxo: em qualquer instante durante o voo da seta ela parece estar suspensa sem movimento no ar. No entanto, ao longo de todo o tempo de seu voo, a seta aparentemente se move do arco para o alvo. Mais uma vez, nós presumimos com naturalidade que há algo errado com a maneira pela qual Zenão descreveu a situação. É dessa forma que reage Aristóteles (*Física* 239b). Ele se queixa que o tempo não é composto por instantes, a que ele chama de "agoras", que não têm duração; em vez disso, se você dividir o tempo, terá de dividi-lo em períodos de tempo. Talvez períodos muito curtos, como um milionésimo de segundo; mas mesmo um milionésimo de segundo leva algum tempo para passar, e a seta se moverá um pouco enquanto o tempo passa. Decerto, Zenão discordaria. Ele diria que se o movimento não pode ocorrer *agora* ele não pode ocorrer de todo – ainda que "agora" seja compreendido como desprovido de duração. E esta é a conclusão por ele visada. Como seguidor de Parmênides, ele simplesmente não acredita que qualquer coisa possa se mover.

Nem todos os paradoxos de Zenão dizem respeito ao movimento. Alguns têm a ver com nosso pressuposto ainda mais básico de que existe mais do que uma coisa no mundo. Como vimos, Parmênides sustentava que todo ser é imutável, eterno, contínuo e uno. Isso significaria, por exemplo, que você e eu somos a mesma coisa, a não ser que nenhum de nós dois existisse. Bem difícil de acreditar, de todo modo. Mas os paradoxos de Zenão tentam persuadir-nos de que se supusermos que *mais* do que uma coisa existe os resultados são igualmente ruins. Por exemplo, ele tentou mostrar que, entre duas coisas distintas quaisquer, deve haver uma infinidade de outras coisas (§ 315). Como ocorre com os paradoxos da dicotomia e da seta, precisamos especular quanto a como exatamente esse argumento funciona, mas penso que a ideia é algo como o seguinte. Imagine que você tem dois objetos, chame-os de A e B. Bem, eles precisam estar separados um do outro, uma vez que não são um único objeto contínuo. Assim, deve haver algum terceiro objeto, C, que separa A de B. Mas, agora, por que C é distinto de A, por um lado, e de B, de outro? Deve haver alguma quarta coisa que separa A e C, e uma quinta coisa que separa C e B. Como ocorre com o paradoxo da dicotomia, pode-se repetir esse argumento indefinidamente. A única maneira de escapar a ele é fornecer alguma explicação de como duas coisas podem tocar-se diretamente sem serem um único objeto, pois formam um corpo contínuo. É claro, deve-se tentar fornecer essa explicação. Mais uma vez Aristóteles foi o primeiro a tentar: ele dedica uma discussão inteira ao que significa para duas coisas distintas estarem em contato (*Física* 226b-227a). De certo modo, sua resposta é um tributo à fecundidade dos paradoxos de Zenão. Ainda que eles realmente não nos inclinem a acreditar que todo ser é uno, eles nos forçam a refletir quanto à natureza de coisas como o movimento, o tempo e o contato físico. É por isso que os filósofos ainda julgam seus paradoxos úteis. Qual Aristóteles, eles podem formular suas ideias positivas acerca do movimento e de outras coisas ao explicar como os paradoxos de Zenão devem ser resolvidos.

Encontramos uma estratégia bem diferente ao legado de Parmênides no outro grande eleata do século V a.C., Melisso de Samos. Leitores atentos lembrarão que Samos é também a ilha que nos legou Pitágoras, na parte leste do Mediterrâneo, na Costa da Jônia. Assim, quando chamamos Melisso de "eleata", entendemos que ele seguiu a filosofia de Parmênides de Eleia, e não que ele era de Eleia. Ao contrário de Pitágoras, Melisso teve um papel importante na história de Samos. O historiador e filósofo Plutarco conta-nos que Melisso conduziu seu povo em uma batalha naval contra os atenienses, e teve uma bela vitória (§ 519). Essa batalha desenrolou-se em meados do século V a.C., o que provavelmente significa que Melisso, tal qual Zenão, era uma geração mais jovem do que Parmênides. Pode ter sido ainda mais jovem do que Zenão. Em todo caso, sua filosofia é claramente uma tentativa de desenvolver e defender Parmênides, mas não sem divergir do mestre em alguns pontos.

Melisso segue o método de Parmênides, mais do que o de Zenão. Em outros termos, ele defende de maneira positiva que todo ser é imutável e uno, em vez de inventar paradoxos para minar o movimento e a multiplicidade. Como Parmênides, ele parte da ideia de que o ser não pode ter *começado*: para fazer isso, teria de provir do não ser, o que é absurdo (§ 525). Ele aplica esse argumento também ao espaço, assim como ao tempo (§ 526-528). Enquanto Parmênides dissera, aparentemente de maneira muito séria, que o ser tem forma esférica, Melisso nega que o ser tenha qualquer limite. Afinal, se houvesse limites teria de haver não ser além desses limites, e não há algo como o não ser. Assim, ele chama o ser de "ilimitado" ou "infinito": é a vingança do princípio de Anaximandro, o *apeiron*. Esses desenvolvimentos das ideias de Parmênides mostram que a filosofia eleata não era tão somente uma doutrina estática, recebida. Em vez disso, a própria teoria do ser imutável mudou, de modo que foi tomada em diferentes direções por Zenão e por Melisso, ainda que ao preço de contradizer os ensinamentos do Pai Parmênides.

Outra das ideias de Melisso, porém, teria sem dúvida encantado Parmênides. É seu argumento contra a possibilidade do movimento (§ 534). Mais uma vez, ele inicia com a exclusão do não ser. Nesse caso, o tipo de não ser que ele discute é o vazio: não pode haver um lugar que não contenha nada, pois não há algo como o nada. Para colocá-lo de outra forma, o vazio é impossível. Agora, Melisso aponta que, se o vazio não existe, logo, sua inexistência tornará o movimento impossível. Afinal, não haverá espaço vazio para que qualquer coisa se mova. O todo do ser será como um compartimento de trem tão apertado que ninguém pode se mexer. Depois desse argumento de Melisso, quem quer que deseje defender a ideia do senso comum de que o movimento *de fato* existe tem duas respostas possíveis. Seria preciso concordar que não existe vazio, mas insistir que existe movimento, de todo modo: sempre que uma coisa se move, alguma outra coisa é deslocada. Imagine as pessoas no compartimento de trem se sacudindo, talvez com dificuldade, cada uma se movendo no lugar de seu vizinho, cedendo o lugar para a pessoa de trás, e o mesmo ocorrendo com as outras. Esta era a visão de Aristóteles.

A outra resposta seria dizer que, com exceção do metrô em Londres na hora de pico, nenhum lugar está totalmente cheio: há de fato o vazio. Os corpos se movem em torno desse vazio, chocando-se uns com os outros. Em outros termos, aproximadamente o que pensamos hoje em dia. É claro, sabemos agora que o espaço exterior é vazio, ou em sua maior parte. Mas também todo corpo físico aqui na Terra se revela como contendo mais espaço vazio do que espaço preenchido. O que não me contaram na escola foi que essa concepção é bem antiga. Foi primeiro concebida em resposta aos eleatas, e talvez, especialmente, em reação a Melisso. Foi desenvolvida pelos antigos atomistas, Leucipo e Demócrito. Com as devidas escusas a Zenão, sigamos em frente para examiná-los.

8

O ÚLTIMO CORTE: OS ATOMISTAS

Já examinamos neste livro algumas teorias deveras extravagantes. Começamos com Tales a dizer-nos que o princípio de tudo é a água e que os magnetos têm alma, e Zenão acaba de tentar persuadir-nos de que é impossível atravessar uma quadra de tênis. Mas se você detivesse um historiador da filosofia na rua e lhe pedisse para nomear uma ideia da filosofia pré-socrática que se revelasse realmente verdadeira, a resposta mais provável que receberia seria: o "atomismo". Depois das teorias dos primeiros pré-socráticos, distantes, ao que parece, é confortante depararmo-nos com uma ideia que soa familiar. Todos os corpos são feitos de partículas tão diminutas que são invisíveis a olho nu, e a interação entre essas partículas explica os fenômenos que vemos no mundo visível à nossa volta. As partículas, é claro, são os átomos. A esta altura, dificilmente preciso dizer a vocês de onde provém a palavra "átomo". É grego antigo, novamente: *tomein* significa "cortar", e *atoma* significa quase literalmente "que não podem ser cortados". Em outros termos, os átomos são coisas que não podem ser divididas em partes menores. Não porque você não tem em mãos uma faca suficientemente afiada, mas porque, por natureza, elas são indivisíveis.

Não fomos além da palavra "átomos" e já descobrimos uma grande diferença entre o antigo atomismo e o atomismo da ciência contemporânea. Nossos átomos atuais são assim nomeados de maneira equivocada. Eles têm partes que podem ser divididas. Os átomos podem ser divididos agora, com insensível desrespeito pela etimologia. Ademais, as partes desses átomos contemporâneos, a saber, os protônios, neutrônios e eletrônios, são eles próprios formados por partículas menores, todos esses gluões, *quarks* e não sei o que mais. As partículas do cientista atual, portanto, são pouco justificáveis como "átomos". Talvez algum dia os cientistas nos digam que existe algum particular ainda menor ou mais fundamental, ou todo um feixe de partículas assim, que realmente são indivisíveis. Se eles nos disserem isso – talvez já o tenham feito, pois, francamente, não tenho prestado muito atenção nisso –, então essas partículas mais fundamentais serão comparáveis aos átomos gregos.

É claro, os antigos atomistas também chegaram à sua teoria de uma maneira bem diferente daquela da ciência contemporânea; isto é, sem experimentos químicos tampouco tabela periódica. Em vez disso, o atomismo defendido pelos pensadores do século V a.C. Leucipo e Demócrito foi alcançado por meio de um processo de raciocínio abstrato. Aqui, um útil ponto de partida é fornecido pelos paradoxos de Zenão. Como vimos no último capítulo, Zenão apontou problemas que podem resultar de presumir que distâncias ou corpos podem ser divididos ao infinito. Pegue um objeto bem conhecido como uma quadra de tênis ou uma girafa, e comece a cortar: divida-os ao meio; em seguida, divida essa metade pela metade; e depois divida o quarto resultante pela metade, e assim por diante. Zenão explorou o pressuposto de que não parece haver fim para esse processo. A distância ou o corpo se revelam ser, de alguma maneira, infinitos, e uma vez que a infinitude entra em cena, os paradoxos não estão muito distantes. Os atomistas detiveram Zenão supondo que, caso se continue a divisão de maneira indefinida, em algum momento encontrarão rocha dura. A girafa, a quadra de tênis e todas as outras coisas são feitas de átomos, os indivisíveis. Uma vez atingidos os átomos, é como se houvesse um diretor que envia um filme para ser exibido nas salas de cinema: você fez o último corte.

Este é apenas um dos lados do retrato do cosmo feito pelos atomistas. O outro lado, porém, não existe. É o nada no qual os átomos se movem; em outros termos, o vácuo ou vazio. Aqui, os atomistas reagiram ao argumento de Melisso de que o movimento é impossível: para que alguma coisa se mova ela precisa ir para um lugar vazio, mas um lugar vazio é nada, e não há algo como o nada. Os atomistas sequestram o impulso de pensamento de Melisso e o levam em outra direção. Uma vez que podemos ver claramente que o movimento é possível, deve haver algo como o nada, pelo qual as coisas estão se movendo (§ 545). Esse nada é o vazio. Agora precisamos ser cuidadosos. É tentador imaginarmos que os atomistas têm uma concepção do espaço tridimensional, bem como que eles dizem que o espaço pode ser pleno, caso em que temos um átomo, ou vazio, caso em que temos o vácuo. Porém, nossa evidência textual não os mostra trabalhando com uma terceira noção como "espaço", o qual seria independente tanto do ser quanto do não ser. Em vez disso, eles fornecem uma resposta direta à filosofia eleata. Além do ser, afirmam eles, há o não ser. O ser se constitui de átomos, o não ser se constitui do vácuo, e os átomos se movem para dentro do vácuo, os quais, ao que tudo indica, substituem o não ser pelo ser à medida que o fazem – precisamente aquilo que jamais acontece de acordo com Parmênides e seus adeptos.

Esse vínculo direto com o pensamento eleata é bem atestado por nossas fontes, por exemplo, por Aristóteles. Assim, temos boas razões para esperar uma conexão histórica entre os atomistas e os eleatas. Como mencionei, a antiga tradição quer que todo filósofo famoso tenha sido discípulo de algum outro filósofo antigo, e, assim, fez-se de Leucipo um associado de Parmênides e de Zenão (§ 359). Não precisamos acreditar nisso. Mas é verdadeiro, sem dúvida, que Leucipo estava bem familiarizado com a tradição eleata iniciada por Parmênides. Ele provavelmente respondia mais a Zenão e, especialmente, Melisso, do que a Parmênides. Demócrito, posterior a ele, parece ter tomado seu atomismo diretamente de Leucipo. Ambos viveram no século V a.C., mas com Demócrito estamos no ponto em que se mostra como é enganoso referir-se a esses primeiros pensadores como pré-socráticos. Demócrito, de fato, era um contemporâneo quase exato de Sócrates. Uma fonte sustenta que ele era um ano mais velho do que Sócrates, o que é uma margem muito estreita para qualificá-lo como pré-socrático (aliás, ele era um atomista, então cortar as coisas de perto era sua especialidade).

Infelizmente, não conhecemos muito a respeito da biografia seja de Leucipo, seja de Demócrito. Há alguma incerteza quanto ao lugar de origem de Leucipo. Julgo suspeito que sua cidade natal seja dada como Mileto ou Eleia: em outros termos, uma das duas cidades mais famosas no que se refere à filosofia pré-socrática. Soa para mim como um palpite educado, ou talvez não tão educado. A situação é um pouco melhor em relação a Demócrito, uma vez que podemos pelo menos nomear uma cidade natal para ele, a saber, Abdera, na Trácia (§ 542), na costa ao norte do Mar Egeu. No que concerne à sua filosofia, não é fácil dizer onde termina Leucipo e onde começa Demócrito. Nas antigas fontes, muitas das doutrinas atomistas são atribuídas de maneira indiscriminada a ambos. Os interesses de Demócrito parecem ter sido consideravelmente mais amplos, porém, e temos dele tanto fragmentos acerca da ética quanto acerca do atomismo. Outra coisa que parece específica de Demócrito, e à qual retornarei, é que ele extrai conclusões céticas impressionantes de sua teoria atômica. Aqui, é tentador estabelecer uma conexão com Protágoras, o sofista relativista ou cético que, como Demócrito, proveio da cidade de Abdera. Logo trataremos de seu pensamento e de seus colegas sofistas.

Mas, por ora, retornemos a esses átomos. Se eu lhe pedir para imaginar um átomo, desconfio que você pensará em uma esfera suave, redonda como as bolinhas que fazem parte do rolamento. Essas bolinhas microscópicas girariam à nossa volta, colidindo entre si e reunindo-se para formar corpos maiores. Se essa for a imagem em sua cabeça, ela não está muito equivocada. Para os atomistas, corpos maiores são de fato feitos de átomos, e os átomos de fato colidem e se unem. Mas ocorre que eles não se parecem com bolinhas de rolamento em nível microscópico. Ou melhor, somente alguns deles são assim. Há de fato átomos de todas as formas possíveis (§ 555). Alguns têm ganchos ou são curvos de várias maneiras, de modo que podem ficar ao lado uns dos outros ou se encaixar confortavelmente uns nos outros caso encontrem o tipo certo de átomo. Diferentes tipos de corpos maiores, visíveis, são feitos de átomos de várias formas e tamanhos. Por exemplo, Aristóteles nos conta que, para os atomistas, a alma é constituída de átomos especialmente lisos e redondos que podem fluir ao longo do corpo. Esses são átomos semelhantes às bolinhas de rolamentos, os quais podem se reunir para formar uma alma, mas não necessariamente o resto do corpo que a abriga.

Existe um número infinito de átomos (§ 557). Isto é crucialmente importante para os atomistas, e mostra uma vez mais como eles respondem aos eleatas, e especialmente a Melisso. Para este, o ser era uno e infinito; para os atomistas, o ser é múltiplo e infinito. Como já mencionei, a diferença é que os atomistas integraram o vácuo, o não ser, em sua descrição do mundo. O vazio separa o ser em muitas coisas, e essas coisas são infinitas.

Mas por que os átomos têm de ser infinitos? Não poderiam, digamos, ser exatamente dez bilhões de átomos se agitando em torno do vazio infinito? Em resposta a isso, os antigos atomistas invocariam uma regra que às vezes é chamada de princípio da razão suficiente. Ele afirma que deve haver alguma boa razão ou explicação para cada característica do universo. No presente caso, os átomos devem ser infinitos porque não há razão por que haveria um número finito particular qualquer deles. Certo, poderia haver exatamente dez bilhões de átomos – mas então, por que não dez bilhões mais um? Os atomistas poderiam fornecer o mesmo argumento para mostrar por que os átomos devem ter alguma forma concebível. Por que deveriam ser apenas esféricos, ou ocorrer, digamos, em apenas dez variedades? Em vez disso, eles terão toda forma que possam ter, uma vez que não há razão pela qual forma alguma forma possível esteja em falta, especialmente dado que os átomos são de número infinito.

Uma vez que os átomos têm diferentes tamanhos, parece que, em virtude do mesmo raciocínio, deve haver átomos de *todo* tamanho, incluindo alguns que poderíamos ver, e outros ainda muito maiores. Há alguma incerteza nas fontes aqui, com alguns relatos segundo os quais todos os átomos são invisíveis a olho nu, e outros sugerindo que os atomistas pensavam que havia átomos grandes o suficiente para serem visíveis, não apenas em nossa parte do universo. Mas tendo a pensar que Leucipo e Demócrito apenas presumiram que os átomos devem ser menores do que aquilo que podemos enxergar. De fato, eles poderiam fornecer uma boa explicação disso se quisessem. Eles explicavam a visão em termos de camadas ou membranas de átomos lançadas pelas camadas exteriores dos átomos visíveis, as quais passam pelo ar e entram em nossos olhos de modo que interagem com os átomos que perfazem nossa alma. Obviamente, um único átomo não pode lançar uma camada de átomos que são partes dele, de modo que, se houvesse um átomo enorme como esse, não teríamos como vê-lo, de qualquer modo. É claro, ele ainda poderia colidir conosco. Gosto da ideia de que algum dia um átomo invisível do tamanho de um elefante possa vir de encontro a nós vindo do espaço exterior. Na improvável eventualidade de semelhante emergência, não tente lidar com o átomo cortando-o pela metade.

Felizmente, a cosmologia apresentada por Leucipo e por Demócrito deixa claro que átomos enormes não serão encontrados à nossa volta, se é que eles existem. Eles têm uma bela explicação quanto a como nosso cosmo se formou a partir dos átomos (§ 563). Sempre houve átomos, e eles sempre colidiram entre si. Os átomos simplesmente não esbarraram uns nos outros, eles também se encaixaram – em parte, devido a suas formas, como eu disse, mas também porque os átomos têm uma tendência de se juntarem com outros átomos de tamanho e de forma similares. Isso pode explicar por que a alma pode se manter como um único conglomerado, em vez de ter seus sutis átomos ricocheteando no vazio. No nível do cosmo como um todo, o que ocorre é que enormes grupos de átomos começam a girar em uma espécie de vórtice. Os átomos mais pesados e maiores tendem a se agrupar no meio, e os mais leves tendem a se mover para fora. Os primeiros formam os corpos úmidos e terrestres do mundo terreno, enquanto os últimos se transformam nos corpos ardentes do céu.

E há mais – na verdade, infinitamente mais. Ocorre que não existe apenas um cosmo. Afinal, olhe à sua volta: Parece que o cosmo visível tem uma quantidade *infinita* de átomos? Não. Deve haver um vasto número de átomos que formam a Terra e todas as plantas, animais, montanhas e assim por diante, na superfície, e um vasto número deles que formam os céus. Porém, a soma dessas vastidões equivale a um número finito. Ademais, para invocar esse princípio mais uma vez, não há boa razão pela qual deva haver apenas um cosmo. Em vez disso, os atomistas disseram – e esta é uma observação respeitável em meio às ousadas ideias propostas pelos pré-socráticos – que existe um número infinito de mundos (§ 565). Esses mundos exibem todas as combinações possíveis de átomos. Uma maneira de compreender isso é que todas as maneiras pelas quais o mundo poderia existir existem por aí, em algum lugar. Poderia haver mundos muito diferentes do nosso; um mundo feito inteiramente de queijo, talvez (no próximo capítulo, encontraremos outro filósofo que, ao que parece, pensa que existe queijo em toda parte em *nosso* universo. Há tempo para investir em bolachas). Mas essa infinidade de mundos também incluiria alguns que são apenas ligeiramente diferentes do nosso, como mundos nos quais as girafas têm asas, mas no qual todo o resto é igual. Essa teoria de fato nos faz pensar, e os atomistas não parecem ter explorado suas implicações tão plenamente quanto poderíamos esperar. Mas, talvez devamos frear nossa imaginação um pouco, pois, de igual modo, pode haver um vórtice cósmico em todos os outros mundos. Isso resultaria em muitos mundos que são muito parecidos com o nosso, ao menos no sentido de que existe um corpo com o formato da Terra cercado por céus ardentes.

Parece que nos distanciamos em demasia de Parmênides agora, ainda que a teoria tenha começado simplesmente pela modificação do sistema eleata de modo que fosse possível admitir o não ser, e, por conseguinte, permissível admitir seres múltiplos, em vez de um único ser imutável. Mas note que cada átomo é ele próprio similar ao ser singular eleata. Certo, eles se movem, mas são indivisíveis, imutáveis e eternos. E há algo mais acerca dos atomistas, ou pelo menos acerca de Demócrito, que pode nos lembrar de Parmênides. Você se lembra, talvez, que Parmênides distinguiu em seu poema o caminho da verdade do caminho da opinião. Sua metafísica radical de um ser uno é o caminho da verdade – é a realidade oculta que não conseguimos apreender, pois somos tomados pelas aparências do mundo. Demócrito faz algo similar, o que é, de início, surpreendente. Você pode pensar que ele está ali para defender o senso comum contra os eleatas. Girafas e quadras de tênis existem, e ele pode explicar o porquê com sua teoria atômica, certo? Mas, em vez disso, Demócrito seguiu uma linha mais cética, pois estava impressionado pelo fato de que a realidade subjacente dos átomos e do vazio não é evidente para nossos sentidos. Assim, ele criticou os sentidos, afirmando, com efeito, que as coisas no mundo fenomênico – as girafas e quadras de tênis – são irreais, pois o que é de fato real é tão somente o universo atômico que não podemos ver. Ele o postula em um famoso aforismo: "Por convenção, doce, por convenção, amargo, por convenção, quente, por convenção, frio, por convenção, colorido, mas na realidade, átomos e vazios" (§ 549). Em um fragmento menos famoso, ele diz, talvez ecoando Xenófanes e Heráclito, que ninguém sabe nada, e temos de nos virar com crenças.

Sua posição, portanto, é que as coisas podem nos parecer doces, por exemplo, mas isto é apenas aparência. As interações atômicas explicam por que as coisas nos parecem doces, mas a doçura não é real. São as interações dos átomos que são reais. Aqui, Demócrito atingiu um assunto perene na filosofia. As teorias científicas com frequência nos dizem que o mundo é muito diferente do que parece à primeira vista. Isto sempre ocorreu, como vimos com as teorias inventivas e surpreendentes dos pré-socráticos. O mundo invisível das partículas quânticas na física contemporânea não é menos bizarro; é provável que seja até mais bizarro do que as teorias às quais os pré-socráticos chegaram. Em ambos os casos, pode-se perguntar se as teorias científicas *substituem* o mundo fenomênico por outro mundo, o qual é apreendido por intermédio de métodos mais específicos, ou se o mundo fenomênico é retido, ao mesmo tempo em que é explicado pela teoria científica. Devemos dizer que as girafas não são reais porque o que realmente existe são os átomos que compõem a girafa? Ou devemos dizer que as girafas são reais precisamente *porque* são compostas de átomos?

Demócrito adotou a primeira opção[18]. Ele pensa que a ciência bane nossa realidade cotidiana familiar, em vez de assegurar nossa realidade familiar ao explicá-la. Podemos ver por que se retornarmos às diferentes estratégias empregadas pelo atomismo antigo e pela física contemporânea. A física atual, a despeito do incompreensível mundo das partículas atômicas e subatômicas que ela nos oferece, ainda constitui uma extensão de nossa experiência cotidiana. As ferramentas da física, da química e de outras áreas similares são muito mais poderosas do que nossos olhos e ouvidos, mas isto significa apenas que elas *aperfeiçoam* nossa experiência do mundo. O microscópio e o telescópio são bons exemplos disso: quando você os usa, você ainda está vendo, mas vê coisas muito menores ou mais distantes do que poderia fazê-lo a olhos nus. Mesmo as mais estranhas características do universo quântico, em princípio, podem ser observadas, embora apenas indiretamente. O atomismo antigo de modo algum é assim. Os atomistas continuaram na tradição de Parmênides e de seus seguidores ao aplicar a razão pura para a tarefa de deduzir como o mundo deve ser.

Demócrito deixa isso muito claro quando compara as realizações da mente com as realizações dos sentidos (§ 554). A mente nos conta da teoria

18. Esse tipo de opção é hoje chamado, às vezes, de "reducionista", pois a teoria "reduziria" a realidade aparente a uma realidade genuína subjacente mais fundamental.

atômica, e, assim, mina o que os sentidos nos informam, ainda que a realidade sensível, supõe-se, se baseie em acontecimentos no nível atômico. Podemos encontrar essa deferência com a mente em toda parte na filosofia grega. Você se lembra talvez que Xenófanes disse que seu Deus pensa; mais tarde, Aristóteles dirá que a mente é o elemento divino presente em nós, e que o próprio deus nada mais é do que uma mente à parte. Mas nenhum filósofo grego presta maior tributo à mente do que outro pensador que tentou preservar a realidade à nossa volta dos resultados argumentativos de Parmênides. Trata-se de Anaxágoras. Em sua filosofia, a mente ocupa papel central, não só como instrumento para a descoberta da verdade, mas como o princípio fundamental do qual o universo deriva.

9

Mente ante a mistura: Anaxágoras

Em um diálogo intitulado *Fédon*, Platão nos mostra a última conversa de Sócrates. Ela termina quando Sócrates bebe a cicuta e, corajosamente, prepara-se para enfrentar o que quer que a vida após a morte lhe reserve. Mas, primeiro, ele se permite fazer uma pequena autobiografia, contando a seus amigos, que logo o prantearão, suas primeiras explorações filosóficas (*Fédon* 97b-100b). Nesse relato ele confere um papel central a Anaxágoras. Sócrates diz que se deparou com o livro de Anaxágoras, que aparentemente podia ser comprado por pouco dinheiro em Atenas no final do século V a.C. De início, ele julgou o livro promissor. Anaxágoras oferecia uma explicação de como o cosmo se produziu e foi ordenado pela mente, o que, supunha Sócrates, significava que Anaxágoras prosseguiria com a explicação de por que tudo no mundo é feito da melhor forma. Em vez disso, o livro se revelava como consistindo, em grande parte, de cruas explicações físicas, invocando coisas como o quente e o frio, o rarefeito e o denso. Desapontado, Sócrates prosseguiu por conta própria e, pelo menos segundo Platão, inventou a teoria das formas.

Mais tarde, neste livro, examinaremos o *Fédon* por si mesmo. Mas eu queria mencioná-lo no início deste capítulo porque a passagem captura muito bem um tipo de dualidade na filosofia de Anaxágoras. Por um lado, existe sua exaltada mente, a mais pura e sutil das coisas, que desempenha papel central na formação do cosmo. Por outro lado, há seu fascínio pelos processos físicos e, sobretudo, sua espantosa teoria da mistura universal: tudo está em tudo, segundo Anaxágoras, exceto a mente. Quem quer que tente compreender Anaxágoras deve tentar fazer aquilo que Sócrates não conseguiu. Em outros termos, deve tentar compreender não apenas a teoria da mente e a teoria das substâncias físicas mistas, mas também como ambas – a mente e as substâncias físicas – interagem.

Anaxágoras foi o mais notável filósofo de Atenas até a chegada de Sócrates; assim, não é de surpreender que seu livro estivesse disponível na época de Sócrates. Pensa-se em Atenas como a capital da filosofia grega; entretanto, conforme se nota, nenhum dos filósofos analisados até agora nasceu naquela cidade nem nela viveu período significativo. Anaxágoras foi o primeiro a fazê-lo, e, assim, é uma espécie de símbolo encarnado num homem da transferência da filosofia da Jônia para Atenas. Ele era de Clazômenas, na costa jônica, e continuou algumas das tradições da filosofia jônica, retrocedendo ao milésios, no século V a.C. Como principal político da democracia de Atenas em meados do século V, Péricles ajudou a construir o império que se contraporia a Esparta na Guerra do Peloponeso, iniciada em 431 a.C. Mas a carreira de Péricles coincidiu em sua maior parte com o período mais pacífico e de maior aumento do poder de Atenas, isto é, depois das guerras com a Pérsia, mas antes do desastroso conflito com os espartanos. É apropriado que Péricles tenha se associado a um filósofo da estatura de Anaxágoras, dado que foi sob sua liderança que Atenas desenvolveu-se numa potência preeminente e, desse modo, em um centro para a especulação filosófica e para outras atividades culturais. Este foi o ambiente no qual Sócrates fora formado.

Anaxágoras tem algo mais em comum com Sócrates, além de sua associação com Atenas: tal qual Sócrates, ele foi julgado por ser insuficientemente reverencial pelos deuses. Ele não desapareceu bebendo cicuta, mas deixou a cidade, o que é mais seguro (§ 459). Infelizmente, não sabemos muito acerca do julgamento, mas ele pode ter sido o resultado de suas conexões políticas. Então, novamente, sua teoria da mente cósmica não se assemelha tanto à religião grega, de modo que pode ter sido, como se diz, uma punição justa quando ele foi acusado de impiedade. Isto não significa que a mente de Anaxágoras não seja divina. Pelo menos, decerto soa como se ele estivesse falando a respeito de Deus, ou um deus, quando descreve a mente. Ele diz que ela é infinita e controla tudo que vive (§ 476). Isto pode nos lembrar da versão de Deus de Xenófanes, ou mesmo da versão do fogo de Heráclito. Parece-me que quando Sócrates começou a ler o livro de Anaxágoras essa também foi a impressão que teve. A mente seria descrita como um deus poderoso, talvez mesmo todo-poderoso, que planejava e concebia tudo, de modo que seria tão bom quanto fosse possível. Ele se desapontou, então, quando Anaxágoras não invocou a mente de maneira constante, mas apelou, em vez disso, a vários processos materiais.

Julgo, contudo, que Sócrates foi injusto neste ponto. Há uma grande tradição, tanto na filosofia quanto na religião, de invocar Deus, ou deuses, para explicar o fato de que o mundo parece tão bem concebido. Pense em como o Sol se move exatamente da mesma maneira para nos dar as estações, de modo que podemos plantar e colher comida para nos mantermos vivos. Pense na girafa com seu longo pescoço, o qual é precisamente aquilo que ela precisa para alcançar aquelas saborosas folhas nas árvores. Pense mesmo no quão doloroso é você pisar em algo agudo. Certo, você não se sente grato quando isso acontece, mas se não fosse a dor, você seria bem menos cuidadoso no futuro e provavelmente terminaria com cortes no pé todo, e então como você ficaria? Assim, até mesmo as coisas más na vida parecem concebidas para torná-la melhor. Sócrates supunha que era nisto, por alto, que Anaxágoras pensara quando pôs a mente no comando do cosmo. Pode ter havido um pensamento assim no livro de Anaxágoras, mas a evidência de que dispomos sugere que ele pensava em algo diferente.

Entre outras coisas, o fragmento que nos informa a respeito da mente no controle das coisas diz que ela controla coisas *vivas*, de modo que controlaria girafas e pessoas que podem pisar nas rochas, mas não as rochas nas quais as pessoas pisam. Sua ideia parece não ser que a mente é responsável por quão bem concebidas são as coisas, mas pelas habilidades especiais de coisas como as pessoas, os animais e, talvez, as plantas. Ele diz que, das coisas que têm mente, algumas têm mais e outras menos. É de se presumir que os humanos a tenham mais do que os cachorros, que a têm mais do que os insetos. Talvez, alguns humanos tenham mais mente do que outros. Ora, nada disso soa como o Deus criador que conhecemos de religiões como o cristianismo, o judaísmo e o islamismo. A mente de Anaxágoras não está ali para explicar por que tudo é concebido tão bem quanto possível, mas para explicar por que algumas coisas podem pensar, ver, e assim por diante, enquanto outras não o podem. Nós, humanos, temos uma saudável porção de mente, as rochas não têm nenhuma. Em suma, é mais como se a mente de Anaxágoras fosse um ingrediente ou uma capacidade que é distribuída de modo desigual pelo universo.

Porém, se a mente é um ingrediente, então é um ingrediente bem especial. Anaxágoras reserva um lugar único para ela quando explica como o mundo é feito. Isto nos leva a outra famosa ideia sua: a mistura universal. Antes de o cosmo se formar, diz Anaxágoras, nada havia exceto a mente e outra substância infinita na qual todas as outras coisas se misturaram, o que ele chama de "sementes" (§ 467). Além disso, a mente tem a importante tarefa de dar início à formação do cosmo. Ela, de certo modo, inicia uma rotação cósmica, na qual a mistura infinita de matéria começa a girar (§ 476-488; 488-490). À medida que prossegue a rotação, as sementes de coisas mais leves se movem para as margens, e tornam-se ar e a matéria ardente dos céus, enquanto as sementes das coisas úmidas e densas permanecem no meio. Em certo ponto, algumas grandes pedras giram para fora da porção central e se tornam os corpos celestes visíveis, como o Sol e a Lua, emitindo uma luz branca devido ao calor.

Até aqui, é como se tivéssemos encontrado os primeiros filósofos jônicos. Em particular, já vimos em Anaxímenes essa ideia de que os corpos no meio do cosmo, onde estamos, reúnem-se ali porque são densos, ao passo que o ar e o fogo são rarefeitos e leves. É quase como se Anaxágoras tivesse unido essas ideias com o deus de Xenófanes, o qual, apenas pelo pensamento, "sacode todas as coisas". Mas Anaxágoras está acrescentando algo próprio. Ainda que as sementes sejam separadas pela rotação iniciada pela mente, nada, além da própria mente, é completamente separado. Em vez disso, tal como ele diz em sua famosa máxima, "tudo está em tudo" (§ 481-482). Os oceanos podem parecer-nos serem feitos apenas de água, mas na verdade eles também contêm outras coisas além dela, por exemplo, ar e fogo. De fato, todas as coisas contêm todos os outros tipos de coisas. Assim, quando cantores de *soul*, desde os anos de 1970, nos informaram que "tudo é tudo", eles estavam se expressando, de maneira geral, de acordo com Anaxágoras. No que me diz respeito, somente isto já torna válido tentar compreender o que ele pretendia com sua teoria.

Como é usual, Aristóteles tem uma explicação quanto ao que pensava Anaxágoras, e, como ocorre ocasionalmente, sua explicação pode de fato estar certa. Ele insere com perfeição a teoria de Anaxágoras no contexto da negação da mudança empreendida por Parmênides (§ 485). Você deve se lembrar de que para Parmênides e seus seguidores o movimento e a mudança eram impossíveis, pois para que qualquer coisa venha a ser ela teria de provir do não ser, mas não existe não ser. Aristóteles sugere que Anaxágoras aceitava parte desse raciocínio. Ele concordava que nada poderia provir do absoluto não ser, e ainda assim, como os atomistas, recusava aceitar que nada realmente muda ou se move. Para os atomistas, em certo sentido não existe mudança, pois todos os átomos são eternos: eles jamais vêm a ser e jamais são destruídos. Assim, nada provém do não ser, mas os átomos podem se juntar em diferentes configurações subjacentes ao mundo que vemos à nossa volta.

De maneira até engenhosa, Anaxágoras sugere que a mudança absoluta não é exigida, pois tudo *já* é tudo o mais. Ele forneceu o exemplo do alimento. Uma pessoa come um pedaço de pão com queijo, os quais restauram a carne, os ossos e o sangue do corpo. Por conseguinte, deve haver carne, ossos e sangue no pão e no queijo. Afinal, não há outra origem para tais elementos. E há ainda outra diferença entre Anaxágoras e os atomistas. Ele fica feliz em aceitar, diante dos paradoxos de Zenão, que você pode tomar qualquer corpo material e dividi-lo, dividi-lo novamente e assim por diante, ao infinito (§ 472). Mas cada porção desse corpo, não importa o quão pequeno seja, ainda conterá todas as coisas. Até mesmo a menor partícula de queijo tem algum osso. Anaxágoras teria acreditado, então, que cada objeto material singular ou parte de um objeto, não importa o quão pequeno ou quão grande, contém todos os ingredientes que formam o universo. Você não pode separar nenhum ingrediente para conseguir, digamos, osso ou carne puros, sem mistura. Como vimos, somente a mente jamais se imiscui. Em vez disso, o que você conseguirá se começar a cortar o osso será apenas partes menores que ainda contêm todos os ingredientes. Não é, veja, que o queijo pode ser *transformado* em osso. A ideia é que *já* há osso no queijo, bem como em tudo o mais.

Ora, isto levanta duas perguntas óbvias. Primeira, algum de nós desejará comer queijo novamente? Segunda, se todos os ingredientes estão em toda porção de qualquer coisa, por que as coisas não são todas parecidas? Deveria haver apenas uma massa homogênea, sem diferenciação entre queijo e osso, ou qualquer outra coisa. Mas é fácil responder a essa objeção. Ainda que todos os ingredientes estejam presentes em uma dada parte do mundo, eles podem estar presentes em diferentes proporções. Embora um pedaço contenha todos os ingredientes, é a terra que predomina nele. Podemos dizer que existem na terra "elementos residuais" de outras coisas, como água e fogo. De modo similar, existem elementos residuais de carne, sangue e osso no queijo. O processo de digestão combina esses elementos residuais para formar nosso corpo, o qual é feito de porções que, do mesmo modo, têm todos os ingredientes, mas são predominantemente compostos de carne, ou osso (§ 496). Ao que parece, esse tipo de predominância sempre esteve presente, pois já havia "sementes" de coisas na massa infinita que a mente pôs em movimento. É claro, tinha de ser assim para que a rotação iniciada pela mente conseguisse fazer algo. Afinal, os pedaços quentes dificilmente podem ser girados para fora das margens se nenhum pedaço for mais quente do que outro.

Outra coisa que podemos nos perguntar é qual é exatamente a lista de ingredientes? É realmente verdade que tudo é *tudo*? Nós de fato queremos dizer que dentro de cada partícula de uma girafa deve haver um pequeno indício da Torre Eiffel, e vice-versa? Alcançamos aqui uma área demasiado controversa da filosofia de Anaxágoras; Alguns pensaram que ele trabalhava com uma lista bem curta de "ingredientes", que, de fato, não parecem muito serem ingredientes[19]. Seriam coisas como quente, frio, rarefeito e denso. Se esta é sua teoria, então ela não é tão surpreendente quanto parecia à primeira vista. Seu argumento seria apenas que nada é tão quente que não tenha uma mescla de frio, ou vice-versa. Em vez disso, haveria uma espécie de gradação entre quente e frio. E, de modo similar, para outras oposições básicas como, talvez, entre úmido e seco. Podemos conceber isto imaginando uma escala de medida sem alto ou baixo (assim, não haveria

19. Por exemplo, Inwood (1986, p. 17-33); Sedley (2007).

zero absoluto, no caso da temperatura). Ele explicaria essa ideia, então, nos termos mais concretos de uma mistura física. Isto estaria de acordo com outros filósofos pré-socráticos, e mesmo alguns pensadores posteriores como Aristóteles, que fala de coisas como "o quente" e "o frio" como tipos de matéria, em vez de como propriedades mensuráveis.

Outros intérpretes julgam essa versão de Anaxágoras mais indigesta do que queijo com osso. Afinal, autores antigos, incluindo Aristóteles e outros que provavelmente teriam tido acesso direto aos escritos de Anaxágoras, parecem satisfeitos em falar de coisas como ossos e carne entre os ingredientes que estariam sempre presentes[20]. Isto não precisa significar que os ingredientes incluíssem coisas mais complicadas, como plantas, animais e humanos, para não mencionar coisas feitas pelo homem, como as mesas e a Torre Eiffel. Em vez disso, ele parece ter tido em mente os materiais mais simples a partir dos quais essas coisas são feitas. No caso da Torre Eiffel, seria metal; no caso de uma girafa, seria os bons e velhos osso, carne e sangue. Na verdade, porém, Anaxágoras podia se permitir estar tranquilo a respeito da lista de ingredientes. Ele poderia nos dizer: "Eu dei a vocês a teoria da mistura universal, que é minha grande invenção. Precisaríamos de uma investigação detalhada para descobrir quais são os componentes básicos do universo. Mas minha teoria poderia se revelar verdadeira, quaisquer que sejam exatamente esses componentes básicos". Nesse espírito, podemos notar que, ainda que não haja osso no queijo, há cálcio, e osso é em parte feito de cálcio. Talvez ele estivesse próximo de algo, afinal.

Com essa teoria, Anaxágoras introduziu um problema filosófico que preocuparia os filósofos por muitas gerações por vir: o problema da mistura. Não é algo que hoje salta ao espírito quando pensamos acerca das dificuldades filosóficas urgentes: "Deus existe?", "Qual a natureza da consciência?" Certo. Mas "O que significa que algo está misturado a outra coisa?" não é algo que nos preocupa tanto hoje. Porém, esse problema estava no centro das tentativas antigas de compreender a natureza dos objetos materiais. Se não nos preocupamos mais com esse problema deve-se ao fato de

---

20. Para concepções nesse sentido, cf., *e.g.*, Graham (2004, p. 1-18); Lewis (2000, p. 1-23); Curd (2008, p. 230-249).

que uma resposta a ele acabou prevalecendo. Pensamos agora que, quando duas coisas, como a água e o vinho, misturam-se, o que ocorre não é tanto mistura, mas sim uma junção deveras complicada. Existem partículas de vinho e partículas de água, e essas partículas não se fundem literalmente, elas apenas se justapõem. Esta, é claro, é exatamente a resposta que os antigos atomistas teriam dado, e, pelo menos nesse aspecto, estavam certos.

Anaxágoras propunha um tipo de resposta diferente, que se revelaria mais popular entre filósofos antigos como Aristóteles e os estoicos. Segundo essa segunda resposta, é de fato possível que um corpo se misture ou se funda *completamente* com outro. Na verdade, os estoicos disseram que era possível que uma única gota de vinho se misturasse com o oceano todo, de modo que cada porção do oceano, não importe o quão pequeno fosse, teria alguma porção de vinho em si. Ninguém além de Anaxágoras foi tão longe a ponto de fazer com que absolutamente todo tipo de corpo pudesse ser encontrado em tudo, mas sua intuição fundamental quanto à mistura é perfeitamente razoável. Afinal, vemos vinho misturado com água e ambos parecem se cobrir de todo. Por que não pensar que isso ocorre em toda parte, por assim dizer, até mesmo em partes da mistura demasiado pequenas para se enxergar? Uma vez chegado a esse ponto, você já precisa aceitar a ideia de Anaxágoras de que um ingrediente pode predominar em relação ao outro, ainda que esses dois ingredientes se misturem inteiramente. Obviamente, no oceano misturado com uma gota de vinho a água é predominante, mesmo que o vinho esteja presente em absolutamente toda água.

Anaxágoras, portanto, reúne muito dos temas que vimos em outros filósofos pré-socráticos, mas ele oferece igualmente uma ponte para Sócrates e para a filosofia pós-socrática. Com Anaxágoras, trouxemos a filosofia para Atenas, vimos outra resposta a Parmênides e também fomos lembrados das grandes teorias cósmicas dos milésios. Juntamente com os eleatas e os atomistas, Anaxágoras exemplifica a ambiciosa construção de sistemas que encontramos na filosofia do século V a.C. até Sócrates, e mesmo no decorrer do próprio tempo de vida de Sócrates, por exemplo, com o desenvolvimento do atomismo de Leucipo nas mãos de Demócrito. Mas há um grande pré-socrático do século V que ainda não examinamos: Empédocles. Existem alguns indícios de que Anaxágoras estava respondendo a Empédocles, mais do que o contrário, ainda que Anaxágoras pareça ter nascido um pouco antes. A todo instante Aristóteles apresenta ambos juntos, comparando seus dois esquemas cósmicos de várias maneiras. Como Anaxágoras, Empédocles foi bastante influente, responsável pela sistematização dos quatro elementos: terra, ar, fogo e água. Ele também foi um maravilhoso e excepcional sábio, no estilo de Pitágoras. Ele afirmava ser um deus encarnado capaz de operar curas milagrosas, e supostamente morreu jogando-se em um vulcão. Tal qual Sócrates, foi um filósofo que soube como sair de cena.

10

Tudo o que é preciso é amor, e cinco outras coisas: Empédocles

O que você teria em suas mãos quando apanhasse uma obra de filosofia no mundo antigo? Eu mencionei há pouco que Sócrates, segundo Platão, foi capaz de comprar uma cópia de um livro escrito por Anaxágoras. Mas a palavra "livro" conjura a imagem errada. O que Sócrates teria lido não era uma quantidade de páginas ajustada entre duas capas. Teria sido escrita em um longo rolo. Você desenrolaria o livro à medida que o lesse, e a escrita seria em colunas verticais que você leria da esquerda para a direita. Não haveria pontuação, separação entre palavras, e diferença alguma entre letras em caixa alta e caixa baixa – essas coisas foram inventadas posteriormente. "Livros" antigos eram feitos seja de papiro, que é uma invenção egípcia, uma superfície para a escrita feita de plantas, seja de pergaminho, que é feito de peles de animais. Os primeiros pensadores que tiveram acesso tanto às ideais gregas quanto ao papel viveram no mundo islâmico, que importou a tecnologia chinesa de fabricação de papel no século VIII d.C. E, é claro, fossem grafadas em papiro, em pergaminho ou em papel, todas as obras antigas e medievais tinham de ser escritas e copiadas manualmente.

O motivo pelo qual menciono isso é auxiliar a imaginação de um acontecimento estimulante que ocorreu há vinte anos na biblioteca da cidade francesa de Estrasburgo. Um estudioso chamado Alain Martin examinava alguns pedaços de papiros que estiveram depositados nessa biblioteca por bastante tempo, e fez uma descoberta: esses pedaços de papiro continham versos de um poema. O poema foi escrito por Empédocles. Isso podia ser verificado porque alguns dos versos correspondiam a fragmentos de Empédocles conhecidos a partir de outras fontes. Assim, no início dos anos de 1990, os trechos remanescentes de Empédocles aumentaram um pouco mais. No campo de filosofia antiga isso é muito estimulante. Graças em parte aos fragmentos de Estrasburgo, desfrutamos de uma quantidade surpreendentemente grande de indícios dos escritos de Empédocles[21]. Assim, você pode pensar que, enquanto com outros pré-socráticos tivemos de trabalhar duro para preencher as lacunas, teríamos uma compreensão realmente sólida da filosofia de Empédocles. Doce ilusão. Na verdade, Empédocles é pelo menos tão controverso entre os estudiosos da filosofia grega quanto qualquer outro pensador que examinamos até agora – talvez porque toda essa evidência apenas confere aos historiadores mais matéria sujeita à discussão.

Mesmo sem essa relativa abundância de evidência é difícil resistir a Empédocles. Ele combina a mística religiosa de Pitágoras, a enérgica inescrutabilidade de Heráclito e a visão cósmica de Anaxágoras. Comecemos com a mística religiosa. Empédocles nos informa, de maneira suficientemente modesta, que ele é um deus; que é ornado com coroas aonde quer que vá; que é adorado pelo povo, o qual lhe implora para fornecer-lhes profecias e curas (§ 399). Diógenes Laércio, um autor antigo tardio que preserva muito material biográfico saboroso a respeito de Empédocles e de outros filósofos, sustenta que ele de fato passava uma forte impressão. Em parte, isso se devia aos milagres que ele realizou, não de maneira tão distinta quanto a de Pitágoras: ele ressuscitou uma mulher e curou uma cidade da praga. O próprio modo de ele se apresentar chamava a atenção: exibia longos cabelos ondulantes e uma túnica violácea, além de calçar sapatos peculiares com solas de bronze. Esses sapatos aparecem no mais famoso trecho do relato de Diógenes. Nele, mostra-se Empédocles morrendo ao se jogar num vulcão, a fim de fazer desaparecer qualquer vestígio seu, e, desse modo, provar que se tornara um deus. O truque foi descoberto quando sua sandália de bronze foi descoberta na beira da cratera do vulcão[22].

---

21. Os fragmentos foram editados e estudados por Alain Martin e por meu colega em Munique, Oliver Primavesi, em Martin; Primavesi (1999).

22. *DL*, 8.69. Para um texto grego com tradução em inglês na mesma página, cf., na Coleção Loeb, Hicks (1925).

É preciso amar esse material, ainda que, como é usual com Diógenes, estejamos mais no domínio da lenda do que da biografia. Até mesmo Diógenes, que não é o mais crítico dos historiadores, também relata a história mais sóbria de que Empédocles tão somente foi embora do Peloponeso e nunca mais fora visto. Mas há um grão de verdade no relato do vulcão, que é que o vulcão se chama Monte Etna, na Sicília, e é de lá que Empédocles de fato provinha. Para ser mais específico, ele foi aclamado em Acragas, na costa sudoeste da Sicília (§ 332). Sua proximidade com a Itália, onde o pitagorismo prevaleceu durante o século V a.C., pode ajudar a explicar o sabor caracteristicamente pitagórico de algumas de suas ideias, até mesmo a bravata acerca de sua própria divindade. Entre suas doutrinas, o elemento mais evidentemente pitagórico é sua crença na reencarnação. Você deve se lembrar que os seguidores de Pitágoras acreditavam que, depois da morte, retornamos como outras pessoas e outros animais. Empédocles, ao que parece, foi capaz de confirmar isso a partir de sua própria experiência. Ele nos diz, num fragmento, que fora um garoto, uma garota, um pássaro e um peixe, até mesmo um arbusto (§ 417) (não podemos deixar de perguntar-nos como é se lembrar de ter sido um arbusto, mas deixemos isso de lado e sigamos em frente). Em outro fragmento, ele descreve o pai que faz uma oração a seu próprio filho antes de assassiná-lo com brutalidade, insensível a seus gritos (§ 415). A ideia era que o filho morrera anteriormente, e se reencarnara como um animal que está sendo sacrificado no altar. Como os pitagóricos, Empédocles considera que, se a reencarnação é possível, é melhor não comer carne. Você pode acabar comendo sua própria família! O que é realmente notável é a picante vivacidade com a qual Empédocles imagina essa cena sangrenta. É apenas uma das duas imagens da filosofia pré-socrática que ficariam bem em um filme de horror. A outra também é de Empédocles, e chegaremos a ela em alguns instantes.

A força da imagem de Empédocles se deve em parte à maneira pela qual ele escrevia, a saber, em poesia composta de hexâmetros, a qual a trilha de Parmênides. Parmênides teve grande influência na filosofia de Empédocles, assim como nos outros filósofos dos quais falamos nos últimos capítulos. No que se refere aos atomistas e a Anaxágoras, uma das principais preocupações para Empédocles é a admissão de que a mudança é possível, a despeito dos argumentos que Parmênides e seus seguidores forneceram em defesa de sua impossibilidade. Foi demonstrado que os atomistas e Anaxágoras concordaram, cada um à sua maneira, com os eleatas no que diz respeito à impossibilidade da mudança absoluta: nada provém do completo e profundo não ser. Em vez disso, o que acontece é que as coisas que já existem, quer isto signifique a mistura infinita de Anaxágoras, quer a infinidade de átomos imutáveis dos atomistas, alteram-se ou se recombinam de diferentes maneiras. Esta também é a solução de Empédocles. Ele diz, ecoando Parmênides, que, em certo sentido, nada jamais muda. Os blocos básicos de construção do cosmo, aos quais Empédocles chamava de "raízes", mas que Aristóteles e outros filósofos posteriores chamavam de "elementos", são sempre os mesmos. Eles apenas se separam e combinam de diferentes modos, o que produz o universo que vemos à nossa volta (§ 349).

As raízes, ou elementos, são o ar, a terra, o fogo e a água. Mesmo pessoas que jamais se defrontaram com a filosofia grega antiga conhecem esses quatro elementos – você pode ouvir pessoas falarem a respeito deles ao discutir astrologia, por exemplo. Bem, Empédocles foi a primeira pessoa a estabelecê-los como os ingredientes básicos do mundo. Veja, ele nem sempre os nomeia como ar, terra, fogo e água; isto seria muito direto para seu estilo. Em vez disso, ele usa os nomes de deuses para se referir a eles; por exemplo, num fragmento, a água é a deusa Néftis, e o fogo, o deus Hefesto (§ 374). Esses elementos, combinados em certas proporções com a terra, resultam em osso. Ele até mesmo fornece uma análise numérica, que soa como um barista a descrever um coquetel: quatro de oito partes são de fogo, e duas de água. Empédocles também fornece uma analogia mais artística. Para aqueles que duvidam que o mundo, em toda sua complexidade, poderia emergir de apenas uma dessas quatro "raízes", ele indica que os pintores podem criar imagens de todas as coisas ao utilizarem apenas alguns poucos pigmentos (§ 356).

Podemos muito bem pensar que Empédocles se aproxima de algo aqui. Coisas variadas e complexas podem de fato se originar de alguns poucos elementos básicos; pense apenas na tabela periódica. O que desejaremos saber, em seguida, porém, é como e por que os elementos se unem da maneira que fazem. A analogia do pintor sugere que alguém está no controle desse processo. Como se verá, há dois alguéns, ou duas coisas, responsáveis. Empédocles os chama de amor e luta. Esses dois princípios, que podemos conceber como forças cósmicas, são responsáveis, em última instância, pela formação das plantas, dos animais, das estrelas – o cosmo em sua totalidade – a partir das quatro raízes (§ 349, 355, 360). Eles têm o papel similar desempenhado pela mente na cosmologia de Anaxágoras, exceto, é claro, pelo fato de que a mente de Anaxágoras não tem outra força que se opõe a ela. O fato de que Empédocles tenha dois princípios lhe confere a oportunidade de apresentar uma grandiosa e influente ideia: sua teoria dos ciclos cósmicos.

Segundo essa teoria, existe aumento e diminuição no poder tanto de amor quanto de luta. Quando o amor é completamente dominante, todos os quatro elementos se misturam em total paz e harmonia. Empédocles descreve o cosmo nessa condição como uma esfera (§ 357-358), o que pode nos lembrar do ser uno esférico de Parmênides. Ao contrário do ser de Parmênides, porém, essa esfera mudará: quando a luta começar a exercer sua influência, os elementos se separarão uns dos outros (§ 360). Em última instância, os elementos se tornam completamente separados, de modo que todo o fogo e toda água são reunidos em algum outro lugar; o mesmo ocorre com o ar e a terra. Obviamente, quando o cosmo é totalmente dominado pelo amor ou pela luta, não haverá pessoas, animais ou plantas. É somente quando estamos de certa maneira entre esses dois momentos de total dominação que as coisas de fato ficam interessantes. Um cosmo como o nosso resulta de quando a luta rompeu com o uno unificado do amor (a "esfera"), mas não o afastou de todo. Semelhante cosmo surgirá novamente quando o ciclo se mover na direção oposta – abandonando os elementos separados e em direção à esfera. Assim, em cada ciclo ocorrerá duas vezes haver girassóis, girafas, humanos, e, na verdade, o universo físico estruturado como um todo. Com efeito, todas as outras coisas além dos quatro elementos são produções conjuntas do amor e da luta, as quais surgem nos estágios apropriados do ciclo cósmico.

Isto nos traz à segunda imagem em Empédocles, a qual ficaria perfeita em um filme de terror. Uma coisa é dizer que, de certo modo, plantas, animais e pessoas surgem dos quatro elementos. Outra bem diferente é explicar como isso ocorre. Empédocles, fiel à forma, tem uma teoria deveras ousada acerca disso. Ele diz que os animais emergem em estágios. Em primeiro lugar, não há animais inteiros, mas apenas membros e órgãos individuais. Em um excerto que certamente figura entre os seus fragmentos mais extraordinários, o filósofo descreve a situação nos seguintes termos: "ali brotavam muitos rostos desprovidos de pescoço, braços erravam sem ombros, desligados, e olhos vagavam solitários, carentes de testas" (§ 376)[23]. Assim, eis aqui esses globos oculares cruzando o espaço, vez por outra se chocando com um braço sem ombro. Os olhos não se desculpam, já que não têm lábios. A próxima coisa a ocorrer é que os membros se juntam[24]. Mas eles o fazem de uma maneira aparentemente aleatória, que produz, como ele diz, coisas que parecem vindas de sonhos (§ 375) – os sonhos devem ser pesadelos, suponho, embora pessoalmente eu não tenha muitos pesadelos que contenham braços sem ombros que enfrentam olhos.

Em seguida, as coisas progridem ainda mais, e você tem animais inteiros. Mas não são necessariamente os animais que conhecemos e amamos. Uma vez que eles surgem de maneira aleatória, os resultados ainda são monstruosos – por exemplo, um boi com a face de um homem (§ 379-380). Mas esses monstros, diz Empédocles, sempre morrem, e ainda morrem agora quando nascem ocasionalmente. Eles perecem, diz ele, porque são inadequados. É somente em uma quarta fase que temos animais que são capazes de se reproduzir. Ora, eu sei o que você está pensando: a vaca foi para o brejo! Ou antes, o boi com face de homem foi para o brejo! Empédocles inventou a teoria da evolução! Pelo menos, é o que muitas pessoas pensaram. Não quero desmerecer a audaciosa teoria de Empédocles, mas sim apontar que ela não antecipa de fato a teoria da evolução. Para haver uma teoria como a de Darwin é preciso ter a ideia de que as espécies prosseguem por meio de características herdadas; e a ideia de que características herdadas são selecionadas porque tornam o animal ou a planta mais aptos a sobreviver. Empédocles não tinha essas ideias. A reprodução só aparece no estágio final, quando os animais "adequados", a saber, aqueles que existem agora, forem

23. Traduções tomadas de Kirk; Raven; Schofield (1983).

24. Este aumento da unidade deve significar que Empédocles está descrevendo a geração de animais na parte do ciclo cósmico que vai da luta total para o amor total.

produzidos. A adequação para sobrevivência é o que torna a reprodução possível, não o contrário. Sem uma explicação de características herdadas, Empédocles não pode realmente dizer-nos por que são os assim chamados animais "adequados" que sobrevivem. Talvez seja verdade que o boi com face de homem morra com rapidez, enquanto o boi com face de boi prospere e consiga se acasalar com outras vacas com face de vaca. Não fica muito claro porque isso deve ser assim; talvez, as fêmeas dos animais julguem o boi com face de homem menos atraente. Apenas admitamos esse ponto de Empédocles em prol do argumento. Mas, ainda assim, por que o boi com face de boi produz um animal que se parece com ele? Isto não pode ser explicado tão somente pelo apelo ao acaso, um ponto enfatizado por Aristóteles, como veremos adiante.

Um ponto há muito debatido entre os estudiosos de Empédocles é qual a relação que pode ter, se é que há alguma, entre sua história dos ciclos cósmicos e geração orgânica e sua teoria da reencarnação[25]. A primeira se parece com a filosofia natural de Anaxágoras, e a última com a religião pitagórica. Como vimos, Empédocles sustentava ser um deus banido para este mundo. Acreditava que ele e outros deuses se tornaram seres inferiores, chamados de "espíritos" ou "demônios" (*daimones*). Esses espíritos foram aprisionados em corpos carnais (§ 402-407). Em última instância, eles podem recuperar a condição divina ao se tornarem humanos notáveis (como "profetas" ou "doutores") e, desse modo, escapar deste mundo de mortalidade. Uma das razões pelas quais a nova documentação de Empédocles em Estrasburgo é importante é que ela confirma um vínculo entre o ciclo de reencarnação e o ciclo cósmico. É como se Empédocles estivesse tentando descrever o mesmo processo, no qual a unidade é perdida e então recuperada, a partir de duas perspectivas. Por um lado, existe o processo material sofrido pelos elementos; por outro, o processo mais espiritual pelo qual passa cada espírito, o qual foi descrito com vividez por Empédocles como sua experiência pessoal.

Como outros pré-socráticos, Empédocles unia essas armadilhas religiosas com uma explicação racional do cosmo. Porém, seu fascínio pelo mundo físico parece superar o de qualquer outro pré-socrático, embora

25. Sobre a questão, cf. Primavesi (2005, p. 250-283).

isso possa se dever ao fato de dispormos de mais indícios no que se refere a ele. Ele utiliza os recursos de sua teoria cósmica para explicar em detalhes coisas como a anatomia do olho. Em um fragmento, ele descreve como o globo ocular é moldado por Afrodite, comparando-o a uma lanterna que protege o fogo do vento (§ 389). O fogo do olho é cercado pela água, mas jamais se apaga devido às membranas que separam a chama do úmido. A visão é possível devido a pequenos poros que permitem que um material fino passe por eles, de modo que a membrana em torno do fogo dentro do olho é uma espécie de tela que tanto protege quanto permite a interação com o mundo externo. Mas por que precisa haver fogo no olho? O motivo é que Empédocles pensa que as cores são ardentes, e somente o fogo pode ser afetado por algo ardente. Esse princípio, a saber, que em matéria de sensação somente o semelhante pode afetar o semelhante, é um que voltaremos a ver quando tratarmos da teoria da alma de Aristóteles.

Por ora, desejo enfatizar outra coisa, que é a cuidadosa maneira pela qual Empédocles pensou a respeito do olho – pode-se até dizer, dissecou o olho. Talvez até mesmo de maneira literal, quando pensamos a respeito dessas membranas. Lembre-se de que Empédocles sustentava que, em todo lugar aonde ia, as pessoas se amontoavam à sua volta pedindo-lhe para serem curadas – e "doutores" estão entre os homens que estão mais próximos de serem liberados do ciclo da reencarnação. Seu entusiasmo por assuntos da medicina é confirmado por outros autores antigos, os quais nos relatam a respeito do conhecimento especializado de Empédocles nesse campo. Mas, de fato, havia medicina nesse período da Grécia antiga? Pode apostar que sim. A bem da verdade, a medicina antiga e a filosofia antiga estiveram em constante interação desde pelo menos o século V a.C., isso se essa interação não datar de ainda mais cedo. Hipócrates, o "pai da medicina", era quase contemporâneo de Platão, e já era capaz de se referir ao pensamento de gerações acerca do corpo humano, o qual incluía o tipo de coisas que encontramos em Empédocles. É claro, hoje não pensamos na medicina como uma parte da filosofia, e mesmo na Grécia e na Roma antigas os médicos eram considerados como peritos de uma profissão distinta. Mas, como veremos agora, a filosofia e a medicina gregas, assim como os elementos de Empédocles, eram sementes que se misturaram entre si.

11

HOMENS DE BOM HUMOR: O *CORPUS* HIPOCRÁTICO

"Em primeiro lugar não faça mal". Esse preceito fundamental da ética médica retrocede ao homem conhecido como o pai da medicina, Hipócrates de Ceos. Bem, mais ou menos. A frase é encontrada em um trabalho chamado *Epidemia*, texto fascinante que fornece detalhadas observações médicas quanto a surtos de doença no mundo antigo. Ele instrui o praticante médico "a ajudar, ou pelo menos a não fazer mal", e essa frase chegou até nós com a ideia de que os médicos devem fazer um juramento. Mesmo hoje, falamos de médicos fazendo seu juramento hipocrático. E, de fato, dispomos de um texto grego antigo chamado de *Juramento*, o qual, como *Epidemia*, é atribuído a Hipócrates. Esses são apenas dois dos mais de 60 escritos atribuídos a ele na Antiguidade; nós os chamamos de *corpus* hipocrático. Mas a maneira como Hipócrates se relaciona a esse conjunto de textos é um pouco como a maneira pela qual Homero se relaciona à *Ilíada* e à *Odisseia*. Hipócrates por certo existiu; na verdade, estamos mais seguros a respeito de sua existência do que a respeito da de Homero. Mas não somos capazes de dizer qual parte do *corpus*, se é que há alguma, Hipócrates escreveu.

Não só Hipócrates existiu, como se tornou famoso de maneira demasiado rápida. Foi devido à sua fama que todos esses escritos acerca de medicina foram ligados a seu nome. Platão e Aristóteles já se referiam a ele como um médico preeminente. Platão também diz que ele aceitava estudantes por intermédio de uma taxa, e ensinava-lhes medicina. Como ocorre com a maior parte dos pré-socráticos, não temos uma ideia segura de quando Hipócrates viveu, embora, é claro, ele devesse estar presente a tempo para que Platão se referisse a ele. Para nossos fins, é suficiente dizer que ele era mais jovem do que Sócrates, talvez um contemporâneo aproximado de Platão. Foi ele o pai da medicina? Definitivamente, no sentido de que o *corpus* hipocrático – ou seja, os trabalhos supostamente escritos por Hipócrates – representa nossa primeira literatura médica de fato importante dos gregos. Como veremos em breve, há indícios suficientes de que havia atividade médica antes de Hipócrates, ou talvez devamos dizer, antes mesmo de os primeiros trabalhos desse *corpus* serem escritos. Mas é nesse *corpus* que temos os primeiros tratados de medicina que chegaram até nós. Eles discutem tudo, desde a maneira pela qual o médico deve se comportar – como no *Juramento* – até as teorias quanto às causas da doença e as técnicas que o médico deve empregar para curar e para prevenir doenças.

Por qual razão discuto medicina em um livro que versa acerca da história da filosofia? Bem, como eu disse no final do capítulo anterior, filosofia e medicina tinham uma relação muito íntima no mundo grego. Este é um exemplo de algo que mencionei antes: a íntima relação entre filosofia antiga e ciência em geral. A medicina constitui um exemplo particularmente bom, pois era uma preocupação de muitos autores de espírito filosófico, e porque podemos acompanhar efetivamente o impacto da filosofia nas ideias médicas. No mundo grego, medicina e filosofia caminhavam de mãos dadas, em especial nas gerações que conduziram à época de Sócrates, de Platão e de Aristóteles – o mesmo período que suscitou a compreensão da medicina contida no *corpus* hipocrático.

Medicina, no sentido de uma especialidade técnica reivindicada por certos peritos, é demasiado antiga no mundo grego – na verdade, retrocede até nossos primeiros indícios. Na *Ilíada*, Homero descreve a cura de feridas pelos deuses, e também inclui dois personagens humanos que são, ao mesmo tempo, soldados e curadores: eles aprenderam a arte da medicina de seu pai, Asclépio. Em Homero, Asclépio parece ser um humano, embora fosse filho de um centauro. Mais tarde na história grega, porém, Asclépio será visto como um deus da medicina. Esta já é uma semelhança entre a medicina e a filosofia: as sementes de uma tradição já estão plantadas nos poemas homéricos. Outro paralelo que chama a atenção é que a medicina grega está associada à mesma região do mundo grego que deu nascimento à filosofia: o leste do Mediterrâneo. Hipócrates proveio da Ilha de Ceos, ao longo da costa da Jônia, onde os milésios e Heráclito conceberam os primeiros pensamentos filosóficos. É revelador que, ainda que o dialeto de Ceos fosse o idioma dório – o tipo de grego que eles falavam em Esparta, por exemplo – o *corpus* hipocrático fora escrito no dialeto jônico. Este é outro indício da conexão entre a medicina hipocrática e a filosofia pré-socrática. Também podemos apontar a atitude que os autores hipocráticos têm em relação à religião. Como ocorre com a filosofia pré-socrática, diz-se comumente que a medicina grega se distanciou da religião e tornou-se, assim, "científica" e "racional". Mas de igual modo, como ocorre com a filosofia pré-socrática, a situação é, com efeito, um pouco mais complicada.

Um caso interessante aqui seria um texto hipocrático acerca da epilepsia, que os gregos chamavam de "doença sagrada": pensava-se que a epilepsia teria sido enviada pelos deuses, e às vezes envolvia visões inspiradas pela pessoa epilética. Mas o autor do tratado hipocrático intitulado *A doença sagrada* não dedica muito tempo para tratar dessa noção[26]. Ele explica que, como outras doenças, a epilepsia tem causas naturais – não é uma maldição, ou uma bênção, que provém, quer queira quer não queira, dos deuses. Ele caçoa de pessoas que sustentam que certos tipos de episódios epiléticos são causados por certos deuses. Em vez disso, diz, a epilepsia não é mais sagrada do que qualquer outra doença. Mas prossegue acrescentando que a epilepsia não é *menos* sagrada do que qualquer outra doença. Em certo sentido, todas as doenças são sagradas, pois são trazidas a nossos corpos por forças naturais como os ventos ou o sol, e essas forças são, elas próprias, divinas. Ele conclui com um aforismo à altura de Heráclito: todas as doenças são divinas, e todas são humanas. Entre outras coisas, o autor está afirmando ser *mais* piedoso do que aqueles que colocam a culpa nos deuses pela epilepsia. O respeito pelos deuses não significa pensar que eles intervêm de forma aleatória na vida humana, atingindo certas pessoas com doenças. Significa ver toda a natureza como divina, ou como oriunda de uma fonte divina. Isto poderia lembrar-nos de Xenófanes, que atacava Homero e Hesíodo por fazer os deuses muito parecidos com humanos, com

26. Traduções inglesas de numerosos tratados hipocráticos, com o texto grego à página oposta, acham-se disponíveis na Coleção Loeb (onze volumes). *A doença sagrada* encontra-se no volume II da Coleção Loeb; Cf. Hippocrates (1923).

emoções humanas e com irracionalidade. Xenófanes, como o autor de *A doença sagrada*, via a racionalidade como a atitude religiosa correta, não como algo completamente diferente da religião.

Na verdade, a medicina grega estava intimamente relacionada com a prática religiosa. Havia cultos elaborados que envolviam pedir aos deuses pela cura: um exemplo seria o culto de Asclépio, o qual foi introduzido em Atenas no final do século V a.C. Nesse momento, Asclépio é visto como um deus. Há um templo dedicado a ele, com um grupo de sacerdotes que, aparentemente, também são médicos. Quando você estiver doente, deite-se no templo ou perto dele. Se você for favorecido pelo deus, terá um sonho, durante o qual a divindade o curará ou lhe fornecerá instruções quanto a como ser curado. O culto de Asclépio ficou fortemente associado com a ilha de Hipócrates, Ceos, e um grande templo foi construído ali em sua honra. No mundo antigo havia uma lenda de que Hipócrates recebeu sua sabedoria médica ao ler as inscrições nas paredes do templo, mas isto, por razões cronológicas, é impossível. Ainda assim, há todos os motivos para pensar que o próprio Hipócrates, bem como o tipo de médicos que escreveram os tratados hipocráticos, teriam aceitado as práticas religiosas em torno da doença. Ao mesmo tempo, eles procuravam trazer uma compreensão humana a respeito das causas e das curas dessas doenças. Como diz um autor hipocrático, "a prece é boa, mas além de invocar os deuses é preciso dar uma mão"[27].

Assim, a religião era uma parte do mundo que gerou a medicina hipocrática. Mas uma influência ainda maior proveio das ideias filosóficas e científicas pré-socráticas. Já vimos filósofos que fizeram afirmações que beiram o campo do médico – por exemplo, o dito de Heráclito de que estar bêbado se relaciona a estar úmido, ou a explicação da nutrição de Anaxágoras, com sua teoria da mistura universal. Mas, no que se refere à medicina em sentido adequado, Empédocles foi o mais importante desses famosos pré-socráticos. Ele não só se gabava de seus poderes de cura e conhecimento de drogas, como seus interesses médicos são comprovados por detalhes de sua teoria da natureza. Como vimos, para ele, tudo é feito a partir dos quatro elementos – ar, terra, fogo e água; por exemplo, o osso ou o olho:

27. *Regimen* 4.87, no volume IV da Coleção Loeb. Cf. Hippocrates (1931).

em ambos os casos, ele explica como essas partes corporais surgem a partir dos quatro elementos. E para Empédocles, o sangue e a carne são feitos de proporções quase *iguais* dos quatro elementos. Isto torna o sangue e a carne similares a elementos físicos ideais, de sua perspectiva.

A aplicação médica dessa ideia é óbvia: se você está doente é porque está em desequilíbrio. Encontramos outro pensador, o muito mais obscuro Philistion de Locri, defendendo precisamente esse ponto. Locri se situa na ponta da bota italiana, não tão longe do lar de Empédocles na Sicília – e Philistion adota a teoria dos quatro elementos de Empédocles. Ele diz que, uma vez que nosso corpo é composto por esses quatro elementos – fogo, ar, terra e água –, ficamos doentes porque alguns deles preponderam, de modo que nossos corpos ficam muito quentes, frios, secos ou úmidos. O problema consiste em conseguir equilibrar essas qualidades. O que Philistion diz se baseia na teoria de Empédocles, mas também apresenta certa plausibilidade do senso comum – pense apenas como é quando você fica com febre. A ideia será aplicada por séculos depois disso. Por exemplo, médicos hipocráticos já faziam extenso uso de remédios, e esse tipo de teoria – em suas linhas gerais, se não em seus detalhes – poderia fornecer uma base teórica para como os remédios funcionam. À medida que a tradição médica prossegue, teorias acerca da farmacologia tendem a explicar que os ingredientes dos remédios ajustarão o calor, o frio, a umidade ou a secura de nosso corpo. Algo semelhante vale para a outra grande área da medicina antiga: a dieta. Se você consultasse um médico no mundo antigo, seja na Grécia do século IV a.C., seja séculos depois no Império Romano, o médico quase certamente te daria conselhos quanto ao que comer, quanto exercício praticar e assim por diante.

Esse conselho se baseava em longa observação e em processo de tentativa e erro. Mas se você pressionasse o médico para fornecer uma explicação teórica de por que essas coisas funcionavam, ele muito provavelmente diria algo que envolvia a teoria dos quatro elementos de Empédocles. Empédocles, porém, forneceu mais à medicina do que sua teoria geral. Acabei de mencionar que ele acreditava firmemente no sangue, com suas proporções perfeitamente equilibradas. Também enfatizava em demasia a respiração – a palavra grega para respiração é *pneuma*, que é de onde temos palavras como "pneumático". Aristóteles explica que, segundo Empédocles, existe uma espécie de jogo entre respiração e sangue (§ 392). Há passagens através da carne de nossos corpos que se enchem com sangue, e então, com ar, de maneira alternada. Para julgar a partir de outros autores, como Philistion, a finalidade disso, aparentemente, é que inspirar ar ajuda a moderar o calor de nossos corpos. Mais uma vez, é um assunto de proporção e de equilíbrio.

Outro filósofo pré-socrático que era fascinado pela respiração era Diógenes de Apolônia. Autores antigos tenderam a vê-lo como, de certo modo, pouco original (§ 598). Sua grande matéria era o princípio do ar, que parece ser um resquício de Anaxímenes (§ 602-603). Diógenes era mais influenciado por Anaxágoras do que por Empédocles, e identificava seu princípio do ar com a mente cósmica de Anaxágoras. O ar é um princípio inteligente que flui através do universo e que se transforma nos outros elementos quando muda de densidade. Como prova disso, ele aponta para o fato de que os seres inteligentes do cosmo, a saber, os humanos e os outros animais, vivem sorvendo ar quando respiram. Morrer é quase literalmente ficar sem respiração, e ser inteligente é basicamente um caso de ter mais ar em sua composição física – de forma que ele explica o fato de que as plantas não podem pensar em virtude de não inspirarem e reterem ar (§ 612). Mais uma vez, existem aplicações médicas, ou pelo menos anatômicas para isso. Por exemplo, ele dispõe de uma teoria da reprodução que descreveremos com certa delicadeza, uma vez que este livro é para a família toda. A ideia básica é que o sêmen humano produzido pelos homens é sangue que se tornou menos denso e espumante ao se misturar com o ar (§ 615-616). Ele até mesmo fez observações acerca da rede de vasos sanguíneos que supostamente apoiariam essa teoria.

Diógenes não era um grande pensador, mas sua ideia de que existe uma estreita associação entre vida e respiração, ou *pneuma*, é quase irresistível, pelo menos quando se pensa a respeito dela. Afinal, não pode ser uma coincidência que pessoas vivas respiram e morrem quando deixam de fazê-lo, certo? Muitos pensadores posteriores irão além e dirão que a própria alma é feita de algum tipo de sopro que percorre o corpo, e talvez até circule pelo que hoje sabemos serem os vasos sanguíneos ou os nervos. Essas teorias ficarão demasiado sofisticadas. Por exemplo, o médico do século II d.C., Galeno, distinguia vários tipos diferentes de *pneuma* que animam o corpo. Não estou dizendo que devemos tentar atribuir tudo isso, retrospectivamente, a Diógenes de Apolônia ou a Anaxímenes. Contudo, por certo os alicerces dessa ideia foram lançados pelos pré-socráticos.

Ora, esses tipos de considerações teóricas certamente não foram a principal preocupação dos autores do *corpus* hipocrático. Os tratados cobrem uma gama de tópicos, de ética médica a remédios, ginecologia e assim por diante. Um texto chamado *Acerca da medicina antiga* defende o que o autor considera ser medicina tradicional, contraposta a teorias inovadoras que invocam as propriedades contrárias: quente, seco, frio e úmido[28]. Na verdade, esse autor se refere a Empédocles de maneira explícita. Em lugar dessas teorias simplistas, diz ele, precisamos seguir os ensinamentos da tradição médica que foram formados a partir de longa e cuidadosa experiência. A medicina é um grande e complexo corpo de conhecimento, o qual é especialmente requerido a fim de se prescrever a dieta correta para cada paciente. O autor, assim, antecipa argumentos no mundo antigo tardio, no qual encontramos Galeno criticando escolas rivais por afirmarem que a medicina é fácil e simples de aprender com base em alguns poucos princípios teóricos. Para citar outro famoso dito hipocrático: "A vida é curta, mas a arte é longa"[29].

Não obstante, o *corpus* hipocrático de fato reconhece certos princípios teóricos. É claro, dado que os vários tratados hipocráticos não foram todos escritos pela mesma pessoa, a base teórica pode mudar de um texto para outro. Mas algo que encontramos amiúde no material hipocrático é a ideia de que o que torna nossos corpos saudáveis é a mesma coisa que preserva o cosmo como um todo: equilíbrio e proporção. Em particular, os hipocráticos se referem à proporção bem-equilibrada dos humores corporais, entendendo, com isso, os vários fluidos do corpo. Você pode ter ouvido falar a respeito dos quatro humores: sangue, fleuma, bile amarela e bile negra. O paralelo com os quatro elementos de Empédocles não é uma coincidência – e, do mesmo modo, os humores podem ser associados com as propriedades elementares do calor, do frio e assim por diante.

Essa versão da teoria dos quatro humores estava em processo de desenvolvimento na época em que o *corpus* hipocrático foi produzido, de modo

28. Encontra-se no volume I da Coleção Loeb; Cf. Hippocrates (1923).

29. Hipócrates, *Aforismos* 1.1, no volume IV da Coleção Loeb; cf. Hippocrates (1931).

que não encontramos referências consistentes do *corpus* a ela como os quatro humores canônicos. Porém, encontramos com frequência a ideia de manter os humores em equilíbrio, ou seja, os humores que forem reconhecidos em determinado tratado. Os humores já começavam a ser associados com doenças específicas. O melhor exemplo é a "melancolia": a palavra provém dos termos gregos para "bile negra". Quando você tem demasiada bile negra você é melancólico – o que, para os antigos, envolvia um intrincado conjunto de sintomas, e não apenas a tristeza, como a palavra passou a significar. Os significados das palavras "sanguíneo" e "fleumático" também se referem a humores reconhecidos por pensadores antigos e medievais – "sanguíneo" é uma alusão ao sangue, e "fleumático", bem, ao fleuma. O fato de que essas palavras se referem a traços de personalidade, e não a doenças, mostra que a tradição estendeu a teoria dos humores para explicar não apenas as doenças, mas uma ampla gama de comportamentos humanos. Algumas das práticas notórias que associamos com a medicina medieval, como o sangramento, também podem ser explicadas como tentativas de restaurar o equilíbrio do corpo por meio da drenagem de um humor que se tornou preponderante.

Os médicos hipocráticos praticavam sangria e aplicação de ventosas, método pelo qual se fazia uma pequena incisão, que era coberta com um copo aquecido; quando o vidro esfriava, criava-se pressão negativa no interior do recipiente e o sangue era extraído. Mas os autores hipocráticos advertem para que se use essas técnicas com moderação. Em geral, mostram admirável relutância em se envolver no que hoje chamaríamos de "procedimentos invasivos": eles sabem que sua arte padece de sérios limites. O *Juramento* estabelece que o médico prometa não empregar o bisturi – conquanto a ideia aqui possa indicar apenas que a cirurgia deveria ficar a cargo de especialistas de fato, uma vez que o *Juramento* se destinava aos médicos que classificaríamos como "clínicos gerais"[30]. É possível examinar retrospectivamente as práticas hipocráticas e atestar muitas características atrativas, as quais podem apresentar interessante contraste com a medicina contemporânea. Por exemplo, não só há a relutância em matéria de inter-

30. O *Juramento* está incluído no volume 1 da Coleção Loeb; Cf. Hippocrates (1923).

venção, como diligência pela medicina preventiva, em especial na forma de aconselhamento dietético. Há a insistência hipocrática de que a medicina é uma arte, não um conjunto de regras a serem aplicadas de maneira irrefletida, de modo que o médico precisa aprender a avaliar cada paciente como um caso individual. Existe o compromisso com o holismo, que é mencionado como uma doutrina característica de Hipócrates por ninguém menos do que Platão. Hipócrates ensinava que se deve tratar o corpo como um todo, não apenas uma parte dele na qual encontramos uma doença.

Mas deixemos de lado as implicações das práticas hipocráticas para a medicina contemporânea e perguntemos, em vez disso, onde isto nos deixa em termos da filosofia grega dos primeiros tempos. Entre outras coisas, isto nos lembra que os pré-socráticos aplicavam suas teorias gerais a problemas bem específicos. Como mencionei anteriormente, eles viam o corpo como um "microcosmo", uma pequena versão do universo como um todo. As regras que se aplicam ao cosmo se aplicam igualmente ao corpo humano, ideia que é utilizada para explicar até mesmo coisas como a respiração e os ingredientes do sangue e do osso. Ademais, aprendemos que os pré-socráticos conseguiram influenciar sua cultura de maneira mais ampla. Os filósofos pré-socráticos não concebiam a filosofia como disciplina restrita e fechada; sua amplitude de visão permitiu-lhes exercer influência em autores com outros interesses, a exemplo desses médicos, os quais davam importância às ideias pré-socráticas e as punham em prática.

Essa integração da filosofia na cultura grega mais ampla se tornará cada vez mais importante à medida que voltarmos nossa atenção para os três grandes: Sócrates, Platão e Aristóteles. Mas, antes de chegarmos a Sócrates, desejo permanecer na exploração desse contexto cultural mais amplo. Em seguida, examinarei um grupo de pensadores que fascinam e enfurecem na mesma proporção. Platão fará deles o contraponto para Sócrates e para a verdadeira filosofia; tornará o nome de cada um dos membros desse grupo sinônimo de argumentação duvidosa e sinuosa. No entanto, entre esses próprios autores encontraremos as raízes de algumas ideias filosóficas fundamentais, como o relativismo. Quem são esses personagens de múltiplas faces, escorregadios? Se você ainda não adivinhou, precisa apenas virar a página.

12

Fortalecer o argumento mais fraco: os sofistas

A palavra "sofista", hoje, é um termo ofensivo. Chamar alguém de sofista equivale a acusá-lo de maus argumentos, argumentos que têm a aparência de ser plausíveis, mas que, de fato, são totalmente falhos. Pior ainda, a sofística é a argumentação deliberadamente mal-intencionada que tenta enganar as pessoas agitando diante de seus olhos uma rede de palavras confusas e enganadoras. Como isso ocorre, uma vez que a palavra "sofista" deriva da palavra grega para sabedoria, *sophia*? A palavra *sophistes*, ou "sofista", originalmente significava algo como "um homem sábio". Assim, como ela passou a ter essas associações fraudulentas – a ponto de que um sofista é quase sempre o contrário de uma pessoa sábia, alguém que se propõe a minar a busca por sabedoria? A responsabilidade, como de costume, recai em Platão e em Aristóteles, os quais marcaram permanentemente os sofistas gregos com o selo da duplicidade e da desonestidade. Para eles, e, portanto, para nós, a sofística significa utilizar técnicas retóricas para induzir persuasão sem nenhum zelo pela verdade, ou ainda por intermédio de truques argumentativos para embaraçar um oponente. Aristóteles chegou a escrever um trabalho intitulado *Refutações sofísticas*, no qual adverte o leitor a respeito dos truques dos sofistas, ensinando-o como diagnosticar e evitar sua vigarice.

Mas, a despeito de sua má reputação, os sofistas deram grande contribuição para a história da filosofia. Isto não significa exatamente que eles fossem filósofos, embora tenham apresentado ideias que podemos considerar filosóficas. O fato reside mais no enorme impacto que causaram em

Sócrates e, especialmente, em Platão. Um filósofo verdadeiramente grande se beneficia de um oponente provocador de verdade. Não há filósofo maior do que Platão, e ele teve o mais provocativo oponente que poderia ter pedido na forma dos sofistas. É interessante notar que apenas um diálogo platônico se intitulou segundo o nome de um grande filósofo pré-socrático, Parmênides. Platão escreveu diálogos com o nome de *quatro* dos mais importantes sofistas: Protágoras, Górgias, Hípias e Eutidemo. Outro diálogo é nomeado tão somente de *Sofista*. Nele, os personagens tentam definir a palavra "sofista" e descobrem que o sofista, mesmo nesse sentido, é difícil de apreender. Os sofistas têm papel importante em vários outros diálogos, incluindo dois dos maiores livros de Platão, *A república* e *Teeteto*. Em suma, Platão estava obcecado com os sofistas, e retornou a eles repetidas vezes, tratando-os com um misto de humor, fascínio, desalento e desprezo.

Para compreender Platão, portanto, precisamos compreender os sofistas. E para compreendê-los precisamos saber um pouco mais acerca de Atenas no século V a.C. Na verdade, estivemos falando a respeito desse século por vários capítulos, pois pré-socráticos como Empédocles, Anaxágoras, bem como os eleatas e os atomistas, atuaram nesse período. Mas eu não disse muito ainda a respeito da situação histórica. Haveria muito que dizer, uma vez que este foi o século mais repleto de acontecimentos da história da Grécia antiga. Mas para resumir em demasia uma longa história, na primeira parte do século os gregos enfrentaram a ameaça de invasão dos persas em 480 e 479 a.C. Na esteira dessa famosa vitória, Atenas passou à frente em termos de poder no mundo grego. Como já vimos, boa parte do Mar Mediterrâneo era uma arena para o poder grego, que se estendia por intermédio do estabelecimento de colônias que iam da região do Mar Negro até a Turquia atual, a Itália e a Sicília. A posição preeminente de Atenas em meados do século V a.C. se baseava em sua dominação marítima. Como maior potência marítima, Atenas podia intimidar outras cidades gregas, de modo que ficou extremamente rica. Os atenienses formaram uma aliança com outras cidades-estados, em teoria para fins defensivos, chamada de Liga de Delos – o nome alude à Ilha de Delos, onde o tesouro da Liga era mantido antes de ser transferido para Atenas. Em última instância, o poder imoderado de Atenas provocou a reação de uma aliança de cidades-estados liderada por Esparta: trata-se da Guerra do Peloponeso, um conflito demorado que levou, por fim, à quebra da hegemonia ateniense em 404 a.C.

A democracia estava no centro da dominação ateniense do mundo grego em meados do século V. Atenas preferia se aliar com outras cidades-estados democráticas, e gostava de se diferenciar da não democrática Esparta. Mesmo o poder naval de Atenas pode ter estado vinculado a suas instituições democráticas. Era preciso muitas pessoas para tripular os barcos impulsionados a remo, chamados de trirremes, enquanto o exército hoplita, que lutava em terra, era formado por cidadãos ricos que podiam se permitir o custeio das armaduras e das armas. Assim, é plausível pensar que o investimento de Atenas em poder naval caminhava de mãos dadas com suas práticas democráticas. Deixarei a avaliação dessa ideia para os verdadeiros historiadores: o ponto principal é que Atenas era de fato "democrática", embora não exatamente no sentido que usaríamos o termo hoje. Entre outras coisas, é claro, tratava-se de uma democracia de cidadãos homens que excluía mulheres e escravos. Ademais, as instituições democráticas de Atenas deixavam uma espantosa parte para o acaso. Os cidadãos que representavam os vários territórios em torno de Atenas formavam uma assembleia deliberativa. O pertencimento a esses e outros cargos políticos era decidido por sorte, de modo que a assembleia aleatoriamente indicada era então empossada para escolher algumas autoridades diretamente eleitas, incluindo os líderes militares.

Foi esse mecanismo que permitiu aos homens individuais alcançarem, e reterem, o poder político último em Atenas, com seu sistema democrático baseado em sorteio. Em meados do século V, Atenas era governada sobretudo por um homem: Péricles. Ele governou Atenas por anos de paz, e então os conduziu à Guerra do Peloponeso, que começou em 431 a.C., dois anos antes de sua morte, em 429 a.C. Péricles é importante não só pela boa e velha história, mas também para a história da filosofia, pois ele está associado tanto a filósofos quanto a sofistas. Entre os filósofos, ele estava conectado sobretudo com Anaxágoras, o qual, como vimos, parece ter sido uma espécie de mentor para ele. O julgamento de Anaxágoras por impiedade, que eu também mencionei com brevidade, pode muito bem ter se devido em parte às suas associações políticas, bem como às suas crenças genuinamente desafiadoras (por exemplo, ele negava a divindade dos astros corporais, e a maioria dos atenienses julgaria isso escandaloso). Entre os sofistas, Péricles estava associado especialmente a Protágoras, a quem ele indicou para redigir as leis para uma colônia ateniense no sul da Itália.

Como vários outros grandes sofistas, Protágoras não era de Atenas. Ele veio de Abdera, a cidade que também nos forneceu Demócrito, o atomista. Protágoras e outros sofistas naturalmente migraram para Atenas, às vezes conduzindo embaixadas políticas de suas cidades natais. Era um lugar perfeito para empreenderem seus negócios. Devido à sua riqueza e sua dominação política, a elite da cidade tinha muito dinheiro, algo atrativo para sofistas que podiam, ao que parece, pedir somas espantosas por seus serviços. A constituição democrática de Atenas era igualmente importante. Nesse regime, a persuasão era a chave para o poder político. Se você queria avançar na sociedade ateniense e se tornar um homem influente, precisava ser capaz de falar bem, a fim de comover a assembleia. Era isto que os sofistas ensinavam seus alunos a fazer: discorrer de maneira persuasiva acerca de qualquer tópico. As habilidades que eles ofereciam também poderiam ser de grande ajuda nos tribunais, onde, de modo similar, o que era preciso era uma facilidade para convencer uma audiência.

Segundo Platão, era nisso que consistia a sofística: ensinar técnicas persuasivas por intermédio de pagamento de taxas exorbitantes. E há muitos outros indícios de que os sofistas de fato ensinavam seus alunos a discorrer de maneira persuasiva, tanto em público quanto em privado, por meio de longos discursos ou no debate com réplicas e tréplicas acerca de qualquer assunto. Mas não devemos reduzir a sofística à mera produção de argumentos ruins, porém convincentes. Os sofistas eram parte do florescimento mais geral da cultura grega no século V a.C. que produziu grandes historiadores, como Heródoto e Tucídides, grandes artistas, como o escultor Fídias, e grandes autores teatrais, como Sófocles, Eurípides e Aristófanes. Os sofistas contribuíram para essa cultura e foram pioneiros na análise literária de Homero e de outros textos, assim como alcançaram uma nova sofisticação no uso da linguagem. Isso foi especialmente verdadeiro a respeito de um sofista chamado Pródico. Sua especialidade era distinguir cuidadosamente o significado das palavras; por exemplo, Platão o retrata insistindo que, para que se seja educado, é preciso "debater", mas não "discutir", de modo que o público fique "satisfeito" em vez de "contente" (Platão, *Protágoras* 337a-c). Platão também menciona que Pródico foi professor de Sócrates. Em outro diálogo, Sócrates diz que ele próprio, infelizmente, só podia pagar a palestra mais barata de uma dracma de Pródico, e, assim, perdeu a versão integral, que custava cinco dracmas (*Crátilo* 384b)[31]. Há, aqui, alguma zombaria em relação a Pródico, mas a constante busca de Sócrates para definir o que é a virtude, o que é a coragem, e assim por diante, poderia ser vista como um desenvolvimento da precisão linguística defendida por Pródico.

Além da linguagem e da retórica, sabemos que os sofistas eram ativos em uma ampla variedade de campos, os quais incluíam a matemática, por exemplo. O melhor exemplo do sofista como um homem sábio de conhecimento geral era Hípias. Platão também zomba dele. Ele nos diz que, certa vez, Hípias assistiu aos Jogos Olímpicos, tendo feito com as próprias mãos tudo o que trazia consigo: fizera a própria roupa que vestia, fizera os próprios sapatos que calçava, e fizera até mesmo os anéis que usava em seus dedos (*Hípias maior* 368b-d)[32]. E, é claro, trazia discursos, pronto para discorrer a respeito de qualquer assunto. Era, em suma, um especialista em toda sabedoria humana – conforme anunciava com orgulho a quem quer que permanecesse parado tempo suficiente para ouvi-lo. Assim, seria errado pensar que os sofistas estivessem preocupados tão só com a prática da elaboração de discursos persuasivos. Não obstante, de um modo de ver filosófico, todas as ideias mais relevantes dos sofistas se relacionam de algum modo ao valor da persuasão. Não buscavam a verdade de forma desinteressada, mas eram advogados e artífices de palavras, mais próximos de consultores ou conselheiros políticos do que de pesquisadores acadêmicos. Em seu aspecto mais radical, os sofistas poderiam ser, vez por outra, levados a sugerir que não há verdade absoluta a ser encontrada e que a persuasão é tudo o que temos.

A ideia é, em especial, associada com o maior dos sofistas, Protágoras. Como outros grandes sofistas, ele recebia uma alta soma por seus serviços,

---

31. Relatos e citações dos sofistas estão reunidos em Dillon; Gergel (2003); para essa passagem que trata de Platão, cf. Dillon; Gergel (2003, p. 104).

32. Dillon; Gergel (2003, p. 126).

e, em troca, afirmava ensinar algo de valor inestimável. Se você quisesse saber como proferir um discurso convincente, ele decerto poderia ajudar. Mas ele oferecia mais: oferecia virtude. Nossa mais substancial prova quanto ao ensino de Protágoras dessas matérias está, infelizmente, no diálogo *Protágoras* de Platão. O motivo pelo qual digo "infelizmente" é que Platão era um gênio incomparável, e, portanto, nada confiável. Ele utilizava figuras históricas como personagens, e fazia com eles o que a arte exigisse. Não podemos confiar que Platão nos tenha fornecido a história correta acerca de Sócrates ou de Protágoras, assim como não podemos confiar em Shakespeare para nos fornecer a história correta de Ricardo III ou de Henrique V. Ainda assim, podemos esperar com certo otimismo que o chamado "Longo discurso" posto na boca de Protágoras por Platão represente as verdadeiras atitudes do sofista (*Protágoras* 320d-328d)[33]. Nesse discurso, Protágoras descreve a virtude política como um dom dos deuses entregue aos homens, o qual todos podem dividir por igual – ou seja, todos podem partilhar a virtude, diferentemente de habilidades mais especializadas, como tocar flauta. Por este motivo, afirma Protágoras, aplicam-se castigos quando alguém não alcança as exigências da virtude. Em contrapartida, nem todos manifestam o mesmo grau de virtude, circunstância que chama Protágoras à cena, pois ele ensina aos outros como se tornarem mais virtuosos do que são por natureza. Protágoras demonstrava tamanha confiança que aceitava como pagamento o valor que os discípulos julgassem justo pelas aulas particulares que ele dava. A esse respeito não posso resistir a repetir a seguinte anedota, ainda que se suspeite de que seja uma lenda: um pupilo de Protágoras recusou-se a pagá-lo, de modo que tiveram de ir ao tribunal para resolver a pendência. Protágoras disse que o pupilo deveria tão somente pagar adiantado. Afinal, o estudante venceria ou perderia seu caso. Se perdesse, teria de pagar a soma. Mas se vencesse, provaria, com isso, que Protágoras merecera seu salário ao ensinar o estudante a argumentar de maneira efetiva na corte; assim, ele deveria pagar de qualquer modo (cf. Dillon; Gergel, p. 5).

33. Excertos em Dillon; Gergel (2003, p. 22-32).

Mas, se for para lembrar alguma coisa a respeito de Protágoras, não lembre dessa história. Lembre-se de sua famosa observação de que "o homem é a medida de todas as coisas, tanto das coisas que são quanto das que não são"[34]. Nesse breve enunciado temos as raízes de uma antiga, e, para muitos, perturbadora, tradição filosófica: o relativismo. Foi assim que Platão compreendeu Protágoras: ele dizia que cada homem julga o que é verdadeiro para si próprio, mas ninguém está em posição de julgar o que é verdadeiro para quem quer que seja além de si. Segundo essa interpretação, Protágoras dizia que a verdade é sempre algo que é verdadeiro *para alguém*, de modo que poderia ser verdadeiro para mim que o vento está frio, e verdadeiro para você que o vento está quente. Não haveria algo como aquilo que o vento realmente é em si mesmo. Há apenas a maneira pela qual as coisas se parecem para nós. Diante disso, parece difícil adequar essa doutrina com a pretensão de Protágoras de ser professor de virtude. Afinal, se a virtude para mim é o que quer que eu pense que ela é, então por que preciso que Protágoras me ensine a respeito dela? No *Teeteto* de Platão, Sócrates imagina Protágoras respondendo que a virtude é realmente o que *é vantajoso* para mim. O que Protágoras me ensina não é o que seria melhor de maneira absoluta, mas o que seria melhor para mim, isto é, de minha própria perspectiva.

A assimilação da virtude ao que é vantajoso é um postulado crucial dos sofistas, e uma versão um pouco diferente disso é reiteradamente mostrada em Platão. Em outro diálogo, intitulado *Górgias*, Sócrates ataca a tese de que a virtude é a vantagem, não de quem quer que seja, mas daqueles que são mais fortes por natureza. Outro sofista ainda, Trasímaco, defende a mesma ideia no primeiro livro de *A república*. Aqui, temos uma aplicação da posição de Protágoras à esfera da moralidade: se não existe verdade absoluta, então não há nada senão a vantagem, e, por direito, o que ocorre é que as pessoas mais fortes devem receber as melhores recompensas. Mas por que pensar que as pessoas mais fortes devem receber mais do que as fracas? Na verdade, como podem os sofistas sequer utilizar a palavra "deve" se rejeitam absolutamente a moralidade? Aqui, os sofistas podem retornar

---

34. Dillon; Gergel (2003, p. 10), citado de Platão, *Teeteto* 152a. Discuto mais essa observação no capítulo que trata do *Teeteto*, adiante neste livro.

a uma distinção que eles gostavam de traçar entre costume e natureza. É somente por costume que existem regras sociais e leis da justiça, e essas leis podem ou não refletir a ordem natural das coisas. É natural que os fortes dominem os fracos, ao passo que é um mero costume que os fracos se unam e restrinjam o poder dos mais fortes. Trasímaco e outros sofistas radicais viam a si mesmos como falando em nome da natureza, e, desse modo, a desmascarar a moralidade como mera convenção social.

É provável que o próprio Protágoras extraía conclusões mais benignas de sua doutrina "o homem é a medida de todas as coisas". Para ele, a finalidade era educar as pessoas de modo que fizessem suas vidas parecerem ser melhores, ou seja, mais vantajosas. Se ele conseguisse fazer sua vida parecer melhor, você realmente se importaria em saber se havia alguma coisa real por trás da aparência? Ele estava disposto a apostar o próprio salário que você não se importaria. Além disso, Protágoras tinha maneiras de mostrar que você não conseguirá atingir a realidade ainda que você insista nisso. Ele foi pioneiro na atividade sofística paradigmática de apresentar argumentos para os dois lados de uma discussão. Temos um texto posterior de um sofista anônimo, chamado simplesmente de *Duplos argumentos*, que mostra como argumentar de ambos os lados de várias discussões filosóficas – por exemplo, se existe alguma diferença entre justiça e injustiça (Dillon; Gergel, p. 318-333). Há uma implicação perturbadora aqui: se é sempre possível argumentar, de maneira igualmente plausível, em defesa de ambos os lados de qualquer discussão, então argumentar não nos levará à verdade. Seremos apenas persuadidos por qualquer argumento que seja apresentado de maneira mais eficaz. Os sofistas eram merecidamente famosos por sustentar que poderia "tornar forte o argumento mais fraco". Essa máxima era o tipo de coisa que fazia Platão tremer, mas faz algum sentido. Afinal, você não precisa de um advogado caro, ou um sofista, para ajudá-lo a vencer um caso no tribunal quando você é evidentemente inocente. Precisa-se de um quando parecer demasiado certo que você é culpado.

Isto nos traz a um último grande sofista, e talvez o mais filosoficamente interessante deles: Górgias. Há aqui uma conexão com a filosofia pré-socrática, uma vez que ele proveio da Sicília, e parece que foi influenciado por seu colega siciliano Empédocles. Górgias, assim como Protágoras, estava mais interessado em persuasão do que em filosofia. Ao contrário de Protágoras, porém, ele se afastou do caminho para negar que pudesse ensinar virtude e, de fato, salientou a neutralidade moral de sua arte da retórica. No diálogo que tem seu nome, Platão o faz dizer que a retórica tem semelhança com a luta: se um treinador ensina alguém a lutar e essa pessoa sai e bate em alguém, não é culpa do treinador (*Górgias* 456c-457c) (cf. Dillon; Gergel, p. 61-62). De modo similar, se Górgias ensina um político a argumentar de maneira eficaz, não é sua culpa se o político use essa nova capacidade para o mal, em vez de para o bem. Por outro lado, Górgias enfatiza que a habilidade que ele ensina é bem mais poderosa do que a luta. Pois um perito em retórica, como ele próprio, pode falar de maneira persuasiva acerca de *qualquer* tópico. É quem pode persuadir o paciente a tomar o remédio, mesmo em ocasiões nas quais o médico é incapaz de fazê-lo (*Górgias* 456a-b) (cf. Dillon; Gergel, p. 62).

Podemos desconfiar de Platão aqui: ele não está apenas discutindo sua acusação favorita, a saber, de que os sofistas estavam abandonando o conhecimento em prol da persuasão? Bem, sim. Mas temos outra fonte, uma fonte não platônica, na qual Górgias discorre a respeito do poder quase mágico da retórica. Ele escreveu um discurso de exibição, que felizmente chegou até nós, no qual mostrava como poderia defender a notória Helena, que se permitiu ser seduzida, e, desse modo, desencadeou a Guerra de Troia (cf. Dillon; Gergel, p. 76-84). A parte central do discurso sustenta que, se Helena foi *persuadida* a fugir para Troia, então ela era incapaz de resistir. O discurso persuasivo, diz Górgias, é como uma droga. Se alguém dotado de habilidade no uso das palavras realmente deseja que outrem execute uma ação, essa pessoa executará tal ação de maneira tão indubitável quanto se alguém exercesse força física contra ela. Um texto igualmente fascinante de Górgias, que também sobreviveu, intitula-se *Acerca do não ser*. Parece ser uma paródia intrincada aos filósofos eleatas (Dillon; Gergel, p. 67-75). Enquanto eles mostravam que o ser é uno e imutável, Górgias sustenta, com uma série de provas absurdamente complicadas, que não há algo como o ser, tal qual o não ser; e que se houvesse ser ou não ser, não poderíamos sabê-lo ou dizer qualquer coisa a respeito disso.

Embora parte disso tenha sido provavelmente concebido para ridicularizar Parmênides ou seus seguidores, é óbvio que Górgias sustentava também uma tese séria. À semelhança de Protágoras, Górgias pretendia minar os filósofos e as suas grandiosas teorias que tratavam da realidade subjacente. Se não há realidade a ser alcançada, e tampouco ausência de realidade, como Górgias argumenta em *Acerca do não ser*, então somos deixados apenas com a maneira pela qual as coisas nos aparecem. Esse tipo de mundo, é claro, é adequado ao sofista, que sempre atua no nível das aparências, da plausibilidade e da persuasão. Você pode começar a compreender, agora, por que Platão julgou os sofistas tão alarmantes – a perspectiva sofística era diametricamente oposta à do platonismo. Mas, é claro, antes de haver o platonismo, houve Sócrates. É em virtude de Sócrates ser visto hoje como um santo mártir da filosofia que julgamos óbvio colocá-lo no papel de maior adversário dos sofistas. Platão também lhe atribui esse papel. Assim, pode ser uma surpresa descobrir que pelo menos um de seus contemporâneos, que sabia mais a respeito de Sócrates e dos sofistas do que nós, via pouca distinção entre eles. Trata-se do comediógrafo Aristófanes, um dos dois autores que nos fornecerão algum contexto para o retrato mais famoso de Sócrates que encontramos em Platão.

Parte II

Sócrates e Platão

13

Sócrates sem Platão: os relatos de Aristófanes e Xenofonte

Sócrates foi sem dúvida o mais influente e famoso filósofo que jamais escreveu coisa alguma. Sem livro em seu nome, Sócrates deve sua fama à impressão que ele causou nas pessoas que encontrou, e, sobretudo, ao fato de que uma dessas pessoas foi Platão. É sobretudo por meio dos diálogos de Platão que Sócrates continua vivo hoje. Nesses diálogos, Sócrates aparece como um dos grandes personagens literários do mundo antigo – dotado de humor, é retratado como irônico, reflexivo, corajoso, sedutor, ultrajante e notavelmente feio. Sua personalidade permanece relativamente constante ao longo dos muitos diálogos nos quais aparece, mas há também mudanças de ênfase e de doutrina. É claro que Platão admirava Sócrates imensamente, porém isto não o impediu de usar Sócrates para seus próprios fins. Como notei no último capítulo, Platão é tudo, menos uma testemunha confiável em relação a seus predecessores, fossem eles sofistas ou o seu próprio mestre. Este é um dos motivos pelos quais, antes de chegarmos à descrição platônica de Sócrates, quero olhá-lo apartado de Platão. Em particular, quero tratar da maneira pela qual Sócrates foi retratado por dois autores atenienses bem diferentes, os quais, como Platão, não conseguiram resistir a inseri-lo em suas produções literárias.

A maioria de nós começa o retrato de Sócrates pelo seu fim, isto é, o filósofo sentado calmamente em sua cela tomando alegremente uma poção venenosa de cicuta após ter sido sentenciado à morte por um júri formado por seus concidadãos. Tal como ocorrera no julgamento de Anaxágoras, esses eventos podem ter sido motivados por razões políticas. Sócrates foi executado em 399 a.C., vários anos depois de Atenas ter se rendido a Esparta, no final da Guerra do Peloponeso. Em 404 a.C., no mesmo ano em que a guerra terminou, Atenas foi dominada por um grupo de trina oligarcas ou tiranos. Um desses tiranos foi Crítias, um associado de Sócrates. Um amigo mais famoso de Sócrates foi Alcibíades, homem de boa aparência, em contraste com a feiura de Sócrates, bem como talentoso e ambicioso em igual medida. Alcibíades, para dizer o mínimo, era uma figura controversa. Ele fora exilado de Atenas após um escândalo que envolvia a depredação de estátuas religiosas, e ele, em seguida, mudou de lado mais de uma vez na longa guerra entre Esparta e Atenas. Assim, é possível que os cidadãos de Atenas tenham executado Sócrates em parte porque ele tinha amigos desagradáveis e antidemocráticos. Por outro lado, sabemos que Sócrates se recusou a acatar uma ordem dos trinta tiranos, quando lhe disseram para prender alguém injustamente. E, de fato, se alguém era independente, era Sócrates – é difícil imaginá-lo promovendo qualquer facção política em Atenas. Como veremos, Platão deixa claro que Sócrates era deveras capaz de irritar pessoas por conta própria. Talvez os cidadãos de Atenas tenham tão somente se cansado dele.

Sócrates estava o tempo todo em conversação, tanto com amigos quanto com interlocutores mais hostis, como os sofistas. A imagem clássica de Sócrates, presente em mais de uma pintura e escultura, mostra-o tomando o veneno[35]. Mas uma imagem melhor para manter em mente é de Sócrates na ágora (mercado) com um grupo de jovens reunidos à sua volta a discutir a natureza da virtude. Seus amigos jovens não se eximiam do engenho mordaz de Sócrates: tanto os amigos quanto os adversários eram reduzidos à sua real dimensão. A estratégia clássica de Sócrates, é claro, é levantar perguntas: O que é a virtude? O que torna um líder bom? Você realmente pensa que está justificado no que está fazendo? Uma vez tendo respondido à primeira pergunta, você está enrascado. Sócrates exporá a falta de fundamentos de seus pressupostos – ele mostrará que você literalmente não sabe aquilo de que fala. Mas isto não significa que Sócrates não fizesse nada mais em sua vida. Ele lutou contra os espartanos e se envolveu em diversas batalhas, incluindo uma grande derrota em Délio, em 424 a.C. Em um diá-

35. O mais famoso exemplo é *A morte de Sócrates*, por Jacques-Louis David, que deliberadamente retrata Sócrates a declamar calmamente, enquanto seus companheiros se entregam ao desespero.

logo, Platão faz Alcibíades discorrer a respeito do admirável desempenho de Sócrates em batalha e, de modo geral, em campanha militar. Ele era tão imponente em sua bravura, dizia Alcibíades, que ninguém do exército inimigo queria se aproximar dele.

É claro, estamos acostumados a esse tipo de retrato admirável de Sócrates como um herói quase sobre-humano e mártir da filosofia. Porém, o primeiro retrato de Sócrates o mostra como tudo, menos heroico. Foi escrito pelo poeta cômico Aristófanes, um contemporâneo mais jovem de Sócrates, que morreu em 383 a.C. Aristófanes foi o maior autor de comédias em Atenas, e faz de Sócrates um importante personagem numa peça chamada *As nuvens*[36]. Quem quer que descobrisse que figuraria em uma peça de Aristófanes saberia que passaria por maus bocados. Suas peças eram repletas de jogos de palavras e sátira política. Pode-se encontrar nelas protestos profundos e poderosos contra a guerra e a injustiça. Por outro lado, as peças também transbordam de humor popular e de piadas eróticas, e as *Nuvens* certamente não são exceção. Aristófanes foi um grande poeta, mas um poeta *cômico*, e ele jamais se afasta de sua tarefa central de fazer rir a audiência. Na Atenas de cada ano, celebrava-se o festival do deus Dioniso durante vários dias, no qual se encenavam numerosas peças teatrais. Por tal razão, Aristófanes disputava literalmente a aprovação daquele público. As produções de Aristófanes competiam contra as peças de outros dramaturgos. Este dramaturgo alcançou o prêmio máximo em diversas ocasiões, embora não com a peça *As nuvens*, a qual recebeu o terceiro e último lugar no ano de 423 a.C.

A vergonhosa derrota de Aristófanes nessa ocasião teria sem dúvida um sorriso retorcido, se não fosse pelo fato de que Sócrates decerto estava acima desse tipo de mesquinharias. Com efeito, "acima" é precisamente onde Aristófanes representa Sócrates. Ele ordenou que Sócrates adentrasse em uma espécie de guindaste, comumente empregado em outras peças para a representação de deuses e heróis nos céus, de onde estes contemplavam, das alturas, o desenrolar do trama. Sócrates, em sentido verdadeiramente literal, mantinha a cabeça entre as nuvens. Ele explica para o personagem principal, certo Estrepsíades, que ele está envolvido em meteorologia, que em grego

36. Uma tradução conveniente se encontra em West; West, 1984.

significa o estudo das coisas celestes, de maneira geral, não apenas do clima. Estrepsíades está ali para conseguir que Sócrates e os outros filósofos aos quais este se associa o ensinem a ganhar discussões. Ele quer ser capaz de proferir discursos e produzir jogos de palavras com o objetivo de enganar os juízes e fazê-lo se safar de alguns credores que o pressionam. Sócrates lhe assegura que pode ensiná-lo argumentos para provar qualquer tópico, e o ensina, ao mesmo tempo, a abandonar a crença nos deuses gregos tradicionais e, em vez disso, adorar as nuvens. As nuvens são representadas pelo coro da peça. Tudo isso, como disse, acompanhado de piadas populares e obscenas.

Tudo isso vem como um choque, não apenas porque nós o mais das vezes não associamos Sócrates com esse tipo de frivolidade vulgar, como também porque Aristófanes deixa inteiramente claro que ele pensa que Sócrates é um sofista. É óbvio que não era, certo? Como veremos, tanto Xenofonte como Platão mostram Sócrates em repetidas disputas com os sofistas. Mas, é claro, os sofistas podiam e, de fato, discutiam entre si. Assim, Aristófanes via, evidentemente, pouca distinção entre Sócrates e seus contemporâneos sofistas. Afinal, tanto Sócrates como os sofistas deixam seus oponentes confusos ao despejar argumentos neles, e ambos os lados davam extrema atenção ao significado das palavras. Decerto, queremos insistir que os motivos de Sócrates eram diferentes – puros, virtuosos –, mas essa matiz parece ter se perdido para Aristófanes. Platão também, aliás, mais de uma vez, sugere que Sócrates era amplamente visto como sofista. Em um diálogo, ele descreve uma espécie de "sofística nobre" (*Sofista* 231b), que elimina a falsa crença, em lugar de encorajá-la. Parece claro que Platão vislumbrava Sócrates aqui[37]. Mas, para observadores menos sutis, a diferença mais óbvia entre Sócrates e os sofistas teria sido sua pobreza. Ao contrário deles, Sócrates jamais pediu pagamento de seus associados – ele os considerava como amigos. Enquanto Xenofonte e Platão enfatizam isto e pensam que este fato estabelece uma nítida distinção entre Sócrates e os sofistas, para Aristófanes trata-se apenas de mais material para piadas: ele caçoa em demasia da voluntária indigência de Sócrates, de sua aparência maltrapilha e de pés descalços.

---

37. Cf., a respeito, Rouanet (2015, p. 111-119). (N.T).

O que confunde ainda mais é que Aristófanes usa Sócrates para representar não apenas os sofistas, mas também os filósofos pré-socráticos. O fascínio de Sócrates pela meteorologia é um exemplo, bem como a adoração das nuvens é evidentemente concebida como uma zombaria de filósofos que pensavam que o ar era um princípio divino, como Diógenes de Apolônia. Isto também é diretamente contradito por Xenofonte e Platão, que fazem questão de enfatizar que Sócrates *não* se envolvia com ciência física, exceto, talvez, no começo de sua carreira (cf. Xenophon, *Memoráveis* 1.1; Platão, *Fédon* 96a-c). Preocupava-se com a virtude, não com as nuvens. Mais uma vez, Aristófanes não estava interessado nessas distinções sutis. Para ele, Sócrates era útil porque era uma personagem bem visível e famosa para pôr em cena. Especulou-se até mesmo que Sócrates fora escolhido, em parte, porque era famoso por sua feiura. Seus olhos protuberantes e nariz encurvado faziam dele uma pessoa ideal para pôr num palco grego, local em que todos os atores utilizavam máscaras (um ator que tivesse o papel de uma pessoa real como Sócrates usaria uma máscara caricaturando suas feições). Ainda assim, é significativo que Aristófanes tenha escolhido Sócrates, entre todas as pessoas, para representar todo o movimento da sofística, e, sem dúvida, para a maior parte de sua audiência, Sócrates seria apenas mais um intelectual que vendia a mesma sofística ímpia que os demais.

O fato de Aristófanes retratar Sócrates rejeitando os deuses torna difícil achar engraçada as *Nuvens* – pelo menos se você sabe por que Sócrates foi sentenciado à morte um quarto de século depois. A acusação levantada contra ele era a de ter inventado novos deuses e de ter corrompido a juventude. Quando Aristófanes o mostrou no palco dizendo a Estrepsíades que os deuses tradicionais nem sequer existem, ele estava, provavelmente de maneira involuntária, ajudando a preparar o caso para processo. Já nossa outra testemunha, Xenofonte, propôs-se a defender Sócrates. Defendeu-o postumamente, pois na época em que Xenofonte escreveu Sócrates já havia morrido há alguns anos. Xenofonte era um contemporâneo próximo de Platão, nascido aproximadamente na mesma época (cerca de 430 a.C.; morreu por volta de 350 a.C.). Como Alcibíades, Xenofonte foi exilado de Atenas, de modo que passou muitos anos fora de sua cidade-natal antes de retornar a ela para passar a última década de sua vida. Na verdade, Xenofonte deixou Atenas por vontade própria antes de ser exilado *in absentia*, e sua escolha de ir embora foi fatídica – Sócrates o aconselhou a pensar duas vezes antes de fazê-lo, mas ele partiu assim mesmo. Partiu para se associar a uma tentativa de derrubar o governante da Pérsia e para atuar como mercenário em favor do pretendente ao trono, Ciro, em meio a uma ampla coorte de soldados gregos. Quando esse empreendimento fracassou, ele enfrentou uma árdua jornada como líder dos gregos, tentando trazer vivos para a Grécia tantos soldados quanto pudesse. Mais tarde, escreveu um registro dessa experiência, seu trabalho mais famoso chamado *Anabasis* – que significa "ascensão"; em outros termos, retorno à Grécia.

Além desse relato de aventura e algumas obras de cunho histórico geral, Xenofonte escreveu várias peças a respeito de Sócrates[38]. Às vezes, ele imitava seu colega Platão na admiração de Sócrates: por exemplo, ele escreveu uma dramatização de um banquete, ou "simpósio", tal qual *O Banquete* de Platão, com Sócrates sentado ao lado de outros homens a discutir acerca do amor. Seu trabalho socrático mais longo, as *Memoráveis de Sócrates*, também lembra Platão; Sócrates fora retratado discutindo com uma série de personagens, a maior parte dos quais se mantém firme em sua posição. E, mais uma vez como Platão, escreveu uma *Apologia* de Sócrates, descrevendo o que Sócrates disse no julgamento no qual fora condenado à morte. Porém, o Sócrates de Xenofonte é bem diferente daquele de Platão. Como o próprio Xenofonte nos diz, sua motivação primária não consiste em explorar o potencial filosófico de Sócrates como personagem – tal como fez Platão –, mas justificar Sócrates e seu modo de vida, e, em particular, solapar a acusação feita a Sócrates no julgamento fatal.

Como eu disse, essas acusações eram duas: Sócrates se afastou da religião tradicional e corrompeu a juventude. Enquanto Aristófanes acolhia essas calúnias para efeitos cômicos, Xenofonte rejeitou vigorosamente a ambas. Para ele, Sócrates foi um modelo de virtude, embora um que poucas pessoas tivessem a esperança de poder imitar. Ele enfatizou devidamente a piedade de Sócrates – em lugar de rejeitar os deuses, seu Sócrates discorre

---

38. Para uma visão geral da bibliografia que trata de seus escritos socráticos, cf. Morrison, 1988. Para traduções, cf. Bonette, 1994; Treddenick; Waterfield, 1990.

extensamente acerca da providência divina, e diz que precisamos ser gratos aos deuses que mostram sua benevolência ao conceber tão bem os humanos e o mundo à sua volta (cf., por exemplo, *Memoráveis* 1.4). Xenofonte também enfatiza o acesso direto de Sócrates a deus. Trata-se do famoso "sinal divino" de Sócrates, algo também mencionado mais de uma vez por Platão. Sócrates não podia exatamente prever o futuro, mas afirmava que os deuses o avisariam a respeito dele para evitar certas atividades ao começar a empreendê-las (cf. Xenophon, *Apologia* 12-13; *Memoráveis* 1.1, 4.3, 4.8). Por exemplo, ele não preparou um discurso de defesa para seu julgamento porque, quando estava a ponto de fazê-lo, o sinal divino o advertiu.

Como ressalta Xenofonte, a moral da história aqui parece ser que era melhor que Sócrates morresse. Xenofonte, por certo, concorda com Platão quanto a Sócrates nada ter feito para evitar a morte assim que foi levado a julgamento. Longe disso: na verdade, ele se afastou de seu comportamento habitual ao ultrajar e ofender os jurados em seu improvisado discurso de defesa. Em ambas as versões, porém de modo especial na de Xenofonte, Sócrates demonstra uma arrogância assombrosa. Xenofonte apresenta-o a vangloriar-se de sua virtude perfeita – a modéstia não figurava entre as características mais estimadas pelos gregos. Ele também retrata Sócrates afirmando ser especialmente favorecido pelos deuses, em particular devido ao sinal divino. Como diz Xenofonte, esta era a última coisa que Sócrates deveria ter dito se queria salvar sua pele, pois o júri ficou ultrajado, seja por incredulidade, seja por inveja pelo favor especial manifestado pelos deuses em prol de Sócrates. Mas este, ao que parece, nem sequer tentava se salvar – em vez disso, tentava morrer da mesma forma que viveu: com virtude perfeita e sem quaisquer compromissos[39].

Isto nos traz para a segunda acusação, a suposta corrupção dos jovens que Sócrates teria engendrado. Xenofonte faz Sócrates argumentar que isto dificilmente seria verdadeiro, pois ele foi sempre perfeitamente virtuoso, e, assim, deveria servir como um bom exemplo para seus jovens amigos, não como mau[40]. Se os pais destes rapazes objetavam ao fato de seus filhos

39. Cf. a abertura da *Apologia* de Xenofonte.

40. *Apologia de Sócrates ao júri*, 16-19.

seguirem Sócrates na ágora, isto sem dúvida era por inveja: os pais não gostavam que seus filhos procurassem se educar com ele, em vez de com eles próprios. Mas que atrativos haveria tais jovens de encontrar em Sócrates? Afinal, era ele feio, pobre e propenso a dispensar mordazes críticas a qualquer desafortunado transeunte que lhe cruzasse o caminho. Esta última disposição constituía, sem dúvida, parte do fascínio, pois tais jovens deleitavam-se em aprender as artes de refutar os mais velhos. Xenofonte, em uma cena dificilmente destinada a fortalecer nossa admiração por Sócrates, mostra Alcibíades imitando o estilo argumentativo de Sócrates a fim de refutar desafiadoramente o grande estadista Péricles[41]. Não resta dúvida de que isto é ficcional, porém, do mesmo modo, não há dúvida de que os jovens amigos de Sócrates de fato o imitavam, aborrecendo em demasia, por conseguinte, um bom número de homens poderosos.

Sócrates também era sedutor para esses jovens porque eles admiravam esse tipo de virtude. Sua virtude, em essência, consistia em independência e liberdade. Era pobre não porque tivesse de sê-lo, mas porque sabia que, paradoxalmente, um homem profundamente desprovido de recursos pode ser mais autossuficiente do que alguém que tem de se preocupar com sua riqueza e companhias. Para Sócrates, os homens mais escravizados eram os tiranos, que tinham muitos inimigos, mas também amigos que podiam se voltar contra eles. Assim como os sofistas, não passavam de meretrizes que vendiam sua suposta sabedoria por dinheiro. Sócrates não ganhou dinheiro pela sabedoria que ele distribuía, e assegurava para si algo mais valioso: a amizade. Sem dever explicações a ninguém, Sócrates era seu próprio senhor e não seguia as ordens de ninguém a não ser de seu sinal divino. Um jovem ateniense de alto nascimento poderia ter muito a admirar aqui. A liberdade total de Sócrates era precisamente o que eles buscavam: liberdade e autossuficiência, ainda que planejassem seguir esse objetivo por meio de uma vida política. Poderiam não seguir o caminho de Sócrates, por ser demasiado ascético, demasiado privativo – mas podiam ver sentido nisso. E Sócrates sabia como lidar com a ambição de semelhantes rapazes. Em uma cena, Xenofonte nos mostra como Sócrates podia usar o desejo do imberbe

41. *Memoráveis* 1.2.

por honra e sucesso político para mostrar-lhe que o conhecimento é o único caminho seguro que conduz a esses fins[42].

Sócrates está sendo bem astuto aqui, pois para ele, é claro, honra e sucesso político não eram algo a ser valorizado. Em seu ver, é o conhecimento em si que é valioso – o sucesso como líder político é algo que ele agita como uma isca para conseguir que seu jovem amigo siga o que ele oferece. Xenofonte concorda com Platão que Sócrates, de fato, ensinava que o conhecimento é a coisa mais importante da vida, bem como que o conhecimento é a "virtude em si". Essa ideia será explorada em muito maior profundidade por Platão, mas Xenofonte passa pelo ponto básico: fazer qualquer coisa de modo virtuoso é fazê-lo bem, e atuar bem significa atuar com conhecimento. Mais uma vez, o Sócrates de Xenofonte apela aos interesses políticos de sua audiência ao sustentar este ponto: ele diz que escolher um homem ignorante como líder de uma cidade seria como escolher um ignorante como médico. Da mesma forma que não permitimos que pessoas sem instrução façam experimentos em nossos corpos, não devemos permitir que indivíduos desprovidos de conhecimento façam experimentos no corpo político da cidade. Aqui, Xenofonte não soa muito diferente do Platão de *A república*.

Mas, sob muitos aspectos Xenofonte nos apresenta um Sócrates deveras distinto daquele que encontramos em Platão. Como veremos em Platão, Sócrates faz questão de proclamar sua própria ignorância. O Sócrates de Platão fica perplexo quando o oráculo de Delfos o proclama o mais sábio dentre os atenienses, porquanto ele, conhecedor de sua própria ignorância, indaga-se como seria plausível deter ele tal sabedoria. Já o Sócrates de Xenofonte é arrogante, esbanja confiança em sua própria perfeição. Ele diz ao júri em seu julgamento que o oráculo de Delfos o proclamou como o mais sábio e mais livre dos homens, mas na narração de Xenofonte isto não é algo surpreendente. Isto tão somente confirma o que Sócrates já sabia há muito, isto é, que ele é o homem mais virtuoso da face da terra. Ele acrescenta, com modéstia, que o oráculo quase o chamou de deus[43].

---

42. *Memoráveis*, 3.6. O jovem, na verdade, é Glauco, irmão de Platão, um dos interlocutores de Sócrates em *A república*. Os temas que aqui enfatizo foram explorados por Connor (1998, p. 31-52).

43. *Apologia de Sócrates ao júri* 15.

Em vez de pretender ignorância, o Sócrates de Xenofonte se sente livre para aconselhar a respeito de uma ampla gama de tópicos. Com frequência, Xenofonte insere conselhos éticos banais na boca do filósofo. Nós o vemos criticando um homem por ser incapaz de suportar sua mãe ameaçadora – lembre-se apenas, diz Sócrates, que ela pensa em seu bem. Nós o vemos dizendo a um homem que desperdiçar seu tempo com belas mulheres é tão perigoso quanto dar cambalhotas em cima de facas. Nós o vemos repreendendo um homem que se queixa que a água potável em sua casa é muito fria – afinal, indica Sócrates, é melhor para banhos, e os escravos não se queixam da água; acaso desejas ser mais exigente que um de seus escravo?[44] Em semelhantes passagens, Sócrates parece-se mais com um colunista de conselhos de um jornal do que com um filósofo. É difícil escapar à conclusão de que Xenofonte está utilizando Sócrates como porta-voz, assim como o faz Platão – mas colocando ideias muito menos interessantes em sua boca.

Ainda assim, não devemos subestimar Xenofonte, ou Aristófanes, aliás. Ambos efetuam cuidadosas escolhas em seu uso de Sócrates, e fazem esse homem extraordinário subordinar-se a seus propósitos autorais. Aristófanes nos fornece uma visão valiosa da percepção no final do século V a.C. não só acerca de Sócrates, como acerca de todo o florescimento intelectual do período – os sofistas, os filósofos e Sócrates como a face feia de todo o fenômeno. Enquanto isso, Xenofonte consegue capturar muitos dos temas que Platão associará a Sócrates, associação essa que perdurará pelos séculos seguintes. Algumas das ideias que salientamos – por exemplo, o ideal de autossuficiência e o foco na virtude como a única coisa que vale a pena ter – serão levadas adiante pelas escolas filosóficas do período helenístico, em especial pelos estoicos e cínicos. Devemos dar crédito a Xenofonte por já ser capaz de enxergar esses aspectos de Sócrates. Se não fosse por Platão, poderíamos ver seu registro de Sócrates como um texto de referência na história da filosofia. Esta asserção, contudo, equivale a afirmar que, caso Shakespeare não houvesse composto *Romeu e Julieta*, então *Amor, sublime amor* seria a narrativa clássica dos amantes fadados à desventura. Nosso Sócrates é, de modo inexorável, o Sócrates apresentado por Platão, e é para este Sócrates que agora direcionamos nossa atenção.

---

44. Esses três exemplos são de *Memoráveis* 2.2, 1.3, 3.13.

14

O homem do método: o Sócrates de Platão

Quem quer que tenha passado algum tempo em uma sala de aula, seja como professor, seja como estudante, provavelmente se deparou com o método socrático. Significa, é claro, ensinar a alguém por meio do levantar perguntas – talvez perguntas indutoras, mas, em todo caso, perguntas. Quando praticado com rigor, o método socrático exige que o professor jamais diga *o que quer que seja* além das perguntas. Isto pode degenerar rapidamente em paródia. O estudante pergunta a respeito das datas de nascimento e morte de Platão, e, em vez de dizer que ele nasceu em 427 a.C. e morreu em 347 a.C., o professor diz: "Bem... quando *você* pensa que ele nasceu e morreu?" Mas, praticado com moderação, o método socrático é uma excelente maneira de ensinar. Força os estudantes a pensarem as coisas por si mesmos, em vez de ficarem passivamente sentados à espera de serem preenchidos com conhecimento, como se ensinar fosse semelhante a despejar vinho nas garrafas vazias que são as cabeças dos estudantes.

Sócrates, é claro, era preeminente no uso desse método, ainda que não tenha sido seu inventor. Segundo Platão, ele tinha uma razão muito boa para utilizar esse método, a saber, que ele não tinha sabedoria própria para compartilhar. Sócrates pretendia ser ignorante quanto às coisas que ele se propunha a descobrir. A razão que ele apresentava para interpelar os distintos cidadãos de Atenas na praça do mercado, e insistir para que lhe dissessem no que consistiam a coragem, a piedade ou a virtude em geral, era que ele próprio desconhecia verdadeiramente a natureza da coragem, da piedade ou da virtude. Ele ficava desesperado para encontrar alguém que pudesse lhe ajudar a responder a essas importantíssimas perguntas; perguntas que se tornaram a base para muitos dos diálogos de Platão. No *Laques*, de Platão, Sócrates pede a militares que expliquem o que é a coragem (190b-d). No *Eutífron*, ele pede a um homem que está processando seu pai por assassinato que explique o que é a piedade (5d) – afinal, quem quer que processe seu pai por assassinato precisa estar bem confiante de seu próprio juízo moral.

Sócrates gosta mais de levantar perguntas do que de respondê-las. No *Mênon*, por exemplo, pergunta-se a Sócrates se a virtude pode ser ensinada, e ele replica que não pode dizer, pois não sabe nem sequer em que consiste a virtude, de modo que dificilmente pode saber se ela pode ou não ser ensinada (70a-71b). Mas, talvez Mênon se dispusesse a ajudar ao dizer antes o que é a virtude? Quando confrontado com as perguntas de Sócrates, Mênon e os demais interlocutores dizem o que pensam acerca da virtude, e Sócrates gentilmente, ou não tão gentilmente, mostra-lhe que eles não têm a menor ideia daquilo que falam. Eles se contradizem, entram em confusões lógicas, e se dão conta de que suas ideias conduzem a resultados estranhos e inacreditáveis. Sócrates termina desapontado, e os interlocutores vão embora, talvez raivosos, decerto intrigados, e, com sorte, percebendo que não sabem tanto quanto pensavam.

Esta é a versão clássica do Sócrates de Platão, tal como emerge de toda uma série de trabalhos que são com frequência chamados de "diálogos socráticos". Esses diálogos foram provavelmente escritos no início da carreira de Platão, e muitas pessoas pensaram que eram um registro fiel do Sócrates real, histórico – talvez até mesmo relatos de discussões efetivas tidas por Sócrates. Como já admiti, sou demasiado cético a esse respeito. Penso que desde o princípio Platão usava Sócrates para seus próprios fins filosóficos, de modo que não há muito propósito em extrair um retrato do Sócrates histórico a partir de alguns diálogos socráticos supostamente confiáveis. Além disso, por que deveríamos tentar fazer isso, de qualquer modo, quando o Sócrates platônico é tão interessante? Podemos acompanhar como Platão desenvolve Sócrates como um *personagem*, diálogo após diálogo, confrontando-o com vários outros personagens, muitos dos quais também foram baseados em pessoas reais, como generais, poetas, sofistas, jovens amantes, patifes, políticos, e, no caso de *A república*, até mesmo os irmãos mais novos de Platão. Esses retratos, é claro, devem ter sido inspirados nas figuras históricas em discussão. Qualquer semelhança com pessoas vivas ou mortas não era mera coincidência. Porém, como estudantes de história da filosofia, aquilo em que de fato estamos interessados é no que Platão fez com os personagens, não o quão próximo essas versões estavam das pessoas reais.

O melhor lugar para começar se desejamos compreender o Sócrates de Platão é um diálogo chamado *Apologia* ou *Defesa de Sócrates*. Como mencionei antes, Xenofonte também escreveu um diálogo socrático chamado *Apologia*; e eles não eram os únicos que fizeram literatura socrática na época. Sócrates tinha muitos admiradores, e alguns deles procuraram reabilitar sua reputação após sua execução em 399 a.C. Nessa época, Platão tinha 28 anos de idade. Em sua *Apologia*, Platão faz Sócrates mencionar que ele está presente no julgamento (34a). No entanto, não deveríamos inferir disto a conclusão de que a *Apologia* foi, portanto, um registro fidedigno ao que fora dito por Sócrates. Afinal, em outro diálogo, o *Fédon*, somos informados de que Platão estava doente e que não poderia estar presente no leito de morte de Sócrates (59b). Mas isto não o impediu de nos contar o que Sócrates supostamente dissera em seus momentos finais. E tampouco são esses os únicos diálogos que se passam nos dias que culminaram com a morte de Sócrates. Entre a *Apologia*, na qual vemos o julgamento de Sócrates, e o *Fédon*, no qual vemos sua morte, há o *Críton*, no qual o amigo de Sócrates, cujo título da obra lhe é homenagem, busca em vão convencer Sócrates de salvar a própria vida por meio da fuga da prisão e posterior evasão de Atenas. O *Eutífron*, que já mencionei, também se passa nos dias que antecedem ao julgamento, assim como vários outros diálogos. Ao situar tantos diálogos nesse curto período de tempo, Platão se certifica de que não percamos de vista o quanto está em jogo quando fazemos filosofia. Sócrates está tentando descobrir qual é a melhor forma de viver, e o faz mesmo quando lhe restam apenas poucas horas de vida.

Mas retornemos à *Apologia*, que é, como disse, uma boa maneira de nos aproximarmos da perspectiva de Platão quanto a Sócrates. A primeira coisa a dizer é que, nele, Sócrates é tudo, menos apologético. Consiste em sua maior parte num discurso de defesa, embora envolva algum questionamento tipicamente socrático de Meleto, um de seus acusadores. O discurso que ele pronuncia é tão repleto de arrogância e de superioridade como aquele que Xenofonte escreveu, mas o de Platão, por certo, esforça-se pouco para angariar as graças dos jurados. Ele inicia de fato fazendo uma apologia, a saber, desculpando-se por ser um mau orador (17a-18a). Isto, é claro, é um recurso clássico usado por bons oradores públicos, e Sócrates prossegue oferecendo um argumento bem elaborado, após pretender ser incompetente em retórica. Porém, o propósito de Platão não é realmente mostrar que Sócrates tenta agradar os jurados; é, pelo contrário, rejeitar a noção amplamente difundida de que Sócrates era um sofista. Sócrates alude diretamente à peça de Aristófanes, as *Nuvens*, a qual, como você se lembra do último capítulo, retratava-o tanto como sofista quanto como uma espécie de filósofo pré-socrático. Dada a maneira pela qual ele realça as *Nuvens* aqui na *Apologia*, parece que Platão censurava Aristófanes por ajudar a criar a reputação de Sócrates que, em última instância, mostrou-se funesta.

Tal qual Xenofonte, Platão mostra que Sócrates desmantela as acusações oficiais contra si, a saber, de que ele rejeita os deuses e corrompe a juventude. Há, entretanto, menos foco nas acusações específicas aqui do que em Xenofonte. Na versão de Platão, o principal tema de Sócrates é a história de como ele se tornou tão impopular em Atenas. A história é a seguinte. Como relatado também por Xenofonte, o amigo de Sócrates, Querefonte, foi ao oráculo em Delfos. O que o oráculo diz a Querefonte, na versão de Platão, é que não haveria homem mais sábio do que Sócrates (*Apologia* 21a). Sócrates fica perplexo com o pronunciamento do oráculo, pois ele sabe que não é sábio, de fato. A sabedoria de que ele goza é tão somente a "sabedoria humana", cuja natureza ele realmente não explica (20d). Mas ele carece do que seria de fato valioso, a saber, a sabedoria divina – a qual seria o conhecimento absolutamente seguro das coisas mais importantes, como a virtude.

Desse modo, Sócrates se propõe a descobrir em que sentido o pronunciamento do oráculo pode ser verdadeiro. Uma vez que ele não sabe nada de valor, é de se esperar que seria fácil encontrar alguém mais sábio do que ele. É o que ele tenta fazer. Procura os candidatos mais óbvios: os políticos, os poetas e os artesãos. Descobre que eles de fato sabem algumas coisas limitadas – por exemplo, os carpinteiros sabem como fazer coisas a partir da madeira –, mas nenhuma dessas pessoas tem a verdadeira sabedoria, o conhecimento das coisas mais importantes que Sócrates busca. Pior ainda, eles ficam cheios de si com a pequena compreensão daquilo que de fato usufruem, de modo que supõem que devem ter verdadeira sabedoria, além de sua pequena quantidade de conhecimento especializado. Suas falsas pretensões de sabedoria ultrapassam em muito o valor do que quer que eles conheçam. Os poetas, por exemplo, pretendem ter toda espécie de visão exaltada, quando, na verdade, eles não conseguem nem mesmo explicar os poemas que escreveram (22b). Sócrates se dá conta, aos poucos, daquilo que o oráculo de Delfos tinha em mente: ele é o mais sábio dos homens não em virtude de ter sabedoria em demasia, mas porque, pelo contrário, ele sabe que *não* é sábio. Sua condição é algo que passamos a chamar de "ignorância socrática". Essa ignorância, paradoxalmente, é um tipo de conhecimento: é saber que não se sabe.

Isto nos fornece um contexto para compreender o que acontece em outros diálogos socráticos. Ao questionar pessoas de todos os modos de vida, Sócrates está lhes dando uma chance de mostrar que sabem, por exemplo, o que é a coragem ou o que é a piedade. Talvez ele enfim tenha sorte e encontre o homem ou a mulher que refute o oráculo délfico ao se mostrar mais sábio do que ele. Mas se isto não acontecer, ao menos Sócrates conduz o interlocutor a um estado de ignorância socrática. Ele está, de fato, fazendo-lhes um grande favor. Está despojando-os da impressão de que sabem coisas que realmente não conhecem. Como diz Sócrates na *Apologia*, ele é como uma mosca que gira em torno de um cavalo, aborrecendo-o (30e) –, mas o aborrecimento é útil e produtivo. Ainda que ele não consiga fazer aquilo que sofistas como Protágoras pretendiam fazer, a saber, ensinar às pessoas como viver, ele pode ao menos mostrar a elas que não sabem como viver *ainda*. Isto as colocará no mesmo barco que Sócrates, que continua a busca pela sabedoria; mas, até que seja purgado de sua confiança em crenças falsas, você nem sequer se incomodará em procurá-la. Sócrates acredita firmemente, portanto, que está prestando aos atenienses um serviço importante. Depois de ser considerado culpado, perguntam-lhe que sentença propõe para si mesmo, e ele sugere que deveria receber refeições gratuitas às expensas do Estado para o resto de sua vida (36d). Aqui, é difícil evitar a impressão de que Sócrates instiga deliberadamente os atenienses a sentenciarem-no à morte. Entretanto, o Sócrates de Platão parece genuinamente acreditar que deve ser recompensado pelos atenienses aos quais serviu com tamanha fidelidade.

Por outro lado, a pergunta quanto àquilo em que Sócrates realmente acredita é um pouco complicada. Junto com a ignorância socrática, outra de suas marcas registradas é a ironia[45]. Por exemplo, não seria deveras irônico que Sócrates tentasse obter uma definição de piedade por parte de Eutífron, indivíduo que se preparava para processar o próprio pai pelo assassinato de um escravo? Em outros termos, Sócrates sabe muito bem que Eutífron não tem a menor ideia daquilo em que consiste a piedade, o que é elucidado pelo fato de que este está a ponto de fazer algo completamente impiedoso ao arrastar o próprio pai ao tribunal. De modo similar, Sócrates sabe que Laques é o general que não tem ideia daquilo em que consiste a coragem, que Mênon não é capaz de definir a virtude. Não há nada a se ganhar interrogando-os, de fato – exceto mostrar-*lhes* que são ignorantes. Mas é muito fácil dizer que praticamente tudo o que Sócrates diz é "irônico". Sem dúvida, a experiência ensinou-lhe, via de regra, que você não recebe uma boa resposta quando pede aos cidadãos atenienses para definirem as virtudes. Mas isto não significa que ele não espere receber nada desse processo. Mais de uma vez nos diálogos platônicos, Sócrates faz uma declaração apaixonada de que jamais deixará de investigar essas perguntas – e ele mesmo jamais se cansa de fazê-lo. Quando acusado de sempre dizer as mesmas coisas, responde: "Sim, e acerca dos mesmos assuntos" (*Górgias* 490c). Embora conduzir as pessoas à ignorância socrática seja um serviço público genuíno, Sócrates também o faz por interesse próprio, pois acredita que, mediante essa investigação constante, tem alguma esperança de alcançar a verdadeira sabedoria.

Podemos pensar, todavia, que esse projeto de Sócrates é um pouco estranho. Por que alguém pensaria que fornecer uma explicação ou definição

45. Assunto muito discutido na literatura especializada. Cf., *e.g.*, Nehamas (1999); Ferrari (2008, p. 1-33); Lane (2006, p. 49-83).

da virtude é uma boa maneira de provar que se é virtuoso? Decerto, alguém poderia ser virtuoso sem ser capaz de explicar a virtude, não? Sócrates discordaria. Afinal, especialistas em outras áreas são de fato capazes de fornecer explicações: um carpinteiro pode explicar o que está envolvido na fabricação de mesas. Assim, uma pessoa virtuosa deveria ser capaz de fornecer uma explicação da virtude. Mesmo que concedamos esse ponto, podemos ainda nos queixar que não é *suficiente* ter uma explicação ou definição da virtude. Pode-se explicar o futebol sem que se seja capaz de jogá-lo e, do mesmo modo, o conhecimento acerca da virtude não parece garantir a conduta virtuosa. Mais uma vez, Sócrates pensa diferente. Um de seus pressupostos fundamentais é que quem quer que saiba o que é bom escolherá aquilo que é bom. Por que alguém escolhe deliberadamente o que é ruim? Quando posto desta forma, isto soa paradoxal. Mas nós pensamos que as pessoas escolhem coisas deliberadamente, ainda que estas sejam más, não? Talvez até mesmo *porque* são más, dada a perversidade da natureza humana? Para Sócrates, essa ideia era absurda. Para ele, o fato de algo ser "bom" implica evidentemente que merece ser escolhido. Assim, pensar que algo é bom equivale a escolhê-lo. Para apresentar de outra maneira, é incoerente imaginar alguém pensando: "Isto é bom, mas a bondade não me serve de muita coisa. Farei o que é ruim, em vez disso".

A posição socrática que ele defende em diversos diálogos é usualmente resumida na frase "ninguém faz o mal por livre deliberação" (por exemplo, *Górgias* 475e, *Protágoras* 358d). Se eu sempre desejo fazer o que é bom, então fazer o mau só pode ser resultado de informação incompleta. Se roubo ou mato, devo pensar que roubar ou matar é bom, quando de fato é mau. Isto nos deixa mais próximos de compreender a estranha maneira pela qual Sócrates conduziu sua busca pela vida virtuosa. Para ele, o vício e a má ação são sempre resultado de ignorância, não a benigna ignorância socrática de saber que não se sabe, mas o tipo realmente perigoso e insidioso de ignorância no qual você está profundamente convencido de que sabe o que é bom quando, na verdade, não tem a menor ideia a respeito disso. Sem nomear ninguém, pode-se pensar em políticos que exibiram esse tipo de ignorância e atestar que Sócrates tem certa razão.

O próximo passo é óbvio: se vício é ignorância, então, talvez, virtude seja conhecimento. E, de fato, ao procurar o conhecimento da virtude, Sócrates considera que está buscando a própria virtude. Ele defende isto de outras maneiras também. Por exemplo, ele indica que as coisas só são boas ou benéficas quando usadas com conhecimento (*Eutidemo* 281b). Considere-se a medicina: use-a com a orientação de um médico reconhecido e ela pode salvar-lhe a vida. Use-a sem essa orientação e terá sorte se sobreviver à experiência; é por isso que existe algo como a prescrição de medicamentos. O mesmo ponto se aplica a qualquer coisa que se considere boa – dinheiro, por exemplo. O dinheiro é muito útil, todos concordamos com isso, mas somente se usado com sabedoria. Se usá-lo de maneira errada, pode fazer muito mal a si mesmo e a outros. Ou, considere-se a saúde, que parece uma coisa incontroversamente boa. Acaso a saúde de um tirano brutal seria realmente uma coisa boa? Não, pois o tirano usa seu vigor contínuo para oprimir e explorar as pessoas. Em todo caso, a coisa boa à primeira vista se torna boa somente quando você lhe adiciona sabedoria.

Assim, a virtude é conhecimento ou sabedoria; e Sócrates diz que ele carece de conhecimento e sabedoria. Ele tão somente sabe que nada sabe. Devemos concluir disso que Sócrates não é virtuoso? Em certo sentido, é provável que devamos. Se ele já fosse virtuoso, é de se presumir que Sócrates poderia parar de percorrer Atenas pedindo às pessoas para ajudá-lo a descobrir o que é a virtude. Mas esse tipo especial de ignorância socrática lhe confere importante vantagem em relação a seus pares: ele, pelo menos, sabe que suas crenças a respeito da virtude são profundamente falíveis. E não há razão para negar que ele de fato tem crenças a respeito da virtude – talvez seja isso o que ele entende por "sabedoria humana", a qual menciona na *Apologia*. Por exemplo, ele acreditava que era errado prender um homem inocente sob ordens dos trinta tiranos, e acreditava que era certo lutar com bravura contra os espartanos, em Délios. De fato, por todos os seus esforços para mostrar às pessoas que elas carecem de uma compreensão geral da virtude, ele com frequência fica feliz em aceitar suas crenças acerca de casos particulares de virtude. Por exemplo, quando Mênon diz que a virtude, para uma mulher, é cuidar bem da casa e ser obediente, Sócrates não o critica por ser sexista. Ele simplesmente insiste que Mênon lhe forneça uma *definição* de virtude, e não apenas *exemplos* (*Mênon* 71e-72c)[46]. Aquilo de que os interlocutores carecem, no que concerne à virtude, é o quadro mais amplo – carecem de conhecimento geral e coerente acerca da virtude, ainda que, muitas vezes, consigam encontrá-la em ocasiões particulares.

O Sócrates de Platão, e o próprio Platão, preocupavam-se que semelhantes pessoas também a entendessem errado em ocasiões particulares precisamente porque carecem de conhecimento geral e coerente. Quando as coisas estão difíceis, você quer seguir a pessoa que tem conhecimento, não aquela que tem algumas crenças verdadeiras. Assim, mais uma vez, podemos perguntar: Por que Sócrates não comete erros também, uma vez que ele próprio carece de semelhante sabedoria? Ora, ele tem outra vantagem: seu sinal divino. Platão confirma o relato de Xenofonte de que Sócrates podia ouvir uma voz divina, a qual se manifestaria e o avisaria contra essas atuações que seriam erradas (*Apologia* 31d). Sócrates, portanto, tinha uma espécie de atalho em seu caminho para a virtude. Suas crenças verdadeiras, moderadas pela modéstia da ignorância socrática, eram aumentadas por um sinal divino que o direcionava no sentido da virtude, ou, pelo menos, para longe do vício. Ele não apenas era o homem mais sábio de Atenas, era também o mais abençoado. Não é de se admirar que Platão o considerasse como herói na maior parte de seus diálogos, sobretudo dado que era um homem que amava a conversação, e, como ele próprio era autor de diálogos, a conversação também era assunto seu.

46. As exigências feitas por Sócrates em sua busca por definição foram criticadas em um influente artigo por Geach (1966, p. 371). Acerca do problema, cf. Prior (1998, p. 97-113).

15

Em diálogo: a vida e os escritos de Platão

O fato de que os primeiros filósofos gregos sejam chamados de pré-socráticos mostra a medida em que Sócrates é visto como a figura central na história da filosofia grega. Porém, alguns predecessores de Sócrates poderiam pretender representar um ponto de virada. O que dizer de Xenófanes, com seu ceticismo racional em relação à religião tradicional? Ou Heráclito, o qual se afigura como o primeiro dentre os mortais a consagrar-se primordialmente à filosofia, em lugar de cultivar, à maneira dos demais, as mais diversas artes e ciências do intelecto humano? E o que dizer de Parmênides, o primeiro pensador a seguir um caminho de argumento puramente racional e inventor da metafísica? É claro, Sócrates de fato acrescentou algo à tradição, mormente um novo foco na ética. Com o incansável questionamento de seus concidadãos, com a exigência de que eles explicassem suas escolhas e valores, Sócrates inventou a noção de que filosofia é, acima de tudo, uma investigação acerca do modo como devemos viver[47]. Essa convicção não é tão popular hoje, mas foi partilhada por todos os filósofos antigos depois de Sócrates. Ainda assim, se Sócrates é uma figura de transição no pensamento grego não é tanto devido a suas ideias, mas sim porque sem Sócrates não haveria Platão.

De fato, embora ninguém admire Sócrates e os pré-socráticos mais do que eu, estou disposto a dizer que é com Platão que a filosofia de fato tem início. O filósofo e lógico Alfred North Whitehead fez a famosa observação de que a história da filosofia é "uma série de notas de rodapé a Platão"

47. Este é um tema que foi extensamente explorado por Pierre Hadot. Cf. Hadot, 2002; Hadot, 1995. – Em português, cf. Hadot, 1999; Hadot, 2016.

(Whitehead, 1929, p. 39). Isto se tornou um lugar-comum tão repetido que pensei que pudesse prescindir dessa observação no primeiro capítulo acerca de Platão. Mas, lugar-comum ou não, Whitehead tinha certa razão. A filosofia não começa ou termina com Platão; mas o acompanha desde então. Muitos problemas centrais da filosofia são encontrados pela primeira vez em Platão, tais como a natureza da linguagem ou a imortalidade da alma. Mas Platão não era apenas um gênio filosófico, era também um gênio literário. Os gregos admiravam-no como um dos maiores estilistas do grego ático, e ainda que traduzido trata-se de um dos filósofos mais agradáveis de se ler. Nos diálogos platônicos podemos encontrar tudo o que esperamos da grande literatura – suspense, humor, antecipação, simbolismo, sutis alusões a outros textos e, é claro, personagens memoráveis. Sua criação literária mais duradoura foi Sócrates, mas Platão era um imitador prodigioso, capaz de produzir brilhantes paródias de figuras históricas quais Protágoras e Aristófanes. Em muitos casos, o mimetismo é tão forte que se torna quase impossível imaginar a pessoa histórica à parte de seu retrato platônico. Como vimos, este é certamente o caso de Sócrates.

No que se refere ao próprio Platão, ele permanece elusivo. Está afastado de nós não apenas por cerca de dois milênios e meio, mas também por sua escolha de escrever diálogos. Vimos no capítulo anterior que num deles, o *Fédon*, um personagem observa que Platão não estava presente na morte de Sócrates, pois estava doente. Essa passagem nos lembra que, de certo modo, Platão está ausente em todos os diálogos. Platão jamais fez de si mesmo um personagem num de seus diálogos, bem como jamais escreveu filosofia de outra maneira exceto na forma de diálogo. Não nos fala diretamente, o que nos faz pensar qual das ideias expressas por seus personagens – se é que há alguma – representa sua própria visão. Em muitos casos, é quase irresistível pensar que Platão está usando um ou outro personagem como porta-voz de suas próprias ideias. Mas tome-se apenas o caso da mais famosa doutrina de Platão, a teoria das formas. Ocorre que é surpreendentemente difícil encontrar passagens nos diálogos de Platão em que sua teoria seja exposta e defendida. De fato, uma das poucas discussões explícitas das formas é imediatamente seguida por uma poderosa série de objeções à própria teoria de Platão, objeções às quais não são apresentadas respostas.

Falaremos mais disso depois. Por ora, desejo discorrer um pouco mais a respeito do homem Platão. Quem era esse gênio elusivo que tenho descrito em termos tão arrebatadores? Comecemos com alguns dados básicos. Ele nasceu em 427 e morreu em 347 a.C. Platão era oriundo de Atenas. Com efeito, poderia supostamente contar entre seus ancestrais o grande legislador de Atenas, Sólon. Podemos supor com segurança que o principal acontecimento na vida de Platão foi seu encontro com Sócrates ainda jovem. Quando Sócrates foi condenado à morte, Platão tinha quase 30 anos de idade. Ainda assim, Sócrates deve ter causado grande impressão no jovem Platão, isto é, o suficiente para que este fizesse de Sócrates seu principal personagem na maioria de seus diálogos. Depois da morte de Sócrates, Platão passou um tempo longe de Atenas, no sul da Itália, onde pode ter se deparado com ideias pitagóricas; uma fonte adicional de inspiração. Não se deve exagerar a importância disto, penso eu. Os diálogos de Platão mostram que ele tinha amplo conhecimento da maioria dos pré-socráticos. Tinha especial interesse por Heráclito e por Parmênides, que eram tão importantes para ele quanto Pitágoras. Uma tradição antiga tenta convencer-nos de que Platão era realmente herdeiro de altas verdades pitagóricas. Mas, de fato, o pitagorismo foi apenas uma das muitas correntes da filosofia grega até a época de Platão, e Platão se serviu de todas o quanto pôde.

Depois de suas viagens pelo exterior, Platão retornou a Atenas e se pôs à frente de uma escola filosófica. A escola se situava em um bosque fora da cidade – a Academia, nomeada em honra de um herói grego mítico chamado Academo (é claro, é daí que vem nossa palavra "academia"). Platão e seus colegas se envolviam não apenas na busca daquilo que pensamos ser assunto propriamente filosófico, como também praticavam ainda discussões e argumentação dialética, classificação, divisão e matemática. Você pode ter ouvido a lenda de que uma placa na entrada da Academia dizia "Que não entre aqui quem não souber geometria"[48], e de fato, fica claro a partir dos próprios diálogos que Platão nutria profundo interesse pela matemática. Tinha colegas que, assim como ele, realizavam séria pesquisa

48. A lenda se originou na Antiguidade tardia. Até onde pude descobrir, a primeira referência é uma nota escrita na margem de um manuscrito de um trabalho de Élio Aristides, um retórico do século II d.C.

matemática, em particular Árquitas, um filósofo pitagórico[49]. Outro contemporâneo foi Isócrates; não o confundir com Sócrates: Isócrates foi um retórico brilhante e herdeiro da tradição sofística que Sócrates enfrentou no século V a.C. Como veremos, Platão dedica atenção em demasia ao problema da retórica, e Isócrates pode ser um de seus alvos. Mas, é claro, o mais famoso contemporâneo de Platão, além de Sócrates, será seu aluno, Aristóteles, o qual aprendeu seu ofício na Academia antes de estabelecer o Liceu, academia rival à de Platão, depois da morte de seu mestre.

Como ocorre com outros filósofos antigos famosos, podemos obter alguma informação adicional acerca de Platão a partir de um conjunto de biografias escritas por um autor do início do século III d.C. – Diógenes Laércio[50]. Diógenes nos diz que o nome "Platão" era, na verdade, um apelido. Relaciona-se ao grego *platôs*, que significa "grande" ou "amplo". Supõe-se que Platão tenha recebido essa alcunha porque tinha grande estrutura corporal, além de ser um lutador. Por outro lado, acrescenta Diógenes, o apelido podia se dever à amplitude dos escritos de Platão – ou, de maneira mais prosaica, por ter uma testa ampla. Qualquer que fosse a razão para seu apelido, devemos ser gratos a quem quer que o tenha criado. Seu verdadeiro nome era Aristocles, e seria demasiado confuso se os dois principais pensadores antigos se chamassem Aristocles e Aristóteles.

Em termos da biografia de Platão, a mais importante informação encontrada em Diógenes diz respeito às três visitas que o filósofo fez a Siracusa, na Sicília. Também dispomos de algumas cartas, supostamente escritas pelo próprio Platão, que discutem seu envolvimento na política siciliana[51]. Para resumir esta longa história, Platão foi a Siracusa pela primeira vez na década de 380 a.C., quando tinha cerca de 40 anos. Diógenes Laércio nos conta que, enquanto esteve lá, Platão criticou a maneira pela qual o tirano Dioniso governava a cidade. O tirano ficou irado, como tende a ocorrer

49. Segundo consta, Platão fundou a Academia juntamente com seu amigo Teodoro, que era matemático e aparece como personagem no diálogo *Sofista* [N.T.].

50. Para seu relato, cf. *DL*, 2. Também convém mencionar que todo o *DL*, 3, é dedicado a Platão.

51. Essas cartas estão incluídas em Platão (1997). Esta também inclui os diálogos de Platão e uma série de obras duvidosas e espúrias (isto é, coisas que foram supostamente escritas por ele ou que certamente não o foram).

com tiranos. Ficou tentado a mandar matá-lo, mas se contentou em vendê-lo como escravo[52]. Platão foi eventualmente resgatado, mediante pagamento, e pôde retornar a Atenas, mas voltou a Siracusa para se encontrar com o filho do tirano, também de nome Dionísio, quando o jovem herdou a posição do pai. Platão esperava persuadir esse jovem tirano a adotar a filosofia e governar com justiça e por meio das leis, em vez de por meio da violência e do temor. Infelizmente, essa viagem também foi um fracasso: Platão e um amigo, Díon, foram mandados embora. Platão realizou uma terceira e última viagem a Siracusa, visando a fazer o tirano Dioniso ver de modo mais favorável a seu amigo Díon. Mais uma vez, a missão de Platão fracassou. No tempo devido, o exilado Díon retornou à Sicília com uma armada invasora. Díon depôs Dioniso, mas foi assassinado. Toda esta triste história fornece um exemplo marcante de um filósofo que tenta e fracassa em exercer influência na política do mundo real. Suponho que muitos leitores se divertiram um pouco com o idealismo ineficaz de Platão, na esperança de transformar o jovem Dioniso num dos reis-filósofos de *A república*. Mas fico sempre feliz de defender Platão. Assim, digo que deveríamos elogiá-lo por tentar pôr suas teorias em prática, em vez de apenas ficar sentado na Academia, escrevendo diálogos e fazendo matemática.

A mais famosa passagem nas cartas de Platão discute o jovem tirano Dionísio. Ela consta na chamada *Sétima carta*, que, como as outras, pode ou não ter sido escrita por Platão. A passagem discute um rumor de que o jovem tirano Dionísio tentou sua sorte num escrito acerca de filosofia. O autor da carta diz que, se Dionísio de fato escreveu esse livro, então pode-se estar certo de que o livro não se baseou em ensinamentos que Platão lhe dera em Siracusa (341c). Qualquer bom filósofo sabe que a filosofia não é um corpo de doutrinas que pode ser estabelecido por um professor, de modo que deva ser ingerida e, então, escrita pelo estudante. A verdadeira filosofia consiste em uma discussão entre mestre e pupilo, e os conhecimentos que se adquire dessa maneira não podem ser expressos em tantas palavras. O autor da *Sétima carta* fornece uma espécie de argumento metafísico

52. Recentemente, documentos encontrados em Herculano, e agora decifrados, sugerem que Platão foi vendido como escravo em Egina, em 399 a.C., logo depois da morte de Sócrates [N.T.].

em favor disso (342a-344c). As palavras são ecos ou imagens distantes da verdadeira realidade, de modo que é impossível capturar com perfeição a realidade por intermédio da linguagem. Pior ainda é pôr seus pensamentos na escrita, em vez de no discurso oral, uma vez que as palavras escritas serão inevitavelmente vulneráveis a distorções e a incompreensões de toda sorte. Como de fato o Platão real diz em um de seus diálogos, o *Fedro*, palavras escritas não podem explicar ou se defender da maneira que podemos explicar e defender a nós mesmos na conversação (275d-e).

Muitos leitores ficaram tentados a conectar essas passagens na *Sétima carta* e no *Fedro* ao fato de que Platão escreveu diálogos, em lugar de tratados repletos de doutrinas. Como eu disse, Platão jamais se dirige a nós em voz própria. Ele não é um dos personagens, é a inteligência que luz invisível por trás deles. Por que ele escreveu filosofia dessa maneira? Diógenes, em sua biografia de Platão, diz que ele inventou o uso da forma dialógica em filosofia – e ele parece estar certo quanto a isso. Talvez alguns filósofos anteriores, como Zenão, o discípulo de Parmênides, tenham escrito na forma de argumentos opostos. Mas Platão foi original ao usar a forma dos diálogos literários dramaticamente realísticos, com personagens vívidos tomados da vida real. A *Sétima carta*, se realmente for de Platão, ajudaria a explicar essa escolha. A carta sugere que Platão não pensava ser possível estabelecer a verdade filosófica em um livro – daí sua preferência por diálogos, em detrimento de tratados didáticos. Por outro lado, Platão pode ter pensado ser possível estabelecer a verdade filosófica em teoria, mas na prática não conseguiu fazê-lo. Talvez ele estivesse sempre trabalhando suas ideias e jamais tenha alcançado uma doutrina que o satisfizesse. Então, mais uma vez, talvez Platão tivesse perfeita confiança em suas concepções, mas se preocupasse com a vulnerabilidade das palavras, em especial das palavras *escritas*. Na discussão frente a frente pode-se explicar o que se quer, responder à crítica, esclarecer confusões e assim por diante. Mas as palavras escritas são como órfãos, à mercê do leitor que os encontra. Em todo caso, parece plausível que, para Platão, a filosofia ocorra sobretudo em discussões, não em textos escritos. Quando ele se dedicava a expor suas ideias no papiro, procurava recriar o contexto.

Penso que se pode ir além, caso se tenha em vista a experiência de ler um diálogo platônico. Os diálogos são divertidos, mas também podem ser frustrantes. Por que as pessoas que falam com Sócrates, seus interlocutores, o deixam se safar com argumentos aparentemente ruins? Por que não lhe pedem para explicar mais plenamente certos pontos? Sobretudo, por que tantos diálogos terminam em um impasse frustrante, Sócrates e seus interlocutores em acordo quanto a não terem atingido uma compreensão acerca do tópico em debate? Esses desfechos estéreis sem dúvida se relacionam com a confissão socrática de ignorância: ele só sabe que nada sabe. Mas Platão não está nos contando isso para estabelecer a ignorância, ainda que socrática. Quando os participantes do diálogo negligenciam importantes objeções, ou deixam de explorar sendas aparentemente óbvias de investigação, temos de nos dar conta disso. Ele quer que seus leitores se envolvam ativamente em seus diálogos. Os leitores devem estar alertas para localizar essas alternativas omitidas, para ver que algumas soluções estão sendo apenas sugeridas. Pode-se dizer que o texto escrito é um parceiro para um diálogo futuro, um diálogo entre o leitor e o texto.

Isso também ajuda a explicar por que os diálogos de Platão são tão *literários*. Por isso, entendo não apenas que são muito belos – e com frequência o são –, mas que Platão exibe todo um arsenal de alusões metafóricas e referências cruzadas, como poderíamos esperar de um romancista ou dramaturgo. Isto mais uma vez convida o leitor a pensar a respeito do subtexto, assim como a respeito do significado aparente do diálogo. Os trechos de cenários dramáticos que cercam os argumentos filosóficos de Platão são tão importantes quanto os próprios argumentos. Ele pode, por exemplo, retratar seus personagens exibindo, ou não, uma virtude como a coragem, por intermédio da própria maneira pela qual efetuam uma discussão filosófica acerca da virtude. De modo similar, Platão situa diálogos quanto à piedade e ao respeito pelas leis nos dias imediatamente anteriores à execução de Sócrates. Devemos ler esses diálogos tendo em mente o destino de Sócrates.

Talvez não haja uma única explicação geral para o motivo pelo qual Platão escreveu em diálogos[53]. Ele parece ter visto muitas vantagens nessa forma, de modo que as explorou em diferentes textos. Considere um cur-

---

53. Há, talvez, tantas respostas a essa pergunta quanto leitores de Platão, mas aqui estão alguns estudos acerca deste tópico nos últimos vinte anos, em ordem cronológica: Frede (1992, p. 201-220); Sayre (1995); Kahn (1996); Clay (2002); Scott (2007).

to diálogo como o *Eutífron*, no qual o personagem do título é mostrado por Sócrates como incapaz de definir a piedade. Estes e outros chamados diálogos "socráticos" são muito diferentes da mais longa e complexa *A república*, que ainda usa Sócrates como personagem principal, mas de uma maneira muito mais didática, na medida em que apresenta teorias acerca do conhecimento, das formas, da alma e da política. Ambos os diálogos são intensamente literários, com fortes e memoráveis personagens, além de seu conteúdo filosófico. Porém, seria tolo supor que *A república* seja simplesmente uma tentativa muito mais longa de atingir aquilo que Platão tentara fazer no *Eutífron*. Assim, em vez de perguntar apenas por que Platão escreveu diálogos, pode ser mais frutífero considerar como ele usa a forma para diferentes efeitos em diferentes diálogos.

Isto nos traz ao assunto mais básico de quantos diálogos existem. As coleções dos textos de Platão retrocedem ao século I a.C., quando um homem chamado Trásilo efetuou uma edição dos diálogos. Sua edição dividiu 35 diálogos, além das cartas platônicas como um texto final, em nove grupos de quatro. Estes foram os trabalhos que Trásilo julgou que realmente fossem de Platão. Hoje, todavia, aceitamos apenas entre 25 dos 30 diálogos como sendo autênticos. Vários dos diálogos, bem como as cartas platônicas, são de autenticidade incerta, e outros são unanimemente considerados como forjados. Do mesmo modo, a divisão dos diálogos em grupos de quatro também foi abandonada. Em vez disso, os estudiosos agrupam os diálogos, o mais das vezes, em primeiros, intermediários e tardios.

Segundo essa divisão, Platão começou a escrever seus diálogos depois da execução de Sócrates. Os diálogos que ele escreveu nesse período aderiam de maneira mais ou menos próxima à prática efetiva de Sócrates na discussão. Como mencionei, eles usualmente terminam em impasse – em grego, a palavra é *aporia* – em que todos no diálogo concordam que não são capazes de responder ao tópico em discussão. O previamente mencionado *Eutífron* é um exemplo: a questão do diálogo é "O que é a piedade?" Algumas sugestões são feitas e refutadas, e Sócrates e Eutífron se despedem sem tê-las definido de maneira bem-sucedida. Um exemplo famoso do *Eutífron* é a proposição do personagem que dá nome ao texto de que o que é piedoso é tão somente aquilo que todos os deuses amam (9e). A dificuldade com esta formulação decorre de ela confundir a direção da explicação: Seria algo verdadeiramente pio porquanto os deuses o amam, ou, ao contrário, os deuses o amariam porquanto ele é pio em si? O problema aqui exposto por Platão estava destinado a ocupar lugar central nos debates de filosofia da religião. Os deuses, ou Deus, ditam a moralidade e a bondade, caso em que, ao que parece, qualquer coisa poderia ter sido boa? Ou Deus quer que façamos coisas *porque* são boas? Ainda que essa dificuldade seja conhecida como o "dilema de Eutífron", Platão está, aqui, ao menos tão interessado na discussão metodológica do funcionamento das explicações quanto na aplicação à piedade propriamente dita.

Isto é típico dos primeiros diálogos ou diálogos "socráticos". Eles tendem a descrever Sócrates inquirindo parceiros quanto a determinado conceito, usualmente uma virtude como a piedade ou a coragem, e sem conseguir esclarecê-lo ao final. Vem então o "período intermediário", durante o qual Platão escreveu trabalhos mais ambiciosos, mais longos, e deixou de representar típicos encontros socráticos. *A república*, o diálogo mais conhecido de Platão, é o exemplo mais brilhante desse período. Por fim, há os textos "tardios". Sabemos que um livro extremamente longo, e que a maioria dos leitores tende a considerar extremamente aborrecido, chamado *Leis*, ainda não estava terminado quando Platão faleceu[54]. Assim, este fora seu último livro. Outros livros tardios tendem a ser mais técnicos e menos dramáticos em sua composição. Com frequência, há um personagem central que lidera a discussão, aproveitando-se de um interlocutor que não lhe dá muito trabalho. Em muitos diálogos desse último período, Platão demove Sócrates do palco central e permite que outros personagens assumam os papéis de liderança.

Qual é a veracidade desse relato quanto aos três períodos da carreira de Platão? Bem, alguns diálogos se referem uns aos outros, de maneira retrospectiva ou prospectiva, o que é um indício de cronologia relativa. Os estudiosos também utilizaram análise estatística da evolução do estilo

54. DL 3.37 parece estar dizendo que o aluno de Platão, Filipe de Opus, foi encarregado de copiar o diálogo, que existia apenas como texto de trabalho (em tabuletas de cera), quando Platão morreu.

de escrita de Platão, o que pode ajudar a ordenar os diversos diálogos[55]. Essas indicações tendem a confirmar, por alto, uma versão do esquema que acabei de descrever. Assim, podemos dizer com alguma confiança que, por exemplo, a maior parte dos chamados "diálogos socráticos" são anteriores à *A república*. Ainda assim, não existe consenso quanto à ordem cronológica exata dos diálogos. E, mesmo se soubéssemos a ordem em que os diálogos foram escritos, não fica claro que isto significaria que compreendemos as ideias de Platão. Mesmo que aceitemos que suas concepções evoluíram ao longo do tempo, isto não significa que essa evolução foi simples. Platão era um filósofo dotado de autocrítica, e gostava de explorar os mesmos problemas de diversos ângulos. Não há dúvida de que ele mudou de ideia, considerou objeções a ideias que ele discutira antes, e assim por diante. Mas a mente de Platão não seguiu uma trajetória linear ao longo de sua carreira.

Uma maneira muito melhor de ler Platão é um diálogo por vez. Cada diálogo é um mundo em si e deve ser considerado por si mesmo antes de ser relacionado com outros diálogos. Isto é verdadeiro não só para um longo e famoso texto como *A república*, mas também para diálogos mais curtos e menos conhecidos. Para ilustrar isso, tratarei agora de dois desses diálogos. Eles não constam na lista de leitura de muitos cursos de graduação e, não obstante, nos apresentarão a muitos dos temas que são centrais nos escritos de Platão – seu humor, sua rivalidade com os sofistas, seu fascínio com o erótico e sua inquietação no que concerne à natureza do conhecimento.

55. Para uma avaliação dessa análise, cf. Young (1994, p. 227-50).

16

Conhece-te a ti mesmo: dois diálogos platônicos desprezados

Por muitos anos, a Rádio 4 da BBC, no Reino Unido, teve um programa chamado “Discos para uma ilha deserta”. Convidavam-se pessoas famosas e lhes pediam para dizer que música eles gostariam de ter se fossem ficar presos em uma ilha deserta. Ao final, os convidados também tinham de dizer que livro gostariam de levar, exceções feitas à Bíblia ou a Shakespeare. Isto é algo que nunca compreendi. Certamente, a resposta é óbvia: se você puder ter apenas um livro em uma ilha deserta, por que deveria considerar ler algo além das obras completas de Platão? Minha cópia dos diálogos reunidos contém 1.745 páginas, sem contar o índice[56]. Isto é suficiente para te fazer companhia por muitas noites solitárias na ilha deserta. Se você ficasse preso em uma ilha deserta e começasse a ler os diálogos platônicos um depois do outro, você ficaria impressionado com o quão profundo é esse catálogo. Uma vez tendo passado pelos mais conhecidos, como *A república* e o *Fédon*, você descobrirá muitos outros diálogos que não apenas são dignos de serem lidos, mas lidos uma dúzia de vezes – você pode fazer isso, afinal, pois está preso numa ilha deserta. Neste capítulo, examinarei dois desses diálogos, o *Cármides* e o *Eutidemo*. Não são livros famosos, mas mostram Platão em seu ápice, ou muito próximo disso.

Como a maioria dos diálogos de Platão, o *Cármides* recebe o nome de um dos principais personagens que aparecem ali. No diálogo, Sócrates

56. Platão, 1997. Como mencionado na “Nota quanto às referências” no início do livro, as citações de Platão remetem às páginas da Estefano, que estão impressas em quase todas as traduções dos diálogos, usualmente às margens, como nessa coleção.

conta como ele encontrou Cármides pela primeira vez, um jovem encantador e extraordinariamente bonito. Na verdade, todo o diálogo é narrado por Sócrates, de modo que, à medida que o lemos, é como se estivéssemos sentados com ele no mercado a ouvir a história. Ele nos diz que, na época de seu encontro com Cármides, ele mesmo acabara de retornar de uma campanha militar. Todos desejam ouvir notícias da guerra, mas Sócrates muda com rapidez o rumo da conversa para um de seus temas favoritos. Como é feita a filosofia em Atenas? E há muitos jovens promissores ali por perto? Um homem mais velho que está presente, Crítias, diz que Sócrates tem sorte: acaba de chegar o mais belo jovem de Atenas, seu primo Cármides (153a-154b).

Cármides entra, com outros homens em seu redor devido à sua boa aparência, situação que Platão explora para uma comédia farsesca. Todos querem se sentar próximos ao encantador jovem Cármides, e há tanta luta para ceder-lhe lugar num longo banco que o rapaz, no final, cai no chão. Sócrates ganha a competição pela atenção do rapaz com um truque sugerido por Crítias: Cármides, ao que parece, estava tendo dores de cabeça com frequência. Sócrates pretende conhecer a cura, certa folha. Mas, para curar a dor de cabeça, é preciso curar o corpo todo – referência às teorias médicas holísticas do *corpus* hipocrático (156c). Não somente isso, mas é precisa ter certeza de que a alma está saudável para que o corpo possa ser curado. E estamos em meio a uma discussão filosófica, a qual visa a descobrir se Cármides tem ou não a virtude que os gregos chamam de *sophrosyne*, usualmente traduzida como "temperança" ou "moderação". Se a tiver, sua alma é saudável, e podemos dar continuidade à cura de seu corpo. Mas, é de se presumir, se Cármides tem essa virtude, ele será capaz de explicar o que ela é. Assim, Sócrates convida Cármides a definir a *sophrosyne* (159a), e a tentativa de fazê-lo ocupa sua atenção pelo restante do diálogo.

Até aqui, tipicamente socrático, com um pouco de comédia adicionada. Mas espere um pouco. Talvez você se recorde do nome Crítias? Eu o mencionei como parente de Platão e líder dos trinta tiranos, aqueles que substituíram a democracia atenienses até o final do século V a.C. E você jamais adivinhará quem era outro membro dos trinta tiranos: isso mesmo, o próprio Cármides. Não fica muito claro o que Platão pensava a respeito do episódio dos trinta tiranos. Como veremos a seguir, ele não era um apoiador entusiástico da democracia ateniense restaurada que executou seu mestre Sócrates. Mas, obviamente, quando lemos o *Cármides*, precisamos ter em mente a história polêmica desses dois personagens. O trabalho de Platão nesta passagem assemelha-se à atitude de um escritor contemporâneo que encenasse um diálogo filosófico acerca do direito internacional e designasse George W. Bush e Tony Blair como personagens principais. Esta escolha platônica pela forma dialogada patenteia a capacidade de produzir efeitos literários os quais não se aguardam de um texto filosófico. Quando Sócrates pergunta se Cármides é tão belo na alma como o é no corpo, supõe-se que saibamos o que ocorreu com o Cármides real, e isto afeta a maneira pela qual lemos os argumentos.

É claro, no cenário em que se passa o diálogo, Sócrates não sabe o que acontecerá seja com Crítias, seja com Cármides. Platão de fato faz Crítias se comportar mal ao longo do diálogo. Mas Cármides é tão encantador quanto belo. Por exemplo, Sócrates lhe pede para dizer, de maneira direta, se ele tem a virtude da temperança, e Cármides responde que seria uma gabolice dizer que sim, mas que ele se envergonharia se dissesse que não (158d). Isto mostra rapidez de espírito, embora se desvie nitidamente da pergunta quanto a sua virtude. Nós, leitores, todavia, sabemos que direção Cármides tomará. Cármides se tornará o seguidor do tirano Crítias, não do filósofo Sócrates. Tudo isso é mais do que um jogo literário. Dá ressonância à pergunta fundamental do diálogo, que não é tanto "O que é temperança?", quanto "Como podemos saber se alguém é temperado?" e "Como podemos saber se nós mesmos somos temperados?"

Chegamos aqui a um dos temas favoritos de Platão: o conhecimento dos outros e o conhecimento de nós mesmos. O tema se torna explícito após mais algumas cenas teatrais. O jovem Cármides sugere que a temperança é cuidar dos próprios assuntos. Sócrates fica perplexo com essa resposta. Estará ele dizendo que todos devem fazer seus próprios sapatos? Não, não, diz Cármides, não é isto o que ele tem em vista..., mas, por outro lado, ele não tem certeza do que isso significa. Revela-se que esta é uma definição de temperança que ele ouviu de seu parente mais velho Crítias, que fica aborrecido por ver sua definição refutada por Sócrates (162b-d).

Tomando lugar na conversação, Crítias diz que, *evidentemente*, a definição significa que a temperança é cuidar dos próprios assuntos no sentido de fazer o que deve ser feito. Em outros termos, fazer coisas boas (163e). Pergunta Sócrates: Sabendo disso ou não? Por exemplo, se ajudo um homem sem saber se isto o beneficiará, é isto temperança? Não, não, diz Crítias, não é isto o que penso. O que penso, em verdade, é a mesma coisa que um famoso lema que apareceu como inscrição no oráculo de Delfos. E sim, é o mesmo oráculo que proclamou a sabedoria de Sócrates.

Você sem dúvida ouviu falar da inscrição oracular, ainda que não saiba de onde veio. Escreve-se *gnothi se auton*: "Conhece-te a ti mesmo". Assim, esta é minha definição, anuncia Crítias. A temperança é autoconhecimento (164d-165b). Ele exala confiança o tempo todo, atuando como se fosse Sócrates quem tateasse sem direção, mesmo que seja ele, Crítias, que salte de uma tentativa de definição para outra, como se obviamente se tratasse das mesmas definições. Como sempre, Sócrates fica paciente e calmo, embora perplexo: ele apenas deseja compreender, se é que há algo que valha a pena compreender. Ele não entende bem o que significaria ter autoconhecimento. A medicina é conhecimento da saúde, e a arquitetura é conhecimento de construção: de que o autoconhecimento é conhecimento? Aqui, Crítias faz um movimento surpreendente. Ele diz que a temperança, ou o autoconhecimento, é conhecimento do *conhecimento* (166b). Isto deixa Sócrates mais confuso do que nunca. Não há algo como uma visão que vê a visão, ou audição que ouça a audição. Como poderia haver conhecimento que conhece o conhecimento?

Neste ponto, Crítias está disposto a admitir que, também ele, está perplexo. Platão nos fornece uma bela imagem dessa perplexidade: ele faz Sócrates dizer que, assim como um homem que boceja tende a fazer todos à sua volta bocejarem, a confusão de um homem tende a infectar outros com confusão (169c). Como sempre se dá com Platão, há mais aqui do que uma ação literária secundária. Com as surpreendentes mudanças na discussão, ele conseguiu transformar o diálogo de uma discussão jocosa da temperança em algum deveras diferente. O diálogo se torna agora uma investigação acerca da natureza e da utilidade do conhecimento. Hoje, diríamos que o diálogo passou da ética para a epistemologia – o estudo do conhecimento.

Em particular, estamos nos perguntando o que significa ter conhecimento do conhecimento. Em que consiste isso? Por um lado, como assinala Sócrates, parece que, se conheço algo, devo saber que o conheço. Por exemplo, uma vez que sei que 2 + 2 = 4, também sei que sei que 2 + 2 = 4. De fato, você pode até suspeitar que este é um bom teste de saber se sei algo. Se não estou certo quanto a se sei ou não que 2 + 2 = 4, não é esta uma razão suficiente para dizer que eu *não sei* que 2 + 2 = 4? Por outro lado, como também indica Sócrates, é difícil ver que bem faz saber que se sabe. Se sei que 2 + 2 = 4, isto é o suficiente para todos os fins práticos. Quando eu precisaria saber que *sei que sei* que 2 + 2 = 4? Assim, temos aí uma espécie de paradoxo. Por um lado, conhecimento do conhecimento parece ser absolutamente essencial. Por outro lado, o conhecimento do conhecimento parece vazio e inútil.

Se tudo isso parece muito abstrato, considere em vez disso o caso em que tento descobrir se *mais* alguém tem conhecimento. Suponha, por exemplo, que quero decidir se deixo alguém operar o meu coração. De repente, parece demasiado urgente decidir se o suposto cirurgião sabe o que faz. Se for possível, gostaria de saber *com certeza* se ele sabe ou não. Assim, o conhecimento do conhecimento parece vital neste caso. Mas, para que eu esteja absolutamente certo de que esse cirurgião é ou não qualificado, parece plausível que eu precise eu mesmo ter alguma apreensão do que é a medicina. Com efeito, eu mesmo talvez precisasse ser um cirurgião qualificado. De outro modo, terei de levar em conta o parecer de outras pessoas para descobrir se o suposto cirurgião sabe o que faz. Posso ter sorte e receber um bom parecer. Mas eu não estaria seguro de que o suposto cirurgião possa ser objeto de conhecimento. Para estar seguro, eu precisaria do mesmo tipo de conhecimento que o cirurgião (espero) tem: preciso conhecer a respeito de cirurgia. O que eu não preciso, por outro lado, é algum conhecimento adicional a respeito do conhecimento (em vez de a respeito de cirurgia). Assim, também dessa perspectiva, o conhecimento do conhecimento parece essencial de um ponto de vista e, de outro, inútil.

Tendo Sócrates e Crítias batido cabeças com esse problema por algum tempo, o diálogo termina em impasse, sem nenhum acordo quanto ao que seja realmente a temperança, ou ainda o conhecimento (175a-176d). Mas seria errado dizer que eles, e nós, não aprendemos nada. Fomos, ao menos, apresentados a numerosos caminhos para investigação futura. Uma parte do que foi dito parece extremamente socrático: em particular, Sócrates poderia concordar com Crítias que a temperança, e todas as outras virtudes, são tipos de conhecimento. Isto permite que Platão use seus truques favoritos: ele desvia a discussão da virtude em direção a uma investigação mais geral acerca da natureza do conhecimento. Como eu disse, passamos da ética para a epistemologia. Por outro lado, em outros diálogos, vimos sugestões de que a virtude socrática é a *mesma coisa* que conhecimento. Assim, talvez não se trate de um desvio. Platão está tão somente melhor desenvolvendo as implicações dessa tese socrática. Se a virtude é conhecimento, então talvez a discussão da virtude e a discussão do conhecimento sejam a mesma coisa. Epistemologia e ética são hoje ensinadas e estudadas como partes separadas da filosofia. Mas, se virtude é conhecimento, então essa rígida separação é um grande erro.

Podemos encontrar ideias similares em um outro diálogo platônico desprezado, o *Eutidemo*. Como ocorre no *Cármides*, o diálogo é narrado por Sócrates. Desta vez, sabemos que ele está contando a história para seu bom amigo Critão, que, em outro diálogo que recebe o seu nome, tenta persuadir Sócrates a fugir de Atenas antes de ser executado. Nesse diálogo, Sócrates se recusa a fugir, sob a justificativa de que tem um dever de obedecer às leis ainda que elas o condenem injustamente à morte. Espera-se que pensemos nesse episódio quando lemos o *Eutidemo*? Devemos pensar, talvez, acerca do julgamento de Sócrates e da acusação de que ele corrompeu a juventude? Isto seria apropriado, pois, como no *Cármides*, o *Eutidemo* mostra Sócrates lutando para exercer influência em um jovem. Neste caso, o belo jovem a quem Sócrates se dirige chama-se Clínias. No *Cármides*, Sócrates parecia estar em competição com Crítias para ver quem conseguiria influenciar Cármides. Algo do mesmo tipo ocorre aqui no *Eutidemo*. Mas, desta vez, os oponentes de Sócrates são mais temíveis do que o obtuso Crítias. Ambos são sofistas, irmãos de nome Eutidemo e Dionisodoro.

Os dois irmãos, ao que se revela, costumavam viver como especialistas nas artes marciais. Poderiam ensinar a lutar usando armadura, a conduzir homens no campo de batalha, a conceber estratégias na guerra. Mas diversificaram suas atividades a partir daí, e tornaram-se especialistas em violência verbal, no lugar da violência física (271c-272b). Gabavam-se de ensinar sabedoria e virtude, mas o que eles efetivamente faziam era enganar as pessoas com seu desconcertante jogo de palavras e argumentos. Sócrates pede uma demonstração – ele quer usar seu espantoso conhecimento para persuadir Clínias a se tornar filósofo e buscar a virtude. "Sem problema", dizem, e então começam os fogos de artifício sofísticos. Eutidemo e Dionisodoro se revezam para refutar o pobre Clínias. Levantam-lhe perguntas, e mostram que, qualquer que seja a resposta que Clínias lhes dê, ele acabará se contradizendo. Por exemplo, quem é aquele que aprende, um sábio ou um ignorante? Sábio, é de se presumir, e é o que Clínias responde. Mas os irmãos assinalam que as pessoas sábias já têm o conhecimento, assim, não precisam aprender. Desse modo, deve ser ignorante, diz Clínias. Errado novamente. Os estudantes ignorantes em qualquer grupo são precisamente aqueles que não aprendem, de outro modo dificilmente poderiam ser ignorantes (275d-276c).

Sócrates considera tudo isso meros disparates, e critica os irmãos por não serem sérios. Oferece-se para mostrar o que ele entende a fim de persuadir Clínias a desenvolver um interesse pela filosofia. Ele questiona Clínias de maneira a conduzi-lo à clássica conclusão socrática de que qualquer coisa que pareça boa – dinheiro, alimento, poder, saúde – revela-se ser boa apenas se você a usa com conhecimento (281d-e). Lembre-se deste ponto: o dinheiro é útil, mas somente se você o usa em coisas que serão boas para você, e isto requer conhecimento. Sócrates espera que, com este bom exemplo, os irmãos sofistas se esforcem mais e conduzam Clínias à sabedoria, em vez de à confusão. Em vez disso, eles voltam a recorrer a seu arsenal de truques. Um argumento típico é como este. Os irmãos perguntam se você conhece o que quer que seja. Claro, você diz, há algumas coisas que conheço. Assim, se você conhece, dizem os irmãos, então você deve conhecer *tudo*. De outro modo, você saberia e não saberia ao mesmo tempo, o que é uma contradição (293b-d). Ora, este é evidentemente um péssimo argumento. É perfeitamente possível saber uma coisa – por exemplo, como amarrar seus sapatos – ao mesmo tempo em que não se sabe outra coisa – por exemplo, como procurar uma girafa. Mas os irmãos insistem em desconsiderar essas distinções. Isto é trapacear, queixam-se, e devem saber disso, pois eles próprios se colocam na posição de estabelecer as regras do debate. E assim continuam: os irmãos argumentam, por exemplo, que se você tem um cão, então o cão é seu; se o cão tem filhotes, ele é o pai; e se o cão é seu e ele é o pai, então o cão é seu pai! (298d-299a).

Mais uma vez, não é tão difícil de ver que se trata de um péssimo argumento, embora detalhar onde estão os erros requeira alguma sutileza. Talvez, o objetivo de Platão aqui seja, em parte, treinar o leitor para ver o que há de errado em argumentos falaciosos como esses. Mas não é o único resultado que pretende alcançar. Alguns dos argumentos feitos pelos irmãos têm profundas implicações filosóficas. Trata-se de um diálogo no qual os problemas fundamentais da metafísica e da epistemologia subjazem à aparente estultice. Para fornecer apenas um exemplo, os irmãos sustentam que é impossível que duas pessoas se contradigam entre si (285d-286b). Se você diz que o cavalo é branco, e eu digo que ele é negro, então só podemos estar descrevendo duas coisas diferentes: você está descrevendo um cavalo branco e eu um cavalo negro. Se você estiver certo e não houver um cavalo negro, então não estou descrevendo nada – não estou dizendo nada. E como eu posso contradizê-lo sem dizer alguma coisa? Este argumento também parece trivial, à primeira vista, até que refletimos que os irmãos soam um pouco como Parmênides. Se você se lembra, também ele dizia que é impossível até mesmo discordar.

O *Eutidemo*, portanto, tem um teor filosófico forte. Em grande medida, trata-se de uma reflexão acerca da natureza do conhecimento, assim como o *Cármides*. Com efeito, muitos dos problemas que surgem aqui, de maneira aparentemente frívola, retornam em outros diálogos e são examinados de maneira mais extensa. Um exemplo é o problema quanto a se aquele que aprende é sábio ou ignorante – trata-se de um problema notavelmente similar ao paradoxo de Mênon, o qual examinaremos em breve. Igualmente fundamental ao *Eutidemo* é a pergunta quanto a como devemos tratar outras pessoas em debate filosófico. A finalidade do debate filosófico não é vencer a todo custo, como esses sofistas pugilistas verbais fazem. É buscar sabedoria.

Isto faz do diálogo outra tentativa de mostrar-nos que Aristófanes estava errado: Sócrates não é um sofista. Ele quer conduzir jovens como Clínias à virtude e à sabedoria, e não à perplexidade. Por outro lado, o Sócrates de

Platão também leva os jovens à perplexidade. É claro, Sócrates parece bom comparado com os irmãos sofistas. Mas esses dois diálogos, o *Cármides* e o *Eutidemo* não ilustram também as limitações de Sócrates? Em ambos os diálogos, Sócrates tem uma chance de influenciar um jovem e torná-lo virtuoso. Sabemos que ele fracassa com Cármides, e que tampouco é bem-sucedido com Clínias. Isto nos leva a pensar: Pode a conversa com Sócrates realmente tornar um jovem virtuoso? Esta é uma pergunta à qual Platão retorna repetidamente, em especial nos diálogos que discutiremos nos dois próximos capítulos: o *Górgias* e o *Mênon*.

17

A VIRTUDE ENCONTRA SEU PAR: O *GÓRGIAS* DE PLATÃO

Os filósofos antigos dispendem muito tempo em discussões acerca da natureza da boa vida. Em particular, usualmente quiseram nos mostrar que a melhor maneira de viver é ser virtuoso. Mas, por que ser virtuoso? Você poderia em vez disso seguir, digamos, o exemplo de Arquelau, rei da Macedônia, que se apossou do poder eliminando vários membros de sua família, incluindo seu próprio meio-irmão de 7 anos, o qual afogou ao atirá-lo em um poço (471c). Certo, isto pode parecer um pouco radical. Mas podemos realmente estar seguros de que Arquelau fez a escolha errada? Ele podia ter sangue em suas mãos, mas essas mãos seguraram as rédeas do poder em um império poderoso. E, sejamos honestos: todos fazemos coisas estranhas para alcançar o que queremos. Então, por que não arriscar tudo e cometer as mais escandalosas injustiças, se isso nos permitir satisfazer os nossos desejos – não apenas hoje, mas pelo resto de nossas vidas?

Este é um ponto central posto nos diálogos de Platão, e nunca tão premente quanto em sua primeira obra-prima, o *Górgias*. Já encontramos aquele que dá nome ao diálogo quando examinamos os sofistas. Górgias foi professor de retórica e, como você deve se lembrar, foi autor de várias obras que ainda chegaram a nossos dias e que mostram tanto sua habilidade com as palavras quanto sua convicção de que as palavras têm um poder quase irresistível. Você pode se lembrar, também, que Platão, diálogo após diálogo, contrapõe Sócrates a oponentes que são sofistas e professores de retórica. Já vimos um exemplo no *Eutidemo* e a luta verbal típica desses encontros, que, com frequência, parecem-se mais com competições do que com discussões desapaixonadas a respeito da verdade. No *Górgias*, Sócrates troca farpas verbais não apenas com o próprio Górgias, como com dois de seus seguidores, Polo e Cálicles. Ainda que o diálogo tenha o nome de Górgias, é Cálicles quem constitui o mais memorável personagem na condição de defensor apaixonado da imoralidade. Em nenhum outro diálogo Sócrates, o campeão da virtude, encontra oponente mais formidável.

No último capítulo, vimos como o *Cármides* de Platão se inicia com uma investigação acerca da virtude, mas acaba se revelando uma investigação acerca do conhecimento. Veremos outro exemplo desse truque platônico quando examinarmos o *Mênon*. Mas, no *Górgias*, algo como o contrário disso acontece: Sócrates diz que deseja descobrir o que é a retórica, mas acaba montando uma defesa da vida virtuosa. Quando a ação se inicia, Sócrates e seu amigo, Querefonte, encontram-se com Górgias e seus colegas retóricos Polo e Cálicles. Enquanto Polo e Cálicles são relativamente iniciantes em retórica, Górgias já é aceito como mestre. Acabara de fazer um discurso de exibição e é hóspede de honra na casa de Cálicles. Sócrates deseja ouvir o que o famoso Górgias tem a dizer, mas não na forma de um discurso finamente preparado (447c). Em vez disso, Sócrates quer, bem, o que ele sempre quer: deseja ter uma conversação a respeito da virtude. Felizmente, Górgias se gaba de poder expor com brevidade inigualável se chamado a fazê-lo (449c). Ele é tão bom no debate de perguntas e respostas quanto em produzir longos e ornados discursos. Isto faz parte de sua especialidade, de sua arte. Sócrates prossegue debatendo com ele a respeito desta pergunta: Qual é a arte que Górgias pretende ter dominado e ser capaz de ensinar?

A arte, é claro, é a retórica. Mas o que exatamente é a retórica? Carpinteiros fazem coisas a partir da madeira, médicos tornam-nos saudáveis. O que fazem os retóricos? Segundo Górgias, a retórica é uma arte que diz respeito ao discurso, não qualquer velho discurso, mas discurso quanto "a maior das preocupações humanas" (449d-451d). O homem que dominou a retórica pode ir ao tribunal ou ao conselho público e fazer que sua audiência acredite em qualquer coisa que queira. Em suma, a arte da retórica é a arte do discurso que é persuasivo. Na verdade, *muito* persuasivo. Como vimos, o Górgias real, em seu discurso de defesa de Helena, argumentou que, se Helena foi persuadida a ir a Tróia por meio de palavras, então ela foi de fato compelida a fazê-lo, tão certamente como se tivesse sido arrastada à força. Contra um orador realmente eficaz não há defesa. O Górgias apresentado por Platão concordaria com isso. Ele diz a Sócrates que, se um médico e um retórico debatessem diante de uma audiência acerca de qual a melhor forma de curar um paciente, a audiência concordaria com o retórico e não com o médico (456b-c). Ele fornece exemplos para provar seu argumento: por exemplo, foi o grande orador Péricles quem persuadiu os atenienses a construir uma muralha de defesa, não um grupo de pedreiros, que são especialistas na construção de muros (455e).

Assim, se você ensina retórica a alguém, com efeito lhe forneceu uma poderosa arma. Armado dessa maneira, um homem pode controlar sua cidade. Ele pode literalmente se livrar de assassinato por intermédio de palavras doces para se ver absolvido da acusação. Poderia também, como acabamos de ver, persuadir alguém a ignorar o conselho de um médico. Mas, como vimos ao discutir os sofistas, Górgias afirma que ele não censuraria o professor em um caso como esse (457b-c). Deve-se culpar o aluno que faz mal uso da arte, empregando-a para o mal e não para o bem? Um professor de retórica é como um professor de boxe: sim, ele ensina seus alunos a desferir golpes nas pessoas, mas não é sua culpa se os alunos se excedem e utilizam suas novas habilidades para espancar seus amigos ou parentes. Sócrates fica surpreso com tudo isso. Decerto, Górgias também pode ensinar às pessoas como serem boas? Caso em que o estudante certamente não se excederá e utilizará seus superpoderes retóricos para o mal, em vez de para o bem. Este é um momento crucial do diálogo. Górgias, talvez embaraçado em dizer que é incapaz de ensinar a alguém a diferença entre bem e mal, concorda com Sócrates que ele poderia ensinar bondade, assim como retórica (460a). Platão está provavelmente brincando com os personagens aqui. A pretensão de ensinar virtude é fortemente associada a alguns sofistas, como Protágoras. Mas o Górgias histórico, ao que parece, não fez essa afirmação. Platão relata até mesmo, em outro lugar, que ele se limitou a ensinar a excelência no discurso, em vez de virtude (*Mênon* 95c). Platão, ao que parece, fez seu Górgias ficcional dizer algo que o verdadeiro Górgias teve cuidado em não pronunciar.

Ao fazê-lo, o Górgias ficcional ficou exposto a uma série de golpes socráticos. Mais tarde, no diálogo, Sócrates fez a afirmação rasteira, mas ainda assim divertida, de que os sofistas estão sempre se queixando de que seus alunos os trapaceiam, sem lhes pagar o salário, o que é estranho, uma vez que os sofistas ensinaram esses mesmos alunos a serem bons! Mas há um problema mais profundo com a posição de Górgias. Ele disse que toda a finalidade da retórica consiste em tornar um orador persuasivo, saiba ele ou não do que está falando. Por exemplo, o retórico pode ser mais persuasivo do que o médico quanto ao tópico da saúde (456c). Mas é o médico quem pode dizer a você o que *realmente* é bom fazer a respeito dessa tosse incômoda; o retórico não tem ideia do que fazer. De modo similar, se o problema versa acerca de alcançar uma decisão na assembleia democrática de Atenas, o retórico pode persuadir a assembleia a fazer o que ele quiser que ela faça. Mas essa arte da persuasão não dará ao retórico nenhuma compreensão quanto ao que a assembleia realmente *deve* fazer. A não ser que a retórica se revele, afinal, como sendo o conhecimento da maior das preocupações humanas, como Górgias se gabou. Mas Górgias descreveu a retórica como produzindo persuasão na *ausência* de conhecimento. A retórica, assim, parece começar a se confundir com a arte de convencer as pessoas a cometerem erros.

Tendo Sócrates chegado a esse ponto, o defensor de Górgias, Polo, não pode mais se conter. Ele interrompe, e pede que Sócrates diga o que *ele* pensa que a retórica seja (462b). Sócrates explica a Polo que, no que lhe concerne, a retórica não é de modo algum uma arte. É mais como uma técnica ou habilidade. Ele a compara – e aviso que neste próximo trecho você pode ficar com fome – com saber como fazer doces (465c). Caso se peça que as pessoas votem em quem elas preferem que as alimente, elas sempre escolherão o confeiteiro em vez do nutricionista. O confeiteiro oferece doces maravilhosos, inclusive aquelas deliciosas massas com recheio de creme de amêndoas, ao passo que o nutricionista recomenda que comam cenouras cruas. Eu não sei você, mas eu seguirei o confeiteiro. Retórica é a mesma coisa. O retórico pode bajular e agradar à sua audiência, mas não pode dizer à audiência o que é realmente bom para ela.

Neste ponto, Polo fica incrédulo. Sócrates está fazendo a retórica soar como algum meio rasteiro de trapaça quando, na verdade, todos sabem como ela é majestosa em seu poder. Um retórico verdadeiramente bom governará esta cidade, como Péricles e Temístocles fizeram em Atenas. Ele pode matar quem bem quiser, confiscar os bens alheios e banir qualquer pessoa (466d). A arte da retórica, em outras palavras, confere o tipo de poder de um tirano como Arquelau, o rei macedônio que mencionei no início deste capítulo. Polo fornece a Arquelau um exemplo do tipo de dominação irrestrita que ele tem em mente (470d-471d). E quem se preocupa que a retórica nos diga o que realmente devemos fazer, se ela nos dá esse tipo de poder absoluto? O apelo do retórico, o peixe que ele vende, se quiser, é óbvio. Se você é jovem, cidadão ateniense de bom nascimento que espera ascender e assumir posição de eminência e prestígio – e todos os jovens atenienses dessa classe desejavam isso –, então contrate um retórico.

Sócrates não se impressiona. Ele insiste que, sem conhecimento e sabedoria, os retóricos podem condenar à morte quem eles quiserem, mas isto não significa que sejam poderosos (466b). O verdadeiro poder consiste em ser capaz de fazer o que de fato é bom para você. Se um tirano ou um retórico, desajeitados em sua ignorância, usam esse suposto poder para condenar à morte aqueles que tentam lhes dar bons conselhos, então eles estão na verdade fazendo mal a si mesmos, assim como à cidade. Mais uma vez, Polo zomba (468e). Como se Sócrates não fosse tomar alegremente o poder de vida e morte, se ele lhe fosse conferido! Sócrates responde que, para ele, o poder de condenar alguém à morte injustamente não é de modo algum um poder. De fato, ele preferiria ser ele mesmo condenado injustamente ao invés de matar outra pessoa sem boa razão.

Chegamos aqui a uma das mais famosas doutrinas de Sócrates: que é melhor sofrer o mal do que fazer o mal (496b-c). Um homem como Arquelau pode parecer a Polo ser o homem mais feliz na Macedônia, mas, na verdade, é o mais miserável, e certamente mais miserável do que um homem que, por exemplo, seja injustamente torturado até a morte. É melhor ser torturado até a morte injustamente do que ordenar essa tortura. Polo fica incrédulo: Por certo, Sócrates não fala sério? Alguém preferiria de fato ser condenado injustamente à morte do que praticar ele próprio o mal? Bem, sim; de fato,

Sócrates, por exemplo, ficou bem tranquilo em ser condenado injustamente. Não que ele *desejasse* ser morto, mas era um assunto relativamente indiferente para ele, ao passo que valorizava ao máximo a própria virtude[57].

Mas Sócrates tem um argumento para defender essa atitude, ou ele quer apenas dar o exemplo? Ele é Sócrates: é claro que tem um argumento. Ele leva Sócrates a concordar que a justiça é admirável e a injustiça, vergonhosa. Mas as coisas são admiráveis ou porque são agradáveis ou porque são benéficas, ou ambas (474e). A justiça não é muito divertida, como todos sabemos – diz respeito a dizer a verdade e a pagar nossas dívidas. Assim, se a justiça é admirável, não o é em virtude de ser agradável; deve ser porque é benéfica (475c). Com coisas injustas, será o contrário. Uma vez que são vergonhosas, devem ser agradáveis ou danosas, ou ambas. É óbvio que ser um tirano injusto não é desagradável – na verdade, consiste em uma orgia interminável de prazer, com toda a festança e júbilo na medida em que se concebe maneiras inovadoras de se matar um inimigo. Assim, se a injustiça é vergonhosa só pode ser porque ela é danosa. Desse modo, pessoas que fazem coisas injustas prejudicam a si próprias tanto quanto prejudicam outras. Revela-se que o poder político que Polo tanto admira pode ser um desastre nas mãos erradas, ainda mais (ou antes, sobretudo) para as pessoas cujas mãos detêm tanto poder. Se um governante usa sua autoridade para atuar injustamente, ele só infligirá cada vez mais dano a si mesmo.

Essa posição socrática parece bastante convincente, pelo menos de certa perspectiva. Quando consideramos tiranos monstruosos como Calígula, não pensamos neles como felizes: eles destroem tanto a si mesmos como a seus súditos, com seus apetites desmesurados e falhas de julgamento. Sem poder e riqueza, Calígula teria sido apenas um criminoso sexual. Mas, na condição de imperador, estava em posição de infligir enorme dano a todos à sua volta. E ninguém era mais próximo de Calígula do que ele mesmo. Ou, se você preferir, pense em um exemplo mais próximo, como um vi-

57. Outra afirmação contraintuitiva feita por Sócrates é que alguém que é culpado de má conduta deve querer ser punido, em vez de querer escapar sem pagar nenhuma penalidade. Pois punição é correção, e a correção nos torna melhores. Sócrates compara esse processo a receber medicamento, que pode ser desagradável, mas conduz a resultados benéficos (478b-e).

ciado em drogas. Um viciado estará em situação pior quanto mais dinheiro tiver, pois usará esse dinheiro para comprar drogas que lhe fazem mal. Por outro lado, há algo que pode nos perturbar em relação à defesa por Sócrates da ação justa, e da virtude de maneira mais geral. Nós realmente pensamos que devemos ser virtuosos porque isso nos *beneficiará*? Isto parece estranhamente autocentrado. Poderíamos até sustentar que a virtude se faz admirável precisamente porquanto as pessoas virtuosas se dispõem a sacrificar o próprio bem em benefício alheio. Não pensamos que a Madre Teresa era admirável porque tinha uma boa compreensão do que era bom para Madre Teresa; pensamos que ela era admirável porque, para ela, o bem-estar dos pobres era pelo menos tão importante para ela quanto seu próprio bem-estar. Assim, talvez se deva admitir que Sócrates montou uma boa defesa da virtude, mas acusá-lo de fracassar na defesa do altruísmo. Na verdade, ele nem sequer tentou defender o altruísmo. Talvez isto seja porque ele está tentando persuadir o autocentrado Polo que a virtude é a escolha certa; Sócrates apela ao que Polo julgaria persuasivo. Mas, como veremos à medida que prosseguirmos, Sócrates não era o único filósofo antigo a apresentar um argumento claramente egocêntrico em defesa da vida de virtude.

Seja como for, o próximo ataque a Sócrates não vem de maneira alguma dessa direção. Em vez disso, quando soa o gongo para o terceiro assalto, Sócrates se vê diante de um oponente ainda mais radical: Cálicles. Cálicles acusa Sócrates de explorar os sentimentos de vergonha sentidos tanto por Górgias como por Polo (482c). Foi a vergonha que levou Górgias a cometer o erro tático de dizer que poderia ensinar virtude a seus estudantes. E foi ela que levou Polo a fazer a concessão crucial de que a justiça é uma coisa boa e a injustiça, má. Na verdade, diz Cálicles, Polo deveria ter dito exatamente o oposto. É a justiça que é má, e a injustiça, boa. A justiça é meramente um conjunto de regras convencionais que a sociedade usa para manter na linha as pessoas mais fortes. A lei da natureza diz o oposto: a pessoa mais forte deve ter as maiores recompensas (483b-484c). Em que consistiriam essas recompensas? Não no brilho da justiça própria que Sócrates tanto admira, mas no que é naturalmente, e não convencionalmente, bom: a saber, poder e prazer. Cálicles pensa, portanto, que a justiça nada mais é do que um truque para fazer o forte abnegar de seu direito natural de se apoderar de tanto prazer quanto puder.

Sócrates reconhece de maneira assaz correta que Cálicles está apresentando um sério questionamento, mais difícil de derrotar do que qualquer coisa que Polo tenha dito. Cálicles, de fato, tem notável semelhança com ninguém menos do que Friedrich Nietzsche, o grande crítico da moralidade (judeu-cristã) do século XIX. No entanto, Sócrates se concentra em um aspecto da concepção de Cálicles que não é particularmente nietzschiana, a saber, seu hedonismo. A palavra "hedonismo" provém da palavra grega *hedonê*, isto é, "prazer"; assim, hedonismo é a concepção segundo a qual o prazer é o bem. Sócrates pensa que a vida que Cálicles descreve, na qual cada desejo é satisfeito a todo instante, soa mais como uma vida de escravidão do que de dominação.

Para explicar por que é assim, ele apresenta uma espécie de alegoria tomada de certo sábio siciliano ou italiano – pode ser uma alusão a Empédocles ou à tradição pitagórica de modo mais geral. Para simplificar um pouco, a alegoria compara a alma a um pote, como os jarros de barro usados para guardar água ou vinho na Grécia antiga. O hedonista em busca de prazeres é um homem cujo jarro está repleto de furos, de modo que a água escorre para fora do jarro mesmo quando ele está enchendo-o desesperadamente. Já a pessoa moderada, por contraste, é como um homem com um jarro impermeável e resistente, que jamais perde seu conteúdo (393d-494b). A alegoria representa uma falha fundamental do hedonismo, a saber, que a busca de prazer é uma tarefa interminável. Assim que você se saciou em um banquete, começa a ficar com fome novamente. Nos dias seguintes você terá de se preocupar com o próximo banquete. E quanto mais custa para você se satisfazer, mais difícil é dar conta da próxima rodada de prazeres. É bem melhor se contentar com o mínimo possível, a fim de se evitar esse problema.

Cálicles se apega a seus argumentos, insistindo que ele preferiria ser alguém cujo jarro está repleto de furos, de modo que a água pode fluir rapidamente e ele pode substituí-la com novos prazeres. Ele admira a vida de apetite insaciável, mesmo quando Sócrates tenta mostrar-lhe que existe tanto sofrimento quanto prazer envolvido nessa vida. A vida dos jarros vedados para Cálicles pode ser igual à vida de uma pedra (499a). À medida que o debate entre eles continua, torna-se claro que Cálicles e Sócrates não chegarão a um entendimento. Na verdade, têm tão pouco em comum: Cálicles é um parceiro de discussão tão imoderado que no final Sócrates fica reduzido a representar os dois lados do debate (505d-506c). Cálicles se recusa a falar, e Sócrates tanto apresenta as perguntas como as responde. Como você pode imaginar, Sócrates se mostra notavelmente cooperativo.

Com essa cena memorável, acredito que Platão elucida não apenas a impossibilidade de debater com um hedonista radical qual Cálicles, como também as limitações de Sócrates e de sua arte de refutação. Sócrates não pode ganhar a discussão, pois ele e Cálicles não compartilham terreno comum. Enquanto Polo estava disposto a admitir – seja por vergonha, seja por convicção genuína – que a justiça é boa e a injustiça má, Cálicles reluta em conceder qualquer premissa que Sócrates pudesse usar para refutá-lo. Quando ele faz uma concessão, invariavelmente volta atrás no curso da argumentação. Sem dúvida, Platão espera que prefiramos a vida de virtude socrática à vida calicleana de hedonismo irrestrito. Mas ele também se preocupa que possa ser difícil, ou impossível, refutar um imoralista coerente. Sócrates não consegue desferir um golpe decisivo em sua luta com o arqui-imoralista Cálicles. Mas esse fracasso se deve às suas limitações como professor de moral ou a algo que falta a Cálicles, o pretenso aluno? Este ponto surgirá novamente na medida em que nos voltarmos para nosso próximo diálogo, o qual será uma investigação acerca da natureza do próprio aprendizado.

18

NÃO PRECISAMOS DE EDUCAÇÃO: O *MÊNON* DE PLATÃO

Dado que você não apenas pegou este livro, como o está efetivamente lendo (você está quase na metade do caminho – Zenão, nós o refutamos novamente!), você, obviamente, é uma pessoa de gosto e julgamento refinados. Imagino que seja um pouco mais alto do que a média e tenha uma aparência agradável de um modo misterioso e reflexivo. Você é gentil com crianças e animais, e de bom grado cede seu assento a mulheres grávidas e a idosos em transportes públicos. Em suma, você é um maravilhoso espécime da humanidade – é realmente um privilégio acompanhar-lhe nesta jornada pela história da filosofia. Mas, sendo um filósofo, preciso levantar a pergunta: Como você chegou aqui? Como conseguiu ser tão *virtuoso*? Você nasceu assim? Herdou isso de seus pais, de modo que a virtude vem a você tão naturalmente como é natural para os cães girarem em círculos antes de se deitarem? Se não, então alguém deve tê-lo ensinado a ser virtuoso. Mas como isto se daria? É a virtude algo que *pode* ser ensinado?

Essa pergunta inicia o diálogo *Mênon*, de Platão, um dos escritos mais populares e mais frequentemente estudados. Se você passou por um curso de graduação que tratou de Platão, há muito boas chances de que tenham pedido que você lesse o *Mênon*. E por um bom motivo. Não é terrivelmente longo, é razoavelmente divertido e tem em seu centro uma cena memorável e uma notável teoria a respeito do aprendizado. Sob o risco de estragar o suspense, a teoria é que nunca aprendemos de fato. Em vez disso, quando parecemos estar aprendendo, estamos na verdade a nos lembrar ou a recordar. Recordamo-nos de um conhecimento não de algum ponto anterior em nossas vidas, mas de uma época anterior ao nosso nascimento. Antes de nascermos, conhecíamos tudo o que pode ser conhecido, e o aparente processo de aprendizado é apenas uma maneira de treinar a memória para nos permitir acesso a esse conhecimento.

Constitui prova eloquente do gênio de Platão que um diálogo contendo essa teoria quase simplória tenha se tornado um texto quase obrigatório em praticamente todo curso de graduação no mundo de língua inglesa. Assim, em que consiste esse diálogo muito estudado? Os principais personagens são Sócrates que, como de hábito, está disposto a derrubar respostas precipitadas a perguntas filosóficas, e um interlocutor chamado Mênon. Há também aparições especiais de um jovem escravo e de Ânito, um dos homens responsáveis pelo julgamento e pela condenação de Sócrates. Mas é Mênon quem fornece a maior parte das respostas precipitadas. Ele dá o pontapé inicial no diálogo ao levantar o problema acerca do qual estávamos falando: Pode a virtude ser ensinada? (70a). Sócrates responde, como seria de esperar, com um protesto, a saber, que ele não é capaz de dizer se a virtude pode ser ensinada, pois ele não sabe o que é a virtude. Talvez Mênon possa ajudá-lo ao fornecer-lhe uma definição de virtude? Desse modo eles serão capazes de descobrir se ela pode ou não ser ensinada.

Não temos de ler muitos diálogos socráticos para saber o que vem pela frente. Mênon proporá algumas definições de virtude. Sócrates mostrará que as definições não são boas, e, no final, ficarão em perplexidade ou *aporia*, que (como vimos no capítulo 15) significa algo como um impasse ou problema não resolvido. Isto, de fato, é exatamente o que ocorre na primeira parte do diálogo. Mênon está confiante de que pode dizer o que é a virtude, pois é aluno do sofista Górgias, a quem vimos nos capítulos anteriores. Mênon recita uma versão do que ele ouviu de Górgias, dizendo que cada tipo de pessoa tem seu próprio tipo de virtude (71e-72a). Por exemplo, a virtude de um homem consiste em ser hábil na política, ao passo que a virtude de uma mulher é cuidar da casa – a libertação das mulheres ainda estava alguns milênios à frente, embora, como veremos quando chegarmos à *A república*, Platão estivesse à frente de seu tempo quanto a este assunto, assim como acerca de muitos outros. Sócrates objeta à resposta de Mênon, queixando-se que não se trata de uma definição de virtude, mas antes de uma lista de tipos de virtude. O que ele quer saber é: O que todos os tipos têm em comum? (72c).

Isto, juntamente com várias outras trocas de argumentos entre Sócrates e Mênon nesta parte do diálogo, pedem-nos que foquemos no problema de o que seria uma boa definição. Isto é típico do diálogo como um todo: pensamos que teremos uma discussão a respeito da virtude, e em alguma medida, temos. Mas somos brindados com algo talvez mais importante, a saber, uma reflexão acerca do que seria *saber* a respeito da virtude. Saberíamos que a virtude é a mesma coisa que fornecer uma boa definição de virtude? Se assim for, como são as boas definições? Não se trata apenas de listas, como aquela que Mênon forneceu. Tampouco são circulares, como outra definição tentada por Mênon ao dizer que a virtude é alcançar coisas boas de maneira justa. Afinal, a justiça é uma virtude, de modo que ele está efetivamente dizendo que a virtude é alcançar coisas boas de maneira virtuosa (79a-e). Não é muito útil. Note-se que esses pontos se aplicariam não apenas à virtude, mas a qualquer coisa que queiramos definir. Se me pedem para definir "ruminante", não realizei meu trabalho se apenas digo "girafa, camelo, carneiro, bode" ou se digo que são coisas que ruminam. Nenhuma delas seria uma definição apropriada e esclarecedora. Assim, o que Sócrates e Mênon estão discutindo tem implicações que transcendem a pergunta do que pode ser a virtude. Isto fica particularmente claro quando Sócrates fornece a Mênon um modelo do tipo de definição que ele quer, dando uma definição de figura ou "forma" geométrica (76a), a qual, obviamente, não é um conceito ético. Assim como vimos em capítulos anteriores, Platão usa uma discussão de ética como oportunidade para chegar a uma discussão acerca do conhecimento.

Depois de múltiplas tentativas malogradas de definir a virtude, Mênon reconhece o seu embaraço intelectual. Propõe ele uma célebre analogia para o efeito que Sócrates lhe causa no espírito: declara que, se antes do colóquio com Sócrates se sentia mui seguro nas discussões acerca da virtude, agora se acha paralisado à guisa de quem sofreu a ferroada de uma raia (80a). Essa paralização é a condição de *aporia*, ou perplexidade, que mencionei antes. Sócrates observa que a analogia só se aplica a ele se ele for como uma arraia que paralisa a si mesma, uma vez que também ele está em perplexidade em relação ao que pode ser a virtude (80c). Neste ponto, pode-se imaginar que o diálogo termine – seria muito mais curto, e muito menos interessante, mas confirmaria nossas expectativas em relação a um diálogo socrático. Sócrates encontra um interlocutor confiante; refuta-o; ambos ficam em estado de perplexidade; Sócrates decide que se deve continuar a investigar o assunto; fim. Mas, no caso do *Mênon*, a parte mais interessante do diálogo ainda está por vir.

Ela se inicia quando Mênon questiona a possibilidade de se investigar o que é a virtude, na verdade, contra a possibilidade de investigar o que quer que seja. O questionamento é o que hoje chamamos de paradoxo de Mênon, ou o paradoxo do aprendizado. Ele tem esta forma: ou você sabe alguma coisa ou não sabe. Se você sabe, então não precisa investigá-lo; se não sabe, então precisa investigar. Mas como pode fazê-lo? Afinal, você não sabe o que é essa coisa. Assim, como investigará a respeito dela e, aliás, como a reconhecerá caso se depare com ela? (80d-e). Ora, parece haver uma maneira óbvia de navegar entre essas duas pontas do dilema. O paradoxo presume que ou você sabe alguma coisa tão bem que não precisa aprender mais nada a respeito dela ou que você não sabe absolutamente nada. Mas, de fato, nenhuma dessas alternativas é usualmente o que se dá. Afinal, conheço em demasia a respeito de Buster Keaton. Sei que ele foi um ator do cinema mudo; que fez muitos dos maiores filmes na história do cinema, como sua obra-prima *O general*; que ficou famoso por não demonstrar reações emocionais em seus filmes e que, por isso, foi chamado de "O grande rosto de pedra" [*the great stone face*]. Assim, não sou completamente ignorante a seu respeito. Mas saberei eu *tudo* acerca dele, de modo que não haja necessidade de mais investigação? Eu nem sequer vi todos os seus filmes, pois não me dei ao trabalho de assistir a todas as suas aparições depois de sua época como ator do cinema mudo. E certamente não sei, por exemplo, qual era o tamanho do sapato que usava (pelo tamanho dos sapatos que ele usa nos filmes, devia ser de número bem alto).

Assim, esta poderia ser uma solução para o paradoxo: podemos conhecer algo apenas de maneira parcial, além de conhecê-la completamente ou de não a conhecer de todo. Mas isto realmente ajuda? Afinal, você pode se perguntar como chegamos a conhecer algo *parcialmente*. Decerto, começa-se sem saber nada, e daí passa-se para essa posição de conhecimento parcial. Porém, ficamos presos, então, à segunda ponta do dilema, pois, na medida em que não sabemos nada, não temos base para investigação. Desse modo, ainda há um problema aí: Como *iniciamos* quando estamos tentando alcançar conhecimento? Talvez seja por esse motivo que Sócrates não tenta fornecer a solução que sugeri. Ele faz algo mais surpreendente: conta uma espécie de mito religioso, que ele diz ter ouvido de alguns sacerdotes ou sacerdotisas. Segundo esse mito, nossas almas são imortais – elas sempre existirão, e já existiram. Antes de nossas vidas terrenas atuais, nossas almas já existiam por um tempo infinito, e durante esse tempo aprenderam tudo o que há para saber. Assim, jamais estamos em posição de não saber nada. Pelo contrário, sempre soubemos tudo. Nós apenas nos esquecemos da maior parte das coisas, senão de todas elas, as quais sabíamos em nossa existência prévia. Segue-se que, quando parecemos estar aprendendo algo novo, estamos na verdade tão somente nos lembrando de coisas que já sabíamos (81a-e).

Penso que vocês concordarão que, como prometido, isto nos soa deveras simplório. Mênon tampouco fica convencido de imediato, de modo que Sócrates passa a demonstrar sua teoria. Em uma das cenas mais famosas dos diálogos platônicos ele chama um jovem escravo, cuja única qualificação intelectual é conhecer a língua grega (82a-b). Sócrates conduz o rapaz a uma discussão de um problema geométrico, a saber, encontrar o comprimento do lado de um quadrado cuja área é de oito (82d). Ele faz o rapaz adivinhar e, então, ver que seus palpites estavam errados. Isto conduz o rapaz à perplexidade, o efeito da arraia. Em seguida, Sócrates faz o rapaz enxergar a resposta correta, a saber, que o lado de um quadrado de área igual a oito tem o mesmo comprimento que a diagonal de um quadro cuja área é quatro (85a-b). O que faz o processo todo ser elegante é que Sócrates o empreende apenas por levantar-lhe perguntas. Isto ilustra o famoso método socrático, que ensina solicitando que o estudante dê ideias, em vez de passar-lhe informação diretamente. Embora as pessoas com frequência se queixem que Sócrates esteja levantando perguntas indutoras durante a cena, é verdade também que ele jamais afirma nada. O jovem escravo tem de descobrir por si mesmo, embora com a ajuda de Sócrates, que o incentiva. Na verdade, Sócrates o conduz por caminhos equivocados algumas vezes, talvez para advertir ao rapaz que ele deve estar atento e pensar por si mesmo. Uma vez que o rapaz tenha sido capaz de chegar à resposta correta dessa maneira sem ter recebido resposta externa, Sócrates conclui que ele deve ter tido esse conhecimento consigo o tempo todo, apenas à espera para ser revelado à luz de questionamento adequado.

Essa sequência do jovem escravo finaliza a apresentação da assim chamada "teoria da rememoração", provavelmente a doutrina mais famosa de Platão, além da "teoria das formas", acerca da qual discorreremos dentro em breve. Não fica claro o quão fortemente Platão está comprometido com a noção de rememoração, porém. Entre outras coisas, ele não trabalha com ela em todos os diálogos que escreve. Aparece aqui, no *Mênon*, e vez por outra em outros lugares, especialmente no *Fédon*. Alguns intérpretes, talvez levemente embaraçados pelas armadilhas religiosas da doutrina, não querem levar muito a sério a história mítica da alma. Julgam que Platão está apenas tentando estabelecer o que hoje chamaríamos de teoria do conhecimento inato. Em outros termos, ele está dizendo que os humanos nasceram com grande parte do conhecimento já inserido neles, por assim dizer.

Teorias do inatismo ainda são comuns na filosofia contemporânea, por exemplo, nas teorias de Noam Chomsky acerca de como os bebês aprendem a linguagem – uma boa dose de estrutura linguística, segundo ele, já está instalada em seus cérebros desde o nascimento[58]. Assim, essa maneira de compreender Platão poderia ajudar a mostrar que ele é relevante para nossas preocupações filosóficas atuais. Ora, sou o último a negar que Platão seja relevante. Por exemplo, dentro em pouco veremos que, nesse diálogo mesmo, o *Mênon*, ele introduz uma distinção que ainda é fundamental na filosofia do presente, a saber, a distinção entre conhecimento e crença verdadeira. Mas não acredito que devamos tomar a teoria da rememoração como respaldo metafórico de uma teoria do inatismo. Entre outras coisas, como veremos um pouco mais tarde neste livro, o *Fédon* de Platão invoca a teoria da rememoração para defender a imortalidade da alma. O argumento apresentado aqui é precisamente que, se recordamos de conhecimento que já tínhamos antes de nascer, então a alma deve ter existido antes de estar inserida num corpo. Desse modo, pelo menos nesse diálogo, toda a argumentação estaria arruinada a menos que a teoria da rememoração genuinamente tivesse em vista a preexistência da alma. Em meu ver, isto de-

58. Quanto a isto, cf., por exemplo, Antony; Hornstein (2003).

veria nos encorajar a pensar que o *Mênon* de fato nos incita a acreditar em uma alma imortal que conhece tudo e que preexistia a nosso nascimento.

Podemos nos perguntar se existe alguma outra maneira menos extravagante de resolver o paradoxo de Mênon. Retrocedamos à sugestão feita por mim antes, com o exemplo de Buster Keaton: é possível ter conhecimento parcial, em vez de conhecimento completo. Vimos que isto não ajuda de fato, pois você precisa explicar de onde provém o conhecimento parcial. Mas, tentemos outra solução do mesmo tipo: poderia haver algum estado que fique entre a ignorância e o conhecimento? Assim, por exemplo, eu poderia não saber o que é a virtude, ao mesmo tempo em que não estou em ignorância total a respeito dela? Platão vê que a resposta é sim: eu poderia ter meras *crenças* acerca da virtude, e se essas crenças fossem verdadeiras, então isto seria melhor do que a ignorância, mas não tão bom quanto um conhecimento seguro. Podemos até mesmo pensar que Mênon atende a esse requisito. Embora ele não saiba o que é a virtude, ele de fato tem crenças verdadeiras a respeito dela: por exemplo, ele é capaz de fornecer exemplos relevantes (como fez quando tentou defini-la por meio de uma lista de casos) e afirma que a justiça é uma virtude.

Sócrates introduz essa ideia ao final da cena do escravo, ao afirmar que seu questionamento fez com que o rapaz expressasse apenas crenças verdadeiras, mas ainda não conhecimento. Para ter conhecimento, o rapaz teria de ser questionado muitas vezes de diferentes maneiras (85c). Ora, isto pode se revelar um pouco complicado. Qual exatamente é a diferença entre crença verdadeira e conhecimento? Com efeito, se cheguei a uma crença verdadeira, por que preciso do conhecimento? Suponha que eu tenha uma crença verdadeira quanto a quem vencerá a corrida de cavalos amanhã. Esta é uma maneira tão boa de vencer minha aposta quanto se soubesse indubitavelmente quem ganharia. Mas você pode discordar: pode dizer que, se eu soubesse disso com certeza, teria apostado mais em meu cavalo do que se tivesse apenas uma crença verdadeira. Isto, porém, parece errado. Afinal, as pessoas podem ser muito confiantes em suas crenças sem terem conhecimento.

Como de hábito, Platão enxerga esse argumento e lida com ele um pouco adiante no diálogo. Ele faz Mênon levantar precisamente o problema que mencionei, a saber, que a crença verdadeira é tão boa quanto o conhecimento (87 a-d). Sócrates concorda que isso parece ser um problema, e dá o exemplo de saber como chegar a outra cidade grega, chamada Larissa: se tenho uma crença verdadeira quanto ao caminho correto, isto me levará até lá tão bem quanto o conhecimento (97b). Porém, ele parece mudar de ideia, e decide que a crença verdadeira de fato é inferior ao conhecimento. Ele considera a crença verdadeira como menos confiável do que o conhecimento, pois ela não se baseia em uma "explicação" adequada. Por isso, Sócrates parece entender que, se sei que algo é verdadeiro, devo ser capaz de compreender e explicar por que é verdadeiro. É essa habilidade, e não meu grau de confiança, que marca a diferença entre crenças verdadeiras e conhecimento. Em outra imagem famosa, Sócrates compara crenças verdadeiras a estátuas mágicas que fogem a não ser que as amarremos (97d-98a). Do mesmo modo, nossas crenças verdadeiras não são confiáveis, a não ser que sejam amarradas pelo fornecimento de uma "explicação" acerca de sua verdade.

Um aspecto dessa falta de confiabilidade é que pessoas que têm somente crença verdadeira, e não conhecimento, podem ser incapazes de compartilhar a verdade com outras pessoas. Ou, pelo menos, isto é sugerido por meio de reflexões adicionais no *Mênon* a respeito de saber se a virtude pode ser ensinada (afinal, esta era a pergunta inicial do diálogo e continua importante em seu transcorrer). Entre a cena do jovem escravo e a discussão acerca da crença verdadeira, Mênon e Sócrates especulam que a virtude deveria poder ser ensinada se houvesse algum tipo de conhecimento (87c). Isto faz soar o alarme de Sócrates: como vimos em capítulos anteriores, Sócrates era notório por pensar que a virtude é conhecimento. Mas, se a virtude fosse conhecimento, e, desse modo, pudesse ser ensinada, não deveria haver pessoas capazes de ensiná-la? Esta é a deixa para a entrada de Ânito, um dos homens que fizeram Sócrates ser indiciado por corromper a juventude e por introduzir novos deuses. Nesta cena, temos um vislumbre do motivo pelo qual ele o teria acusado. Sócrates pergunta a Ânito se ele supõe que existam pessoas capazes de ensinar virtude (91b). Os candidatos óbvios são os sofistas. Como vimos, alguns sofistas pretendiam ensinar virtude em troca de pagamento. Mas Ânito nutre apenas desprezo por esses supostos professores. Ele diz que alguém que deseje aprender a ser virtuoso é mais bem servido ao perguntar a qualquer ateniense a respeito disso (92e). Sócrates retruca apresentando rapidamente uma lista de famosos estadistas, como Péricles, o qual era claramente virtuoso, mas que tinha filhos com vícios (84b). Se ser virtuoso o torna capaz de ensinar virtude, não teriam esses homens ensinado virtude a seus filhos?

O desrespeito em relação aos grandes homens de Atenas é suficiente para deixar Ânito furioso. Ele faz a observação tangencial nada sutil de que Sócrates deveria se cuidar, uma vez que a cidade é capaz de maltratá-lo se ele não prestar atenção em suas maneiras (95a). Não se tratava de uma ameaça vazia, como se revelou mais tarde. Mas, é claro, uma ameaça, seja ela vazia ou não, não é uma resposta para a pergunta levantada por Sócrates. Se a virtude é conhecimento, como Sócrates tipicamente sustenta, então por que não há professores dela? Aqui, a crença verdadeira poderia vir em auxílio: os homens virtuosos podem ser aqueles que têm crenças verdadeiras quanto ao que fazer, em vez de conhecimento quanto ao que fazer. Sócrates até mesmo sugere que semelhantes homens recebem suas crenças por meio de intervenção divina, dado que não efetuaram o trabalho filosófico exigido para fundamentar suas crenças com uma "explicação" – ou o que quer que torne uma crença verdadeira em conhecimento (99c).

Ora, aqui no *Mênon*, Platão não narra em detalhes o que seria preciso para transformar crenças verdadeiras em conhecimento. Mas devemos dar-lhe crédito por descobrir um problema em que os filósofos nunca deixaram de pensar[59]. Ele está correto em dizer que a crença verdadeira não é o mesmo que conhecimento. Afinal, suponha que eu apenas acredite em tudo o que as pessoas me dizem. Isto me faria receber muitas crenças verdadeiras, mas também muitas falsas – e parece óbvio que nenhuma das crenças contaria como conhecimento. Por outro lado, parece igualmente óbvio que preciso acreditar nela, e que ela deve ser verdadeira. O problema, portanto, é o que é preciso acrescentar à crença verdadeira para alcançar conhecimento – trata-se apenas de um dos problemas que surgirão em nosso próximo diálogo.

---

59. Com efeito, o *Mênon* de Platão foi visto como o primeiro texto na história da filosofia a introduzir a ideia ainda influente de que conhecimento é crença verdadeira justificada. De maneira impressionante, Platão também foi o primeiro a enxergar a potencial falha dessa definição com o exemplo do júri em seu *Teeteto*. Cf. o final do próximo capítulo a respeito desse diálogo, e, para tópicos concernentes à crença e ao conhecimento em Platão, os textos reunidos em Fine (2003).

19

Eu sei, porquanto o pássaro canta na gaiola: o *Teeteto* de Platão[60]

Aqueles de vocês que passam algum tempo com crianças saberão que, entre os adultos e as crianças deste mundo, há uma guerra em curso. Há escaramuças todas as manhãs, em toda a Terra, e ambos os lados usam as armas à sua disposição – acessos de raiva, o tratamento do silêncio, recompensas retidas e até mesmo, em casos extremos, o passo da malcriação. Refiro-me, é claro, à pergunta a respeito de quanta roupa de frio trajar. A perspectiva das crianças quanto a esse assunto é bem-definida: nunca está tão frio lá fora quanto seus pais pretendem, e não vestiremos este casaco de inverno, embora estejamos dispostos a considerar um leve suéter. O modo de ver dos pais é igualmente firme: você apanhará um resfriado mortal. Penso que, se você está lendo este livro tem mais do que 12 anos, e assim, naturalmente, favorece a perspectiva do adulto. Há, pensamos muito naturalmente, um fato quanto a quão frio está lá fora: apenas olhe no termômetro. Porém, as crianças podem retrucar e dizer: "Mas eu não *sinto* frio. Assim, para mim, *não* está frio". E elas têm um argumento, ainda que ele seja ligeiramente abalado quando elas começam a tremer, mesmo que insistam em quão quente está. O ponto é que cabe a cada pessoa dizer o quão frio o ar lhes parece. Poder-se-ia até afirmar que, qualquer que seja a temperatura, o fato de a atmosfera ser fria nada mais é do que o modo como ela se apresenta como fria a cada um de nós.

60. A despeito das provas anedóticas em contrário, estou convicto de que este título contém gracejo. Trata-se de alusão lúdica ao título de um romance de Maya Angelou, *Eu sei por que o pássaro canta na gaiola.*

Isto nos leva a um pensamento perturbador. Não é implausível que o ar não seja nem frio nem quente em si mesmo, mas que seja frio para você e quente para mim – eu cresci em Boston, de modo que sou mais resiliente do que você. E podemos pensar em outros casos: a maior parte de nós já entrou em discussões acerca de se determinada peça de roupa é azul ou verde, e talvez seja apenas verde para uma pessoa e azul para outra. Assim, eis o pensamento perturbador: E se tudo for assim? Suponha que não exista verdade para além da maneira pela qual as coisas aparecem para cada pessoa? Pode ser quente para mim, frio para você; azul para mim, verde para você; *bom* para mim, *ruim* para você, sem que nenhuma dessas características existam em si mesmas. Nesse caso, nada é absolutamente verdadeiro. Ou, antes, a verdade é relativa: algo pode ser verdadeiro *para mim* e falso *para você*, mas jamais falso ou verdadeiro em si mesmo. Essa teoria relativista da verdade ainda surge na filosofia contemporânea, mas tem suas raízes nos diálogos de Platão. Em particular, é explorada naquele que é meu diálogo favorito: o *Teeteto*.

Mencionei anteriormente a palavra "epistemologia", que significa o estudo do conhecimento – pois a palavra grega antiga para conhecimento ou entendimento era *episteme*. Acabamos de ver que o *Mênon* tem muito a dizer a esse respeito, e já encontramos interessantes ideias epistemológicas entre os pré-socráticos. Mas o primeiro texto a se dedicar inteiramente à epistemologia foi o *Teeteto*. Ele explora algumas das mesmas ideias que o *Mênon*, mas as aprofunda, investigando não só uma teoria relativista da verdade, mas também o problema de como é possível o juízo falso e como o conhecimento se relaciona com a crença. Os principais personagens são nosso velho amigo Sócrates, Teodoro, um matemático, bem como um jovem que também é matemático, e, além disso, profundamente feio, tal qual Sócrates: ele tem em comum com este os olhos protuberantes e um nariz encurvado (143e). Este é Teeteto, um dos mais admiráveis personagens a se envolver com Sócrates nos diálogos de Platão. A despeito de sua juventude, ele mostra muito mais compromisso com a investigação filosófica do que o mais velho, Teodoro. Ele oferece várias tentativas de dizer o que pode ser o conhecimento. Como passamos a esperar em diálogos socráticos, cada tentativa é refutada, mas ele não desanima – e aprendemos muito acerca do conhecimento ao longo do diálogo – ainda que os personagens não consigam produzir uma definição de conhecimento que os satisfaça.

A primeira tentativa de Teeteto é dizer que o conhecimento é percepção (151c). A palavra para percepção, aqui, é *aisthesis*, que incidentalmente é de onde recebemos a palavra "estética". Pode significar percepção sensível – ou seja, visão, adição, olfato e assim por diante – ou mais amplamente qualquer tipo de percepção, incluindo aquelas que dizem respeito à mente. Em especial, se tomarmos isto em seu sentido mais amplo, a definição de Teeteto parece plausível: sabemos algo quando o percebemos. Ou, talvez, pode-se dizer, sabemos quando apreendemos que algo ocorre. Mas Sócrates mostra que a definição de Teeteto poderia ser tomada de uma maneira mais desconcertante: se conhecimento for percepção, então o que quer que me pareça verdadeiro deve de fato sê-lo para mim (152a). Aqui, ele fornece o mesmo exemplo que usei: o vento parece quente para mim e frio para você; assim, percebo o vento como quente e você o percebe como frio. Se a percepção é conhecimento, então isto significa que sei que o vento é quente e você sabe que é frio. Como pode ser assim? Bem, somente se a verdade for relativa: é verdade para mim que o vento é quente e verdade para você que ele é frio, mas não há algo como o vento ser de fato quente ou frio em si, isto é, sem relação alguma com alguém que o perceba. Afinal, o conhecimento nada mais é do que percepção.

Sócrates acrescenta que, ao apresentar essa visão, Teeteto estaria em boa companhia. Em particular, a teoria relativista da verdade foi defendida pelo grande sofista Protágoras (152a). Como vimos antes em nosso capítulo a respeito dos sofistas, Protágoras foi famoso por dizer "o homem é a medida de todas as coisas, das coisas que são, que são, das coisas que não são, que não são". Tal como a definição de Teeteto do conhecimento como percepção, a doutrina "o homem é a medida" poderia ser tomada em muitas maneiras diferentes. Mas Sócrates quer tomar ambas as afirmações como subsumidas a uma concepção relativística da verdade. Se sou a medida de saber se o vento é quente, então não há nada mais acerca da temperatura do vento a não ser que ele é quente *para mim* em vez de frio *para mim*. A maneira pela qual as coisas me parecem determina a maneira pela qual o vento é e não é.

Sócrates acrescenta que Teeteto e Protágoras têm outro peso pesado de seu lado, a saber, o filósofo pré-socrático Heráclito (160d). Você deve estar lembrado que eu disse que Platão retrata Heráclito como acreditando em uma doutrina de fluxo total. Em outros termos, tudo está constantemente em mudança sob todos os aspectos, e não existe estabilidade em nós ou no mundo à nossa volta. O *Teeteto* não é o único diálogo no qual Platão atribui essa concepção a Heráclito, embora seja o mais proeminente deles. Mas, por que a doutrina do fluxo é posta ao lado do relativismo acerca da verdade? Ao que parece, porque, se o relativismo protagórico for verdadeiro, então as coisas no mundo à nossa volta não terão natureza estável de um momento a outro. Elas serão apenas o que elas parecem ser a vários observadores, e isto consiste em mudança constante, segundo Heráclito tal como aqui apresentado. Assim, para essa concepção, revelar-se-ia que nada é frio, tampouco quente; em vez disso, tudo está em incessante mudança sob todos os aspectos. Na verdade, pode ser ainda pior do que isso: se afirmarmos que aquilo que passa de quente a frio, ou vice-versa, é ao mesmo tempo quente e frio, então a atmosfera será sempre quente e fria simultaneamente. Foi com isto em mente que Aristóteles, mais tarde, acusou Heráclito de negar o princípio de não contradição.

Essas consequências radicais da doutrina do fluxo nos dão muitas razões para rejeitá-la. E se aceitar a teoria relativista da verdade significa aceitar a teoria do fluxo, então talvez abandonemos igualmente o relativismo. Mas Protágoras tentará persuadir-nos de que a teoria relativista não é tão implausível quanto parece. Se você não está interessado em saber que coisas são boas, então, obviamente, você está interessado em saber que coisas são boas *para você*. O que significaria algo ser bom sem que o fosse para você ou para qualquer pessoa em particular? Isto, talvez, conecte a teoria que Platão examina com o Protágoras histórico real. Ele pretendia ensinar virtude, e pode-se supor que isto fosse possível porque o bem é o vantajoso, e porque ele podia ensinar às pessoas como alcançar coisas que considerassem vantajosas, tal como o poder político. Se Protágoras de fato sustentou a teoria epistemológica radical que Platão lhe atribui no *Teeteto*, isto, é claro, é outra história. Mas deixemos isso de lado, bem como deixemos de lado os problemas acerca do fluxo, e consideremos apenas o problema de como refutar alguém que adota a posição relativista acerca da verdade.

À primeira vista, isto parece fácil. Basta apontar para um termômetro, o qual nos informa um fato objetivo quanto a quão frio está o ar. Mas aqui Protágoras pode concordar com seus filhos que, a despeito do que o termômetro possa indicar, cabe a cada um de nós dizer se a temperatura está fria ou quente para nós. Além disso, ele pode salientar que o termômetro também é algo que você percebe. Se parece a você que o termômetro marca 30 graus, digamos, então é verdade *para você* que o termômetro marca 30 graus. É verdade para você simplesmente porque você percebe que isto se dá. Insistir em haver uma verdade absoluta quanto à leitura do termômetro é supor que exista uma verdade independente de qualquer observador, e é precisamente isto que Protágoras nega: o homem é a medida de todas as coisas. Mas Sócrates tem outros truques em sua manga. Ele começa de maneira ousada: Não seria igualmente verdadeiro dizer que um porco ou um macaco é a medida de todas as coisas? (161c). O exagero é sempre satisfatório, é claro, mas não traz consigo muito peso argumentativo. Felizmente, ele tem argumentos filosoficamente mais satisfatórios para apresentar. Por exemplo, para essa doutrina de que "o homem é a medida" não haveria muito sentido de consultar especialistas; por que pagar para ir ao médico se você constitui uma medida tão boa quanto ele? Se te parece que tomar aspirina curará essa incômoda dor de apêndice, então isto é verdade para você! Parece uma teoria que reduzirá a expectativa de vida de seus adeptos – motivo suficiente para rejeitá-la. Há uma objeção intimamente relacionada a isso no que diz respeito à previsão do futuro. Se eu esperar me recuperar da doença, então será verdadeiro para mim que me recuperarei. Se, depois, parecer-me que ainda estou doente, então me parecerá que não me recuperei, e, assim, será verdade para mim que eu não me recuperei (178c). É difícil ver como ambos os estados podem ser verdadeiros.

Mas a objeção mais interessante de Sócrates ilustra uma manobra filosófica clássica, cuja utilidade é atemporal. Sempre que você for apresentado a uma nova teoria ousada, pergunte se ela é coerente consigo mesma. Por exemplo, se alguém diz que nada é verdadeiro, você pode perguntar se essa mesma afirmação é verdadeira. Ou se alguém diz que a linguagem é desprovida de significado, você pode perguntar a essa pessoa se ela é capaz de transmitir essa ideia em uma sentença. Do mesmo modo, Sócrates sugere que a doutrina do relativismo de Protágoras refuta a si mesma. Pois, ainda que Protágoras concorde com a doutrina, Sócrates não concorda. Assim, será verdadeira *para* Sócrates que a doutrina de Protágoras é falsa. Com efeito, uma vez que isto se segue da doutrina de Protágoras, será até mesmo verdadeiro *para Protágoras* que *para Sócrates* a doutrina é falsa (171b). Desse modo, Protágoras é obrigado, em virtude de sua própria doutrina, a admitir que ela é falsa. Mas talvez esse truque seja exagerado: mesmo que Protágoras tenha de admitir que a doutrina é falsa *para Sócrates*, ele não precisa admitir que ela é falsa *em si*, ou *realmente* falsa. Lembre-se de que, de acordo com ele, não há algo como alguma coisa ser apenas verdadeira ou falsa. Há somente algo ser verdadeiro ou falso para você, para mim, para Sócrates[61].

Antes de ficarmos mais confusos, deixemos o relativismo para trás e passemos a outro grande tema de seu diálogo: a possibilidade da crença falsa. Esse tema surge quando Teeteto aceita que o conhecimento, afinal, não é percepção, e sugere outra definição. Talvez conhecimento seja ter uma crença verdadeira (1878b). Afinal, quando sei algo, acredito nisso, e, por certo, esta não pode ser uma crença falsa (188c). E aqui nos deparamos uma vez mais com esses malditos sofistas. Alguns deles sugeriram que é impossível dizer ou acreditar em qualquer coisa que seja falsa – caso em que tudo é apenas uma matéria de persuasão. Esse problema aparece em vários diálogos platônicos; já o vimos aparecer no *Eutidemo*. Mas o *Teeteto*, mais uma vez, fornece o exemplo mais proeminente. Aqui, o argumento da concepção sofística relembra o paradoxo de Mênon da seguinte maneira: ou eu sei alguma coisa ou não sei. Se sei, então é evidente que meu conhecimento me impedirá de cometer erros. Mas, se não sei a coisa em discussão, então minha ignorância me impedirá de sequer pensar a respeito; você

---

61. Outra possibilidade seria Sócrates dizer que é *verdade para ele* que a doutrina de Protágoras é *absolutamente* falsa, ou seja, *falsa para todos*, até mesmo para Protágoras. O ponto aqui é saber se Protágoras nos permitirá inferir "é verdade para todos que a doutrina é falsa" de "é verdade para Sócrates que é verdade para todos que a doutrina é falsa". É de se presumir que não, uma vez que, em geral, ele não nos permitirá afirmar x com base em "é verdade para Sócrates que x".

não tem crenças falsas a respeito de pessoas das quais nunca ouviu falar, por exemplo. Assim, não poderei, tampouco, cometer um erro. Em outros termos, eu terei perfeito conhecimento de cada coisa ou conhecimento algum acerca delas, de modo que em nenhum dos dois casos cometerei erros. Logo, é impossível cometer um erro, isto é, acreditar em falsidades.

Como ocorre com o paradoxo de Mênon, parece que a saída consiste em dizer que há um terreno intermediário em que sei ou apreendo algo o suficiente para cometer um erro a seu respeito, mas não a ponto de que eu esteja imune ao erro. Sócrates apresenta duas analogias para sugerir como isto poderia funcionar. Primeiro, diz ele, imagine que sua memória é como uma tabuleta de cera – costumava-se escrever nesses objetos na Grécia antiga. Quando você percebe algo, isto é como um carimbo que deixa uma impressão na cera de sua mente (191c-d). Algumas pessoas têm cera suja, dura, de difícil retenção; outras têm cera fluida e recebem as impressões muito rapidamente, porém as perdem de modo igualmente rápido. Outras ainda têm cera cuja espessura é ideal: é fácil estampá-las, mas, ao mesmo tempo, conservam bem as impressões. De fato, trata-se de uma belíssima imagem de como a memória funciona. Quanto ao juízo falso, este ocorreria quando há uma discordância entre algo que se percebe e uma impressão já existente no selo de cera da memória (193c). Por exemplo, penso que estou assistindo a um filme mudo estrelado por Buster Keaton, quando na verdade me confundi. Esse adorável sujeito na tela é de fato Charlie Chaplin, e estou comparando a imagem visual com a impressão errada impressa em minha tabuleta de cera. Como diz Sócrates, é como pôr seu pé direito no sapato esquerdo (193c).

Isso parece resolver o dilema sofístico: posso cometer um erro a respeito de alguma coisa porque, sob certo aspecto, eu a conheço, porém sob outro, não. Sei quem é Buster Keaton, pois eu devo tê-lo conhecido para formar uma impressão sua em minha memória. Mas isto não garante que eu esteja livre de erro ao identificar determinada pessoa como Buster Keaton. Esta é uma analogia convincente, e, ao menos por ora, a proposta não é exatamente rejeitada no diálogo. Em vez disso, os personagens se dão conta de que ainda que ela funcione para casos de erro de identidade na percepção, existem muitos casos de falso juízo em que ela não ajudará. Por exemplo, o que acontece quando acrescento sete e cinco e obtenho onze? (195c-196c). Não há nada aqui relacionado a impressões inseridas em nossa memória pela percepção, e ainda assim cometi um erro. Desse modo, Sócrates produz outra imagem em lugar da tabuleta de cera. Imagine, diz ele, que sua alma é como um aviário, uma gaiola, com muitos pássaros a voar dentro dela, cada um dos quais representa um pedaço de conhecimento (197c-199c). Imagine então que aprender é como pegar pássaros e colocá-los em seu aviário. O que ocorre quando você adiciona cinco a sete e obtém onze é que você entra em seu aviário e pega onze pássaros, em vez de doze (199b). Mais uma vez, seu conhecimento de onze efetivamente *permite* que você cometa o erro, da maneira que meu conhecimento de Buster Keaton permitiu que eu o confundisse com Charlie Chaplin.

Infelizmente, Sócrates e Teeteto decidem que esse modelo também é problemático. Isto significa que, quando você comete um erro, é precisamente em virtude de saber que você confunde as coisas (199d). Paradoxalmente, é em virtude de seu conhecimento de onze que você é capaz de ter uma crença falsa a respeito de cinco mais sete. O incansável Teeteto tem outra sugestão, porém: e se seu aviário contém pássaros que representam a ignorância, assim como pássaros que representam o conhecimento? Assim, quando você comete um erro você apenas apanhou o tipo errado de pássaro (199e). Mas isto arruína todo o argumento, o qual consistia precisamente em explicar como podemos conhecer algo o suficiente para cometer um erro a respeito dele sem que o conheçamos tão bem a ponto de estarmos imune ao erro (200a-c).

Assim, onde isto nos deixa? De volta ao ponto de partida: sem nenhuma explicação geral da crença falsa, mas ainda a pensar que, talvez, conhecimento corresponda à crença verdadeira (200e). Ah, mas não é, diz Sócrates. Considere apenas o caso de um júri: os jurados podem ser persuadidos por algum advogado famoso que certo homem é inocente de um crime. E o homem realmente é inocente. Mas não diríamos que eles *sabem*, uma vez que somente acreditam nisso porque o advogado foi hábil o suficiente para persuadi-los (201a-c). Assim, eles têm uma crença verdadeira, mas não conhecimento. Isto demole a definição. Não obstante, Teeteto ainda sente – e hoje os epistemólogos tendem a concordar com ele – que o conhecimento deve ter *algo* a ver com crença verdadeira. Talvez o conhecimento seja crença verdadeira e algo adicional, algo de que os jurados carecem, mas que você teria se fosse, digamos, uma testemunha ocular no assassinato e soubesse que o réu é inocente. Não é fácil dizer em que isso consistiria. Como afirmei, os epistemólogos de nossos dias ainda se debatem com essas perguntas, e para eles um ponto central é precisamente o que poderia separar o conhecimento da crença verdadeira. Quando tratam desse tópico, estão retomando um questionamento feito pela primeira vez no *Teeteto*[62].

62. Neste ponto, deixarei de analisar a seção final e intrincada do diálogo, na qual Sócrates e Teeteto discorrem acerca da possibilidade de que certa espécie de "explicação racional" – um *logos*, aquela palavra predileta de Heráclito – constitua o elemento necessário a acrescentar-se à crença verdadeira a fim de que esta se converta em conhecimento. Conforme poderíamos já antecipar, os interlocutores não logram êxito nesta empreitada e, não obstante, adquirimos mais alguma compreensão no tocante ao conhecimento, sobretudo no que concerne à maneira pela qual este se relaciona ou não com o ato de fornecer uma explanação de si mesmo quando se crê em algo.

20

Últimas palavras famosas: o *Fédon* de Platão

Quando um cisne está prestes a morrer, ele canta. Canta de maneira muito mais bela do que jamais o fizera, pois ele pertence ao deus Apolo, e tem o dom da profecia (85a-b). Assim, o cisne sabe que morrerá, e canta com alegria, pois finalmente está a ponto de conhecer seu mestre divino. Ou ao menos é o que diz Sócrates, o qual, do mesmo modo, dedicou-se a Apolo e encara a morte com esperança, mais do que com relutância. É o que diz a seus amigos que se reúnem à sua volta na prisão, no diálogo *Fédon*, de Platão. Ele encena o canto de cisne de Sócrates, sua discussão filosófica final e sua morte pela ingestão de cicuta. O *Fédon* é uma grande obra literária, cuja descrição da bravura diante da morte inspirou leitores desde o mundo antigo até hoje. De uma perspectiva filosófica, ademais, é um dos maiores diálogos de Platão, em parte porque é o primeiro a apresentar a teoria das formas.

Esta é usualmente considerada a mais importante doutrina de Platão, de modo que você pode estar se perguntando por que ainda não tratei dela. Mas, na verdade, as formas não são explicitamente mencionadas, ou praticamente não o são, nos diálogos de Platão. Estão ausentes dos diálogos que examinamos até aqui, como o *Górgias*, o *Mênon* e o *Teeteto*. Mesmo no *Fédon*, o principal tópico do diálogo não são as formas, mas a imortalidade da alma. Este é um tópico que causa alguma preocupação a Sócrates, uma vez que cada página do diálogo o aproxima cada vez mais da cena de sua morte. No que pode ser um tapa em Aristófanes, Platão faz Sócrates dizer que nem mesmo um poeta cômico poderia censurá-lo por tagarelice irrelevante quando ele trata desse assunto nesse momento e nesse lugar. É típico da maneira pela qual Platão maneja o tópico das formas que, até mesmo aí, em um dos poucos diálogos em que elas são diretamente discutidas, elas ocupem apenas um papel secundário.

Assim, iniciemos, não pelas formas, mas pela imortalidade da alma. Pode-se supor que a primeira coisa a fazer seria estabelecer que temos uma alma. Mas Sócrates e seus amigos simplesmente partem do pressuposto de sua existência. Com efeito, eles parecem pressupor uma espécie de dualismo como base para sua discussão. Por "dualismo", entendo que eles supõem que a alma seja uma coisa distinta do corpo. Mas isto não significa que eles suponham que a alma seja incorpórea no sentido de ser imaterial. Sócrates até mesmo sugere, em determinada altura, que seus amigos podem pensar que suas almas são semelhantes à fumaça que poderia se dissipar após a morte (70a). E ainda que a alma seja imaterial, ela pode depender do corpo para sua existência, de modo que a alma de Sócrates se dissipará quando ele beber a cicuta. Como sugere um de seus amigos, a alma poderia ser como a harmonia ou a afinação de um instrumento de corda, que não seria um corpo, mas seria destruída junto com o instrumento. A tarefa de Sócrates, portanto, é mostrar que alma não só é distinta do corpo, como é capaz de sobreviver de maneira independente dele. No processo, ele mostrará que ela é de fato imaterial, invisível, indivisível – todas as coisas que esperamos que um dualista platônico acredite em relação à alma.

Assim, como poderíamos provar tal coisa? Para usar uma piada tola que o próprio Platão julga divertida, iremos *rememorar* o que Sócrates argumentou no *Mênon*, isto é, que quando parecemos estar aprendendo, na verdade estamos nos lembrando de coisas que sabíamos antes de nascermos. Depois que os personagens lembram uns aos outros essa ideia ("rememore", percebeu?), dão-se conta de que isso implica que a alma existia antes de o corpo existir (73a-76c). Assim, obviamente, a alma pode existir sem o corpo, uma vez que ela o fazia antes. Além disso, a alma deve ter afinidade com as coisas que ela conhecia antes do nascimento. Esta é a deixa para que as formas entrem em cena. O que sabíamos antes do nascimento e agora rememoramos são coisas como "o belo em si" e "o igual em si", ou como usualmente dizemos quando nos referimos a Platão, "a forma do belo" e "a forma do igual". Essas não são coisas físicas, mas as essências das quais as coisas físicas belas ou iguais participam. Desse modo, já temos outra maneira de mostrar a independência da alma em relação ao corpo, o assim chamado "argumento da afinidade". Esse argumento supõe que a alma deve ser afim ao que quer que ela conheça[63]. Uma vez que essas coisas são eternas e imateriais, também a alma é eterna e imaterial.

Note-se, mais uma vez, que esses argumentos visam a provar a imortalidade da alma, não a existência das formas. De fato, é como se já estivéssemos presumindo a existência das formas para provar que a alma é imortal. Assim, é a teoria das formas algo que Platão deseja que tomemos por pressuposto, como a distinção entre alma e corpo? E como ele espera que saibamos como são essas formas? Seria bem decepcionante se Platão não nos desse razões para acreditar nelas, bem como explicasse o que elas são. Mas espere, há mais. Platão convida-nos a pensar mais cuidadosamente acerca de como a rememoração das formas funcionaria de fato. Pode ser útil considerar outros casos de rememoração. Imagine ser lembrado de seu melhor amigo (se você não tem um melhor amigo, seu pior inimigo também serviria). Como Sócrates observa, algo completamente diferente de seu amigo poderia levá-lo a recordar-se dele – como uma peça de sua roupa. Por outro lado, você pode ser lembrado de que algo é como o amigo – digamos, um retrato pintado do amigo (73d-e). Neste segundo caso, é natural comparar ambas as coisas. Por exemplo, você julgará se o retrato tem ou não boa semelhança com seu amigo.

Agora, Sócrates aplica esse argumento às formas. Ele sugere que, quando você vê dois bastões iguais, e é lembrado da forma do igual, é como ver uma semelhança imperfeita. Os bastões se assemelham de fato à forma do igual, pois são iguais entre si. Mas também são diferentes da forma, pois, sob algum outro aspecto, *são desiguais* (74a-75b). Não fica totalmente claro o que Sócrates pretende aqui, mas para mim a mais persuasiva leitura é esta: imagine dois bastões de comprimento igual e um terceiro mais longo próximo a eles. O bastão na esquerda é igual ao bastão no meio, e

63. Isto parece ser uma aplicação do princípio mais geral "o semelhante é conhecido pelo semelhante" atribuído por Aristóteles e Teofrasto a alguns pré-socráticos, por exemplo, Empédocles, em *Met.* 1000b.

vice-versa. Mas ambos são desiguais em relação ao bastão da direita, que é mais comprido do que eles. Assim, os bastões de número um e dois são *tanto* iguais *quanto* desiguais, diferentemente da forma, que é somente igual[64]. Como um certo aluno meu apresentara para mim certa vez, com desculpas a George Orwell: a forma é igual, e o bastão é igual, mas algumas coisas iguais são mais iguais do que outras. Esse tipo de exemplo pulula também em outros diálogos platônicos. Tome, por exemplo, Helena. Você se lembra dela, da *Ilíada*; aquela cujo rosto era uma boa razão para que navios fossem lançados ao mar? Ela é bela comparada a outras mulheres humanas, mas não bela comparada a uma deusa. É assim, ao mesmo tempo, bela e não bela. Ora, tome o exemplo de pagar uma dívida. Isto é normalmente bom. Suponha, por exemplo, que tenha tomado emprestado um machado de um amigo e esteja prestes a devolvê-lo. Isso parece correto. Mas e se seu amigo tivesse enlouquecido e agora fosse um homicida à procura de um machado?[65]

As pessoas ligadas a Platão têm uma boa terminologia para descrever semelhantes casos: "copresença de opostos"[66]. A ideia básica é que as coisas no mundo à nossa volta com frequência apresentam características contraditórias, que surgem especialmente quando comparamos uma coisa a outra. As coisas podem ser iguais sob algum aspecto e desiguais sob outro; sob um aspecto, belas, sob outro, não; sob um aspecto boas, sob outro, más. Platão está convencido de que nosso conhecimento de coisas como igualdade e beleza não se dirige apenas a bastões iguais e belas mulheres ou, de resto, belos bastões e mulheres iguais. Antes, a igualdade em si e a beleza em si devem ser de alguma maneira separadas dos bastões e das mulheres, e devemos julgar ambos, bastões e mulheres, tendo em vista um padrão absoluto de igualdade e de beleza. Quando fazemos isso, as formas são o padrão pelo qual as julgamos. Assim, isto, juntamente com a teoria

64. O apoio para essa leitura é fornecido por um argumento análogo em *A república* 523c-e, que parece dizer que o anelar de uma pessoa é comprido comparado a seu dedo mindinho, mas curto comparado a um dedo médio. Assim, ele é tanto curto quanto comprido, embora sob diferentes aspectos.

65. Os dois exemplos são do *Hípias maior* 289b (embora ele mencione uma mulher bela genérica, não especificamente Helena) e *A república*, Livro I, 331e-332a.

66. O debate disso nos estudos acadêmicos contemporâneos tem uma longa história. Cf. White (1977, p. 303-311), que retoma um debate que retrocede a Cornford (1939)! Desde então, cf., por exemplo, Nehamas (1975, p. 105-117); White (1987, p. 197-214).

da rememoração, introduz uma razão adicional para acreditar nas formas: elas são padrões de julgamento, e, assim, desempenham papel crucial em nosso conhecimento.

Mas espere, ainda há mais. As formas não apenas têm um papel na teoria do conhecimento de Platão (sua epistemologia). Elas também desempenham papel em sua metafísica, ou, para ser mais específico, em sua compreensão da causação. Sua ideia aqui é que a forma do Igual, de algum modo, faz com que coisas iguais, como gravetos, sejam iguais, ao passo que a forma do Belo faz com que Helena seja bela. Sócrates apresenta essa ideia em uma espécie de autobiografia intelectual. Mencionei essa passagem em um capítulo anterior, pois nela Sócrates critica o filósofo pré-socrático Anaxágoras. Como você deve se lembrar, Sócrates ficara decepcionado que Anaxágoras invocasse a mente como se ele mostrasse como o universo segue uma concepção racional, mas então recuou para meras explicações físicas (98b). Como diz Sócrates, seria como se ele dissesse que está sentado na cadeia porque seus ossos e músculos estão na cadeia, em vez de dizer que está ali porque decidiu não fugir quando lhe foi oferecida a chance para fazê-lo (98c).

Os exemplos mostram o que Platão espera de uma explicação causal. Quer tentemos explicar o cosmo, quer o motivo pelo qual Sócrates está na cadeia, devemos selecionar uma causa que *deva* suscitar o efeito que estamos tentando explicar. A presença da verdadeira causa não deve ser compatível com outros possíveis resultados. Assim, por exemplo, o famoso vórtice de Anaxágoras parece ser compatível com um mundo mau concebido, caótico, assim como com o bom mundo que vemos à nossa volta; e os ossos e músculos de Sócrates devem estar envolvidos tanto na fuga quanto em permanecer sentado. Outro exemplo: seria errado dizer que um homem é mais alto do que outro "por uma cabeça", pois também é possível que seja menor por uma cabeça – assim, invocar a cabeça não explica o fato de ser mais alto, assim como não explicaria o fato de ser menor. E, aliás, há outro problema em invocar a cabeça como causa da altura. A cabeça ela própria é pequena, e Sócrates julga ridículo dizer que alguém pequeno poderia ser causa da altura elevada (101b).

Platão faz uma exigência muito estrita aqui. Para simplificar em demasia, resume-se no seguinte: a causa, digamos, da largura, não deve ser pequena, nem deve ser capaz de causar a pequenez. Do mesmo modo, a causa da igualdade não deve ser desigual, e não deve jamais causar a desigualdade. Ora, as formas parecem satisfazer admiravelmente a essa demanda. Se as coisas são iguais precisamente porque se assemelham à forma do Igual, corresponde à razão tanto que a forma do igual não será desigual, quanto que a forma do igual jamais causa qualquer coisa que seja desigual. Mas, se a forma do igual não faz as coisas serem desiguais, o que faz? Bem, talvez haja também uma forma do desigual, ou talvez as coisas sejam desiguais porque não conseguem ser perfeitas como a forma do igual, assim como o retrato de seu amigo não é perfeito como o seu amigo. O mesmo tipo de lógica funcionará com outras formas. A forma da beleza não é feita de feiura, bem como não pode causá-la; a feiura deve ser causada seja por outra forma, a forma do feio, seja por um simples fracasso em se assemelhar à forma da beleza. Platão parece estar dizendo não apenas que cada forma exclui seu oposto (por exemplo, a forma do igual não é desigual), mas também que cada forma exemplifica a si mesma. Por exemplo, a forma do igual seria ela mesma igual, a forma da beleza seria ela mesma bela. Isto pode parecer suficientemente razoável. Mas podemos nos preocupar com o fato de que a forma da largura, por exemplo, não pode ser de fato larga, uma vez que é imaterial. E, como veremos, esse pressuposto de que cada forma exemplifica a si mesma trará problemas para Platão em outro diálogo.

Por ora, porém, admitamos que as formas satisfazem as exigências de Platão para a causação propriamente dita. Ainda assim, isto não é, ainda, trapaça? É realmente esclarecedor ser informado que a causa da beleza de Helena é a forma da beleza? Isto soa bastante como a definição não informativa que examinamos no capítulo do *Mênon*, de que os ruminantes são coisas que ruminam. Platão é sensível a essa objeção, e faz Sócrates admitir que, quando invocamos as formas, estamos fornecendo o que ele chama de causas "seguras", porém "simplórias" (105c). Embora seja "seguro" dizer que a beleza torna Helena bela, não parece nos levar muito longe. Por outro lado, pode nos levar mais longe do que poderíamos pensar. Lembre-se de que as formas não são apenas causas, mas também os objetos de nosso conhecimento. Assim, alguém que conhecesse a forma do belo saberia precisamente o que significa ser belo. Compreenderia, afinal, a natureza da beleza em si. Desse modo, seria capaz de explicar exatamente em que consiste Helena ser bela, e talvez também por que Helena não é bela comparada a uma deusa.

Sócrates também reconhece que, às vezes, atribuímos o que ele chama de causa "esperta", além de uma "segura e simplória". Por exemplo, se queremos saber o que tornou alguma coisa fria, podemos ficar no campo do seguro e dizer que é a forma do frio. Mas uma resposta mais esperta seria a neve. Afinal, a neve satisfaz as exigências que Platão estabeleceu. É fria sem ser quente, e não pode tornar nada quente. Sob esses aspectos, portanto, a neve é uma causa tão boa quanto a forma o seria. Sob os outros aspectos, no entanto, a forma é uma causa melhor. A forma do frio estaria envolvida *todas* as vezes que alguma coisa for fria. Assim, é sempre "seguro" invocar a forma do frio como causa das coisas serem frias, ao passo que a neve não está envolvida em todas as vezes em que as coisas ficam frias. Às vezes, a causa esperta pode ser o gelo, o nitrogênio líquido, ou um presente do Dia dos Namorados insuficiente. Assim, embora as formas possam ser causas seguras e simplórias, serão melhores do que pelo menos algumas causas espertas devido à sua aplicação universal.

Ora, discorri acerca das formas por algum tempo. O que aconteceu com a imortalidade da alma, que eu insistia ser o principal tópico desse diálogo? Bem, ocorre que aquilo acerca do que falávamos agora é diretamente relevante para esse tópico. Afinal, o que é a alma, se não a causa de se estar vivo? Mas, se é uma causa propriamente dita, uma que satisfaz às exigências de Platão, então a alma terá de estar viva, e não morta – assim como, para que a neve seja uma causa apropriada do frio, ela só pode ser fria, e não quente. Se isso estiver correto, então a alma não pode estar morta, assim como a neve não pode estar quente, ou o número 3 ser par. A alma terá de estar permanentemente viva devido à sua própria natureza (105d). Essa linha de argumentação permite a Sócrates afastar um argumento que causara perturbação a si e a seus amigos. Ainda que dissermos que a alma pode sobreviver à morte do corpo, como sabemos que ela não se cansará, eventualmente? Pode ser como um tecelão que teceu demasiados mantos. Assim como o tecelão sobrevive enquanto um manto após o outro fica surrado e tem de ser descartado, também a alma pode sobreviver por muito tempo, vestindo um corpo após o outro. Mas, eventualmente, o tecelão morrerá, tecendo seu último manto. Desse modo, a alma talvez morra, depois que deixar seu último dos muitos corpos pelos quais passou (87b-88b). Felizmente, Sócrates é capaz agora de refutar essa objeção: como uma causa apropriada da vida, a alma é, por natureza, imune à morte.

Note uma vez mais como Sócrates supõe que a alma seja distinta do corpo, e pergunta como ela poderia ser. Ele não dá atenção de fato à possibilidade de que ela não seja nada mais que seu corpo – que é a própria possibilidade que nos leva hoje a temer que possamos não sobreviver à morte. Em vez disso, ele se preocupa que a alma possa ser um ser mortal, que expiraria juntamente com a morte do corpo. Sob reflexão, Sócrates decide que ele não precisa se preocupar, afinal. Todos os argumentos à sua disposição apontam para a conclusão de que sua alma sobreviverá. Ele pode se preocupar, é claro, que sua alma viva, mas tenha um destino horrível. Aqui, porém, mais uma vez, Sócrates revela seu otimismo: acredita que se unirá a mestres divinos e virtuosos e que, caso existam humanos na vida pós-túmulo, estes também serão bons. Se há algo a temer é que possamos retornar a corpos piores depois de escapar de nossos corpos humanos atuais. Mas Sócrates sugere que é provável que recebamos os corpos que merecemos: pessoas violentas terão corpos de lobos, pessoas ordeiras retornarão como insetos bem-organizados, como as abelhas (82a-b). E Sócrates? Ele não faz uma previsão, mas gosto de pensar que, na próxima vez, ele se tornou um cisne.

Antes de passarmos para outro diálogo, permitam-me dizer um pouco mais quanto à teoria das formas e quanto à alma. Como expliquei, as formas ajudam Platão com pelo menos três problemas interligados. Primeiro, elas lhe fornecem objetos apropriados de conhecimento – quando rememoramos, são as formas que são rememoradas. Em segundo lugar, as formas estão livres da copresença de opostos: as coisas iguais que experimentamos são efetivamente tanto iguais quanto desiguais, mas a forma do igual não é de modo algum desigual. Em terceiro lugar, as formas serão causas apropriadas e universais de características como a igualdade e a beleza. Este é um resultado filosófico muito satisfatório, mas ainda não esgota a utilidade das formas. Por exemplo, em outros diálogos Platão sugere que algumas coisas, pelo menos, são estáveis e imutáveis – uma maneira de evitar a doutrina do fluxo total que ele atribui a Heráclito. Ele defende esse argumento no final de seu diálogo *Crátilo* (439b-440d). No mesmo diálogo, ele invoca as formas para explicar os significados das palavras, como veremos em um capítulo posterior. É fácil supor que Platão concebeu sua teoria das formas e, então, arquitetou esses problemas para convencer-nos de sua teoria. Mas se olharmos para a maneira pela qual ele usa as formas, no *Fédon* e em alhures, veremos que ele usualmente caminha no sentido contrário. Platão foi assolado por toda uma gama de problemas filosóficos, e ele reiteradamente julgou que as formas podiam ajudá-lo a resolver esses problemas. Assim, ele foi impulsionado pela necessidade de resolver dificuldades filosóficas, não pelo desejo de tão somente defender uma doutrina específica.

Agora, finalmente, de volta para a alma. Para estabelecer um fato óbvio, mas importante, a alma cujo destino está em debate aqui, supõe-se, é não apenas uma parte de Sócrates, como o próprio Sócrates. No final do diálogo, seus amigos lhe perguntam como ele quer ser enterrado, e Sócrates ri, dizendo que eles terão de apanhá-lo (115c). Em outros termos, Sócrates não é o corpo que eles enterrarão, mas sua alma. Ora, o *Fédon*, e especialmente seu argumento da afinidade, parecem sugerir que a alma é muito semelhante a uma forma. Assim, se Sócrates é sua alma, ele será imaterial, indivisível e imortal. Mas não mostra nossa experiência que nós, ou nossas almas, somos dilacerados por conflitos? Que somos tudo, menos simples, e somos, pelo contrário, uma massa de desejos, de experiências e de ideias conflitantes? O *Fédon* não parece reconhecer esse fato. Mas Platão compensará essa omissão no que usualmente é considerado seu grande trabalho, *A república*. Ali, Platão faz Sócrates defender que nossas almas são entidades complexas, capazes tanto de conflito interno quanto de harmonia interna. A harmonia na alma nada mais seria do que a justiça, o tópico de *A república* como um todo e de nosso próximo capítulo.

21

A ALMA E A CIDADE: JUSTIÇA EM *A REPÚBLICA* DE PLATÃO

Uma das mais famosas cenas na *História da Guerra do Peloponeso*, do historiador grego Tucídides, apresenta um diálogo entre os representantes de Atenas e o povo de uma pequena ilha chamada Melos. Os atenienses estão envolvidos em sua longa guerra contra Esparta e seus aliados. Os mélios preservaram sua neutralidade nessa guerra, mas agora os atenienses querem persuadir o povo de Melos a se unir à sua luta contra a aliança espartana. Quando os mélios perguntam por que deveriam fazê-lo, os atenienses admitem que não podem oferecer uma razão de princípio. Em vez disso, assinalam que são poderosos, ao passo que os mélios, fracos. Seu argumento é simples: unam-se a nós, ou sejam esmagados. Os mélios optam por não se unir a Atenas, e foram devidamente massacrados. Os homens da ilha foram mortos, as mulheres e crianças, vendidas como escravas, de modo que a ilha se tornou uma colônia de Atenas. Como Tucídides faz os atenienses observarem, "os mais fortes fazem o que podem, enquanto os mais fracos fazem o que devem" (Tucídides, *Hist.* 5.89).

Na verdade, essa tradução tradicional do famoso aforismo de Tucídides não é particularmente acurada[67]. Mas em qualquer tradução, a cena mostra os atenienses dando a Melos uma brutal lição de política realista. Tucídides tem suas próprias razões para pôr essas falas nas bocas dos atenienses, pois isto o ajuda a desenvolver seu grande tema da arrogância e expansionismo

67. Mais próximo do grego seria "os poderosos executam o que podem, e os fracos têm de se submeter", como assinalado por Mary Beard em *The New York Review of Books*, 30 de setembro de 2010.

atenienses. Segundo seu relato, os atenienses plantam o que colhem quando perdem a Guerra do Peloponeso. Isso abalou as instituições atenienses até seus fundamentos. Como já mencionei, no que se seguiu à derrota, a constituição democrática de Atenas foi substituída por uma cabala de homens, os chamados "trinta tiranos". Uma vez afastados os tiranos e restaurada a democracia, as boas pessoas de Atenas se permitiram uma limpeza cívica, incluindo o julgamento e execução de Sócrates.

Tucídides é nossa mais importante fonte para reconstruir o confronto entre a democrática Atenas e a oligárquica cidade de Esparta. Mas os acontecimentos do final do século V a.C. ecoaram em outros escritos gregos da Antiguidade, como as peças de nosso velho amigo Aristófanes. Esses ecos também podem ser ouvidos em um diálogo que é usualmente visto como o texto fundador da filosofia política, e a principal obra de Platão: *A república*. Esta é uma obra de extraordinária complexidade e extensão. Abrange não só a filosofia política, como também a psicologia moral, a metafísica, a epistemológica e a estética. Na verdade, seria difícil pensar em uma área da filosofia não explorada em *A república*. Dedicarei dois capítulos a ela, mas poderia facilmente lhe conceder dez capítulos, um para cada livro de que se compõe a obra, e ainda deixar muita coisa de fora. Em primeiro lugar, lidarei com a descrição feita por Platão da cidade ideal, e o paralelo que ele estabelece entre essa cidade e a alma humana virtuosa. O próximo capítulo examinará as famosas imagens da caverna, da linha e do sol encontradas nos livros centrais de *A república*.

Temos uma mostra dos temas de *A república* em sua primeira página. Sócrates é o narrador, e nos conta a respeito de um encontro que teve na época do festival da deusa Bendis. Ele assistiu a uma procissão religiosa e está de retorno a Atenas quando é interceptado por um grupo liderado por um homem chamado Polemarco. Em uma passagem divertida de uma maneira sombria, que ressoa o diálogo mélio de Tucídides, Polemarco convida Sócrates e seu amigo Glauco a acompanhá-lo à sua casa. Ele assinala que, se Sócrates não quiser vir, ele pode ser forçado a fazê-lo, uma vez que o número de companheiros de Polemarco supera os de Sócrates e Glauco (327c). O grupo de Polemarco é fisicamente mais forte, de modo que é inevitável que obtenham o que desejam, de uma maneira ou de outra. Já nessa sequência de abertura, Platão nos fez pensar acerca do papel da força e da compulsão nos assuntos humanos, um tópico central ao longo de toda *A república.*

Sócrates concorda em ir pacificamente, e retorna à casa de Polemarco. Entre as pessoas ali reunidas, três são particularmente importantes. Há Trasímaco, o sofista que entra em disputa com Sócrates no livro I. E há Glauco e Adimanto, que serão os principais interlocutores de Sócrates no restante dos nove livros de *A república.* Ocorre que estes dois últimos personagens são irmãos de Platão. As discussões que Sócrates trava com Trasímaco, e, então, com Glauco e Adimanto, versam a respeito da natureza da justiça. Trasímaco sustenta uma concepção bem semelhante àquela defendida por Cálicles no *Górgias.* Segundo essa concepção, é natural para os fortes fazerem tudo o que os beneficie, de modo que a justiça é tão somente a "vantagem do mais forte" (338c). Trasímaco admira o homem que demonstra ousadia para cometer inúmeras chamadas injustiças, apropriar-se do que estiver ao seu alcance, tornar-se tirano e escravizar seus inimigos. A justiça seria os fortes fazerem o que puderem e os fracos sofrerem o que for preciso. Trasímaco admite que não é isto o que as pessoas comumente pensam ser a "justiça". Segundo a concepção popular, justiça é com frequência uma matéria de deixar de lado a própria vantagem em prol de alguma outra pessoa – por exemplo, manter os termos de um contrato ainda que fosse mais vantajoso não fazê-lo (343d). Se isso é o que é a justiça, diz Trasímaco, você pode ficar com ela. Deve-se, em vez disso, apoderar-se de tudo o quanto for vantajoso para si, desde que seja suficientemente forte para tal. E, de fato, quando examinar os governantes políticos ao longo da Grécia, vemos que isto é precisamente o que eles fazem. Assim como um tirano governa para sua própria vantagem, democracias como Atenas aprovam leis que favorecem seus governantes, a saber, o povo ou o *demos*, na condição de antagonista da aristocracia (338d-e).

Sócrates passa a refutar Trasímaco à sua inimitável maneira. Argumenta que o governo deve visar ao benefício dos governados, e não ao dos governantes – assim como a arte da medicina visa ao bem do paciente, e não ao do médico (342d). De fato, em uma antecipação de uma conclusão à qual se chegará muito mais tarde no diálogo, Sócrates defende que um bom governante relutaria em governar, uma vez que isto normalmente envolveria buscar o bem dos súditos, mais do que o seu próprio (347c). Depois desse diálogo entre Sócrates e Trasímaco, o livro I de *A república* chega ao fim. Quando se inicia o livro II, Glauco e Adimanto queixam-se que a refutação de Trasímaco feita por Sócrates os deixaram insatisfeitos. Eles gostariam de ser convencidos de uma vez por todas que a justiça é de fato melhor do que a injustiça (357a-b). As pessoas pretendem admirar a justiça, mas é nisto que acreditam no fundo de seus corações? Glauco faz um bom trabalho como advogado do diabo. Primeiro, sugere pensar na justiça como um tipo de acordo tácito entre as pessoas para não prejudicarem umas às outras (358e-395a). Seríamos facilmente cruéis uns com os outros, tomaríamos o que pudéssemos e faríamos os outros sofrerem. Mas concordamos em não fazê-lo, pois uma situação na qual todos tentam se prejudicar mutuamente acaba por se tornar ruim para a maior parte das pessoas na maior parte do tempo.

Isto lembra explicações posteriores da moralidade ou das instituições políticas às quais chamamos de "teorias do contrato". A mais famosa dentre essas teorias se encontra na obra *Leviatã* do filósofo inglês Thomas Hobbes. Você sabe, aquele da fama de "sujo, bruto e sórdido". Mas diferentemente de Hobbes, Glauco apoia sua teoria do contrato com uma história mítica na qual um agricultor descobre um anel que, ao ser girado, torna-o invisível. Utilizando o anel, o agricultor consegue matar o rei local, seduzir sua mulher e tornar-se tirano (359d-360b). Vamos presumir, diz Glauco: todos faríamos o mesmo se recebêssemos um anel de invisibilidade. Noto que os hobbits pareceriam constituir uma exceção a essa regra. Mas, deixando os hobbits de lado, o exemplo do anel visa a mostrar que as pessoas não valorizam de fato a justiça, pois se pudessem passar impunes de suas atuações, isto provaria que elas pensariam que a injustiça é mais vantajosa.

Esta, então, é a tarefa posta para Sócrates em *A república*: mostrar que a justiça é mais digna de ser escolhida do que a injustiça, precisamente porque é mais *vantajosa*. Para Sócrates, a dura política realista que sacrifica a justiça em prol da eficácia, como os atenienses fizeram em Melos, revela uma grave incompreensão de nossos reais interesses. Isto será verdadeiro no nível da cidade, assim como no nível da pessoa individual. Sócrates introduz esse paralelo entre a alma e a cidade, sugerindo que, se quiséssemos ler algumas palavras escritas em letras pequenas, ficaríamos felizes em ter a oportunidade de ver as mesmas palavras escritas em outro lugar em letras muito maiores. Do mesmo modo, ele sugere que podemos aprender acerca da justiça na alma de um indivíduo estudando a justiça na cidade (368d-369a). Aqui você pode se queixar de que Sócrates está simplesmente *supondo* que haja um paralelo entre a cidade e a alma. Ele não deveria estar *argumentando* em defesa disso, se isso será tão importante? Bem, nós de fato falamos de justiça tanto no nível das sociedades quanto no nível dos indivíduos. A não ser que estejamos usando a palavra "justiça" de maneiras completamente não relacionadas, Sócrates deve estar certo quanto à justiça política e à justiça individual terem algo em comum. Além disso, a prova está no processo – se Sócrates puder descobrir características e estruturas comuns tanto à alma quanto à cidade, então sua estratégia se mostrará boa.

Assim, examinemos a justiça no nível político. Podemos começar com a própria palavra "político". Ela se relaciona à antiga palavra grega *polis*, que significa "cidade" ou "cidade-Estado". Como você deve saber, ou já notou a partir de minhas alusões à história grega clássica, as unidades políticas do mundo antigo eram cidades como Atenas e Esparta, não países como Grécia ou Itália. Mas essas unidades podiam se estender mais do que uma cidade em sentido literal. Atenas, por exemplo, dominou a área chamada Ática, e sua constituição democrática permitiu o compartilhamento de poder político entre os cidadãos dessa área. Com frequência, as várias cidades se uniam em alianças, como aquelas que se enfrentaram na Guerra do Peloponeso ou cooperaram para repelir as invasões dos persas. Elas também se reuniam para celebrar os Jogos Olímpicos, para patrocinar e adorar centros religiosos como Delfos. Essas atividades cooperativas ou competitivas decerto tinham um aspecto político. Ainda assim, quando Platão, bem como Aristóteles, falam a respeito de constituições políticas, eles normalmente têm em mente o funcionamento de uma *polis*, uma cidade singular, e não uma aliança de múltiplas cidades (para não dizer nada de instituições como o moderno Estado-nação). Eles se referem, sim, aos "gregos"!, mas isto tem a ver com afinidade cultural – por exemplo, linguagem e práticas religiosas comuns – e não como uma unidade política abrangente.

Ora, se você quisesse pensar como seria a maneira mais justa de governar uma cidade, como você faria? Uma estratégia óbvia seria escolher uma cidade existente que parecesse estar funcionando bem e modelar sua teoria com base nessa cidade; ou aprendendo a partir dos erros das cidades que estão funcionando mal. Mas não é assim que Platão faz. Nesse sentido, ele é bem diferente de Tucídides. Como historiador, este último transmite ideias acerca de como as cidades devem ser governadas e como as guerras devem ser empreendidas. Mas ele o faz por meio de uma hábil manipulação da história real, por exemplo, mostrando-nos as consequências do arrogante imperialismo de Atenas. Como veremos adiante neste livro, Aristóteles, como lhe é característico, toma um caminho intermediário: ele apresenta observações gerais acerca das estruturas políticas, porém com frequência se refere à maneira pela qual cidades gregas reais são governadas. Já em *A república*, Platão faz Sócrates começar com uma folha em branco, a conceber uma cidade ideal desde o início. As lições para cidades reais como Atenas permanecem implícitas. Por exemplo, quando a democracia é criticada no Livro VIII não somos convidados a examinar qualquer acontecimento efetivo em Atenas ou em outras cidades democráticas.

A primeira tentativa de Sócrates de descrever uma cidade ideal é demasiado modesta. A melhor cidade seria bem pequena, um grupo cooperativo, quase se poderia dizer comunitário, de agricultores, artesãos e comerciantes (369b-372c). Eles seguem uma dieta restrita, vegetariana, vestem roupas simples e vivem em paz. Glauco imediatamente objeta que isto soa mais como uma cidade de porcos do que uma cidade de homens – ao que parece, ele não teria gostado de viver em uma comuna *hippie* dos anos de 1960 (372c). A objeção de Glauco, aqui, muda tudo. Sócrates diz que, se a cidade for permitir luxos, precisará se expandir, desenvolver um poder militar para tomar e proteger mais terras do que o estritamente necessário (373d-e).Esta é a origem do infame sistema de classes de *A república* de Platão, uma vez que estabelece uma divisão da cidade entre dois tipos de pessoas, os soldados guardiões e os trabalhadores. Os guardiões governarão os trabalhadores manuais, e seu governo, como em breve veremos, será absoluto e inquestionável. Esse aspecto de *A república* recebeu certa quantidade de críticas. De maneira famosa, Karl Popper, filósofo do século XX, acusou Platão de ser inimigo do que chamou de "sociedade aberta" (cf. Popper, 2012), e viu *A república* como um texto fundador do totalitarismo.

Ora, não quero ser um apologista de Platão. Na verdade, retificar-me-ei: quero ser um apologista de Platão. Parte de minha defesa seria que a introdução de uma classe governante é explicitamente marcada por Sócrates como sendo um afastamento do verdadeiro ideal, que é mais simples, a comunidade agrária. A cidade que inclui luxos, como eu disse, é febril, mais do que verdadeiramente saudável.

À medida que se desenrolam os vários livros de *A república*, recebemos muito mais detalhes a respeito dessa versão febril da cidade ideal. A classe guardiã ocupa o centro do palco. Temos uma extensa discussão da educação, que transformará os guardiões em uma máquina de luta disciplinada e patriótica (376c-412b). Ao longo de sua educação, torna-se necessário separar essa classe superior em duas subclasses. Haverá os "verdadeiros guardiões", que efetivamente governam a cidade, devido a seu dom natural pelo autocontrole. E haverá os ajudantes ou "auxiliares", os quais servirão como um temível exército para defender a cidade (414b). Assim, no final, a cidade que Sócrates está descrevendo abriga três classes, não duas: há os verdadeiros guardiões, que governam; em seguida, os auxiliares, que lutam; e por último os trabalhadores manuais, que fazem tudo o mais. É fundamental que os cidadãos corretos estejam situados nas classes corretas. Para tornar isso possível, as relações sexuais entre os cidadãos são altamente reguladas. As pessoas são sorteadas por meio de uma loteria direcionada a se unir a parceiros selecionados (460a). Os guardiões não têm propriedade privada, mas partilham todas as coisas, até mesmo as crianças, as quais são afastadas de suas mães no nascimento e criadas por toda a comunidade de guardiões, de modo que formam uma grande família feliz (457c-464b).

Há propostas surpreendentes, para não dizer loucas. É difícil imaginá-las como um conjunto real de políticas que poderiam ter sido instituídas na Grécia antiga. A audiência de Platão teria ficado particularmente chocada pela proposta de que houvesse mulheres na classe guardiã. As mulheres eram tratadas de forma muito inferior aos homens na Grécia como um todo, e eram particularmente prejudicadas em Atenas. Mas Platão faz Sócrates defender explicitamente que, ainda que as mulheres não sejam, com efeito, iguais aos homens, elas devem ser capazes de desempenhar todos os papéis na sociedade (455d-456a). É claro, para nós, isto é pelo menos, em alguma medida, admirável, e constitui um pensamento à frente da época (até que ponto, discutiremos adiante neste livro). Mas as propostas de Sócrates para a política sexual da cidade ideal também têm algumas ressonâncias perturbadoras para nós. Em nossa época, a eugenia não tem exatamente boa fama. Sócrates é duro, porém, que sem um controle firme como esse, o sistema de classes e os arranjos reprodutivos que sustentam a cidade está fadado a degenerar. Ele inventa uma história mítica que será alimentada pelos cidadãos da cidade – a chamada "mentira nobre". Segundo ela, todos os cidadãos dessa cidade têm uma mistura de metal em seu sangue. Os verdadeiros guardiões têm ouro em suas veias, os auxiliares, prata, e os trabalhadores manuais, bronze e ferro (415a). Isto os persuadirá a ver a importância de permanecer em sua própria classe, ou "fazer o que lhes cabe", como diz Sócrates (422a-b). A justiça dessa cidade perfeita consiste, de fato, em que as várias classes façam o que lhes compete fazer, os guardiães a governar, os auxiliares a lutar e os trabalhadores a obedecer. Aqui, deve-se admitir, vê-se por que Popper e outros podem ter percebido uma lufada de totalitarismo em *A república*. O que é mais interessante é o fato de que o próprio Sócrates vê a cidade ideal como insustentável, uma vez que supõe que a loteria eugenista não atingirá a perfeição, e as classes acabarão por se misturar (546a-547a).

Este, portanto, é um esboço da cidade ideal de Sócrates. Mas o que dizer da alma justa? Podemos realmente, como sugere Sócrates, compreender a justiça na cidade como uma imagem ampliada da justiça na alma? Sócrates defende que sim, no quarto livro de *A república*. Ele assinala que, como a cidade, a alma deve ter mais de um aspecto. Pois a alma pode estar em harmonia ou em tensão consigo mesma[68]. Considere, por exemplo, seu desejo de tomar uma cerveja. Seu desejo pela cerveja pode ser muito forte, mas você pode exercer autocontrole e se abster da cerveja, por exemplo, porque você vai dirigir mais tarde, ou precisa estudar para um exame. Isso mostra que a alma não é simples, mas tem diversos aspectos que podem lutar entre si. Sócrates afirma que, como a cidade, a alma tem três aspectos: razão, espírito e apetite (437b-441c). A razão é o aspecto superior, que se dirige para a verdade. O

68. Acerca desse argumento notório, cf. Cooper (1984, p. 2-31); Jacquette (2003, p. 43-68); Lorenz (2006); Stalley (2007, p. 63-89); Moss (2008, p. 35-68); Barney; Brennan; Brittain (2012).

espírito se dirige para a honra, e com esse aspecto de nossa alma somos capazes de sentir emoções como ira e coragem. O apetite, por fim, é o conjunto de impulsos que temos para coisas como comida, bebida e sexo. A justiça na alma, portanto, é muito semelhante à justiça na cidade. Cabe às três partes da alma fazerem o que devem, cabe à parte governante – a razão, na alma, e os guardiães, na cidade – governar, com o auxílio do espírito ou auxiliares, a parte inferior, a saber, o apetite ou os trabalhadores.

Finalmente, se é assim que a justiça se estabelece na cidade e na alma, o que dizer quanto à injustiça? O que ocorre quando uma cidade ou alma degenera e se torna pior? Platão estende a analogia entre a alma e a cidade quando examina os casos degenerados. Ele faz Sócrates nos contar duas histórias em paralelo: em uma história, temos uma sequência de homens individuais, filhos mais malnascidos de pais melhores (546a-e); em outra história, arranjos políticos piores surgem de arranjos melhores (547a-c). Por exemplo, o melhor arranjo depois da cidade ideal é a chamada timocracia, na qual a cidade é dedicada à honra e à vitória (548c). Esta é basicamente a cidade ideal desprovida de seus verdadeiros governantes, e guiada unicamente por soldados que anseiam por se distinguir no campo de batalha (547d-549a). Daí surge uma oligarquia, uma cidade dos ricos (550c-551c); e, então, a democracia, a cidade governada pelas pessoas comuns (555b-557a). Aliás, todas essas palavras derivam do grego antigo: "timocracia" deriva da palavra grega para "honra"; "oligarquia" significa governo pelos "poucos"; e "democracia" significa governo "pelo povo". Por fim, Sócrates diz que o próximo passo natural da democracia é a tirania, que é governo de um só homem vicioso (565a-566d). Do lado da alma há tipos de personalidade, como podemos chamá-los, que correspondem a essas cidades. Há o homem democrático que não deseja nada a não ser honra, o homem oligárquico que deseja riqueza e o homem democrático que deseja liberdade. O pior de todos é o homem tirânico, cuja cobiça pelo poder ironicamente acaba por escravizá-lo a seus próprios desejos (579b). Assim como é natural para, digamos, uma cidade oligárquica degenerar em uma democrática, do mesmo modo é natural que o pai com caráter oligárquico tenha um filho que siga um mau caminho e desenvolva um caráter democrático.

Podemos julgar chocante que Platão veja a democracia como a segunda pior forma de governo. Para ele, apenas a tirania, o governo pelo pior dos governantes possíveis, é pior do que a democracia. Há pouca dúvida que Platão está aqui registrando sua insatisfação com o desempenho da Atenas democrática. Afinal, eles executaram Sócrates. Por outro lado, sua crítica à democracia é deveras matizada. Quando as pessoas, o *demos*, estão no poder, há total liberdade para todos. Assim, todos os desejos podem ser satisfeitos, todos os modos de vida aprovados. Trata-se de uma sociedade demasiado aberta, e seu caótico pluralismo ético está bem distante das duras leis da cidade ideal de Sócrates. Estas são de fato algumas das coisas que apreciamos na democracia, e Platão concorda que ela seja atraente, a despeito de ser imperfeita. Ele faz Sócrates dizer que se trata da mais bela constituição, como um ornamento multicolorido em sua variedade (557c).

Igualmente perturbadora é sua sugestão de que as tiranias surgem naturalmente das democracias. Aqui, Platão pode mais uma vez estar pensando na experiência de Atenas, bem como no domínio da cidade pelos trinta tiranos logo em seguida à Guerra do Peloponeso. Suas reflexões acerca da relação entre democracia e tirania permanecem como uma advertência para todos nós que hoje vivemos em democracias, ainda que discordemos que a democracia seja tão ruim. Suponha, porém, que concordemos que existe uma alternativa melhor à democracia. Suponha que gostemos de como soa a cidade ideal de Platão, e desejemos criar uma. Qual seria nosso primeiro passo? De que tipo de pessoas precisaríamos para selecionar nossos verdadeiros guardiões? Sem entregar muito, digamos apenas que aqueles de nós que ganham a vida com a filosofia gostarão da resposta de Platão.

22

NÃO HÁ LUZ DO SOL: A ALEGORIA DA CAVERNA DE *A REPÚBLICA* DE PLATÃO

No meio de *A república*, Sócrates terminou de descrever a cidade da justiça perfeita. Nessa cidade haveria três classes de cidadãos: os verdadeiros guardiões, os soldados auxiliares e os trabalhadores. Os guardiões governariam, assim como a razão governa na alma melhor. Os outros participantes da discussão, Glauco e Adimanto, aceitaram não apenas essa, mas algumas propostas revolucionárias, como o compartilhamento da propriedade e das crianças entre os guardiões, e a aceitação de que as mulheres também podem ser guardiãs. Agora Sócrates promete uma última e ainda mais espantosa proposta. Ele deseja mostrar como a cidade ideal poderia, pelo menos em princípio, existir. Isso só poderia acontecer, diz Sócrates, se os governantes da cidade fossem filósofos (473c-d).

É conveniente que esta, a mais notória ideia em *A república*, seja ilustrada com algumas das mais famosas passagens nos diálogos platônicos. Entre estas se inclui a mais popular imagem de toda a filosofia antiga, a alegoria da caverna. Nesse trecho de *A república* também aparecem duas imagens bem conhecidas, a linha dividida e a comparação entre o Sol e a forma do bem. Claramente, essa parte de *A república* apareceria em qualquer compilação dos maiores sucessos de Platão. E não é de surpreender que ele recorra a seu melhor aqui, uma vez que a visão que Sócrates apresenta, admitamos, é tanto crucial quanto difícil de engolir. O próprio Sócrates chama a atenção para isso, dizendo que ele espera ser afogado por uma onda de objeções ou ser coberto de ridículo ao dizer que os filósofos devem governar (473c). Afinal, os filósofos – então, como agora – dificilmente eram vistos como políticos potenciais. De fato, vimos que filósofos ocasionalmente entraram em contato com o poder político; por exemplo, Anaxágoras quando se associa a Péricles, ou o próprio Platão quando se dirige a Siracusa. No entanto, mais comumente, eram vistos como intelectuais curiosos e distantes, tal como ainda são nos dias de hoje. Basta pensar em Tales caindo no poço, ou o retrato de Sócrates em *As nuvens*, de Aristófanes.

Assim, quando Sócrates produz a alegoria da caverna e essas outras imagens famosas, ele está tentando explicar por que o filósofo deve governar a cidade. Mas também está tentando explicar por que, em nossas sociedades longe do ideal, a proposta parece absurda. Para compreender seu argumento, devemos nos lembrar que Sócrates tem em mente um filósofo *bem-sucedido*. Este será um homem ou mulher que alcançou conhecimento – não alguém, como o próprio Sócrates, que só sabe que nada sabe. Com efeito, Sócrates nos diz quem é o filósofo ao contar-nos em que consiste o conhecimento, e como ele compara a crença com a ignorância. Conhecimento e crença, diz ele, são faculdades, e faculdades se distinguem por seus objetos (477d). Por exemplo, a visão é a faculdade que diz respeito às coisas visíveis, enquanto que a audição é a faculdade que diz respeito às coisas audíveis. Assim, se conhecimento e crença são faculdades, quais são seus objetos? Segundo Sócrates, conhecimento é a faculdade que diz respeito ao que é, ao passo que crença é a faculdade que diz respeito tanto ao que é quanto ao que não é. Já a ignorância só diz respeito ao que não é (478a-d).

O que isso tudo significa? O conhecimento diz respeito ao que é, e a crença ao que é e ao que não é? Isto é capaz de nos lembrar do início do poema de Parmênides. E, como o poema, esse trecho de *A república* provocou perplexidade e comentários em igual medida. A maneira mais comum de compreender a passagem, e uma que se tornou popular entre os plantonistas na Antiguidade tardia, é que os objetos do conhecimento são um nível ou domínio completamente diferente da realidade, as formas[69]. As formas são separadas das coisas físicas do mundo à nossa volta. Esses itens

69. Para um questionamento dessa leitura, cf. Fine (1978, p. 121-139). Defensores preeminentes da visão dos "dois mundos", como mencionado por Fine, são, por exemplo, Vlastos (1965, p. 1-20); e Hintikka (1973, p. 1-30). A proposição acerca da verdade que menciono mais à frente neste parágrafo se baseia em Fine.

físicos, por sua vez, são coisas que "são e não são", os objetos da crença. Mas por que devo admitir que uma coisa física, como uma girafa, ao mesmo tempo seja e não seja? De fato, o que isto significaria? Não é fácil dizer, embora os platonistas da Antiguidade tardia tivessem algumas sugestões. Por exemplo, eles ligavam essa ideia com a teoria heraclitiana do fluxo. Uma vez que os objetos físicos estão em constante mudança, sempre a passar de ser uma coisa à outra, eles tanto são quanto não são. Se você não gosta disso, pode preferir uma interpretação mais recente: Sócrates pretende dizer que o conhecimento apenas "é" no sentido de que é sempre *verdadeiro*, ao passo que a crença tanto pode ser verdadeira quanto falsa, e, assim, diz respeito tanto ao que é quanto ao que não é. E a ignorância, é claro, diz respeito apenas "ao que não é", pois é sempre falsa.

Seja qual for a melhor maneira de compreender Sócrates nesse contexto, é evidente que os filósofos formam um grupo bastante singular. Enquanto a maioria das pessoas ama belas "visões e sons", somente os filósofos se preocupam com o amor e a beleza em si mesmos (480a). Mas de fato isto realmente soa como uma qualificação para a função do governante político? Entre outras coisas, parece que o filósofo não tem nada a dizer quanto ao confuso mundo da política, com seus conflitos e compromissos – a cabeça do filósofo estará, por certo, nas nuvens, como diz Aristófanes. Para Sócrates, porém, nada pode estar mais longe da verdade. Afinal, toda a finalidade de *A república* é estabelecer uma cidade governada pela justiça perfeita. Assim, o governante terá de ser uma pessoa que apreenda a natureza da justiça. Na primeira série de imagens famosas que agora vêm em grande quantidade, Sócrates descreve a situação de uma típica cidade grega como sendo semelhante à situação a bordo de um navio (488a). Há um estúpido dono de navio, que representa as pessoas na cidade. Uma multidão de marinheiros, representando políticos típicos, tenta persuadi-lo a deixá-los dirigir a embarcação, por meio de persuasão, de drogas e de vinho, ou qualquer outra coisa que esteja à mão (488c). Mas a única pessoa no navio que realmente entende de navegação – que pode se guiar pelas estrelas, compreender o tempo, e assim por diante – é desdenhada por todos os demais a bordo como inútil (488d-489a). Este é o homem que deve, por direito, ser o capitão, assim como o filósofo deve, por direito, ser o governante da cidade.

Qual é, pois, o conhecimento específico do filósofo que o qualifica para o governo político, à semelhança do modo como a arte da navegação qualifica o verdadeiro capitão para conduzir a nau? Ora, trata-se claramente da justiça em si, e, ao que parece, também da beleza em si. Em suma, o filósofo conhece as Formas, conforme as conhecemos e as estimamos a partir de um diálogo platônico anterior, o *Fédon*. Neste momento, contudo, Platão faz Sócrates pronunciar algo que não pronunciara no *Fédon*. Sim, existem Formas da justiça, do belo e assim por diante, mas há algo mais importante: a Forma do Bem. O conhecimento do bem será uma espécie de pedra angular da sabedoria do filósofo, pois sem conhecer a natureza do bem o filósofo não compreenderá o que é bom acima de todas as outras formas (505a-b). E eis outra famosa imagem: Sócrates compara a forma do bem ao Sol (508a-509b). Assim como o Sol torna os objetos à nossa volta visíveis, do mesmo modo a forma do bem torna as outras formas inteligíveis à alma. Com efeito, assim como o Sol alimenta e faz crescer as coisas na natureza, do mesmo modo a forma do bem confere ser às coisas conhecidas pela alma. Em uma frase que reverberará nos séculos por vir, a forma do bem está "além do ser em dignidade e poder", uma espécie de superforma que confere às outras formas sua bondade e inteligibilidade (509b).

Uma das boas coisas da estrutura do diálogo é que Platão pode fazer que seus personagens se queixem de que não têm ideia daquilo acerca do que fala Sócrates, dando voz, assim, à perplexidade do leitor. Neste caso, é Glauco quem pressiona Sócrates a explicar com mais plenitude essa imagem do Sol (509c). Sócrates fica feliz em fazê-lo, e em sua explicação ele fornece as duas últimas imagens nessa parte de *A república*: a linha dividida e a alegoria da caverna. A imagem da linha supostamente deve ajudar-nos a compreender essa ideia de que o Sol, e a forma do bem, são primeiras causas ou princípios. O Sol, como eu disse, tanto torna visíveis as coisas como as ajuda a existir. Do mesmo modo, o bem é um tipo de primeiro princípio para as formas. A forma da justiça não poderia ser o que é sem ser boa, e o mesmo vale para a forma do belo. Assim, apreender o bem será uma espécie de chave que desbloqueia para nós a compreensão de todas as formas. Parece ser o princípio supremo em uma espécie de hierarquia que preside todas as formas. As coisas físicas à nossa volta no mundo visível participam dessas formas e, assim, podem ser pensadas como imagens das formas. Desse modo, na parte inferior da escala da realidade há as imagens dessas imagens – por exemplo, sombras ou reflexos das coisas físicas.

Para ilustrar, Sócrates pede que imaginemos uma linha cortada em duas partes desiguais, cada uma das partes sendo subdividida na mesma proporção em dois segmentos desiguais (509d). Assim, temos uma linha com quatro segmentos:

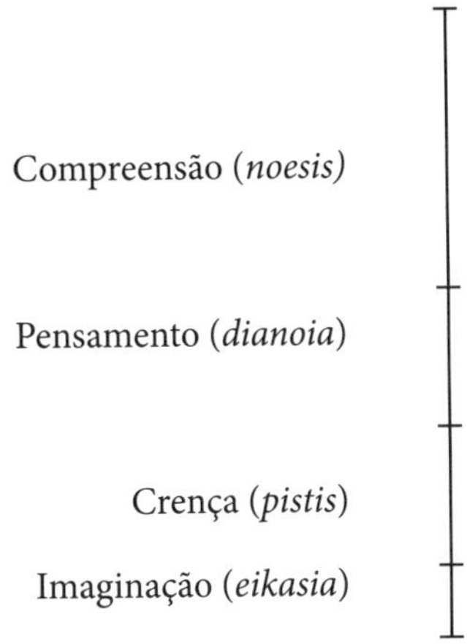

O segmento inferior representa as meras imagens dos objetos físicos, as sombras e reflexos (510a). O seguinte representa os próprios objetos físicos – as coisas que os não filósofos tomam como sendo de fato reais, como girafas, pedras e a Torre Eiffel. Esses dois segmentos, juntos, simbolizam todo o domínio visível. O segundo, a parte mais longa da linha representa o que podemos conhecer, mais do que aquilo que podemos ver (510b). Ela também se divide em dois segmentos. Aqui, esperamos que Sócrates diga que os dois segmentos superiores supostamente correspondem às formas e que, então, no ponto mais alto, está a forma do bem. Mas não é bem isso o que ele diz. Em vez disso, ele afirma que o primeiro segmento representa o uso de hipóteses. As hipóteses só poderiam ser confirmadas com base em algum outro princípio mais fundamental. Então, o último e mais longo segmento da linha representa a apreensão desses princípios fundamentais, as verdades acerca das quais todas as outras verdades se fundam (510b). Sócrates fornece o exemplo da geometria, mas podemos ficar mais confortáveis com algo como um sistema lógico ou aritmético: tem-se os axiomas fundamentais, e desses se seguem a verdade de todo o sistema. Mas a maneira de colocá-lo é um tanto quanto enganosa, pois, para Sócrates, o princípio básico não será algo que nós simplesmente postulamos, como um axioma em matemática. Será algo indubitavelmente verdadeiro e inabalável. Este, portanto, é o papel da forma do bem. Um objeto de conhecimento completamente seguro por direito próprio, o qual fundamenta todo o nosso conhecimento e faz com que esse conhecimento se manifeste verdadeiro.

E isto, por fim, traz-nos à caverna. Diferentemente da imagem mais abstrata da linha, a alegoria da caverna é extremamente concreta. Devemos imaginar um grupo de prisioneiros acorrentados no fundo de uma caverna. Por trás e acima deles há um muro baixo, e além dele há um fogo (514a-b). Há, logo atrás do muro, pessoas que carregam estátuas. Graças à luz do fogo, essas estátuas lançam sombras na parede em frente aos prisioneiros (514b). Os infelizes prisioneiros não podem ver nada, a não ser essas sombras, e nada ouvem exceto os ruídos ecoantes emitidos pelas pessoas que caminham com as estátuas. Estão radicalmente afastados da realidade, pois nada veem a não ser as sombras das coisas que não são nem sequer reais, a saber, as estátuas. Envolvem-se em jogos sem sentido, os quais, em sua ignorância, tomam como sendo mortalmente sérios – mas tudo o que eles estão fazendo de fato é competir entre si para prever e identificar sombras. É claro, a perturbadora mensagem é que somos como os prisioneiros acorrentados, e os debates políticos e os assuntos públicos aparentemente cruciais de nossas sociedades são como os ininteligíveis jogos de sombra jogados pelos prisioneiros.

Agora Sócrates pede que imaginemos o que aconteceria se um prisioneiro fosse libertado (515c). Separado de sua realidade conhecida das sombras, ele se debateria e gritaria se alguém o arrastasse para fora, em direção à luz do Sol. Mas, uma vez retirado da caverna, após se recuperar de seu ofuscamento, finalmente veria a realidade como ela é (516 c). Como você já deve ter adivinhado, esse prisioneiro libertado representa o filósofo. Assim como o filósofo apreende as formas, por intermédio da forma do bem como princípio, o prisioneiro libertado vê as coisas reais fora da caverna à luz do Sol. Isto explica por que os filósofos parecem inúteis e deslocados em suas sociedades corruptas. O filósofo não tem interesse nos jogos de sombras e imagens de segunda mão das pessoas normais. Entretanto, essas pessoas normais não esperam compreender a verdadeira realidade que o filósofo testemunhou.

As perspectivas de alcançar a justiça no mundo real pareceriam escassas. Nós, prisioneiros, enganados em nosso mundo de imagens, jamais aceitaremos o filósofo como governante. Com efeito, Sócrates admite que a única maneira de um filósofo conseguir governar a cidade seria por meio de um golpe de sorte, pelo qual uma pessoa de índole filosófica nascesse rei e herdasse seu trono. Isto não é muito provável, é claro. O interessante, porém, é que Sócrates ficará feliz se puder apenas sugerir uma maneira pela qual a cidade ideal poderia, em princípio, vir a existir. Isto tem importantes implicações para nossa leitura de *A república* como um todo – em que medida se trata de uma resolução séria para a reforma política, e em que medida se trata apenas de uma espécie de exame abstrato da natureza da justiça que jamais poderia ser posto em prática? A passagem a respeito da sorte de haver um filósofo de origem real parece indicar que a resposta reside em algum lugar intermediário. Platão não está exatamente propondo uma série de medidas que seriam factíveis no presente, mas deseja assegurar que suas propostas possam ser realizadas pelo menos em algumas circunstâncias, por mais que isso seja improvável.

Mas há outro problema: Por que os verdadeiros filósofos concordariam em governar? Está claro que eles não teriam interesse em voltar à escuridão da caverna. Por que mergulhar novamente numa caverna de sombras quando poderiam permanecer fora, à luz do Sol? Sócrates trata diretamente desse problema, admitindo que não é realmente do interesse dos filósofos assumir a administração da cidade e retornar à caverna. Mas eles não são egoístas, e devem ver que a exigência da justiça, para eles, consiste em assumir o comando da cidade, se isso for possível (520c). Os filósofos de *A república*, os verdadeiros guardiães, consentiriam, então, em efetuar um rodízio para se tornarem reis-filósofos, mas somente a contragosto. Ironicamente, são precisamente aqueles que prefeririam não fazê-lo que devem ser os governantes[70]. De fato, Sócrates indica que a maneira mais certa de evitar conflitos em uma cidade é conferir poder aos que relutam em assumi-lo (520d). (É impressão minha ou Platão tem um argumento aqui?)

A alegoria da caverna é uma das mais poderosas passagens nos diálogos platônicos, e, no nível política, seu sentido é razoavelmente claro. Ele nos diz que o filósofo deve governar, bem como explica a aparente desorientação de filósofos em sociedades imperfeitas. Como já admitimos, eu mesmo sou um filósofo que tende a parecer desorientado, de modo que só posso concordar de bom grado com esse trecho (aliás, também me declaro extremamente relutante a receber poder político absoluto, no caso de alguém querer oferecê-lo a mim). Mas o que dizer quanto às outras implicações filosóficas da alegoria? Dois equívocos amiúde surgem aqui. O primeiro é que a alegoria da caverna compromete Platão com algum tipo de separação radical entre nosso mundo e o mundo das formas. Este é um pressuposto geral a respeito de Platão, a saber, que ele acredita que exista um céu das formas à parte e que insiste que ignoremos inteiramente o mundo físico em favor desse outro mundo imaterial. Aristóteles, com efeito, de fato criticou Platão com frequência por sustentar que as formas são radicalmente separadas das coisas à nossa volta (cf., por exemplo, *Met.* 1039b).

Mas se o mundo obscuro da caverna é separado do mundo ensolarado exterior, não é *radicalmente* separado. Você pode se deslocar de um para o outro, afinal, como faz o filósofo. Lembre-se também de que as sombras que os prisioneiros veem são sombras das estátuas; e estas são representações das coisas fora da caverna. Isto mostra que há algum tipo de conexão entre as sombras e as coisas reais do exterior. As sombras são imagens em segundo plano da realidade, mas ainda assim são imagens da realidade. Talvez, portanto, Platão não vise tanto a salientar que existem dois mundos profundamente diferentes de objetos – físicos, pretensas realidades, por um lado, e formas reais, de outro. Em vez disso, o objetivo pode ser descrever duas maneiras diferentes de ver a mesma realidade. Podemos apreender essa realidade por meio de crenças transitórias, mal-examinadas, ou com

70. Quanto à questão frequentemente discutida de por que o filósofo retornaria à caverna, cf., recentemente, Silverman (2007, p. 40-69).

conhecimento sólido, certificado. No mais das vezes, contentamo-nos com verdades muito bem mescladas a falsidades; a via do filósofo, todavia, exige a verdade, e nada além da verdade. Assim, o radical contraste ou separação que Platão faz não é tanto entre dois domínios - um celestial e imaterial, e o outro obscuro e físico - quanto entre conhecimento e mera crença.

Um segundo equívoco a respeito da alegoria da caverna é que Platão está endossando algum tipo de misticismo. Segundo essa interpretação, o filósofo apreenderia a verdade e a realidade em uma espécie de iluminação ou intuição, depois de ter saído dela. O resultado será uma compreensão tão profunda, tão extramundana, que o filósofo não é capaz de explicá-la aos prisioneiros ignorantes que permaneceram na caverna - é um conhecimento que não pode ser expresso em palavras. Ora, deve-se admitir, a ideia de virar o olho da alma da ignorância para algum tipo de conhecimento luminoso de fato aparece na tradição platônica tardia, a qual examinaremos no próximo volume desta série. Mas, quando o próprio Platão fala em se afastar das sombras, ele descreve um árduo processo de educação, não uma iluminação ou revelação divina. Em primeiro lugar, o prisioneiro liberto deve ascender no caminho para fora da caverna. E mesmo quando ele escapa, não é tanto o Sol que ele vê, mas sim as coisas no mundo iluminadas pela luz do Sol. Ver pode ser um processo ativo, analítico - mais semelhante a examinar do que a ter iluminação ou intuição[71].

Há boas razões para pensar que é isto o que ocorre quando o filósofo escapa da caverna. Pense novamente na linha dividida. Como vimos, essa imagem nos informa que o conhecimento tem um tipo específico de estrutura segundo a qual os primeiros princípios garantem a verdade do resto das coisas que conhecemos. É a isto que Platão chama de "dialética". Dialética significa o processo de efetuar hipóteses, como é feito na geometria. Isto não soa particularmente místico. Platão apresenta o conhecimento como um complexo processo analítico. Também parece que os frutos desse processo poderiam ser expressos em palavras. Quando o filósofo retorna à caverna, ele não é capaz de converter os prisioneiros à verdade ao apenas discorrer a seu respeito. Mas não é em virtude de o conhecimento do filóso-

71. Meu agradecimento a M. M. McCabe por muitas discussões acerca deste ponto.

fo não poder ser expresso ou, ainda, por ser místico. É simplesmente porque os prisioneiros jamais seriam capazes de compreender ou ser convencidos pela explicação do filósofo até que eles mesmos se envolvam com a dialética.

Alguns leitores talvez nutram desconfiança acerca dos argumentos que apresentei neste capítulo. Presumivelmente consideram que minimizo o platonismo de Platão. Não constituiria acaso o âmago do platonismo uma filosofia transcendente, segundo a qual existe um domínio separado das Formas, apreensível exclusivamente mediante intuição direta? Bem, Karl Marx notoriamente disse que não era marxista. E se é nisto que consiste o platonismo, então, para mim, Platão não era platônico. Se você ainda não está convencido, o próximo capítulo pode conseguir persuadi-lo, uma vez que agora nos voltaremos a um diálogo no qual Platão usa de maneira deveras ousada Pai Parmênides como porta-voz para apresentar uma série de objeções devastadoras à teoria das formas. Como se verá, o que Parmênides chamará de "a maior das dificuldades" da teoria ilumina os perigos de considerar as formas radicalmente separadas de nosso mundo. Assim, pelo menos na época em que escreveu o *Parmênides*, Platão viu que havia duas objeções potencialmente devastadoras a esse tipo de platonismo, com seu mundo totalmente separado das formas. Nesse diálogo, Platão se revelará como o primeiro grande crítico do platonismo.

23

Reconsiderações: o *Parmênides* de Platão e as Formas

No capítulo acerca da vida e da obra de Platão vimos que um dos mais controvertidos tópicos no que diz respeito aos diálogos platônicos é sua cronologia. A maior parte dos estudiosos aceita uma divisão geral dos diálogos em três períodos: primeiro, intermediário e tardio, com os chamados diálogos socráticos se situando no primeiro período, a grande obra-prima, isto é, *A república*, dominando o período intermediário, e trabalhos mais técnicos surgindo no período tardio. Este último grupo inclui aquele acerca do qual discorrerei neste capítulo, o *Parmênides*. Mas os estudiosos divergem quanto à ordem exata dos diálogos, bem como quanto às matérias mais fundamentais: O quanto mudaram as concepções filosóficas de Platão ao longo de sua carreira? Se essas concepções mudaram, então em que direção e acerca de quais tópicos?

Não é fácil responder a essas perguntas. Alguns pensam que Platão praticamente jamais mudou de ideia ou desenvolveu novas ideias, mas elaborou um corpo sistemático de ideias e de doutrinas ao longo de sua carreira, revelando-as aos poucos ou examinando-as a partir de diferentes ângulos em diferentes diálogos. Foi assim que o *corpus* platônico fora visto por estudiosos antigos do platonismo[72]. Mas julgo isto implausível, e ficaria decepcionado se fosse verdade. Não pretendo saber como gênios qual Platão pensam, mas meu palpite é que reconsideram e desenvolvem em demasia

72. Na verdade, como veremos no próximo volume, eles foram além e sustentaram que as ideias de Platão podem ser reconciliadas com as de Aristóteles. Quanto ao desenvolvimento dessa ideia, cf. Karamanolis (2006).

suas ideias. Em todo caso, os próprios diálogos fornecem ampla evidência de que Platão de fato reconsiderou suas ideias com olhar crítico. Não foi um processo simples no qual ele propôs uma doutrina num diálogo e a rejeitou em um diálogo posterior. Em vez disso, ele refinou suas ideias e as sujeitou a todo tipo de investigação crítica à qual Sócrates submetia seus conterrâneos no mercado de Atenas.

Não há melhor exemplo do que o início do diálogo *Parmênides*. Nesse diálogo vemos um Parmênides idoso (sim, esse Parmênides) no apogeu de suas faculdades, visitando Atenas em companhia de Zenão (sim, esse Zenão). Quando a ação do diálogo se inicia, Zenão acabou de fazer uma leitura de seu livro contendo os famosos paradoxos (127d). A audiência inclui um jovem Sócrates. Essa justaposição de um Parmênides idoso, com um Zenão mais jovem e um ainda mais jovem Sócrates, ajuda-nos a estabelecer a cronologia relativa dos três filósofos, ainda que não devamos levar excessivamente a sério a ideia de que os três realmente se encontraram em Atenas. Sócrates se dirige a Zenão a respeito de seus argumentos paradoxais, os quais visam, é claro, a defender a tese de Parmênides de que todas as coisas são de fato uma, mostrando que, se as coisas no mundo fossem múltiplas, então elas terminariam em contradição. Por exemplo, seriam tanto similares quanto dissimilares entre si (127e-128a).

Sócrates diz que isto não é particularmente surpreendente – é claro que as coisas à nossa volta são semelhantes em alguns aspectos e dessemelhantes de outros. O que seria de fato surpreendente seria se a semelhança fosse dissimilar, ou, se a dissimilaridade fosse similar (129b). Sócrates descarta a ideia de que as coisas são uma só, e não muitas, como Parmênides e Zenão querem nos fazer crer. Em vez disso, devemos admitir que são tanto unas quanto múltiplas. Mas também devemos sustentar a ideia de que há o uno em si e a multiplicidade em si. Como vimos no *Fédon*, essas Formas separadas, absolutas, excluiriam seus opostos, de modo que o uno em si jamais pode ser múltiplo, tampouco pode o múltiplo ser uno. Em outros termos, as Formas são imunes à copresença dos opostos. Mas um objeto particular, como um homem, pode conter opostos ao mesmo tempo. Por exemplo, ele é tanto um quanto muitos: um homem com muitas partes corporais (129c-d).

Longe de ficar ofendido com essa demolição de sua teoria, Parmênides fica impressionado pelo jovem Sócrates e o pressiona a discorrer mais acerca dessas entidades absolutas, como a unidade em si e a semelhança em si (130b). Sócrates elabora, e, ao fazê-lo, produz uma das poucas explicações claras da teoria das Formas nos diálogos de Platão. Ele postula as Formas porque elas são imunes à copresença dos opostos, como eu disse há pouco, mas também porque a Forma do uno pode explicar por que muitas coisas partilham algumas características. Por exemplo, girafas, elefantes e arranha-céus serão todos grandes, partilhando uma Forma, a saber, a grandeza. As Formas são separadas das coisas que participam delas. A Forma da grandeza explica ou causa o fato de a girafa ser grande, de o elefante ser grande e assim por diante.

Mesmo que esta seja uma explicação incomumente clara das Formas, é basicamente a teoria tal qual a conhecemos a partir de outros diálogos como o *Fédon* e *A república*. De fato, Sócrates menciona inclusive o exemplo das varas e das pedras, o qual nos remete indubitavelmente ao *Fédon* (129d). Uma vez que tendemos a pensar na teoria das Formas como a doutrina com a assinatura de Platão, o que ocorre em seguida é um pouco surpreendente. Ao enfatizar o tempo todo que o idoso Parmênides é um filósofo mais experiente do que Sócrates, Platão permite que o velho pensador coloque uma série de problemas em relação à teoria das Formas. Ainda jovem e inexperiente, Sócrates é incapaz de resolver esses problemas. Não só a teoria das Formas receberá um tratamento duro, como vemos Parmênides fazer a Sócrates exatamente o que este usualmente faz a outras pessoas – refutá-lo por meio de perguntas. No final deste capítulo retornarei à pergunta de por que Platão pode ter feito isso. Mas primeiro examinemos os problemas, que são postos em poucas páginas do texto.

A primeira série de perguntas de Parmênides é um tipo de prelúdio para o evento principal. Ele deseja que Sócrates lhe diga que coisas têm Formas (130b). Sócrates se apressa em postular Formas como o mesmo em si e o uno em si, e também Formas para a justiça, para a beleza e para o bem. Mas o que dizer do fogo, por exemplo? Sócrates não tem muita certeza quanto a isso (130c). Assim, o julgamento ainda parece em suspenso no que se refere à Forma da girafa, o que deixará desapontadas as pessoas que estiverem lendo este livro principalmente para descobrir algo acerca da metafísica das girafas. Enquanto isso, Sócrates está francamente relutante em admitir Formas para coisas como o cabelo e a poeira, talvez porque sejam demasiado degradadas para terem Formas, ou porque são meras partes ou subprodutos de outras coisas (130d). Parmênides tocou aqui em um ponto fundamental acerca das Formas, ainda que não seja exatamente um problema para a teoria como um todo. Se há Formas, então como seria possível determinar o leque de Formas? Surge uma pergunta óbvia aqui, embora ela não seja mencionada no *Parmênides*, a saber, se coisas feitas pelo homem têm Formas. Há Formas para as cadeiras, carros ou ônibus espaciais? Bem, talvez não para ônibus espaciais, mas no diálogo *Crátilo*, que examinaremos em breve, Sócrates parece discorrer a respeito de uma Forma para o tipo de lançadeira que é usada na tecelagem (389b). E *A república* se refere a uma Forma da cama (597a-d). Assim, Platão estava certamente aberto à ideia de que pudesse haver Formas para coisas feitas pelo homem. Aqui, porém, Sócrates está tratando até mesmo de coisas naturais como o homem e o fogo como casos duvidosos. Pode-se presumir que artefatos feitos pelo homem sejam ainda mais duvidosos.

Mas, como disse, este é apenas o prelúdio para críticas mais contundentes. Parmênides repreende Sócrates por estar particularmente preocupado com casos como o cabelo e a poeira, sugerindo que este é apenas um sinal de timidez juvenil (130e). Ele apresenta então seu primeiro questionamento fundamental à teoria como um todo. Sócrates se referiu a coisas "partilharem" ou "participarem" das Formas. Mas como se deve compreender isso? Teria cada coisa grande uma parte da grandeza em si, de modo que a grandeza em si se divide em muitas peças? (131b). Isto nos forneceria um punhado de grandezas que (em violação da regra de que as Formas não são afetadas pela copresença de opostos) seriam pequenas comparadas à grandeza em si. Ou a grandeza em si estaria em cada coisa grande, e, assim, estaria separada de si mesma – pois a grandeza que está na girafa não está no mesmo lugar em que a grandeza no arranha-céu? Sócrates faz uma elegante sugestão de que a Forma poderia estar presente nos participantes da mesma maneira que o mesmo dia está presente em muitos lugares ao mesmo tempo (131b). Parmênides muda o exemplo: seria como uma vela estendida acima de muitas pessoas? Nesse caso, somente uma parte da vela estaria acima de cada pessoa, de modo que voltamos ao mesmo problema (131c). Aqui o leitor poderia ser tentado a pensar como Sócrates poderia ter respondido de maneira mais efetiva. Parmênides parece ter trapaceado ao utilizar a analogia de uma vela, em vez do dia, e Sócrates poderia ter insistido de que as Formas são mais como o dia do que como uma vela. Um dia não é um objeto material tal qual uma vela, de modo que pode de fato estar por inteiro em diferentes locais ao mesmo tempo. Se as Formas também são imateriais, talvez se possa colocá-las no mesmo patamar. Mas Sócrates não pensa nisso, ou em qualquer outra resposta à linha de argumentação de Parmênides.

Sua perplexidade reside apenas no início. Parmênides levanta a seguir uma objeção à qual Aristóteles se refere como o argumento do "terceiro homem"[73]. Em Platão, aqui, o exemplo não é a Forma do homem, mas a Forma da Grandeza, mais uma vez. Eis como ele se dá. Sócrates disse que devemos postular uma Forma todas as vezes que vemos muitas coisas que partilham da mesma característica (132a). Por exemplo, postulamos a Forma da Grandeza para explicar a grandeza de todas as coisas grandes. Mas espere um pouco: não é a Forma da Grandeza ela mesma grande? Se for assim, há outro grupo, mais extenso, de coisas grandes, a saber, as coisas grandes que partilham da Forma mais a Forma da Grandeza em si. Assim, devemos postular uma segunda Forma da Grandeza para explicar o fato de que todas *essas* coisas – os itens grandes somados à primeira Forma da Grandeza – são grandes (132a-b). E podemos prosseguir, pois existe ainda outro conjunto distinto de coisas grandes, consistindo dos itens grandes, a primeira Forma da Grandeza, e a segunda Forma da Grandeza. Isto significa que precisaremos de outra Forma da Grandeza. E assim por diante: precisaremos de um número infinito de Formas para a grandeza, não apenas uma, e o mesmo argumento valerá para qualquer Forma que escolhermos.

---

73. Por exemplo, em Aristóteles, *Met.* 990b. A discussão deste argumento praticamente constitui todo um ramo do estudo da filosofia antiga ao longo das últimas décadas. Cf., *e.g.*, Vlastos (1954, p. 319-349); Geach (1956, p. 72-82); Strang (1963, p. 147-164); Waterlow (1982, p. 339-357); Meinwald (1992, p. 365-396); Scaltsas (1992, p. 216-232); Schweizer (1994, p. 21-42); Hunt (1997, p. 1-20); Pelletier; Zalta (2000, p. 165-202); Bailey (2009, p. 666-681). Essa lista foi o suficiente para mostrar o tamanho do debate, não é?

Esta é a crítica mais famosa que Platão levanta para sua própria teoria aqui no *Parmênides*, mas não fica imediatamente claro por que ela é tão danosa. E se Sócrates simplesmente disser: "Certo, está bem para mim: Existe um número infinito de Formas da Grandeza"? Não é como se ficássemos sem lugar para situá-las, dado que, grandes ou não, são imateriais (que era talvez a lição que se visava a fim de que aprendêssemos com a analogia da vela). O problema, penso, é que Sócrates enfatizou excessivamente a ideia de que cada Forma é *uma* coisa que explica *muitas* coisas. Toda a matéria consistia em postular uma coisa que explicasse um caráter comum, compartilhado – aquela Grandeza que é posta em todas as coisas grandes. Caso se revelasse haver um número múltiplo indefinido de Formas da Grandeza, então isto seria o exato oposto do que Sócrates se propôs a realizar. Longe de ser uma, as Formas da Grandeza seriam pelo menos em número igual, se não maior, do que suas participantes.

Assim, Sócrates precisa responder à crítica. Como poderia fazê-lo? Bem, parece que o estrago está feito, pois Sócrates admite que a Forma da Grandeza é ela própria grande. Se ele simplesmente negasse isso, ele estaria bem. Ele não precisa de uma segunda Forma da Grandeza para explicar por que tanto as coisas grandes quanto a primeira Forma são grandes, se a primeira Forma da Grandeza não for grande, afinal. Mas é estranho para ele negar que a Forma da Grandeza seja grande. Ele se deu ao trabalho de frisar o fato de que a Forma da Grandeza não é pequena, ao passo que seus participantes são tanto grandes quanto pequenos. Seria surpreendente descobrir que a Forma da Grandeza não é ela própria grande. Pior ainda, ele está inclinado a pensar que as coisas que partilham de uma Forma de algum modo se assemelham ou imitam essa Forma. Se a Forma da Grandeza não é grande, então em que sentido outras coisas grandes se assemelhariam a ela? Por outro lado, mesmo sem a crítica de Parmênides, poderíamos ter bons motivos para rejeitar a ideia de que a Forma da Grandeza é grande. As Formas são de fato imateriais, então como poderia uma Forma ser grande?

Sócrates não explora essa avenida de resposta, pelo menos não de maneira explícita. Em vez disso, ele parece mudar de rumo, propondo uma surpreendente interpretação de sua própria teoria: E se as Formas não fossem itens existindo separadamente por si próprias, mas apenas "pensamentos?" (132b). Ele não explica como, exatamente, isto resolveria o problema do regresso ao infinito posto por Parmênides. Mas talvez seja uma maneira para ele fazer o que acabei de sugerir: negar que a Forma da Grandeza seja grande. A Forma seria apenas um pensamento em minha mente, e obviamente, um pensamento não pode ser grande, de modo que nenhuma série infinita seria gerada. Infelizmente para Sócrates, Parmênides acaba rapidamente com a sugestão, assinalando que um pensamento tem de ser um pensamento acerca de algo (132b-c). Será um pensamento acerca do caráter singular que é partilhado por todas as coisas que são, digamos, grandes. Claramente, esse caráter singular, e não nosso pensamento acerca dele, será a Forma, a Grandeza em si, e isto deve estar fora de nossas mentes. Sócrates concorda, e rapidamente abandona sua proposta. Ele realmente deseja dizer que as Formas, tal como ele as apresenta, são "paradigmas que existem na natureza, enquanto outras coisas se assemelham a elas e são como seus símiles". Ora, estamos de volta à mesma concepção das Formas que suscitou o argumento do "terceiro homem", no qual dizemos que elas são independentes de nossas mentes, separadas das coisas que participam delas, e de algum modo similares às coisas que delas participam.

Assim, Sócrates já está preparado quando Parmênides produz outro argumento para mostrar que terminaremos num regresso ao infinito de Formas. Essa segunda versão apresenta uma importante virada. Parmênides se concentra na proposição de Sócrates de que a Forma será similar às coisas que dela participam. Por exemplo, coisas grandes são como a Forma da Grandeza. Não significa isto que precisamos invocar uma segunda Forma – a Forma da Similaridade – para explicar o fato de que coisas grandes são similares à Forma da Grandeza? (132e). Ora, isto parece demasiado inofensivo. Mas agora um novo regresso é iminente: estamos admitindo que cada Forma tem sua própria característica. Por exemplo, a Forma da Grandeza é grande, e a Forma da Similaridade é similar. Mas se as coisas grandes e a Forma da Grandeza são todas similares entre si, e se a Forma da Similaridade também é similar, então todos esses itens – as coisas grandes, a Forma da Grandeza e a Forma da Similaridade – partilham a similaridade. É claro, precisaremos de uma segunda Forma da Similaridade para explicar isso. E assim por diante: desta vez, deparamo-nos com uma série infinita de Formas, mas as Formas são Formas da Similaridade, mais do que da Grandeza. Esse inteligente argumento visa a dificuldade central da teoria de Sócrates: ele não conseguiu explicar de maneira mais detalhada como a Forma se relaciona com as coisas que dela participam.

Mas se esta é a frigideira, agora vem o fogo: Parmênides apresenta a seguir o que ele descreve como "a maior dificuldade" para a teoria das Formas. Em sua última objeção, ele assinala que, se as Formas são separadas, então, embora possam se relacionar umas às outras, elas não se relacionarão conosco ou com as coisas à nossa volta (133b-d). O exemplo de Parmênides é que um senhor humano é senhor de um escravo humano, não da Forma da Escravidão (133e). No entanto, a Forma do Senhorio não é ela própria senhora de algum escravo particular; se tem esse domínio de qualquer coisa, deve ser de outra Forma, da Forma da Escravidão. Assim, temos dois domínios completamente distintos: as Formas e as coisas que supostamente participam delas. As consequências são desastrosas, como indica Parmênides. Sócrates desejava que as Formas fossem objetos de nosso conhecimento, mas o conhecimento é uma conexão ou relação, assim como o senhorio ou a escravidão. Assim, se nada em nosso mundo, inclusive nós, pode se relacionar com o mundo das Formas, então não podemos conhecê-las (134b).

Isto termina a bateria de objeções contra a teoria das Formas. Sócrates é incapaz de rejeitá-las, o que poderia nos levar a pensar que Platão vê as objeções como decisivas, e está abandonando sua teoria das Formas. Porém, Parmênides imediatamente diz a Sócrates que as objeções *devem* ser superadas (135a-135c). Precisamos, de alguma maneira, explicar como as coisas podem partilhar características como a grandeza. Se não o fizermos, será impossível até mesmo continuarmos a falar uns com os outros, provavelmente porque não seremos capazes de dizer coisas como "a girafa e o elefante são ambos grandes". Em nosso próximo passeio ao zoológico, ficaremos reduzidos a um incômodo silêncio. Ora, é claro, o fato de que Platão pense que as objeções devem poder ser respondidas não significa que ele já tenha encontrado as respostas. Um famoso estudioso dos diálogos de Platão, Gregory Vlastos, chamou a esta parte do *Parmênides* de um "registro de honesta perplexidade" (Vlastos, 1954, p. 328).

Mas há sinais, acredito, de que Platão está otimista em relação à possibilidade de rejeição das objeções, e talvez até mesmo que leitores suficientemente cuidadosos conseguirão fazê-lo por si sós. Parmênides sugere várias vezes que um defensor mais experiente da teoria do que o jovem Sócrates poderia, com dificuldade, responder às objeções. E há alguns tropeços demasiado óbvios por parte de Sócrates, por exemplo, aquele que notamos em relação aos exemplos da vela e do dia. Note também como a série de objeções parece ser cuidadosamente estruturada: Parmênides começa perguntando que tipos de Formas existem, e passa progressivamente a questionamentos mais cruciais. A primeira e a segunda objeções se concentram em como a Forma pode ser uma, a terceira em sua existência separada fora de nossas mentes, e a quarta e a quinta no problema de como as Formas se relacionam com seus participantes. Assim, as objeções formam um mapa implícito, apresentando as exigências para uma teoria das Formas bem-sucedida: cada Forma deve ser uma e imaterial, deve ser independente de nossas mentes, deve ser suficientemente diferente de seus participantes para que seja separada, mas não tão diferente a ponto de que as Formas se tornem outro mundo desconectado do nosso. Tudo isso sugere que Platão não está rejeitando a teoria das Formas, e sim convidando o leitor a considerar como ela pode ser refinada.

24

DESATANDO O NÓ: O *SOFISTA* DE PLATÃO

Alguns leitores acreditam que Platão empreendeu o refinamento de sua teoria no próprio *Parmênides*, na, a um só tempo, difícil e intrigante segunda parte do diálogo[74]. Eles podem estar certos, mas para nossos fins penso que será melhor nos voltarmos para um diálogo inteiramente diferente: o *Sofista*. Não que esse diálogo não seja também difícil e intrigante. Como poderia não sê-lo, quando lida com o mais difícil e intrigante dos personagens, o sofista? Tendo se defrontado com homens como Protágoras e Górgias em outros trabalhos, Platão deseja aqui fornecer uma explicação mais geral daquilo que significa ser sofista. Esta é a primeira de três partes de um concebido no início do diálogo: explicar o sofista, o político e o filósofo (217a). Serão eles o mesmo ou diferentes tipos? Se for este último caso, então o que torna cada um deles o que são? A segunda parte do projeto é levada a cabo em outro diálogo, que os norte-americanos chamam de *Estadista*, mas os britânicos, por alguma razão, tendem a chamar de *Político* (provavelmente porque são tão polidos).

Não há um diálogo chamado de *Filósofo* para concluir uma potencial trilogia, e por bons motivos[75]. Entre outras coisas, descobriremos quem pode ser o filósofo já no *Sofista*. Outro motivo reside no fato de que o *Sofista* e o *Político* já podem ser considerados o segundo e o terceiro volumes de uma trilogia que começou com o *Teeteto*. Esse diálogo terminou com Sócrates prometendo encontrar Teodoro e Teeteto novamente, no dia

74. Por exemplo, Meinwald (1992, p. 365-396).

75. Existem fragmentos de um diálogo chamado *Filósofo*, possivelmente escrito por Aristóteles [N.T.].

seguinte. No início do *Sofista* nós os vemos cumprindo essa promessa, e encontrando outro convidado. Não somos informados de seu nome, apenas sabemos de que se trata de um visitante de Eleia, o lar de Parmênides e de Zenão. Na verdade, ele é identificado como membro de um grupo de filósofos que se reúnem em torno de Parmênides (261a). Caso isto não tenha nos deixado suficientemente ansiosos para ouvir o que ele tem a dizer, Platão faz Sócrates especular se esse Hóspede de Eleia poderia ser mais do que apenas um visitante. Talvez ele desfrute de caráter divino, vindo para inspecionar Sócrates e os demais e ver se suas conversações filosóficas valem a pena – um "deus da refutação" (216b).

Mas quem precisa de deuses estrangeiros da refutação quando Atenas tem Sócrates? Ora, o próprio Platão, ao que parece. Ele intencionalmente retira Sócrates do papel de principal interlocutor, tanto no *Sofista* quanto no *Político*, permitindo que ele fale somente no início de ambos os diálogos[76]. Este é o exemplo mais ostensivo de algo que encontramos em vários diálogos de Platão que parecem datar da fase final de sua carreira: a substituição de Sócrates por outros personagens principais. Já vimos isso acontecer no *Parmênides*. Aqui, Sócrates é descrito como um jovem iniciante, o qual fora deveras ofuscado pelo grande filósofo eleata. Ele então desaparece na segunda parte do diálogo, no qual Parmênides questiona um jovem cooperativo (chamado de Aristóteles!). De maneira similar, no *Sofista* o Hóspede diz que ficaria feliz em apresentar suas ideias na forma de um longo discurso, ou por meio de diálogo. No último caso, ele gostaria de questionar alguém que não lhe desse muito trabalho (217d)[77]. Teeteto é escolhido para esse papel, e é convidado a fazer bem menos do que fez no *Teeteto*, em que propôs suas próprias ideias (embora ele seja muito esperto para ser apenas um homem que diz sim ao Hóspede, e efetua importantes sugestões ao longo do diálogo). O Hóspede é muito diferente do Sócrates de diálogos anteriores, que pretendia

76. A última sentença do *Político* também pode ter sido dita por Sócrates – é difícil dizer, uma vez que, em outro lance provocativo, o *Político* traz o Hóspede de Eleia conversando com um jovem também chamado Sócrates.

77. Como veremos, a opção do "longo discurso" é usada por Platão no *Timeu*, outro diálogo no qual Sócrates aparece, mas é removido para a condição de membro da audiência. Platão chama atenção para o fato de que o *Sofista* retoma o método de diálogo com um interlocutor jovem, submisso, fazendo Sócrates se referir à conversa no *Parmênides* (217c).

nada conhecer, que pretendia ser incapaz de pronunciar longos discursos, e que exigia que seus companheiros expressassem sem medo suas próprias opiniões (que é o motivo pelo qual ele valorizou a oportunidade de conversar com o destemido Cálicles: *Górgias* 487a-b).

Por que Sócrates está sendo deixado de fora e posto na ribalta dessa maneira? Como é usual com Platão, temos de especular[78]. Uma possibilidade é que a teoria das Formas, tal como criticada na primeira parte do *Parmênides*, está prestes a ser substancialmente repensada aqui, no *Sofista*. Talvez Platão associasse a versão original da teoria com Sócrates – quer o Sócrates histórico, quer aquele ficcional de seus outros diálogos – e desejasse um novo porta-voz para suas novas ideias acerca das Formas. Isto poderia estar certo. Mas suspeito que tenha mais a ver com método filosófico. A ideia de investigação por meio de questionamento e refutação, afinal, é distintamente socrática. O Hóspede é apresentado de maneira a evidenciar a sua disposição ante o diálogo. Platão não só lhe atribui o título de "divindade da refutação", mas também assinala a sua atitude não socrática, a qual não privilegia a dialética em detrimento do discurso monológico, bem como acentua a sua propensão a considerar ideal aquele interlocutor que não lhe impuser obstáculos ao raciocínio. Este é um homem com um novo método. Eis um pensador dotado de método inovador. Diversamente do método socrático, o qual invariavelmente resultava no impasse da aporia, o método do Hóspede produzirá resultados efetivos. Tanto *O sofista* quanto *O político* culminam em declarações resolúveis – perdoe-me a expressão – de que a investigação logrou êxito.

Qual, então, é esse novo método? Ele é mencionado de maneira mais breve em um diálogo em que Sócrates aparece como principal personagem, o *Fedro* (265d-266b; falaremos mais acerca desse diálogo mais à frente). Ele é chamado ali de método de "reunião e divisão". Será utilizado extensamente aqui no *Sofista*, e de novo no *Político*. Funciona assim. Em primeiro lugar, você precisa reunir uma quantidade de coisas que compartilham um tipo ou caráter único – esta é a parte da "reunião". Em segundo lugar, você encontra distinções que permitem que você "divida" essa classe única

78. Para discussão, cf. Frede (1996, p. 135-151); Gill (1996, p. 283-311).

em subclasses. Vamos a um exemplo? Tentemos o futebol australiano. Isto claramente incide sob uma categoria ou tipo geral, a qual também inclui atividades como basquete, pôquer e xadrez. Nós os chamamos de "jogos" coletivos. Tendo "reunido" todos os jogos em uma classe única, podemos agora dividi-los. Por exemplo, ao dizer que há dois tipos de jogos: aqueles que envolvem esforço físico e aqueles que não envolvem. O futebol australiano definitivamente entra na primeira classe. Entre esses jogos que envolvem esforço físico, alguns envolvem bolas, enquanto outros não. Mais uma vez, queremos os da primeira classe: jogos com bola. Desses, alguns envolvem uma bola oblonga, outros não. Dentre os esportes com bola oblonga, podemos efetuar uma divisão com base no equipamento de proteção: pode ser ilegal ou permitido. Podemos ainda subdividir a primeira dessas duas subclasses, com base em que pelo menos um desses jogos envolve a formação de um pelotão inicial (*rúgbi*), enquanto outros não. De fato, segundo meu conhecimento, existe apenas um jogo com tais características: precisamente o objeto de nossa investigação. Assim, temos nossa explicação do futebol australiano: é um jogo que envolve esforço físico, usa uma bola que é oblonga, proíbe uso de equipamento de proteção e não tem pelotões iniciais.

Posso imaginar que você já formulou objeções à medida que efetuei essa divisão. A melhor maneira de dividir os jogos com bola é entre jogos com bolas oblongas e jogos com bolas redondas? Poderia haver outras maneiras de dividir essa subclasse. Por exemplo, alguns jogos de bola envolvem um instrumento manual (tênis, *críquete*, *lacrosse*), outros não (futebol, handebol). Ou o que dizer quanto a esta divisão: alguns jogos de bola são jogados em Wimbledon (tênis de quadra de grama), enquanto outros não (os demais). Claramente, existem muitas maneiras de dividir em cada estágio; se assim é, como sabemos qual é a divisão correta? Platão é sensível a essa objeção. No *Fedro*, ele nos adverte para não dividir "como um mau açougueiro", mas cortar ao longo das "juntas naturais" de qualquer classe que estejamos examinando (262d). Ele fornece um exemplo no *Político*, imaginando alguém que pensa que faz sentido dividir a humanidade em dois grupos: os bárbaros e os gregos (262d). No *Sofista*, ele sublinha a mesma dificuldade ao fazer os personagens passarem por uma série de divisões alternadas, as quais, ao que tudo indica, têm a mesma pretensão de validade.

As limitações do método de reunião e divisão também são notadas por Aristóteles. Como veremos mais tarde, ele escreveu um tratado chamado *Segundos analíticos* que tenta explicar o que está envolvido em demonstrar algo. O método de Platão, queixa-se Aristóteles, não poderia jamais produzir demonstração, pois em cada passo nós simplesmente dividimos e escolhemos o caminho da esquerda ou da direita; não fornecemos qualquer explicação do motivo pelo qual tomamos qualquer dos caminhos (*An. Post.* 91b). As características acumuladas no final da divisão – jogo, requer esforço físico, envolve o uso de uma bola etc. – são meras suposições, e nada está sendo provado ou explicado. Nesse caso, porém, Aristóteles se assemelha a um australiano que assiste aos Dallas Cowboys enfrentando os New England Patriots: em vez de entrar no espírito das coisas, ele se queixa que se está jogando o jogo errado. O método de Platão não precisa ser tomado como um método de *demonstração*, mas antes como uma investigação no que tange à relação entre as classes ou, podemos até dizer, das Formas. Por meio deste expediente metodológico, apreendemos a maneira conforme a qual as diferentes espécies "se entrelaçam": umas se subordinam a outras, umas compreendem outras, umas excluem outras. Eis o significado da "dialética" nesta fase do pensamento platônico. A pessoa que reúne com acuidade e efetua as divisões pelas articulações naturais, fiel à natureza perene das coisas em exame, apresenta justo título ao nome de dialético e, por conseguinte, de filósofo (*Sofista* 253c-d).

Assim, isto é um filósofo. Mas o que é um sofista? Bem, notemos em primeiro lugar o caso empregado pelo Hóspede para ilustrar seu método. De maneira deveras inexplicável, ele não utiliza o futebol australiano, mas o pescador com vara – isto é, um pescador que utiliza linha e anzol, em lugar de uma rede. Para ser honesto, isto não é realmente inexplicável, pois o pescador com vara tem muito mais em comum com o sofista. É alguém com um tipo de conhecimento especializado que o ajuda a adquirir coisas por meio de caça (ele caça seres vivos, em lugar de não vivos, na água, e não na terra etc.: ver 221b-c para a divisão completa). O sofista também é um caçador. Ele captura jovens ricos, encantando-os com lisonjas, a fim de ganhar dinheiro (223a). Este é o resultado da primeira tentativa do Hóspede de caçar o sofista: o caçador se tornou a presa. Porém, sem elucidar se há algo errado com essa explicação, o Hóspede passa a várias tentativas alternativas. Uma dessas, em particular, é digna de nota. Descreve um tipo de sofista que afasta a ignorância da alma por meio da refutação. Trata-se de outra indicação de que esse diálogo nos pede para refletir a respeito de Sócrates e de seu método[79]. O sofista nobre faz o bem, mas somente por remover a ignorância. É incapaz de conduzir-nos ao conhecimento, que não temos, mas tão somente nos ajuda a eliminar a crença falsa. Mais uma vez, podemos aqui vislumbrar por que Sócrates é substituído pelo mais didático Hóspede como principal porta-voz de Platão.

Seriam de esperar as múltiplas classificações do sofista, que parecem revelar diferentes aspectos de sua natureza, dada a natureza cambiante e elusiva da própria sofística. Mas isto não é nada comparado ao problema que passa a ocupar o Hóspede e Teeteto assim que eles se propuseram a identificar o sofista como um produtor de aparências (236a-c). Por um lado, esta parece ser uma maneira promissora de pensar a respeito do sofista. Afinal, ele é alguém capaz de produzir persuasão, isto é, fazer o falso aparentar ser verdadeiro. Por outro lado, o sofista pode agora nos escapar utilizando um de seus truques favoritos. É um que vimos no *Teeteto* e no *Eutidemo*: ele apenas dirá que crenças ou enunciados falsos são impossíveis. Envolveriam dizer ou acreditar "o que não é"; mas obviamente, não há algo como "o que não é". Platão se dá ao trabalho de notar que esse questionamento tem algo em comum com a filosofia de Parmênides. Não contente em apresentar-nos um personagem principal de Eleia, ele faz o Hóspede citar por duas vezes a passagem do poema de Parmênides na qual somos advertidos para evitar o caminho do não ser (237a, 258d).

O *Sofista* se propõe agora a resolver esse problema de uma vez por todas. As páginas que se seguem estão entre as mais difíceis dos escritos de Platão, e foram muito debatidas[80]. Mas ninguém disse que essa coisa

79. Na mesma linha, cf. Rouanet (2015, p. 111-119) [N.T.].

80. A quem compreende o germânico idioma, afigura-se sobremaneira recomendável o contato com o estudo clássico de Frede, datado de 1967. Na ausência de tal competência linguística, recomenda-se, pois, que se dedique à nobre aprendizagem do alemão! Trata-se, com efeito, de magnífica língua. Enquanto tal empreendimento não se realiza, convém indicar também Owen (1970, p. 223-267); Brown (1986, p. 49-70); Frede (1992, p. 397-424); Eck (2002, p. 63-84); Crivelli (2011); Leigh (2012, p. 1-28).

de filosofia seria fácil. Assim, como poderia dizer Sócrates ou o Hóspede, não abandonemos a esperança, mas continuemos a investigação. Podemos ficar desencorajados logo de antemão, pois o Hóspede inicia apontando como é intratável o problema do não ser. Depois de repetir o argumento familiar de que falar falsamente é dizer "o que não é", o que significaria não falar de todo (237e), ele acrescenta que o não ser, portanto, é "indizível" (238c). Ele eleva então o nível do debate, assinalando que não podemos nem sequer dizer que o não ser é indizível (238e-239a), uma vez que isto seria dizer algo a seu respeito! Claramente, o Hóspede prestara demasiada atenção aos ensinamentos de Parmênides, em Eleia. Agora, entretanto, ele ousa contemplar o parricídio, ao criticar a posição de seu pai intelectual (241d), e mostrando como, afinal, é possível falar e pensar acerca do não ser.

Nossa melhor estratégia seria primeiro examinar o "que é" – em "ser" – dado que o não ser terá de ser compreendido em oposição a ele, caso possa ser compreendido de todo. O que, então, é o ser? O Hóspede, aqui, se refere a várias teorias pré-socráticas, as quais pretendiam, por exemplo, que todo o ser é redutível a um pequeno número de coisas – como o quente e o frio – ou ainda a uma só coisa, como propuseram Parmênides e seus seguidores (241c-243a). E – afaste o olhar, se você for sensível, pois aqui vem a parte do parricídio – a concepção parmenidiana de que o ser é uno também é insustentável. Ele quer dizer coisas como "ser é uno". Assim, ele aplica um nome ("uno") ao ser. Mas então, efetivamente, temos duas coisas, o ser e seu nome, em lugar da unidade absoluta prometida na teoria (244d). Além disso, Parmênides compreende o ser como uma espécie de esfera, como vimos quando examinamos seu poema. Mas, nesse caso, ela teria numerosas partes, por exemplo, o meio e as bordas da esfera, caso em que ela exibiria algum tipo de pluralidade (244e) (é claro, é precisamente por isso que alguns consideram a referência de Parmênides à "esfera" como metafórica).

Agora está parecendo como se "ser" não seja mais fácil de compreender do que o não ser – o que não constitui exatamente um progresso. Mas o Hóspede ainda não terminou. Ele considera dois outros grupos com concepções a respeito do ser. Nós provavelmente os chamaríamos de materialistas e de platônicos; ele os compara a "gigantes" e "deuses" que lutam na *Teogonia* de Hesíodo (246a). Os "gigantes" são aqueles que somente acreditam naquilo que podem apreender mediante seus sentidos. Os "deuses" acreditam em seres invisíveis, e por isso são também apelidados de "amigos das Formas" (248a). Mais uma vez, observações críticas podem ser feitas contra ambos os grupos. Os gigantes, se fossem especialmente gentis, deveriam estar dispostos a admitir que a marca distintiva do ser é sua capacidade de atuar em outras coisas, ou de serem objeto da atuação de alguma outra coisa (247d-e). Em outros termos, o que quer que seja "é" pode entrar em algum tipo de relação causal. Em outras palavras, podemos dizer que, se alguma coisa que exerce influência causal, ou pode ser influenciada, merece ser incluída no reino do ser. Mas, obviamente, há coisas invisíveis e imateriais que exercem influência causal. Por exemplo, a alma. Ou, se você acredita que a alma é uma coisa material, a justiça e o conhecimento na alma, que não são materiais, mas claramente exercem influência em outras coisas (247a-b). Assim, o ser de fato inclui algumas coisas imateriais e invisíveis.

Os amigos das Formas adotam a perspectiva contrária à destes gigantes materialistas. A seu juízo, apenas o invisível se diz propriamente ser, ao passo que as coisas materiais se encontram em constante mudança – num reino do "devir" e não do "ser". Afirmei que estes "deuses" se afiguram uma espécie de platônicos e, com efeito, em outros diálogos (como o *Timeu*), Platão estabelece um contraste entre ser e devir conforme estas[81]. Mais uma vez, Platão é um crítico agudo do platonismo. Invocando a mesma ideia de que qualquer coisa que "é" pode sofrer a ação de alguma coisa ou atuar em outras coisas, o Hóspede assinala que, se as Formas invisíveis puderem eventualmente ser conhecidas por nós, então elas sofrem a atuação de algo. Afinal, se sei algo, estou fazendo algo a essa coisa, a saber, conhecendo-a. Assim, as Formas sofrem "mudança", uma vez que se tornam objeto de conhecimento (248e). Esta, evidentemente, é uma espécie estranha e mínima de mudança. Podemos pensar que não é uma mudança "real", mais do que a mudança que ocorre quando você gira em torno de mim e eu permaneço parado, de modo que eu "mudo" de estar à sua esquerda para estar à sua direita. Mas, uma vez que os "deuses" queriam excluir qualquer tipo de mudança das Formas, isto será suficiente para refutá-los[82]. É claro, as For-

81. Cf. Frede (1988, p. 37-52).

82. Cf. Leigh (2012, p. 239-261).

mas, sob outros aspectos, estarão "em repouso" e não em mudança (249b), pois sempre manterão seu caráter. Platão está retendo uma ideia expressa em outros diálogos: que um objeto de conhecimento adequado seria um que seja estável ou "imutável". Assim, paradoxalmente, o fato de que as Formas possam ser conhecidas significa tanto que elas mudam *quanto* que são imutáveis.

Este argumento assinala um passo crucial na exposição do Hóspede, um que logo o colocará em posição de explicar o não ser (o que, como você se lembra, era supostamente o objetivo de tudo isso). Ele acabou de conseguir mostrar que existe uma espécie de inter-relação de "entrelaçamento" das três Formas: ser, movimento e repouso. Acabamos de ver que o ser muda, e, inversamente, que o movimento é algo que é – partilha do ser. Podemos ver agora que Platão está lidando com problemas levantados na primeira parte do *Parmênides*, especialmente na chamada "maior das dificuldades". Em outros termos, ele está explorando o problema de saber como as Formas estabelecem relações (note que ele usa o mesmo exemplo de uma Forma que é conhecida). E mostra que as Formas se relacionam entre si quando, por exemplo, o ser se movimenta, ou o movimento tem uma parte de ser. Mas as Formas não entram de maneira indiscriminada em toda combinação possível. O movimento, por exemplo, não participará do repouso. Isto seria como a Forma da Grandeza ser pequena. Assim, o reino das Formas envolve tanto participação quanto exclusão, tanto mistura quanto separação. O Hóspede compara isto às letras do alfabeto (253a), que podem se combinar de certas maneiras, enquanto outras não são permitidas (exceto em Gales)[83].

Por fim, o Hóspede identifica duas outras Formas: o mesmo e o outro. Toda Forma participará de ambos. Por exemplo, o movimento será o mesmo que si mesmo, mas diferente do repouso (254d). De maneira mais geral, as cinco Formas que consideramos agora – ser, repouso, movimento, mesmo e outro – são os "grandes tipos" (254d), pois penetram em todas as outras Formas. Contemplamos, doravante, o entrelaçamento do não ser com o ser, ainda que este seja concebido como imaterial, imutável e inteligível, conforme propõem os adeptos das formas. Torna-se manifesto, pois,

83. Brincadeira do autor com o inglês falado no País de Gales [N.T.].

que o ser é permeado pelo outro. E ser outro representa, por certo, um modo de não ser. As regras do futebol australiano e do futebol americano são coisas que são, e que partilham do mesmo, sendo jogos que envolvem uma bola oblonga. Não obstante, diferem entre si, ainda que apenas no fato de que um proíbe equipamentos de proteção, enquanto o outro é praticado por frágeis atletas da América do Norte. Isto nos mostra que a seção do *Sofista* acerca do ser e do não ser se relaciona intimamente com o método de reunião e divisão do Hóspede[84]. Quando reunimos, juntamos coisas que partilham do mesmo em algum aspecto – todos os jogos são o mesmo entre si, a saber, no fato de serem jogos. E cada divisão assinala uma espécie de outro – os jogos com bolas oblongas são diferentes de jogos com bolas redondas.

A análise do não ser como participação no outro nos ajuda a compreender não apenas a reunião e a divisão, mas usos mais comuns da linguagem. Lembre-se da preocupação de que a crença e o discurso falsos são impossíveis, uma vez que envolvem o falso – e o falso é "o que não é". Bem, sim. Mas o falso não é não ser absoluto. A falsidade ocorre quando os termos se combinam, seja na linguagem, seja no pensamento, de uma maneira diferente de como as coisas são. É claro, assim como as letras não se combinam de qualquer maneira para construir palavras, as palavras só se combinam para proferir enunciados de certas maneiras. Uma corrente de substantivos como "futebol, *cricket*, basquete" não é um enunciado, algo que pode ser verdadeiro ou falso (os filósofos diriam agora que semelhante corrente de palavras não tem "valor de verdade"). Para obter um enunciado significativo, e, assim, verdade ou falsidade, o Hóspede sugere que precisamos, no mínimo, de um substantivo e de um verbo. Como as Formas, os substantivos e os verbos podem ser "entrelaçados" de várias maneiras (262d) – falar é tão somente entretecer palavras para produzir um enunciado significativo. O pensar funciona aproximadamente da mesma maneira, uma vez que pode ser compreendido como uma espécie de fala interna, na qual a alma "conversa consigo mesma" (263e)[85]. Um enunciado falso ou uma crença

84. E, apenas como exemplo de quão cuidadosamente Platão constrói seus diálogos: podemos agora ler com novos olhos o tópico inicial quanto a saber se o sofista, o político e o filósofo são do mesmo tipo ou de um tipo diferente.

85. Uma caracterização similar do pensamento é oferecida em *Teeteto* 189e.

falsa, como "Teeteto voa" ou "Jogadores de futebol australiano podem prescindir de seguro de saúde" não expressa diretamente o não ser. Em vez disso, entretece termos, de modo que diz "algo diferente do que é" (263b).

Depois de haverem lidado com o enigma do sofista acerca do não ser, o Hóspede e Teeteto podem, por fim, retornar à sua tarefa de coletar e dividir. Acham-se aptos, agora, a oferecer uma análise definitiva do sofista sob a ótica de sua produção de imagens ou cópias falsas (268c-d), de sua imitação da sabedoria – donde o seu nome (conforme vimos no capítulo a respeito dos sofistas, "sofista" deriva de *sophia*, "sabedoria"). Dado o tom não característico de êxito total no final do diálogo, tem-se a impressão de que Platão está contente consigo mesmo. E por que não deveria? Ele exibiu um método hábil para perseguir uma presa conceptual, e conseguiu capturar a mais elusiva das presas. Finalmente pôs um fim ao formidável problema do não ser, o qual apresentou dificuldades até mesmo a Parmênides, isto é, a quem ele parece considerar como seu mais distinto predecessor. E, no processo, reparou a teoria das Formas e forneceu a primeira explicação do que torna a linguagem verdadeira e falsa. Nada mal para o trabalho de um diálogo. Mas, como filósofos e admiradores de Sócrates, não podemos evitar levantar mais perguntas. Tomem-se essas observações acerca da linguagem, aqui no *Sofista*. Certo, são inteligentes e inovadoras, e serão citadas em discussões filosóficas quanto à gramática na Antiguidade tardia, como se fossem um material divisor de águas[86]. Por certo não respondem a todos os enigmas filosóficos oriundos da linguagem. Afortunadamente, o *Sofista* nos apresenta apenas uma primeira amostra instigante daquilo que Platão exprime a respeito desta matéria.

---

86. Por exemplo, o tradutor latino Boécio, em seu comentário ao *De interpretatione*, de Aristóteles, tenta explicar por que Platão só lida com duas partes do discurso, o substantivo e o verbo.

25

O QUE HÁ EM UM NOME? O *CRÁTILO* DE PLATÃO

Neste livro tenho enfatizado que Platão lidou com praticamente todos os tópicos acerca dos quais os filósofos pensaram desde então. Suponho que mesmo leitores simpáticos, no entanto, suspeitarão que existem alguns problemas significativos na filosofia contemporânea que não aparecem em Platão. Que problemas podem ser esses? Eis um pensamento óbvio, porém: desde o trabalho do grande lógico e filósofo Gottlob Frege, no século XIX, filósofos da tradição analítica ficaram extremamente interessados pela linguagem. Isto, de fato, parece ser uma característica distintiva da filosofia do século XX em geral: um fascínio pela linguagem e pelos problemas que lhe dizem respeito. Assim, o que dizer da filosofia da linguagem? Esta seria uma área acerca da qual Platão tem pouco a nos dizer, exceto suas breves reflexões quanto a ela no *Sofista*? Ou será que se trata de outra área na qual Platão foi um gênio pioneiro etc.?

Você pode não se surpreender em ouvir que se trata do último caso. Platão pode ter sido a primeira pessoa a efetuar filosofia da linguagem, e ele certamente foi autor da primeira obra especificamente devotada ao tópico, um diálogo chamado *Crátilo*. É claro, esse diálogo não enfrenta todos, ou sequer a maioria, dos problemas com os quais a filosofia contemporânea da linguagem lida. Se emito uma sequência aleatória de sílabas, como "gibbledobtankfurter", isto não significa nada. Em certo sentido, eu nem mesmo disse o que quer que seja – não produzi uma peça de linguagem; assim, não consegui me comunicar. Mas se digo uma palavra como "Frege" ou "filosofia", então comunico, pelo menos para pessoas que sabem o que essas palavras significam. Assim, qual exatamente é a diferença? Como algumas sequências de ruídos, ou símbolos, no caso da linguagem escrita, passam a ter sentido, enquanto outras não? Responder a essa pergunta é explicar como as palavras adquirem seu poder de comunicar, e, assim, estabelecer algo fundamental a respeito do que é a linguagem.

Hoje, uma teoria popular acerca de como as palavras passam a ter significado é que alguém tem de estipular que determinado som ou conjunto de símbolos, a partir de agora, representará algum item particular. O exemplo mais óbvio é a nomeação: quando um bebê está a caminho, os pais conferenciam entre si, de modo que, após superarem pequenas discordâncias do tipo que faz cada um deles se perguntar se o outro será maduro o suficiente para criar uma criança, chega-se a um acordo. O bebê recebe um nome. O senhor e a senhora Frege nomearam o seu filho "Gottlob" (talvez devessem ter refletido mais demoradamente acerca desta escolha) e, desta forma, estipularam que tal palavra se referiria ao infante lógico. Assim, eis uma teoria acerca de como os nomes, e palavras em geral, adquirem seu significado: ocorre mediante um ato de nomeação arbitrário, um "batismo", se você quiser. Na verdade, esta é uma das teorias que Platão examina no *Crátilo*.

O nome Crátilo pode soar familiar. Para poupar-lhe o trabalho de percorrer as páginas anteriores, lembrarei que ele foi mencionado como um seguidor radical de Heráclito. É aquele que disse que você não pode nem sequer pisar no mesmo rio duas vezes, e que você não pode falar a respeito das coisas porque elas mudam continuamente: você só pode apontar para elas com seu dedo. Ademais, Crátilo é um dos três principais personagens no diálogo que leva seu nome. Os outros são Sócrates e um homem chamado Hermógenes. Quando o diálogo se inicia, Hermógenes e Crátilo já vinham discutindo a respeito das palavras e de como elas adquirem seus significados. Hermógenes adota a teoria da imposição arbitrária dos nomes: para ele, as pessoas podem usar qualquer som que desejarem e associar-lhe qualquer significado; depois disso, é matéria de uso e de convenção que tal associação venha a se enraizar (384d). Crátilo discorda. Ele sustentara que as palavras têm seu significado por natureza (383a-b). Assim, o que temos aqui é um belo exemplo da oposição entre convenção e natureza que vimos os sofistas fazerem. E a pergunta do diálogo é simplesmente esta: As palavras adquirem seus significados por convenção ou por natureza?

É claro para nós por que as palavras podem ter seu significado por convenção, mas o que dizer quanto a tê-lo por natureza? A posição de Crátilo torna-se mais clara à medida que o diálogo prossegue – bem como à medida que começamos a compreender como suas ideias acerca da linguagem podem se relacionar a seu notório heraclitismo. Crátilo pensa que tudo tem um nome correto ou verdadeiro. Se você não utilizar a palavra certa para alguma coisa, então você não a nomeou de maneira alguma, de modo que é como se você não tivesse dito nada (430a). Esta disposição convém perfeitamente a Crátilo, pois ele deseja demonstrar que ninguém profere falsidades. Ele concorda com os relativistas protagóricos e heraclitianos do *Teeteto*. Seu motivo é que usar a linguagem nada mais é do que proferir a palavra ou expressão certa para aquilo acerca do que se fala. Crátilo chega ao ponto de dizer que caso se use a palavra "errada" para algo, então a palavra nem sequer fora usada de fato (429b). Uma palavra, no sentido próprio, é apenas a expressão do que significa o que você quer dizer. Assim, segundo ele, não há algo como usar a linguagem de maneira falsa.

Esta, portanto, é a disputa na qual Sócrates entra no início do diálogo: cada coisa tem uma palavra para ela que é correta por natureza ou podem todas as coisas, apenas por convenção, ser chamadas por qualquer palavra que se queira? Sócrates começa argumentando contra Hermógenes, o qual defende a concepção convencionalista. Sócrates diz que as palavras são itens feitos pelo homem, como ferramentas. E, como ferramentas, desempenham uma função: assim como um martelo para bater em pregos, uma palavra tem um significado para certa coisa (387c-d). Isto parece plausível, mas sugere que você não pode usar qualquer som para significar qualquer coisa que queira – assim como não pode bater em pregos usando um pudim de tapioca. Mas, se está claro o que torna os martelos adequados para bater em pregos, e o pudim de tapioca inadequado para tal, não está claro o que faria do som "martelo" uma palavra apropriada para martelos, e o que poderia tornar outros sons inapropriados.

Sócrates tem uma resposta pronta. Ele diz que a palavra correta para alguma coisa deve de algum modo revelar sua natureza. Isto, diz ele, é o que o grande poeta Homero deve ter pensado (391d). Ele cita passagens em que Homero diz que um rio, por exemplo, tem um nome usado pelos deuses e outro usado por humanos (391e). Presume-se que Homero acreditava que os deuses usam um nome verdadeiro, pode-se dizer o nome "real", que expressa uma visão da qual carecem os meros mortais. Mas pode Sócrates fornecer alguns exemplos? Ora, ele fica feliz que lhe tenham pedido isso! Ele agora se lança numa longa série de etimologias de palavras gregas a fim de mostrar em cada caso que a palavra em discussão expressa perfeitamente a coisa à qual se refere. Fornece etimologias para os nomes dos deuses, características do mundo natural como a Lua, virtudes éticas e assim por diante. Para dar apenas uma amostra disso, ele sugere que o herói Heitor, na *Ilíada* de Homero, é chamado assim porque em grego *hektor* pode significar "aquele que sustenta", e Heitor é o protetor e governante; desse modo, aquele que sustenta ou detém Troia (393a). Ou tome-se a palavra *theos*, que significa "deus" (como mencionei, é daí que obtivemos a palavra "teologia"). Sócrates diz que isto se relaciona com o verbo grego *thein*, que significa "correr", pois aquele que concebeu o nome pensou que os céus eram divinos e os céus estão sempre a se mover acima de nós (397d). A propósito, uma de minhas etimologias favoritas é da palavra grega para "céu", também o nome de um deus, *Urano*. Sócrates sugere que isto deriva da frese *horo ta ano*, que significa "olhando para as coisas acima" (396c).

As etimologias de Sócrates são engenhosas, mas fantasiosas, para não dizer extremamente forçadas. Alguns leitores se perguntaram o quão a sério se espera que todo esse exercício seja tomado[87]. Sócrates diz várias vezes que ele está tomado por inspiração divina, que é o motivo pelo qual ele é capaz de produzir todas essas brilhantes etimologias. Poderia Platão estar indicando que devemos tomar isto tudo com certa reserva, uma vez que, em outro lugar, ele contrasta a inspiração divina com a posse do verdadeiro conhecimento? Ou talvez toda a coisa seja uma espécie de brincadeira, uma paródia de algo que os sofistas faziam? Os sofistas, com efeito, são mencionados diversas vezes, de uma maneira até irritante. Mas não é muito

87. A defesa de se levar a sério é feita por dois estudiosos: Barney, 2001 e Sedley, 2003. O argumento que defenderei neste parágrafo acerca de Platão competir com outros autores é inspirada por Barney.

plausível dizer que tudo seja uma piada. Entre outras coisas, Platão claramente dedicou demasiado esforço a isso – as etimologias prosseguem por diversas páginas. Além disso, ele fez Sócrates designar algumas etimologias como sendo menos sérias, o que sugere que as outras mencionadas são *mais* sérias. Mais plausível, penso eu, seria dizer que Platão está competindo com outros autores que ofereciam etimologias. Talvez esteja exibindo sua engenhosidade e habilidade para sugerir derivações mais inteligentes para termos gregos. Mas, mesmo assim, ele pode pensar que haverá sérias razões filosóficas para produzir semelhantes derivações.

E, de fato, existe, ao menos em potencial, um grande ganho filosófico aqui. Se Sócrates estiver certo quanto às palavras corretas revelarem a natureza das coisas, então poderíamos descobri-la ao produzir as etimologias de seus nomes corretos. A análise dos nomes se revelaria uma maneira de fazer filosofia. Mas existem vários problemas. Em primeiro lugar, Sócrates admite que algumas palavras se introduziram no grego a partir de línguas estrangeiras, de modo que uma etimologia nesses casos não é possível (409e). O que é mais preocupante ainda: ele presume que o grego de sua própria época está corrompido. No grego falado no século V a.C., a palavra original, correta, pode ter sido significativamente alterada. Letras, ou mesmo sílabas inteiras, podem ter sido adicionadas ou subtraídas, como quando a pronúncia muda para tornar uma palavra mais fácil de ser pronunciada (399 a-b, 414c). Assim, em alguns casos ele sugere que precisamos eliminar letras de uma palavra grega para descobrir sua etimologia correta. Tal procedimento, como se afigura evidente, facilita ainda mais o livre-curso das fantasias etimológicas.

No entanto, antes de nos permitirmos tal liberdade, um problema ainda mais grave nos induz à reflexão: Se falo a etimologia da palavra "deus" ao dizer que ela se baseia na palavra "correr", então por que a palavra para "correr" é necessariamente uma palavra correta? É como se o significado de cada palavra fosse tão somente uma função dos significados das palavras nas quais se baseia. Assim, o que torna qualquer uma dessas palavras natural, ou reveladora das naturezas das coisas? Para interromper esse regresso (421d-422b), Sócrates sugere que há uma maneira pela qual as palavras poderiam ser representações reais, naturais ou símiles das coisas às quais se referem. Trata-se, basicamente, da onomatopeia (432b-e). Se me é permitido exercitar uma breve reflexão etimológica, esta palavra "onomatopeia" provém do grego antigo, e a sua primeira parte, *onoma*, constitui o termo grego o qual tenho vertido neste capítulo como "palavra". Não raro os estudiosos traduzem *onoma* como "nome" em vez de "palavra", porém tal escolha induz a equívocos, uma vez que Sócrates não hesita em referir-se a um substantivo comum ou mesmo a um verbo como *onoma*. A onomatopeia, de qualquer modo, ocorre quando uma palavra imita o som daquilo que significa. Assim se dá com palavras que denotam ruídos, tais como "baque", "respingo", "chilreio". A sugestão de Sócrates, portanto, é que todas as palavras reais ou naturais são onomatopeicas. Parece difícil acreditar nisso. Mas Sócrates defende que, se considerarmos essa ideia a sério, veremos que, quando as palavras foram originalmente atribuídas às coisas, as pessoas que as atribuíram estavam expressando certas ideias acerca da natureza das coisas e formando palavras para corresponderem a elas.

Nossos ancestrais, ao que parece, eram heraclitianos. Eles usavam certas letras para sugerir que as coisas estavam em mudança constante (401d, 439c). Por exemplo, diz Sócrates, a letra grega *rho* supostamente significa mudança rápida, pois a língua vibra ao pronunciá-la. A letra *lambda* supostamente representa deslizar ou fluir. Sócrates fornece exemplos de como esse código onomatopeico foi usado para formar palavras que expressam a teoria heraclitiana. Para fornecer um exemplo básico, a própria palavra para "fluir" ou "fluxo", em grego, começa com *rho*, o que significa mudança (426d). Então, após usar a onomatopeia como ponto de partida, esses ancestrais heraclitianos formaram outras palavras de maneira etimológica. Por exemplo, a palavra para sabedoria, em grego, *phronesis*, supostamente se relaciona com uma palavra grega para movimento, *phora*. Assim, o grego, ou, antes, a língua ancestral cuidadosamente concebida do grego, continha uma espécie de teoria filosófica secreta, a saber, que é da natureza das coisas estar em constante mudança.

Tudo isso mostra que Platão era na verdade um heraclitiano? Ele está realmente fazendo Sócrates afirmar que os sábios ancestrais que conceberam a versão original, verdadeira do grego, eram teóricos do fluxo, como aqueles que ele ataca no *Teeteto*? Bem, sim e não. Sócrates parece de fato convencido de que esses ancestrais tinham ideias heraclitianas. Mas ele também aponta que uma coisa é descobrir uma teoria filosófica codificada em nossa língua, e outra, distinta, é decidir se essa teoria é verdadeira (436c-e). Talvez os ancestrais fossem heraclitianos, mas talvez, então, estivessem errados. E isto nos traz à refutação socrática do heraclitiano presente no cenário: Crátilo. Até aqui, Sócrates refutou a teoria de Hermógenes de que a linguagem é inteiramente convencional. Agora ele aponta, contra Crátilo, que a linguagem não pode tampouco ser inteiramente natural. A explicação que ele acabou de apresentar agradou em demasia a Crátilo, mas admite coisas como a corrupção das palavras. Como vimos, às vezes uma letra pode ser acrescentada ou removida de uma palavra para tornar mais fácil sua pronúncia. Quando isto ocorre as pessoas ainda são capazes de usar a palavra para se comunicar, para expressar significado. Assim, não pode ser que somente as palavras verdadeiras, isto é, naturais, funcionam como palavras. Deve haver também um papel para a convenção (435b).

Sócrates adota, assim, uma espécie de visão intermediária entre Hermógenes e Crátilo: as palavras têm seus significados tanto por natureza *quanto* por convenção. Desse modo, não surpreende que ele também rejeite a ideia mais radical de Crátilo, a saber, que é impossível falar falsamente, pois uma palavra ou sequência de palavras real deve ser bem-sucedida em significar a coisa a que se refere. Sócrates já sugeriu, com sua ideia da onomatopeia, que as palavras são como símiles das coisas que significam. Assim, são um pouco como pinturas: são representações (430a-b). Mas se eu seguro uma pintura, digamos, de Buster Keaton e a aplico a Charlie Chaplin, então não haverá correspondência entre a pintura e a que coisa que ela supostamente representa. Estou com o ator do cinema mudo errado. De modo similar, deve ser possível aplicar uma palavra à coisa errada. A falsidade ocorre devido a uma falta de correspondência entre a representação e o que ela pretende representar (431a-b). Note como Sócrates usa aqui a ideia de que as palavras são símiles das coisas – a qual se ajusta perfeitamente à teoria de Crátilo de que as palavras são naturais – para minar a tese mais radical de Crátilo de que a falsidade é impossível. Note também que Platão está retornando à pergunta, conhecida do *Teeteto*, de como é possível a falsidade, e chegando a uma resposta próxima daquela que vemos ali. Assim como, no *Teeteto*, Sócrates falava a respeito de impressões na cera que não correspondiam aos objetos da percepção, aqui ele trata as palavras como representações que não correspondem às coisas que supostamente representam.

Ao adotar uma concepção intermediária entre o naturalismo de Crátilo e o convencionalismo de Hermógenes, Sócrates tenta preservar duas possíveis funções da linguagem. Por um lado, utilizamos a linguagem simplesmente para comunicar nossas intenções. Para esse propósito, a convenção parece suficiente: se uma mãe estipula que seu bebê com olhar lógico será chamado de "Gottlob Frege", e as pessoas certas apreendem a mensagem, então este será seu nome. Mas, por outro lado, Sócrates é simpático à esperança de que as palavras consigam fazer algo mais ambicioso: elas podem revelar a natureza das coisas. Isto nos faz voltar à teoria do fluxo dos ancestrais que conceberam as palavras originais para as coisas. Como disse antes, mesmo que esta se revele como sendo a teoria codificada em nossa linguagem, isto não mostraria que a teoria seja *verdadeira*. Para descobrir se a teoria é verdadeira precisamos fazer algo mais que analisar as palavras que foram atribuídas às coisas à nossa volta. Precisamos decidir se os princípios que guiaram esse processo eram os corretos.

Como se revela, o heraclitismo é rejeitado: o diálogo termina com uma reafirmação do que estou tentado a chamar de bom e velho platonismo. Os antepassados talvez tenham sido teóricos do fluxo, porém, se assim o foram, a nossa linguagem se fundamenta em princípios falsos. Pois a teoria filosófica correta, que podemos usar para corrigir os pressupostos de nossa linguagem, não é uma teoria da mudança radical, mas uma teoria da estabilidade. Tenho um sonho, diz Sócrates: em meu sonho, parece-me que pode haver o belo em si, o bem em si e assim por diante (439c-440e). Por certo, o belo em si é sempre da mesma maneira, de modo que não muda a todo instante? E coisas assim não seriam objeto de verdadeiro conhecimento? Aqui Platão faz o que ele notoriamente deixa de fazer no *Teeteto*: ele afirma a teoria das Formas, ou algo próximo a isso, como uma alternativa preferível à teoria do fluxo de Heráclito e de seus seguidores. No final do *Crátilo*, para variar, Platão parece efetivamente falar como um platônico. Se lermos todo o diálogo novamente com este final em vista, podemos até mesmo nos convencer de que existe espaço para uma verdadeira linguagem – talvez não o antigo grego – cujas palavras expressam as Formas platônicas, mais do que um mundo de mudança e fluxo. Se a filosofia pudesse ser feita pela análise linguística, ela teria de analisar essa linguagem.

Mas se este era o sonho de Platão, ele jamais tentou torná-lo real. De fato, ele escreveu um diálogo acerca do mundo circundante, da maneira como o mundo adveio à existência e da maneira como o mundo se relaciona com as Formas. Mas esse diálogo não procede por meio da análise da língua grega, ou de qualquer outra língua. E admite que a teoria que ele ali apresenta é uma tentativa – apenas uma "história provável", como diz seu principal personagem. Nessa história, o mundo é revelado como obra de um artífice divino, feita como uma imagem das Formas. Assim como ocorre nas páginas finais do *Crátilo*, o platonismo está vivo e passa bem nesse próximo diálogo que examinaremos: o *Timeu*. Mas o platonismo no *Timeu* se combina com algumas novas e inesperadas ideias. Por exemplo, você já se olhou no espelho e se perguntou se você pode ser formado por triângulos? Se sim, o próximo capítulo deste livro é para você.

26

Uma história provável: o *Timeu* de Platão

Imagine que você é um monge medieval em uma biblioteca bem guarnecida. É o século XI d.C. Certo dia, você vai à estante onde são mantidos os escritos de Platão e encontra ali apenas um volume. Você o abre, e começa a ler. Você não lerá *A república*, porque ela não foi traduzida para o latim. Tampouco lerá o *Fédon* ou o *Mênon*, nenhum dos quais estará disponível em latim até meados do século XII. O *corpus* platônico felizmente foi preservado e estudado no Império Bizantino, de fala grega, no período medieval. Sua redescoberta na Europa Ocidental, onde o latim ainda é a língua dos estudiosos, ajudará a deslanchar a Renascença. Mas isto está séculos à frente, de modo que o que você tem em suas mãos representa as obras completas de Platão tais como são conhecidas em sua época e lugar: uma tradução latina incompleta de um único diálogo, o *Timeu*. Embora Platão dificilmente seja mais do que um nome para você, os temas desse trabalho lhe interessarão muito na medida em que você percorre suas páginas. Pois é no *Timeu* que Platão apresenta seus pensamentos a respeito da criação do mundo e da ordem providencial do universo – tópicos que lhe são caros, uma vez que você é um monge medieval. No *Timeu*, você descobre o que Platão tem a dizer acerca de Deus.

O deus de Platão, porém, é diferente do Deus dos monges medievais. Já podemos inferi-lo pela maneira como Platão se refere a ele. Embora fique claro que estamos lidando com um deus (30a), Platão também o chama de artífice – em grego, *demiourgos*. Este assim chamado "demiurgo" tem duas coisas em comum com os artífices humanos que o tornam diferente de Deus tal como Ele é usualmente compreendido no cristianismo, no judaísmo e no islamismo. Em primeiro lugar, o Demiurgo trabalha a partir de um conjunto de planos. Assim como um construtor pode seguir plantas arquitetônicas, do mesmo modo o Demiurgo olha para as Formas. Ele procura criar uma imitação dessas Formas, e essa imitação é o universo físico. Em segundo lugar, o Demiurgo não cria a partir do nada. Em vez disso, ele molda o universo em uma espécie de receptáculo, sem o qual ele não teria onde colocá-lo. Assim, o Demiurgo, diferentemente do Deus das religiões reveladas, ao moldar o universo coopera com dois outros princípios aparentemente distintos: as Formas, que ele usa como padrões, e o receptáculo no qual o mundo nasce. Tal como Platão o apresenta, se o Demiurgo é o pai do universo, então o receptáculo é sua mãe.

O *Timeu* é, por certo, um diálogo. Além das personagens cósmicas, há, pois, um pequeno grupo de elenco dramático. Este elenco compõe-se de Sócrates e de outras três personagens. Aliás, Sócrates enumera os demais já na primeira frase do diálogo, a qual principia, *ipsis litteris*: "Um, dois, três". Como às vezes gosta de fazer, Platão está aqui aludindo a um tema principal de um diálogo em suas palavras iniciais. Como veremos, esse diálogo terá muito a dizer acerca da matemática, e Platão indica isto colocando números de maneira deveras literal no início do *Timeu*. Aliás, o melhor exemplo desse truque platônico é *A república*, que começa com Sócrates dizendo: "Desci ao Pireu", ou seja, ao porto próximo a Atenas. Não pode deixar de ser intencional que o diálogo com a alegoria da caverna comece com alguém dizendo "Desci".

Quando nossa ação se inicia, no *Timeu*, ocorre que *A república* está muito presente em nossos espíritos. Sócrates começa o diálogo com um resumo de uma discussão que ele e seus colegas tiveram no dia anterior (17a-19b). O que ele diz soa semelhante, de uma maneira um tanto quanto suspeita, ao conteúdo de *A república*. Assim, esse pequeno grupo já ouvira uma descrição da cidade ideal. Esse diálogo completará o quadro, mas o pintará em uma tela ainda maior. Em *A república*, tivéramos um extenso paralelo entre a alma e a cidade. Agora, outro paralelo é estabelecido entre a cidade e o universo. Será mostrada a nós a ordem ideal que reina no universo como um todo, e não apenas em uma cidade. Primeiro, porém, é-nos retratada a cidade ideal em ação. O associado de Sócrates, Crítias – nosso amigo do *Cármides*, se você se lembra – conta uma história a respeito do grande político ateniense Sólon, a qual fora ouvida, supõe-se, no Egito (21a-25d). Certa vez, Sólon foi informado, Atenas enfrentou uma invasão de uma potência estrangeira. Não; não é novamente a história acerca da Pérsia. Essa antiga invasão veio de uma terra que fica na direção oposta à Pérsia, no Oceano Atlântico, além do Estreito de Gibraltar – o continente de Atlântida. Esse mito é retomado em outro diálogo, o *Crítias*, livro ligado ao *Timeu* e que é muito raramente lido hoje em dia, para não dizer na Idade Média.

Depois dessa espécie de prefácio, chegamos à exposição de Timeu. Ele é apresentado como filósofo e astrônomo, e depois que começa a discorrer, quase não é interrompido. De fato, esse diálogo platônico consiste em sua maior parte em um monólogo realizado por Timeu. Pode-se suspeitar que Platão se cansou dos diálogos e decidiu sentar-se e escrever um tratado teórico-didático, para variar. Ele finalmente deixará de fazer jogos dramáticos e contar a coisa como ela é. Mas essa impressão é em alguma medida arruinada pela própria descrição que Timeu faz de seu próprio discurso. Devido à própria natureza do tópico, ele anuncia que só será capaz de apresentar, como ele diz, uma "história provável" ou "explicação plausível" (*eikos logos*, 29c). A razão para sua limitada ambição é que ele lidará com o cosmo físico. Como ele diz, trata-se de um reino de mudança e de devir, e, assim, somente suscetível de opinião. Certeza e conhecimento só se aplicam ao mundo do verdadeiro ser: as Formas. Como disse no final do capítulo anterior, o velho e bom platonismo está vivo e bem no *Timeu*.

Algo mais que está vivo e bem é o próprio universo físico. Timeu inicia sua exposição dizendo que o Demiurgo, sendo bom, desejou criar o melhor universo possível. Decidiu, assim, que o universo devia ser ele próprio um ser vivo, com alma, e nessa medida deveria imitar o máximo possível a Forma do ser vivo (30b-d). Para colocá-lo de outra maneira, o universo é um animal que é designado como cópia da Forma do Animal[88]. Timeu presume que o universo é uma esfera, pois a esfera é a mais perfeita forma

88. A palavra para "animal" em grego, *zoon*, deriva do verbo "viver", e, assim, poderia significar simplesmente "coisa viva".

(33b). Diz que é feito dos quatro elementos que conhecemos a partir de Empédocles: fogo, ar, água e terra. Ele fornece um argumento para isso: para que o universo seja visível deve haver fogo, e para que seja tangível deve ter terra (31b). Mas o universo não ficaria perfeitamente unido se não contivesse proporções entre esses dois extremos, o fogo e a terra (31c-32a). Assim, para o fim de completude matemática, o Demiurgo inclui ar e água entre esses primeiros dois elementos.

Platão presume aqui algo que se tornará familiar em Aristóteles e na maior parte dos pensadores antigos: os quatro elementos se misturam entre si, mas tendem a ser arranjados em camadas, com a pesada e sólida terra estando posicionada no ponto intermediário do universo esférico, o leve e sutil fogo dominando a periferia, e a água e o ar entre ambos. O que agora pensamos do Planeta Terra se localiza no centro do universo, com os céus girando à sua volta. Tudo isso, é claro, mantendo a compreensão da experiência cotidiana – o que seria de esperar na "história provável" de Timeu. Vemos que a chama se agita para cima, no ar, que torrões de terra e pedras afundam na água e caem no ar. No que concerne aos corpos celestes, eles não podem ser observados de perto, mas Timeu diz que também eles são compostos de elementos (32c). Acrescenta que seus movimentos regulares criam o tempo, como um relógio cósmico (37d-38e). Os céus são as partes mais divinas do universo, mas este, como um todo, é divino, um deus feito pelo maior deus, que é o Demiurgo (34b).

O raciocínio de Timeu ao longo desta seção pode nos causar a impressão de uma estranha mistura que se move em diferentes direções. Por um lado, ele apela à observação empírica – como eu disse, as ideias acerca dos elementos supostamente explicam o que vemos à nossa volta. Por outro lado, ele invoca simbolismo matemático, como poderíamos esperar de um pitagórico. Um exemplo é sua ideia de que o ar e a água devem existir para que haja alguma proporção que une o fogo e a terra. A matemática se torna ainda mais dominante na medida em que Timeu prossegue, particularmente em uma complicada passagem a respeito da criação da alma pelo Demiurgo. Isto é explicado por meio de uma detalhada análise de proporções geométricas, de modo que o Demiurgo procura criar uma mistura em proporções ideais a fim de constituir a alma (35b-36b). O Demiurgo, então, entrelaça essa bem-proporcionada alma com o corpo do cosmo, para criar uma esfera viva – um animal tão perfeito quanto é possível existir no universo. Esse animal é o universo em que vivemos.

Mas como passamos a existir no universo? O Demiurgo nos criou? Não, ele fez o que todos os bons executivos fazem: delegou. Em uma passagem caracteristicamente inescrutável, Platão faz Timeu respaldar os antigos mitos acerca da geração dos deuses, mais ou menos o que sabemos deles a partir de Homero e Hesíodo. Devemos, diz ele, tão somente aceitar tais coisas como nos foram legadas as exposições dos deuses, sem provas (40d-e). Assim, podemos seguir em frente e acreditar que existe uma família de deuses disposta a ajudar o Demiurgo, o que inclui Cronos, Zeus, Hera e assim por diante. Diferentemente do Demiurgo, esses deuses efetivamente nasceram uns dos outros, como diz Hesíodo (40e-41a). Se essa passagem pudesse ser lida por Xenófanes – o pré-socrático que se notabilizou por criticar os poetas épicos – poderíamos imaginá-lo suspirando de frustração, aqui. De maneira alternativa, ele poderia dar um sorriso de conspiração, se ele supusesse que Platão não estava sendo sério aqui, e que essa ratificação dos deuses gregos tradicionais é envolvida em ironia. É difícil saber qual seria a ação correta: como é usual, Platão está escondendo bem suas cartas.

Em todo caso, são esses deuses menores que fazem o trabalho sujo de moldar o corpo humano. O Demiurgo tem o cuidado de separar porções da alma, mas esses deuses ajudantes concebem nossos corpos e os produzem a partir dos quatro elementos (42e-43a). A única razão pela qual precisamos de nossos corpos, isto é, do nariz para baixo, é para que nossas cabeças não rolem e fiquem presas em valas (novamente, é preciso se perguntar se Platão está brincando, mas toda a explicação é feita aparentemente com seriedade). Timeu também explica como funciona a visão humana, e com certo vagar. Sem entrar excessivamente nesses detalhes, Platão sustenta a concepção de que nossa visão se dirige aos objetos que vemos: os olhos emitem raios, que se unem com a luz para fazer as coisas acontecerem (45b-d). Assim, a visão é comparável a usar um bastão para alcançar e tocar os objetos visuais. Aqui, mais uma vez, Platão pode nos causar estranheza. Mas, ao assimilar a visão a uma espécie de toque, ele explica como podemos interagir com coisas a distância ao vê-las. A estipulação de que o raio visual precisa se unir com a luz explica ainda por que não podemos enxergar no escuro. Assim, essa teoria do raio visual tem suas vantagens, e foi por muitos séculos uma das maneiras dominantes de compreender a visão[89]. De qualquer modo, Timeu elogiou a visão como um dos sentidos mais importantes, pois permite que vejamos os movimentos regulares dos corpos celestes – devemos aspirar a imitar essas revoluções nos movimentos de nossas próprias almas (47a).

Esta, portanto, é a descrição de Timeu de como o Demiurgo e seus deuses ajudantes moldam o universo e os humanos que nele vivem. Mas Timeu não terminou. Ele deixou de fora, até agora, uma importante parte da história: o receptáculo (48e-52d). O receptáculo não é nenhum dos objetos que nos cercam, mas é o que contém essas coisas. Não podemos observá-lo diretamente. Sabemos que ele existe somente porque deve haver alguma matriz ou arena espacial nas quais as coisas se movem e se transformam umas nas outras. E as coisas certamente mudam; por exemplo, quando a água evapora e se transforma em ar. Não pela primeira vez, Platão soa um tanto quanto heraclitiano aqui, na medida em que faz Timeu descrever o mundo físico como um reino de constante mudança e fluxo. Sem o receptáculo não haveria de todo estabilidade na região que nos cerca, abaixo dos ordenados e imutáveis céus. O próprio receptáculo é imutável, mas desprovido de características – Timeu o compara ao fluido inodoro ao qual as pessoas acrescentam sabores quando estão fazendo perfume (50e). Assim, só pode ser apreendido de maneira indireta, pelo que Timeu chama de "raciocínio bastardo".

Assim, Platão acrescentou um terceiro degrau à sua escada metafísica. Em diálogos como o *Fédon* e *A república* tomamos conhecimento de dois tipos de itens metafísicos: as Formas imutáveis e as coisas mutáveis que delas participam. Conhecemos agora o que Timeu chama de "terceiro tipo", a saber, o receptáculo no qual essas coisas participantes podem existir. Timeu introduz o receptáculo a fim de ilustrar como o universo é

89. A outra principal tese é a explicação de Aristóteles segundo a qual uma forma visual é transmitida para o olho por meio de um meio iluminado (como o ar). Somente com Ibn al-Haytham, um cientista do Islã medieval, se argumentará (corretamente) que vemos graças aos raios de luz que se refletem nos objetos e, então, em nossos olhos.

o produto não só do intelecto divino, como do que ele chama de "necessidade" (*anankê*) (47c-48a). O Demiurgo e os deuses ajudantes são de certa maneira forçados na medida em que moldam o universo. Por exemplo, os objetos no universo precisam se apossar do espaço, uma vez que são feitos no domínio espacial do receptáculo. Isto significa que podem colidir e interferir uns com os outros. Há outras limitações, mais sutis. Timeu fornece o exemplo do crânio humano, que se revela ser uma espécie de compromisso. Se fosse menos espesso, nosso cérebro poderia ser maior e seríamos mais inteligentes, mas se fosse mais espesso, forneceria melhor proteção a ele (75a-c). Sua atual espessura, assim, é produto da necessidade: os deuses fazem o melhor que podem com os materiais que são fisicamente possíveis.

O exemplo do crânio é um pouco mais desenvolvido mais tarde no diálogo, no final da tentativa de Timeu de analisar o mundo físico, levando em conta não somente a sabedoria do Demiurgo, como as coerções impostas pela necessidade. À medida que essa parte da explicação provável se configura, é uma forma em particular que domina a discussão: triângulos. É claro, Platão amava geometria – lembre-se da lenda de que uma inscrição na Academia dizia que somente aqueles que tivessem estudado geometria poderiam entrar ali. E sua paixão pelo assunto jamais é tão evidente quanto aqui, no *Timeu*. Somos informados de que os quatro elementos não são elementos em sentido estrito, no sentido de serem os componentes mais básicos de nossos corpos. Em vez disso, assim como nossos corpos são feitos de fogo, ar, água e terra, esses corpos elementares são feitos de triângulos (53c-d). Para ser preciso, os quatro elementos são feitos a partir de dois tipos de triângulos. A terra é feita de um tipo (55d-e): triângulos com um ângulo reto e dois outros ângulos iguais (diríamos que os ângulos são de 90, 45 e 45 graus). Se você fundir dois desses triângulos, obtém um quadrado, e se fundir seis quadrados por meio de suas bordas, terá um cubo. Isto explica a solidez da terra: no que poderíamos chamar de nível molecular, é feito de cubos microscópicos que se encontram unidos entre si. Todos os outros elementos são feitos de pequenos triângulos, cada um dos quais é metade de um triângulo equilátero. Uma vez que se unem como triângulos equiláteros, estes podem por sua vez ser combinados para formar as superfícies de várias formas tridimensionais (56a-c).

Se você prestava atenção às aulas de geometria quando criança, sabe que essas formas são chamadas de poliedros. E se você jamais se perguntou por que cinco poliedros, o cubo, a pirâmide, o octaedro, o dodecaedro e o icosaedro são chamados de "sólidos platônicos", então agora você sabe: são os cinco sólidos mencionados nesta parte do *Timeu*[90]. A seguir, Platão invoca as características geométricas dos sólidos para explicar os fenômenos físicos. Já vimos que a solidez dos cubos explica a solidez da terra. De modo similar, o fogo consiste em pequenas pirâmides, e as pontas agudas dessas pirâmides explicam a natureza de corte e destruição do fogo. Outra vantagem dessa explicação é explicar como o fogo, o ar e a água se transformam uns nos outros: as moléculas tridimensionais são quebradas em seus átomos triangulares, e esses triângulos voltam a se formar, de modo que um sólido platônico surge de outro (56e-57a). Incidentalmente, a terra, sendo feita desse outro tipo de triângulo, não pode se transformar nos outros elementos (56d) – concepção que Aristóteles rejeitará.

Afastando-se dessa explicação provável dos elementos em termos de um atomismo geométrico, Timeu prossegue com a discussão de por que algumas coisas são duras e outras flexíveis, algumas pesadas e outras leves, algumas ásperas e outras lisas; por que as coisas têm cor e sabor; e por que o corpo humano é formado como é. Em uma passagem significativa, ele atribui as três partes da alma, conhecidas de *A república*, a partes do corpo (69c-71e). A razão se localiza no cérebro, o espírito no coração e o apetite no fígado. Isto também é algo que Aristóteles rejeitará. Com efeito, um debate se estenderá por séculos no que se refere a saber se a parte racional e a parte perceptiva de nossas almas se associam com o cérebro ou com o coração, Platão sendo o porta-bandeira do cérebro e Aristóteles e os estoicos insistindo que o coração, sob todos os sentidos, é central. Somente no século II d.C. o médico Galeno poria um fim a esse debate. Ele realizou experimentos anatômicos – com frequência, em exibições públicas – que provaram que o movimento animal é controlado pelos nervos e não pelo cérebro. Uma poderosa demonstração foi cortar os nervos do pescoço de um animal vivo, tornando o animal coxo.

---

90. Por que cinco sólidos para apenas quatro elementos? Porque o dodecaedro se associa com o cosmo como um todo, provavelmente porque ele é quase esférico (55c).

Mas deixemos de lado esses detalhes anatômicos e examinemos uma última vez o quadro mais amplo: a cosmologia do *Timeu*. A receita cósmica de Platão pode nos fazer lembrar dos pré-socráticos. Os ingredientes de seu universo físico incluem quatro elementos (emprestados de Empédocles) e uma mente divina (que é uma boa porção de Anaxágoras), que produz um mundo de mudança constante (uma pitada de Heráclito) e que é fundamentalmente matemático (uma medida cheia de pitagorismo). Mas, como sempre, seria um erro reduzir Platão a suas fontes. O *Timeu* nos provê uma ambiciosa e nova explicação do universo e de sua formação. Mostra um compromisso profundo com a ideia de que o universo é providencialmente ordenado. Embora Platão não utilize qualquer frase como "o melhor dos mundos possíveis", ele de fato salienta que o Demiurgo não é invejoso, e deseja fazer este mundo tão bom e tão belo quanto possível. Por outro lado, há limitações a essa possibilidade. Os triângulos a partir dos quais surgem os elementos são feitos de formas que têm a ver com a natureza do receptáculo, e, em geral, as escolhas do Demiurgo são limitadas pela necessidade natural.

Esta não é a atividade criativa ilimitada do Deus cristão cultuado pelos monges medievais. Em vez disso, o universo é obra de um artífice divino que não escolhe que plantas usar, e que é restringido no que concerne ao material que tem em mãos. Outra profunda diferença é esta: o Deus do cristianismo, do judaísmo e do islamismo é uma divindade pessoal. Recompensa e pune. Fica irado. Ama suas criaturas. O Demiurgo não faz nenhuma dessas coisas. Pode ser providencial e até mesmo generoso, mas, ao fazer o universo, sua atitude se assemelha mais ao gosto estético do que ao amor. Com efeito, há uma boa razão platônica pela qual o Demiurgo não pode nos amar. O Demiurgo é divino e perfeito, não necessita de nada. E, em outros diálogos, Platão nos mostra que o amor está sempre atrelado à necessidade, ao desejo não satisfeito, a um anseio por uma beleza que nos esforçamos para apossar.

27

ASAS DO DESEJO: OS DIÁLOGOS ERÓTICOS DE PLATÃO

O passado, como se diz, é um país estrangeiro[91]. E a Grécia antiga pode com frequência parecer ser um país demasiado estranho, de fato. Alguns aspectos da cultura grega encontram ecos na nossa, mesmo que esses ecos sejam distantes. Não há realmente sofistas hoje em dia, mas há conselheiros políticos; os pré-socráticos faziam filosofia da natureza, e nós fazemos ciência; a tragédia de Eurípides e a comédia de Aristófanes são ancestrais muito distantes do teatro moderno; e assim por diante. Mas houve práticas culturais gregas que não encontram paralelo na sociedade contemporânea. Um exemplo óbvio é a pederastia. Hoje, as ligações sexuais entre adultos e crianças são não apenas ilegais como estão entre os crimes morais mais repugnantes que podem ser cometidos. Mas, na Grécia antiga, ligações entre homens adultos e rapazes eram um papel aceito na vida civil. Idealmente, o jovem parceiro estaria na "flor da juventude" antes que crescesse sua primeira barba. Esse rapaz era chamado de "amado", o "amante" sendo o homem mais velho.

Note a implicação de que a atração não era necessariamente mútua. Assumia-se que o amante mais velho desfrutaria do prazer em sua parceria, enquanto o rapaz, não. Rapazes que mostrassem sinais de gostar desse lado da relação eram considerados desavergonhados, e se esperava que um

91. Primeira frase do romance *O mensageiro* de Leslie Poles Hartley.

jovem amado demonstrasse sua decência dificultando a tarefa, antes de finalmente ceder às carícias do amante. Assim, o que o rapaz ganha com isso, se não se espera que ele desfrute de qualquer prazer em tudo isso? Na etapa do cortejo, naturalmente, encontra-se o deleite de receber galanteios e demonstrações de apreço, aspecto que Platão utiliza com efeito cômico em diversos diálogos (lembre-se do rapaz que cai na extremidade do banco, no *Cármides*). Mas o principal benefício para o amado era que o amante lhe forneceria um tipo especial de educação. Para o rapaz, a pederastia consistia em uma introdução aos costumes da sociedade adulta, juntamente com conexões políticas e experiência. Assim, a pederastia se vinculava à vida política e, para o jovem, a relação erótica poderia ser um degrau em sua ascensão política. Ele precisava pelo menos mostrar uma aparência de resistência para mascarar essa troca subjacente de benefícios que, para um observador implacável, parece prostituição.

Platão era esse observador implacável. Ele permite que seus personagens usem termos bem duros quanto aos benefícios que o amado e o amante esperam quando embarcam em uma relação erótica. Ele tampouco se furta a explorar essas relações para efeitos humorísticos, como mencionei. Assim, é fácil supor que a atitude de Platão em relação a essa prática era de severa desaprovação. Falamos hoje de relações platônicas e amor platônico no sentido de relações amorosas que não envolvem sexo. Isto passa a impressão de que Platão era a Nancy Reagan da erótica; seu conselho para nós: "Apenas diga não". Mas, na verdade, o interesse de Platão pelo impulso erótico, bem como pelas relações pederastas, em particular, era complexo e multifacetado. Vários de seus diálogos tratam de temas eróticos, às vezes na forma de um cenário dramático, como no *Cármides*, e às vezes de passagem, como quando Sócrates provoca Mênon, dizendo que, como jovem de boa aparência, Mênon estava sempre à busca de elogios.

Há dois diálogos que são especialmente importantes no que se refere a esse tratamento de *eros* – a palavra grega para amor sexual ou apaixonado. Ocorre que são duas de suas maiores obras: *O banquete* e o *Fedro*. Em *O banquete*, como naturalmente diz seu título, apresenta uma festa com bebidas (a palavra "simpósio" significa "beber juntos"), ocasião em que os homens gregos se reuniam à noite para beberem deitados, entretendo-se entre si com cantos ou conversas. Entretenimento adicional era fornecido por flautistas, que com frequência estavam disponíveis para usufruto físico dos homens. Em *O banquete,* de Platão, é algo mais tranquilo, já que muitos dos presentes já haviam bebido bastante na noite anterior (176a-e). Em vez de ficarem bêbados, eles optam por proferir discursos em homenagem ao amor, ou *eros* (177a-d). No final do diálogo, a festa fica um pouco mais agitada, com a entrada de Alcibíades, o belo jovem que cresceu e se tornou uma figura política notória[92].

A maestria de Platão nesta obra consiste em fazer diversas personagens proferirem discursos acerca do amor. Tal estrutura permite-lhe examinar o *eros* de múltiplas perspectivas, enquanto demonstra a sua capacidade de reproduzir diferentes estilos discursivos. As duas vozes mais célebres pronunciam os dois melhores discursos: a de Aristófanes e a de Sócrates. No entanto, antes mesmo de alcançá-las, veem-se expostas variadas concepções relativas ao amor. Fedro – o nome que dá o título ao diálogo que discutirei abaixo – descreve o amor como um deus que traz grandes bênçãos (178a-180b). Outro personagem, chamado Pausânias, vai além, insistindo que existem dois deuses com o nome de amor, um dos quais é preferível ao outro (180c-185c). O homem que está submisso ao amor mais baixo, "comum", é indiscriminado e aproveita toda chance de gratificação sexual (181b), ao passo que o amor mais elevado, "celestial", leva aquele que o tem a mostrar lealdade a seu amado. Essa ideia de que o amor pode se manifestar como uma vulgar satisfação ou como uma busca exaltada também aparece no *Fedro*, como veremos em breve. Depois de Pausânias, as coisas são trazidas para a terra por Erixímaco, que é médico. Como Empédocles, ele vê o amor como uma força que percorre o cosmo (186a-b). Está particularmente interessado em seus efeitos no corpo humano, o amor se manifestando ali como harmonia e saúde corporais (186d-e). Isto é um lembrete de que na época de Platão as ideias médicas já haviam penetrado na filosofia – e vice-versa.

Mas, como eu disse, as coisas só começam realmente a ficar boas com o discurso de Aristófanes, uma brilhante e engraçada explicação da atra-

---

92. Cf. capítulo 13 acerca de Sócrates em Xenofonte e em Aristófanes.

ção erótica por meio de um mito. Aristófanes explica que, originalmente, os humanos se uniam em pares, alguns com duas metades masculinas, alguns com duas metades femininas, alguns literalmente "andróginos" – ou seja, combinam uma metade masculina e uma feminina (189d-e). Essas criaturas tinham oito pernas e duas cabeças, e podiam se mover por meio de cambalhotas (190a). Sua velocidade e força lhes permitiam desafiar os deuses. O poderoso Zeus pôs um fim a isso, dividindo cada uma delas em duas, transformando-as nos humanos que hoje vemos (190c-e). Isso explica nosso desespero pela união sexual: estamos, literalmente, tentando nos reunir com nossa metade perdida (191a-b). Isso também explica por que, para colocá-lo em termos contemporâneos, algumas pessoas são homossexuais e outras heterossexuais: homens que amam homens foram divididos de um par masculino, ao passo que aqueles que amam mulheres vieram de pares andróginos. Aristófanes acrescenta que homens que amam homens são mais viris, uma vez que derivam de uma criatura composta que era inteiramente masculina (192a).

Esse divertido mito se adequa ao poeta cômico que Platão escolheu para contá-lo. Aristófanes conclui com a ameaça de que, se não respeitarmos o amor e outros deuses, Zeus pode nos dividir de novo, separando a parte esquerda da parte direita de nossos corpos, de modo que ficaremos em perfis nos quais aparecem nossos narizes como nas figuras de relevo das lápides (193a). Platão também faz Aristófanes afirmar a todo instante que ele está falando sério – o que nos leva a entender que a companhia à sua volta está rindo das imagens que ele conjura. Entretanto, o mito também defende um importante argumento, a saber, que o amor erótico é um desejo por união no mais forte sentido possível. De acordo com o mito, somos incompletos, e desejamos recuperar nossas metades. Como diz Aristófanes, se um deus aparecesse para dois amantes e oferecesse uni-los para que jamais se separassem um do outro, por certo diriam que este é o desejo de seu coração (192d-e). Mais uma vez, a maneira pela qual isto é apresentado tem tons cômicos. Porém, não se deve subestimar a ideia de que o amor é realmente um desejo de ter, e, em certo sentido, até mesmo de se identificar com o amado. Mesmo no *Gênesis*, diz-se que homem e mulher se tornaram "unha e carne" quando se uniram em casamento.

Sócrates, porém, não aceitou nada disso. De modo típico, ele se propõe não só a proferir um discurso em louvor do amor, mas de refutar as ideias do amor que vieram antes dele. Um belo jovem poeta chamado de Agatão falou em seguida a Aristófanes, e elogiou Eros mais uma vez como um belo e maravilhoso deus (194e-197d). Sócrates o refuta, primeiro em uma curta discussão com Agatão, e então por meio de seu próprio discurso. É claro, Sócrates não gosta realmente de proferir discursos, como diz no início da *Apologia*[93]. Em vez disso, ele pretende recontar uma discussão que teve com uma sábia filósofa chamada Diotima. O discurso de Diotima põe em dúvida não só a ideia de Agatão de que o amor é um belo deus como também a ideia de Aristófanes de que o amor é um anseio por posse e por união.

Diotima admite que o amor é um ser divino – um semideus, se não um deus (202d-e). Mas ela objeta ao tipo de louvor efusivo encontrado no discurso de Agatão. Afinal, o que é o amor senão desejo pelo que é belo? E se desejo algo, então obviamente não o tenho. Assim, mesmo que Eros seja um ser divino, ele não pode ser belo e maravilhoso. Em vez disso, ele é pobre, rude e andrajoso, em busca desesperada pela beleza e pela sabedoria que ele jamais atingirá (203c). Parece com alguém que conhecemos? Parece que Sócrates, por meio de Diotima, está envolvido em uma espécie de autorretrato. Mas se o amor é um anseio pelo que não se tem, então por que Sócrates ou Diotima não concordam com Aristófanes que se trata de um anseio por união com nossa metade perdida? Diotima alude a essa ideia central do discurso de Aristófanes e também discorda dela: ela diz que, se desejo algo, isso não pode ser simplesmente porque se trata de uma parte de mim, mas porque eu o considero bom (205e). Afinal, aponta ela, fico feliz em amputar um membro se ele estiver infectado.

O amor, por conseguinte, não diz respeito à posse: refere-se à busca do belo, do bom. A conclusão não causa surpresa: se procuro aquilo que é belo, erro ao contentar-me com corpos belos. Devo, antes, procurar a beleza em si – a Forma da Beleza. É justamente isso que Diotima diz. Nosso

93. De maneira não tão infrequente, Platão faz Sócrates proferir longos discursos, ao mesmo tempo em que o faz dizer que ele na realidade não se dá bem com discursos longos. Para um bom exemplo, cf. *Protágoras* 335c (quando nega ser incapaz de proferir discursos), seguido por 342 a-347 a (uma extensa análise do poeta Simônides).

desejo por beleza é um desejo de "gerar na beleza", de transcender nossas limitações e finitude numa busca pela imortalidade (206b-207a). É por isso que as pessoas tentam produzir filhos, isto é, como uma maneira de permanecerem vivos depois da própria morte (207a-208b). Mas esta é uma pobre espécie de imortalidade, assim como a beleza do corpo é uma pobre espécie de beleza. Assim, trata-se de uma expressão infundada de amor se o amor se contenta com a beleza dos corpos dos rapazes. Alguém que está realmente em busca do belo se dará conta de que não é somente este corpo que é belo, mas outros corpos também, e daí haverá espaço para admirar a beleza das almas (210a-e). Esse tipo de amante desejará educar seu amado, e não apenas deitar-se com ele. Ao louvar esse tipo de impulso, Diotima parece aprovar de maneira qualificada as práticas pederásticas da cultura grega, pelo menos na medida em que giram em torno da educação do jovem e não da consumação física.

Mas este não é ainda o patamar mais alto na escada do amor. Em última instância, o interesse do amante na educação das almas o levará a buscar belas leis, a fim de melhorar tantas almas quanto possível (210c-e). Assim, uma figura como Sólon, o legislador de Atenas, revela-se como sendo um praticante avançado das artes eróticas. Mesmo Sólon, porém, não ascendeu até o topo da escada. O amante que se gradua no mais alto patamar é aquele que busca e consegue alcançar o belo em si – o que Diotima chama de "grande mar do amor". Esse amante alcança a imortalidade não por meio de geração de filhos ou pela prescrição de leis para uma cidade, mas por meio da apreensão das verdades imutáveis e imortais: a natureza do belo em si (210e-211a). Segundo Diotima, portanto, todos os outros amores que ela descreveu são meras versões imperfeitas da filosofia. Pois o verdadeiro amor é um amor pela sabedoria, e isto, é claro, nada mais é do que a filosofia.

Uma vez tendo alcançado essa elevada posição, o diálogo é trazido brutalmente para baixo, para o contexto da festa, pela chegada de Alcibíades (212c). Ornado com flores e mais do que ligeiramente bêbado, ele profere um discurso em louvor de Sócrates, em vez de para Eros – ou eles serão idênticos? Esse discurso é a mais poderosa evocação de Sócrates nos diálogos, e um conto rude de amor não correspondido. Alcibíades é o maior fã de Sócrates: ele nos conta da dureza de Sócrates, lutando sem temor e ficando sem comer e de pés descalços na neve durante a campanha militar (219e-220b). Ele até mesmo salvou a vida de Alcibíades em uma batalha (202e). Mas não são as proezas militares de Sócrates que fazem Alcibíades se sentir inadequado em comparação a ele. Em vez disso, é com suas perguntas desafiadoras e sua crítica da ambição política que Sócrates o fez se sentir servil e envergonhado (215d-216b). Sabemos que Alcibíades teve uma carreira política (para colocá-lo de modo suave), mas Platão o apresenta como poderosamente atraído pela filosofia de Sócrates e por sua pessoa. Alcibíades tentara seduzi-lo, talvez para tentar prevalecer nessa relação desigual, mas as capacidades de autocontrole de Sócrates são tão grandes que ele pode resistir às atrações até mesmo do adorável Alcibíades. Seu interesse por rapazes não é por sua beleza física, mas por suas almas.

Isto se adequa razoavelmente bem com o retrato de Sócrates em outro grande diálogo de Platão acerca do *Eros*: o *Fedro*. Como *O banquete*, o *Fedro* cria um cenário erótico para seus temas eróticos. Aqui, encontramos Sócrates na natureza, fora das muralhas de Atenas – algo raro para ele, que normalmente prefere permanecer na cidade, onde pode discutir filosofia. Mas Sócrates não hesita em discutir em qualquer cenário, e neste caso seu interlocutor é outro belo jovem, Fedro. Os dois flertam nesse cenário bucólico e, em um artifício dramático similar àquele de *O banquete*, discursam um para o outro no que tange ao tópico do amor. Mais especificamente, os discursos dizem respeito ao problema de que tipo de homem mais velho um rapaz deve concordar em satisfazer. Deve ele preferir um amante que esteja realmente apaixonado por ele, ou um que não esteja?

Uma maneira de expressar esse ponto central do *Fedro* é esta: é um amante também um amigo? O amor realmente faz um homem beneficiar seu amado ou, antes, lhe dá motivos para fazer-lhe mal? Sócrates sugere que pode ser este último caso. Afinal, o amante não quer encontrar resistência, quer que o rapaz ceda a ele. Assim, é de seu interesse que o rapaz seja fraco (238e-239c). Ele deseja que o rapaz dependa dele – qualquer vantagem que o rapaz tenha, por exemplo, riqueza, o tornará mais independente (240a). Assim, ele planejará prejudicar, não beneficiar o jovem objeto de seus desejos. A isso se pode acrescentar que o amante abandonará o rapaz assim que perder o interesse por ele, deixando-o perplexo pela súbita mudança da perseguição aduladora em direção ao desprezo (240e-241d). Já um não apaixonado, em contraste, será motivado não pelo desejo físico, mas pela boa vontade e pela amizade. Assim, o rapaz deve ceder o seu corpo não ao amante obcecado, mas a um homem mais velho que seja apenas um amigo.

Neste ponto, o sinal divino de Sócrates se pronuncia – a voz sobrenatural que o adverte quando ele está prestes a fazer algo errado. Sócrates renega o que acabou de dizer, e profere um discurso argumentando na direção oposta. O rapaz, afinal, deve gratificar o amante apaixonado, não o que não está apaixonado (243d). A fim de explicar a razão disso, Sócrates apresenta uma das mais célebres imagens em Platão. As nossas almas são, conforme ele declara, a exemplo de uma parelha de cavalos alados e de seu cocheiro. Há dois cavalos: o primeiro é obediente e nobre, ao passo que o outro é vicioso e indomável (246a-b). O cocheiro precisa dirigir um rumo reto com estes corcéis voadores, ao manter o cavalo ruim sob controle. Caso ele obtenha êxito, é possível que consiga pôr a cabeça na região supraceleste, onde os deuses se movem nos seus próprios coches (246d-247a). Ali a alma contempla a justiça, a temperança e o conhecimento – em suma, é capaz de ver as Formas (247d). No entanto, às vezes o cavalo ruim arrasta a alma para a terra (247b). Uma alma assim perde as suas asas quando se une a um corpo terreno. Parece óbvio que essa imagem reflete a teoria psicológica que já encontramos em *A república*. O cavalo indomável representa a alma desejante que tenta desafiar a razão, ao passo que o bom cavalo corresponde ao espírito que ama a honra e que pode ajudar a alma a subjugar o desejo. O cocheiro, é claro, simboliza nossa alma racional. A teoria da rememoração também pode aparecer aqui, uma vez que Sócrates discorre a respeito das almas caídas como aquelas que se esqueceram do que contemplavam nos céus acima.

É divertido ver temas platônicos conhecidos a girar nesse cenário evocativo. Mas o que isso tem a ver com o amor? Bem, explica Sócrates, quando vemos o belo – por exemplo, a beleza de um rapaz – nossa alma se lembra da beleza que viu acima (249c). Algumas almas se entregam à sedução da beleza física e buscam a gratificação física. Mas as melhores almas são estimuladas a fazer suas asas crescerem novamente. Trata-se de um processo doloroso, e a alma não compreende o que acontece com ela, que é a razão pela qual ficar apaixonado é tão traumático e agoniante

(251c-252b). O rapaz, portanto, serve como uma espécie de estímulo para a rememoração do belo – uma versão emocionalmente mais intensa do tipo de estímulo de que ouvimos falar no *Fédon*, onde tanto gravetos como pedras nos levam a rememorar a Forma da Igualdade. Mas também o rapaz é eventualmente arrastado nesse anseio erótico. Como o amante, o lado apaixonado do rapaz, representado pelo mau cavalo da carruagem de sua alma, pode conduzi-lo a ceder à crua união física. Mas se os bons cavalos prevalecerem, ambos permanecerão castos e se envolverão no que acaba se revelando uma união mais verdadeira e duradoura: os prazeres compartilhados da filosofia (256a-c).

Não surpreende que Platão veja a filosofia como manifestação do amor. Afinal, a palavra grega *filosofia* significa literalmente o "amor pela sabedoria". Essa etimologia nada tem a ver com *Eros*. Relaciona-se, antes, à palavra *philia*. É uma palavra com ampla aplicação – por exemplo, a relação entre pais e filhos é de *philia*, e o amar sexual ou *eros* também é compatível com *philia*. Seguirei a prática comum de usar a palavra "amizade" como tradução. O que pode nos fazer perceber que há algo de insatisfatório com a explicação do amor que encontramos em Platão. Alguns se queixaram de que em *O banquete* e no *Fedro* Platão fornece uma explicação do amor que se distancia completamente da amizade. O estudioso Gregory Vlastos acusou Platão de falhar em termos de imaginação moral aqui, na medida em que *O banquete*, em particular, não fornece uma explicação bem-sucedida do amor interpessoal (cf. Vlastos, 1981, p. 1-34). Em vez disso, Platão apresenta as relações eróticas como meras ocasiões para ascender ao Belo em si e às outras formas. Se isso estiver correto, então uma bela pessoa se sairá tão bem quanto qualquer outra – assim como dois bastões iguais servirão igualmente bem para me lembrar da Forma da Igualdade.

Mas isto significa presumir que Platão estava na verdade tentando fornecer uma explicação do amor interpessoal no discurso de Diotima. Talvez essa matéria simplesmente não estivesse na agenda de Platão em *O banquete*. Isto não precisa significar que ele não tinha nada a dizer acerca do assunto[94]. Ele ter algo a dizer fica claro a partir de um trabalho menos fa-

94. Para esse tipo de leitura, cf. Sheffield (2006).

moso, chamado *Lísias*. O *Lísias* é um diálogo socrático mais típico: Sócrates e alguns jovens interlocutores tentam definir algo e fracassam na tentativa. Neste caso, o termo a ser definido é *philia*, ou amizade. O diálogo é mais curto do que *O banquete* e carece de seu poder mítico e literário, mas, não obstante, vale a leitura. Falando para outro jovem rapaz – o Lísias do título – Sócrates se pergunta se é verdade que pássaros da mesma plumagem voam juntos (214a-b). Em outros termos, a amizade floresce entre pessoas que são semelhantes, ou diferentes? Depois de apresentar objeções contra ambas as opções, Sócrates decide que toda amizade se baseia em um amor por algum tipo de bem (216c-217a). Se sou seu amigo, deve ser devido à sua bondade – e deve ser por sua causa que sou seu amigo. Esta é uma ideia a respeito da amizade que examinarei novamente quando chegarmos à Ética a Nicômaco de Aristóteles. Como costuma ocorrer, Platão antecipa-se às problemáticas prementes e parece manifestar interesse pelo amor interpessoal. A virtude do meu amigo, não a virtude em geral nem a Forma da virtude, serve de fundamento à nossa amizade, e o sentimento amistoso que nutro por ele existe em função dele próprio (219b).

Mesmo aqui, porém, Platão integra a filosofia em sua explicação do amor. Se sou filósofo, é porque tenho essa relação de *philia* com a sabedoria, de modo que busco esse grande bem do qual até agora careço. Assim, Platão parece profundamente comprometido com a ideia de que a filosofia é realmente um tipo de amor, uma saudade e uma paixão pela sabedoria. É fácil ignorar esse aspecto apaixonado da filosofia quando estamos em meio a algum argumento técnico de metafísica ou de epistemologia. Platão não nos permite perder de vista o ponto principal ao valer-se das poderosas imagens míticas do *Fedro* e de *O banquete* – todos aqueles carros celestes, almas que fazem plumas brotar, deuses e semideuses. Estes não são senão dois dos diálogos nos quais Platão emprega o mito como veículo para exprimir e reforçar ideias filosóficas. Na realidade, muitos dos diálogos que examinamos – até o *Fédon*, o *Górgias* e *A república* – apresentam mitos elaborados, e cometeríamos uma injustiça contra Platão se os negligenciássemos antes de prosseguir rumo a Aristóteles.

28

Juízos finais: Platão, poesia e mito

Neste livro lidei pelo menos de passagem com três corpos de literatura da Grécia antiga. Obviamente, há a literatura filosófica e científica que tem sido o principal foco. Há a história, tal como escrita por Xenofonte, Tucídides e outros – figuras que tive oportunidade de mencionar algumas vezes. E há, então, a poesia. No início de nossa história, discuti como Xenófanes atacou os poetas Homero e Hesíodo por seu tratamento indevidamente reverencial dos deuses. Também vimos que outros pré-socráticos, como o grande Parmênides, escreveram sua filosofia em forma poética, e que o poeta cômico Aristófanes constitui importante fonte para o Sócrates histórico. Mas os poetas, sejam épicos, trágicos ou cômicos, não apareceram muito desde que cheguei a Platão. Você pode estar pensando que foi uma espécie de omissão, ou ainda, ouso dizer, uma lacuna. Afinal, Platão é famoso por atacar os poetas em sua maior obra, *A república*. Como Xenófanes, ele criticou a maneira pela qual os deuses são representados em Homero e em Hesíodo. Mas a diatribe de Platão contra os poetas transcende qualquer coisa que encontramos nos fragmentos de Xenófanes. Ele propõe um programa de censura para sua república ideal, mencionando versos específicos que deveriam ser banidos. No final de *A república*, ele ataca os poetas da tragédia e da comédia antigas, e adverte que, a não ser que os poetas ou seus apoiadores possam mostrar que a poesia é benéfica para a sociedade, também eles devem ser excluídos (607d-608a).

A atitude notoriamente hostil de Platão em relação aos poetas causa perplexidade quando se pensa a respeito. Nenhum autor grego poderia escrever sem estar à sombra dos poetas, e Platão estava longe de ser uma exceção a essa regra. Ao longo dos diálogos, incluindo *A república*, ele alude com frequência tanto a Homero como a Hesíodo. Ele cita outros poetas também, como Simônides e Píndaro. Estas são as únicas citações explícitas – há muitas outras referências, mais implícitas, que os leitores de Platão certamente notaram, dada a imensa importância da poesia na sociedade aristocrática grega. Com efeito, um livro inteiro que estuda a maneira pela qual Platão usa Hesíodo foi recentemente publicado (Boys-Stones; Haubold, 2010). O uso desse material por Platão, como tudo o mais nesse autor, é complicado: às vezes é feito de maneira desaprovadora, mais frequentemente se apropriando de observações poéticas para seus próprios fins. Há igualmente o fato de que o próprio Platão estava produzindo grande literatura em *A república* e em outros diálogos. É claro, os diálogos não são poemas. Mas, como veremos, algumas de suas objeções contra a poesia pareceriam ser igualmente aplicáveis a seus próprios diálogos.

O enigma mais notável talvez seja este: as objeções de Platão à poesia mítica e épica de Homero e de Hesíodo não o impediram de compor os seus próprios mitos épicos. Vários dos diálogos que discuti incluem longos mitos inventados pelo próprio Platão. O *Fédon*, o *Górgias* e *A república*, todos eles incluem algum mito assim, seja no meio do texto, seja na conclusão. Em *A república*, o mito de Er se aproxima do ataque de Platão à poesia imitativa, no décimo e último livro (614a-621b). Deparamo-nos também com mitos ou com elementos míticos em outros diálogos, como a história dos cavalos alados e da carruagem no *Fedro* (246a-256e), que discuti no capítulo anterior, ou ainda a narrativa cósmica do *Timeu*, a qual Platão designa por várias vezes como *mythos*. A palavra *mythos* é a origem de nossa palavra "mito", e embora possa significar às vezes história ou conto, o *Timeu* tem muito em comum com os mitos que encontramos em outros diálogos.

Assim, o que fazia Platão aqui? Por que vituperar os mitos de outros, mesmo quando providenciava substitutos para eles? Acaso Platão fazia uma espécie de jogo, uma tentativa de eliminar a concorrência por meio da anulação de outros artistas literários a fim de criar espaço para uma nova arte filosófica, platônica? Pode haver alguma verdade nisso: pense na maneira pela qual ele manipula Aristófanes como personagem, em *O banquete*, ao inserir um discurso engraçado e brilhante em sua boca, a fim de mostrar que tudo o que Aristófanes puder fazer Platão também pode (189c-193d).

Ele faz algo similar com os sofistas, redigindo discursos altamente retóricos pronunciados por personagens como Protágoras. Mas há mais aqui do que mera concorrência artística. Para verificar por que, precisamos considerar as objeções de Platão aos poetas, e, somente então, examinar o que ele tenta realizar em seus próprios mitos.

Platão critica os poetas duas vezes em *A república*; primeiro nos livros II e III, onde suas queixas se dirigem mais aos poetas épicos Homero e Hesíodo, e então novamente no Livro X, onde ele visa à tragédia e à comédia do teatro grego. De nossa perspectiva, esses dois corpos de literatura não parecem ter muito em comum além do fato de que foram escritos em versos. Assim, você poderia se perguntar se não estou misturando as coisas ao tratar delas em conjunto. Mas estou em boa companhia. Platão faz o mesmo, indo livremente de uma discussão da poesia épica para mencionar o teatro, e vice-versa. Ele até mesmo chama Homero de tragediógrafo em determinado ponto (598d). Além disso, sua queixa mais fundamental se aplica a ambos os gêneros. A queixa é que os poetas se envolvem com *mímesis* ou "imitação" (597e). Por exemplo, na *Ilíada*, Homero não só fala em sua própria voz ao narrar eventos, como nas vozes de seus múltiplos personagens, de Agamenon a Aquiles, de Helena a Príamo.

Há dois motivos pelos quais Platão não gosta dessa dimensão imitativa da poesia. Entre outras coisas, o poeta é capaz de incutir falsos ensinamentos nas mentes de seus ouvintes. Pode fazer Aquiles insultar os deuses, como Homero o faz, e descrever os deuses a atuar e a dizer coisas que são indignas da divindade. Muitos dos versos que foram alvos de objeção mencionados em *A república* são banidos porque instilam falsas crenças acerca dos deuses – Xenófanes ficaria orgulhoso. Platão é particularmente enfático quanto a esse ponto, pois está descrevendo a organização educacional na cidade ideal. Ele faz Sócrates dizer que semelhantes ensinamentos a respeito dos deuses são especialmente perigosos para os jovens, uma vez que eles são impressionáveis e serão facilmente corrompidos (378d-e). Daí a proposta de que os poetas sejam censurados, um dos pontos que levou alguns leitores contemporâneos a detectarem tendências autoritárias em *A república*. Não são apenas falsas crenças acerca dos deuses que precisam ser expurgadas, mas também passagens em que os poetas descrevem heróis como excessivamente emotivos ou desonestos. Nossos jovens cidadãos admirarão esses personagens, de modo que eles só devem ser mostrados como completamente nobres. Quando as pessoas se queixam hoje a respeito de atletas que não dão bons exemplos para jovens fãs, têm algo próximo a isso em mente.

Platão estende seu programa de censura à música, e por bons motivos. A poesia épica e o teatro gregos eram realizados com música, de modo que Platão pensa que a poesia e a música são duas faces de um único fenômeno. Ele elimina certos modos musicais, ritmos e até mesmo instrumentos da cidade ideal porque eles induzem emoções que têm efeitos corruptores para a sociedade – por exemplo, tristeza ou paixão descontrolada (398d-e). Não são somente a poesia épica e flautas que incitam emoções erradas em nós, porém. No Livro X, Platão faz Sócrates criticar o teatro grego por permitir que o público expresse emoções de uma maneira que normalmente deveria ser considerada vergonhosa (605d-e). Era comum que as audiências em uma tragédia grega chorassem e se lamentassem à vista de eventos lamentáveis no palco. Platão julga isso repugnante, assim como o riso grosseiro provocado por Aristófanes e pelos demais poetas cômicos.

A essas queixas quanto aos efeitos educacionais da poesia, Platão acrescenta outra objeção. Vimos em capítulos anteriores que ele acusa os sofistas de induzir a persuasão em detrimento do conhecimento: Górgias pode convencer alguém a tomar seus remédios melhor do que um médico, mas Górgias não sabe que remédio seria bom tomar. De modo similar, os poetas visam ao prazer, e não ao conhecimento. Seu conhecimento especializado é somente uma imitação, e um especialista em imitação é precisamente alguém que pode reproduzir a aparência de algo sem precisar compreender sua verdadeira natureza. Ele compara isto à pintura: um pintor pode pintar um retrato convincente de uma cama, mas para construir uma você precisa ir até o homem que efetivamente sabe o que faz, a saber, um carpinteiro (597d). Como indica Platão, é fácil conseguir imagens e imitações. Basta trazer consigo um espelho e você pode fazer reproduções de qualquer coisa que quiser. Mas as imagens-espelho serão meras imitações, como aquelas que se encontram na poesia (596d-e).

Entretanto, o próprio Platão não está sujeito a todas essas acusações que ele dirige aos poetas? Afinal, Platão jamais escreve qualquer *outra* coisa que não imitação. Mesmo Homero, admite Platão, às vezes nos provê narração direta. Platão nem sequer faz isso – se há narração nos diálogos é porque um personagem está narrando e, portanto, imitando uma conversação prévia. Com efeito, Sócrates narra toda *A república* dessa maneira. Diálogo após diálogo, Platão imita pessoas históricas específicas, tornando-as personagens, e ele certamente nos mostra pessoas que atuam mau – pense-se apenas em Cálicles, no *Górgias*, ou em Trasímaco na própria *A república*. Por que ele não pratica o que prega? Esta é uma pergunta difícil, mas aqui pode-se pensar duas coisas.

Em primeiro lugar, lembre-se de que Platão não está escrevendo literatura para uma audiência na sociedade ideal, ou para crianças. Seus diálogos visam aos leitores que estão intimamente familiarizados com a poesia que ele está atacando. Proteger esses leitores da influência insidiosa dos poetas não é mais uma opção. Em vez disso, Platão precisa neutralizar essa influência, razão pela qual ele não se põe acima em combater o mal com o próprio mal. Assim, ele imita personagens maus, assim como bons, ao dar voz tanto a Cálicles como a Sócrates. Um segundo ponto relacionado é este: uma vez que não somos crianças, Platão deseja e espera que reflitamos a respeito do que estamos lendo. Não iremos simplesmente imitar essas personagens de maneira irrefletida, pois os diálogos deixam claro que é necessário refletir acerca de quais delas realmente merecem ser tomadas como modelo. Adotaremos a vida virtuosa recomendada por Sócrates ou a viciosa defendida por Cálicles? Ninguém pode ler o *Górgias* sem ser forçado a refletir quanto a essa escolha. Ao escrever os diálogos, portanto, Platão redigia literatura que teria um efeito oposto ao do teatro grego, pelo menos tal como ele o via. Os diálogos exigem envolvimento ativo, em vez de passividade, reflexão racional, em vez de emoção descontrolada.

Mas se é assim que devemos explicar o uso da imitação por Platão, como explicaremos seu uso do mito? Para decidir a respeito, obviamente, precisaremos examinar o que ele diz nesses mitos. É notável que três dos mais proeminentes – os mitos no *Fédon*, no *Górgias* e em *A república* – tenham todos que ver com nossa sina na vida depois da morte. Em cada caso somos informados de que, depois da morte de seus corpos, as almas são divididas em dois grupos. Um grupo é recompensado pela virtude, passando para um reino mais elevado, mais bonito, enquanto o outro grupo é enviado para baixo, para as profundezas, e experimenta tormentos comensuráveis com seu vício. Tomemos primeiro o *Fédon*. No final desse diálogo, Platão faz Sócrates dispender seus últimos minutos de vida contando a seus amigos que eles vivem de fato em uma espécie de espaço vazio, o qual se situa em volta do Mar Mediterrâneo, como sapos em torno de uma lagoa (109a-b). De fato, todos os humanos nesta vida vivem em reinos inferiores, abaixo das abençoadas altitudes alcançadas por aqueles que são recompensados na outra vida. É para aí que você quer ir depois de morrer, mas esta não é a única destinação possível. Abaixo da região literalmente deprimida em que vivemos nossa existência corporal, há um submundo que é descrito em algum detalhe, cheio de rios e lagos subterrâneos. É para lá que vão todas as almas que não são virtuosas. Os malfeitores comuns são punidos nas margens de um lago alimentado pelo Rio Aqueronte, mas as almas mais malvadas são jogadas no Tártaro, e algumas jamais escapam dali (112e-114c).

Para uma visão mais detalhada das assustadoras perspectivas que aguardam almas viciosas na outra vida podemos nos voltar para o mito de encerramento do *Górgias*. Como no *Fédon*, as almas são despachadas para diferentes sinas, a depender de seu comportamento na vida terrena (523a-b). Cada alma fica diante de um juiz, e permanece nua – mais do que nua, na verdade, que a alma foi despojada até mesmo do corpo (523e). Sócrates, que relata o mito, assinala que, em nossa vida terrena, as pessoas podem enganar seus juízes com belas aparências, roupas luxuosas e belos corpos. No além-túmulo, porém, os juízes as verão como realmente são porquanto nossas almas trarão em si as marcas de cada mal que cometemos (523c-d). Como você deve se lembrar, esse diálogo, o *Górgias*, oferece uma crítica coerente de Górgias e de outros sofistas que usavam a retórica nos tribunais, e parece claro que esta é uma pontada final inserida no mito. Como no *Fédon*, o mito do *Górgias* visa duas possibilidades na vida depois da morte. Aqueles de nós que viveram bem irão para uma espécie de paraíso, as chamadas "Ilhas dos bem-aventurados", enquanto os pecadores são novamente despachados para o Tártaro para sofrer as punições apropriadas (523b).

Os mitos do *Fédon* e do *Górgias* são escritos de maneira poderosa e fornecem um clímax para seus respectivos diálogos. Mas alguns leitores de mente filosófica – aqueles que tão somente não passam inteiramente por cima dos mitos – podem julgar os mitos perturbadores. Não devido à mensagem que está sendo passada, que é a mesma passada pelos argumentos de Sócrates, de que devemos dedicar nossas vidas à virtude. O perturbador é que os mitos nos fornecem o tipo errado de razão para dedicar nossas vidas à virtude. Devemos realmente ser virtuosos apenas para evitar sermos torturados no Tártaro? No *Górgias*, Sócrates argumentara intensamente no sentido de que a virtude é sua própria recompensa, e que o vício, sua própria punição. Ele mostrara que é *ruim para nós* nos envolvermos no vício, sejamos nós ou não punidos por ele no sentido convencional. Ainda que consiga sair impune de seus crimes, o tirano já é a criatura mais miserável na terra. Não é um deslize de Platão insistir que o tirano deve ser a mais miserável criatura também na vida depois da morte? É como se ele não tivesse a coragem que as suas convicções exigem e esperasse que seus leitores também não a tivessem.

Esse problema aparece novamente, e de maneira mais explícita, em *A república*. Como você deve se lembrar, essa obra-prima de Platão é dedicada a fim de mostrar que a justiça é vantajosa e, portanto, merece ser escolhida. Justiça é a harmonia da alma, graças às suas partes que trabalham juntas, como devem. Assim, como o *Górgias*, *A república* sustenta que o homem virtuoso é o mais feliz dos homens, mesmo que não seja objeto de honrarias ou careça de felicidade, ao passo que o mau tirano é o mais infeliz dos homens, pois sua alma é má e desequilibrada. Depois de argumentar ao longo de nove livros nesse sentido, Platão mais uma vez conclui o diálogo com um mito da outra vida, o mais detalhado até então. É chamado de Mito de Er, pois o principal personagem no mito é um homem chamado Er – desconfio que sua família era conhecida pela hesitação. Er foi morto em uma guerra e, quando estava prestes a ser enterrado, milagrosamente acordou, relatando a vida depois da morte que ele acabara de ver.

Segundo Sócrates, Er viu dois conjuntos de portões, cada um dos quais com uma entrada e uma saída. Um conjunto conduz para os céus, os outros levam ao submundo (614c-d). Como nos outros mitos, aqueles que são virtuosos são autorizados a subir para uma espécie de paraíso, enquanto os maus são condenados a muitos anos de cativeiro no mundo de baixo. Os piores celerados jamais retornam a este mundo, mas são atormentados por toda a eternidade (615c-d). Mas todas as outras almas retornam passando pelas saídas do céu e do submundo. Elas atravessam então uma jornada e são contempladas com uma visão do cosmo inteiro, um conjunto de bolas em forma de ninho que giram em um eixo, como a agulha de uma máquina de tecelagem (616c-617d). As Três Moiras estão presentes, e realizam uma espécie de loteria para escolher as próximas vidas dessas almas na terra. Cada alma recebe aleatoriamente uma sorte, como o número que você recebe quando espera para ser atendido em uma loja. Isso determina a ordem na qual as almas escolherão suas próximas vidas.

A escolha é importante. Er vê a primeira alma se apoderar com avidez da vida de um poderoso tirano, apenas para descobrir que esse tirano acabará por comer seus filhos (619b-c). Ele vê certas figuras míticas escolherem com mais cuidado. Odisseu, o herói da *Odisseia*, recebe a sorte que significa que ele escolherá por último, mas fica contente com a vida que ele encontra disponível, uma vida tranquila e sem problemas (620c-d). Algumas almas escolhem retornar como animais, outras como homens. De modo alarmante, parece que as linhas gerais de sua vida – por exemplo, se você comerá seus próprios filhos – já estão estabelecidas por essa escolha das vidas. Assim, uma razão para seguir a filosofia nesta vida é que escolheremos sabiamente quando a oportunidade surgir. Salienta-se que, uma vez que nossos destinos derivam dessa escolha original de vidas, os deuses não devem ser censurados se nossas vidas forem mal-escolhidas (617e). Como é dito no mito, "a virtude não tem senhor" e a alma virtuosa fará a escolha certa.

Assim, este é o Mito de Er – o meu mito platônico favorito, na verdade. Mas ele levanta potencialmente a mesma objeção que o mito do *Górgias*. Por que Platão, de repente, nos ordena que sejamos bons... sob ameaça? Em vez de nos dizer que devemos ser bons, literalmente, pelo valor da própria bondade – porque é melhor, mais vantajoso, sermos bons do que maus? Essas preocupações já eram expressas no mundo antigo. Um filósofo epicurista chamado Colotes acusou Platão de hipocrisia, uma vez que, em *A república*, depois de ter criticado os poetas por seu uso dos mitos, Platão passou a apresentar o seu próprio mito com a finalidade de assustar o leitor e induzi-lo a adotar maneiras de vida mais virtuosas[95]. Pode-se superar esse tipo de objeção?

Bem, lembre-se de que em todos esses diálogos o mito aparece no final. Em *A república*, Sócrates afirma explicitamente que a virtude é, por si só, uma recompensa, mas acrescenta que, *além disso*, é de se esperar que as coisas corram bem para o homem virtuoso, geralmente ainda nesta vida e, com certeza, na próxima. Assim, os mitos acrescentam algo, mesmo para alguém convencido pelos argumentos filosóficos de Sócrates. Eles nos reafirmam que ainda que a virtude seja sua própria recompensa, não é a única recompensa que podemos esperar. Também vale a pena insistir, segundo o Mito de Er, que os deuses não devem ser censurados por qualquer coisa que aconteça com as almas quando elas nascem novamente. O mesmo poderia ser dito das punições sofridas na vida depois da morte, que são apenas a retribuição por pecados cometidos nas vidas anteriores das almas. Pode ser que todos os três mitos da vida depois da morte visem não tanto a nos assustar para atuarmos virtuosamente e sim para mostrar que o universo não é tão injusto quanto pode parecer. A justiça divina assegura que cada um tenha o que merece, acima e além do fato de que o vício já é uma espécie de punição.

Isto nos leva de volta para a acusação mais geral de hipocrisia – que Platão critica o uso do mito e, então, escreve seus próprios mitos. Se a mensagem dos mitos é, em parte, que os deuses são justos, então sua lição é o oposto daquela encontrada na poesia banida na cidade ideal. Platão ataca os poetas não apenas por usarem mitos, mas por usarem o mito como veículo para a falsidade, em vez de para a verdade. Ao escrever seus próprios mitos, que ensinam crenças verdadeiras acerca de como viver e acerca dos deuses, Platão, com efeito, estaria a dizer a Homero e a Hesíodo: "Assim, meus amigos, é como se faz". Devo apressar-me em dizer, porém, que os vários mitos podem ter diferentes propósitos, assim como Platão explora a forma do diálogo de maneiras diferentes em seus diálogos. Por exemplo,

95. Podemos nos instruir nisso no livro *Contra Colotes* escrito por Plutarco. Para aprender mais acerca desse livro de Plutarco, cf. Kechagia (2011).

alguns dos mitos – como os do *Fédon* e de *A república* – combinam uma visão de como a Terra ou cosmo são construídos com uma visão de como os deuses arranjaram as coisas para encorajar a virtude. Devemos lembrar aqui o *Timeu*, o qual, como vimos, compara a cidade corretamente ordenada com o universo corretamente ordenado, cuja descrição no longo discurso de Timeu é explicitamente rotulada como mito.

Esta pode ser uma boa nota para deixar Platão, na medida em que o vemos no auge de sua ambição. No Mito de Er e no *Timeu* ele combina um interesse pela justiça e pela virtude com um interesse pelo cosmo e pela ciência; combina o ensinamento e o argumento filosóficos com o poder literário do mito; em suma, ele faz tudo. Não é por acaso que Whitehead descreveu toda a história da filosofia como um conjunto de notas de rodapé a Platão. Depois dele, o que restou a ser feito? Bem, segundo pelo menos um estudante de Platão, ainda havia espaço para melhorias. Esse estudante se revelaria um filósofo capaz de rivalizar com Platão pelo título de maior pensador da Antiguidade, se não de todos os tempos. Suas ideias não apenas serão influentes, mas constituirão a base de toda filosofia e ciência pela maior parte dos dois milênios seguintes. Que comecem as notas de rodapé.

Parte III

Aristóteles

29

O senhor sabe-tudo: vida e obra de Aristóteles

Em 2005, a BBC conduziu uma pesquisa na qual as pessoas eram convidadas para votar no maior filósofo de todos os tempos. Cerca de 30 mil pessoas votaram, e o vencedor foi Karl Marx (sim, eu sei). De qualquer modo, quando isso ocorreu, eu o mencionei para um colega meu, que também é historiador da filosofia. Ele disse: "Que ideia estranha!" Perguntei a ele por que achava estranho e, depois de um momento de reflexão, ele disse: "Bem, para começar, a resposta é, obviamente, Aristóteles". Eu assinalei que a pesquisa não visava a indicar o mais *influente* filósofo de todos os tempos, mas o *maior* filósofo de todos os tempos. "Ah, entendo. Ainda assim a resposta é, obviamente, Aristóteles!"

Penso que essa conversa é indicativa. Não é tanto que meu colega era um partidário de Aristóteles – o qual, caso você esteja se perguntando, veio apenas em nono lugar na pesquisa. Trata-se mais de minha reação inicial a essa perplexidade. Maior filósofo de todos os tempos? É uma matéria de gosto. Mas o filósofo mais influente de todos os tempos? Ao menos na tradição ocidental há uma clara vitória na corrida por esse título: Aristóteles. Embora suas obras não tenham dominado a cena filosófica nos séculos que se seguiram imediatamente à sua morte, depois que se impuseram não saíram mais de cena. Por bem mais do que mil anos Aristóteles não apenas foi o filósofo mais significativo, mas também o mais amplamente lido. Ele *era* a filosofia, no sentido de que o estudo da filosofia foi com frequência tão somente o estudo das obras de Aristóteles. Na época medieval era possível dizer simplesmente "o Filósofo", e todos sabiam o que você queria dizer. Somente depois da Renascença a total dominação da filosofia e da ciência por Aristóteles foi questionada, e mesmo desde então Aristóteles jamais deixou de ser estudado. Concepções contemporâneas no campo da metafísica e, especialmente, na ética, são apresentadas como expansões das ideias de Aristóteles.

Porque as obras de Aristóteles são vistas como definitivas em filosofia, as áreas que ele julgou adequado explorar se tornaram as principais disciplinas filosóficas no pensamento ocidental. E ele julgou adequado explorar uma gama espantosa de áreas. Até muito recentemente pessoas usavam a palavra "filosofia" para cobrir uma gama muito mais ampla de disciplinas e de tópicos do que hoje consideramos quando dizemos "filosofia". O estudo do mundo que vemos à nossa volta poderia ser chamado de "filosofia natural" já no período moderno. Assim, para Aristóteles e para seus herdeiros, "filosofia" incluiria tópicos como cosmologia, química e biologia, assim como ética, epistemologia e metafísica. E aqui está o ponto: Aristóteles foi, na maior parte das vezes, a primeira pessoa a escrever um trabalho explicitamente dedicado a cada uma dessas áreas. Os pré-socráticos e Platão certamente tocaram em muitos dos tópicos tratados por Aristóteles. Mas Aristóteles dominou a tradição ocidental, em parte, porque produziu trabalhos focados de maneira explícita em disciplinas separadas, mais ou menos bem-definidas. O que Aristóteles deixou para seus sucessores foi não apenas um punhado de ideias e de argumentos, mas todo um programa de estudos. Mesmo hoje, muitos departamentos de uma universidade normal têm nomes que correspondem aos títulos ou tópicos de livros de Aristóteles: "física", "psicologia", "zoologia", "literatura", "política", entre outros.

Mas o que dizer da observação de Whitehead de que a história da filosofia é um conjunto de notas de rodapé a Platão? Certamente, Platão é um pensador que poderia rivalizar com Aristóteles pela pretensão de ser o filósofo mais influente. Mas a pretensão de Platão dependeria em demasia da influência indireta que ele exerceu por intermédio de seu maior discípulo. Aristóteles foi estudar na Academia de Platão ainda jovem. Nascido em 384 a.C., veio de uma cidade chamada Estagira, que se situa ao nordeste da Grécia, em uma área chamada de Calcídia (é por isso que, às vezes, vê-se Aristóteles chamado de "estagirita"). Seu pai, Nicômaco, era médico na corte real da Macedônia. Embora Aristóteles não seja visto como um pensador médico, ele decerto herdou a mente científica de seu pai, e contribui enormemente para a história da medicina, assim como para a história da filosofia. Aristóteles teve um filho[96] que também se chamou Nicômaco – daí o título de um dos mais conhecidos trabalhos de Aristóteles, a *Ética a Nicômaco.*

Ele chegou a Atenas com a idade de 17 anos, quando teve a oportunidade de estudar com Platão. Discorrerei um pouco mais acerca da Academia no final deste livro, quando chegarmos aos alunos de Platão e de Aristóteles. Por enquanto, basta dizer que Aristóteles teria recebido de Platão um rigoroso treinamento em análise e argumentação dialética, o qual, no devido tempo, empregaria contra seu mestre. Diógenes Laércio, como sempre uma fonte de detalhes divertidos, mas presumivelmente falaciosos, conta-nos que Platão disse de Aristóteles: "Ele nos chutou, da maneira que pôneis fazem a suas mães quando nascem" (*DL*, 5.2). Em um dos textos, Aristóteles se desculpa por atacar as teorias platônicas, com a famosa observação de que precisamos honrar a verdade acima de nossos amigos (*Et. Nic.* 1096 a). Mas, como veremos em algum detalhe, a relação entre Aristóteles e a tradição filosófica é complicada e sutil. Aristóteles, por certo, não era mais um seguidor servil de Platão do que Platão o fora de seu próprio professor, Sócrates. Mas esteve na Academia por cerca de 20 anos, de modo que houve oportunidades mais do que suficientes para que ele ingerisse e considerasse as ideias de Platão e de outros colegas em Atenas. Seria melhor pensar nele como envolvido de maneira consciente e crítica com Platão, mais do que simplesmente alguém que se propõe a rejeitá-lo ou a atacá-lo.

Depois da morte de Platão, em 347 a.C., Aristóteles viajou com um desses colegas, Xenócrates, como hóspede de um governante na Ásia Menor, Hérmias. Ele depois viajou para a Ilha de Lesbos, onde encontrou Teofrasto, outro filósofo e colega. Com todo o respeito devido a Teofrasto, ele não foi o melhor aluno de Aristóteles. Qualquer pesquisa da BBC concederia esse prêmio a um jovem que foi educado por Aristóteles logo depois de sua estada em Lesbos: jovem que mais tarde seria conhecido como Alexandre o Grande. Seus exércitos não apenas varreram a Grécia continental, mas também o Oriente, incluindo a Pérsia e a distante Índia. Alexandre

96. Alguns dizem que se tratava de um sobrinho, também chamado Nicômaco [N.T.].

subjugou todo o mundo conhecido, e além. Foi reverenciado como deus e estabeleceu o padrão para governos imperiais no futuro, de modo que uma figura tão importante como César Augusto ansiava por se comparar a Alexandre. E conseguir fazer tudo isso a despeito de viver apenas até os 33 anos. Isto tão somente mostra que você pode fazer qualquer coisa se tiver o professor certo de Filosofia. É claro, não sou Aristóteles, de modo que ler este livro não lhe capacitará a conquistar o mundo conhecido, e além. Mas se você realmente ler o livro de cabo a rabo, pode estar pronto para dominar uma pequena cidade.

Em todo caso, Aristóteles finalmente retornou a Atenas, em 335 a.C., momento em que ele montou uma escola rival da Academia, o Liceu. Diógenes preserva um antigo relato: Aristóteles ficara aborrecido por ter sido preterido na sucessão da Academia em favor de seu antigo companheiro de viagem, Xenócrates (*DL*, 5.2). Mas quaisquer que fossem suas razões, o Liceu se tornou um segundo centro de aprendizado. Supõe-se que as discussões filosóficas ocorreriam enquanto caminhavam, o que suscitou o apelido da escola de Aristóteles: os "peripatéticos", ou seja, aqueles que caminham. Se você ler a respeito da história do pensamento antigo e medieval encontrará esta expressão: "peripatético". Significa simplesmente qualquer coisa que tenha que ver com o ensinamento de Aristóteles e com a tradição de seus seguidores. Afinal, depois de caminhar, Aristóteles teve a oportunidade de correr um pouco, quando sentimentos de ira na Grécia se voltaram contra a Macedônia depois da morte de Alexandre, em 323 a.C. Outra história famosa assevera que Aristóteles dissera que estava indo embora para impedir que Atenas cometesse uma vez mais um atentado contra a filosofia – referindo-se, é claro, à execução de Sócrates[97]. Depois de sua fuga de Atenas, ele se mudou para a Ilha de Eubeia, onde morreu em 322 a.C.[98] Fontes antigas sugerem de maneira fantasiosa que ele pode

97. Essa história é relatada em Gigon (1962, p. 42).

98. Em 2016, arqueólogos anunciaram ter encontrado o que provavelmente seria o túmulo de Aristóteles, em Estagira. Estagira foi destruída no curso de uma das campanhas de Felipe da Macedônia, pai de Alexandre. A reconstrução da cidade foi uma das condições que Aristóteles impôs para que aceitasse se encarregar da educação de Alexandre. Cf. Hourdakis (2001) [N.T.].

ter se matado tomado veneno – uma imitação do canto de cisne de Sócrates, afinal. Eu até gosto de uma variação altamente implausível dessa história encontrada nas fontes antigas, a saber, que seu suicídio foi provocado por seu desespero depois de ter sido incapaz de compreender por que a maré sobe e desce.

Isto basta no que concerne à vida de Aristóteles. Agora, vejamos suas obras. Diógenes e vários outros autores preservaram listas de seus livros, e elas mostram que boa parte deles se perdeu. Para fornecer apenas um exemplo, Aristóteles e seus estudantes compilaram não menos do que 158 constituições políticas, a fim de estudar todas as maneiras pelas quais as cidades podem ser governadas. Dessas, apenas a *Constituição de Atenas* sobreviveu. Assim, o *corpus* sobrevivente das obras de Aristóteles – a despeito de seu considerável tamanho – representa apenas uma fração do que ele originalmente escreveu. Com efeito, parece que nosso *corpus* remanescente é unilateral. Aristóteles aparentemente escreveu dois tipos de textos. Por um lado, há os chamados escritos "exotéricos". O próprio Aristóteles se refere a eles (por exemplo, em *Política* 1278b); assim, não há dúvida de que existiram. No entanto, sua natureza e seu conteúdo são um tanto mais enigmáticos. Autores antigos observam que Aristóteles escrevia com muito estilo, e isto, como você sabe se os tiver lido, não parece ser uma descrição adequada das obras existentes. Os escritos exotéricos perdidos, que se destinavam a uma circulação mais ampla, ao que parece, imitavam Platão, ao fundir arte literária com visão filosófica.

Mas além dos fragmentos, o que chegou até nós são os chamados escritos "esotéricos". Não são esotéricos no sentido de que contêm algum tipo de ensinamento obscuro ou secreto – Aristóteles pode ser obscuro, mas não é em virtude de tentar esconder a verdade do leitor (a despeito de afirmações de autores antigos em contrário)[99]. Seus escritos esotéricos, antes, aparentemente visavam ser lidos em uma escola, em vez de se destinarem à distribuição pública. A obscuridade dos textos pode ser explicada em parte por esse fato. Se esses trabalhos se destinavam aos estudantes de Aristóteles,

99. Ático (citado por Eusébio) disse que Aristóteles "usa a escuridão, como uma lula, para se fazer de difícil apreensão". Citado por Barnes (2011, p. 195).

ele pode ter tomado muita coisa como conhecida. Foi até mesmo sugerido que os trabalhos de que dispomos agora nada mais seriam do que notas de leitura que Aristóteles expandiria em discursos propriamente ditos quando ensinava. Embora esse seja um pressuposto deveras comum no que tange aos escritos de Aristóteles, não o julgo satisfatório. Por toda sua densidade e a alusão recíproca, os escritos são em geral cuidadosamente construídos. Isto é verdadeiro não só a respeito da estrutura das obras ou dos livros individuais dentro de uma obra, como também no nível de parágrafos e de sentenças individuais. Ademais, alguns dos escritos de Aristóteles são muito mais recortados e concisos do que outros. Enquanto partes de sua *Metafísica* são tão densas que dificilmente podem ser compreendidas, um trabalho como a *Ética a Nicômaco* constitui uma leitura comparativamente boa. Julgo a teoria das "notas de leitura" insuficiente para capturar a variação e a habilidade dos escritos restantes de Aristóteles, embora eles possam ter sido ligados a um contexto educacional.

Acabei de mencionar duas das mais famosas obras de Aristóteles: a *Ética* e a *Metafísica*. Juntamente com o tratado *Da alma*, sua *Política* e seus tratados lógicos, eles perfariam os escritos aristotélicos que são mais comumente estudados em cursos de filosofia em todo o mundo. Formarão o principal foco de meu tratamento de Aristóteles neste livro. Mas também examinarei alguns outros tratados de Aristóteles que não são usualmente incluídos em panoramas filosóficos: por exemplo, lidarei com obras biológicas de Aristóteles, pelo que entendo os diversos textos que ele dedicou ao tópico dos animais. Irei além da *Física* de Aristóteles para examinar sua compreensão do mundo natural, e isto nos levará a tratados como *Dos céus*. E tocarei até mesmo em sua teoria literária, tal como está expressa em outro escrito influente, a *Poética*.

Mais uma vez, vale a pena enfatizar que a maior parte dessas obras são os primeiros tratados dedicados a qualquer um dos assuntos dos quais eles tratam. A exceção é sua *Física*: os pré-socráticos tendiam a chamar seus livros de *Peri physeos*, "Da natureza", e o trabalho de Aristóteles segue essa tradição[100]. Mas mesmo aqui, Aristóteles foi o primeiro a dizer explicitamente o que significa fazer física ou filosofia natural, e o primeiro a distinguir de maneira deveras explícita essa disciplina de outros ramos da filosofia. Podemos dizer o mesmo quanto a outras disciplinas: *Da alma* constitui a primeira discussão sistemática da natureza da alma, a *Política* constitui a primeira discussão sistemática da filosofia política, os trabalhos a respeito dos animais, a primeira discussão sistemática da zoologia, e assim por diante. É claro, Platão também lidou com esses tópicos – *A república* abarca temas como a alma, a política e a literatura, por exemplo. Mas Platão tratou desses diversos temas sem separá-los em seus diálogos. A tradição posterior julgou os tratados explicitamente temáticos de Aristóteles – com o tópico convenientemente identificado nos títulos – uma base mais útil para formular um currículo filosófico.

Pelo fato de Aristóteles gostar de identificar seu assunto e lidar com ele de maneira sistemática, é fácil supor que sua leitura será bem direta. Enquanto Platão nos fornece o jogo entre os personagens, Aristóteles se dirige a nós em sua própria voz. E nesses trabalhos esotéricos, pelo menos, o tom literário de raro em raro se interpõe no caminho da incansável marcha de distinções e de argumentos. Nesse sentido, Aristóteles pode parecer a primeira pessoa a escrever filosofia tal como hoje é escrita amiúde: uma investigação metódica a respeito do tópico em discussão que preza a clareza e a precisão. Mas, tal como se revelam, os trabalhos de Aristóteles requerem delicada exegese, assim como os diálogos de Platão. Parte do motivo para isso é que, como mencionei, sua exposição pode ser sintética e densa. Mas há uma razão mais profunda e mais interessante que pode ser resumida em uma palavra: dialética.

Como ocorre com frequência, essa palavra provém do grego antigo. Platão usa o temo *dialektike* como tendo um sentido mais exaltado. Em seu diálogo *Sofista*, ele usa "dialética" para o estudo de como as Formas se relacionam entre si (253d-e). E em *A república* ela é associada com os segmentos mais elevados da linha dividida (511b). Pode-se, porém, sem

100. Os comentadores antigos, de fato, dividiam-na em dois com os seguintes títulos, "Acerca dos princípios físicos" e "Acerca do movimento". Havia discordância quanto a se o Livro V pertencia à primeira ou à segunda parte.

excessiva simplificação, sugerir que, para Platão, "dialética" é simplesmente o processo pelo qual os filósofos adquirem conhecimento. Aristóteles fornece ao termo "dialética" um sentido diferente. Para ele, dialética é tão somente o argumento que procede de premissas acerca das quais se concorda. Por exemplo, suponha que você e eu estejamos discutindo a respeito de quem foi o maior ator de filme mudo. Pergunto se você concorda que *O general*, de Buster Keaton, é a maior comédia do cinema mudo de todos os tempos. Você concede o argumento, e, baseado nisso, levo você a ver que, como realizador desse filme, Keaton deve ser o maior ator de comédia do cinema mudo. Mas meu argumento só é forte em sua premissa inicial. Se você discordar em relação a *O general*, e insistir que *O garoto*, de Chaplin, é ainda melhor, meu argumento será ineficaz.

Se você pensar a respeito, quase toda discussão argumentativa funciona assim: um tópico para debate é identificado, e as partes na discussão tentam encontrar alguns pontos de concordância como base para argumentação adicional. Na ausência de um ponto de concordância nenhuma argumentação será possível. Argumentar sem premissas comuns não constitui argumentação racional, é apenas gestualidade e gritos – remeto você aos espetáculos de debates políticos que podem ser vistos hoje na televisão. Por nutrir profundo interesse pela prática do debate racional, Aristóteles tentou formalizar as regras e as estratégias de tais debates em um texto que hoje chamamos de *Tópicos*. Ele chama tal prática de "dialética". Nos *Tópicos*, Aristóteles explica que a dialética pode ser deveras útil na filosofia. Assim como qualquer outra discussão racional, a investigação filosófica precisa proceder com base em algumas premissas iniciais previamente acordadas. Aristóteles sugere que as premissas que devemos adotar como pontos de partida na filosofia são as concepções que ou são amplamente aceitas ou aceitas pelos "sábios" – pelo que ele entende filósofos anteriores, poetas e outras autoridades. Ele chama a essa concepção de *endoxa* – que podemos traduzir como "opiniões respeitáveis" (*Tópicos* 100a-b).

Fiel à sua palavra, Aristóteles, o mais das vezes, escreve de maneira dialética. Especialmente característico é seu hábito de iniciar um texto por meio do apelo a uma série de *endoxa*. Por exemplo, o primeiro livro de seu texto *Da alma* tem início com o exame das opiniões anteriores acerca da alma; o primeiro livro da *Física* inicia examinando opiniões anteriores acerca da natureza e de seus princípios. É por isso, como mencionei no início deste livro, que Aristóteles constitui fonte tão rica de informação a respeito dos pré-socráticos. É desconcertante notar que Aristóteles junta Platão com os pré-socráticos, como se fosse apenas outro filósofo anterior, sem lhe conceder o devido crédito por efetuar um salto decisivo na história da filosofia. Fica claro a partir dessas investigações endóxicas que, para Aristóteles, a história da filosofia grega é assim: há os pré-aristotélicos, nos quais Platão está incluído, e então há Aristóteles. Aristóteles se apresenta como o homem que resolverá todas as disputas acerca das quais discorreram os pré-aristotélicos.

No final, ele julga especialmente útil descobrir as *endoxa* que entram em disputa entre si, de modo que ele pode avaliar seus méritos relativos e ver em que sentido podem ser verdadeiras. Ele não presume necessariamente que as *endoxa* sejam verdadeiras – quando menciona Parmênides, na *Física* (186a-187a), ele não diz que em certo sentido Parmênides estava certo em negar a existência do movimento. Mas usualmente ele julga que as opiniões reputadas são boas tentativas em direção à verdade. São verdadeiras em certo sentido, ou de certa perspectiva, mas não capturam a verdade de maneira rigorosa e clara. Tudo isso pode tornar demasiado complexa a leitura de Aristóteles. Ele amiúde compara várias opiniões e examina seus méritos; discorre primeiro acerca de um lado da discussão, depois acerca do outro, e, às vezes ainda, de uma terceira perspectiva. A própria resposta de Aristóteles a qualquer debate tende a ser "de certa maneira sim, de outra maneira, não". Ele ama apresentar suas próprias ideias como compromissos entre visões mais extremadas. Assim, as obras de Aristóteles, a despeito de sua falta de cenário dramático e de estilo literário, retêm algo do sabor dos diálogos platônicos. Vemos um entre concepções entre as quais Aristóteles permanece perturbadoramente fora de vista, um árbitro que pode se envolver a qualquer momento para resolver a querela, mas que deseja deixar cada lado ter sua chance de discorrer.

Entre as coisas que Aristóteles aprendeu de Platão, portanto, havia um fascínio pelo método filosófico. Mas ele foi além de Platão sob um aspecto em particular, a saber, ao fazer da argumentação filosófica um objeto de estudo explícito por si próprio. Acabo de mencionar os *Tópicos*, em que Aristóteles não apenas nos mostra discussões dialéticas, como fazia Platão, mas efetivamente explora a natureza da dialética. Esta é apenas uma das numerosas obras que Aristóteles dedicou às regras para a argumentação filosófica e não filosófica. Foi no contexto dessas obras que ele fez uma de suas mais duradouras contribuições para a história da filosofia, a qual examinaremos no próximo capítulo. Para colocá-lo de maneira abrupta: Aristóteles inventou a lógica. Nós hoje tomamos como certo que a filosofia envolve, e mesmo pressupõe, a lógica. Apenas em virtude dessa invenção Aristóteles de fato merece terminar em posição melhor do que na nona da lista dos grandes pensadores de todos os tempos.

30

A caixa de ferramentas do filósofo: as obras lógicas de Aristóteles

Há poucos capítulos pedi a você que imaginasse ser um monge medieval a ler o *Timeu* de Platão. Este foi um bom treino para o que eu gostaria que você fizesse agora: imagine, em vez disso, que é um aluno de filosofia do século IV d.C. Você chegou ao grande centro de aprendizado que é a cidade de Alexandria, no Egito (não esqueça de visitar o farol, ouvi dizer que é maravilhoso). Você já tem uma boa educação em sua bagagem - você é literato, estudou alguma retórica - e agora está a caminho de adquirir o mestrado em filosofia. Qual a primeira coisa que você estudará? É claro que será Aristóteles. Na Antiguidade tardia, até mesmo platônicos introduziam seus estudantes à filosofia por meio de Aristóteles, deixando os textos de Platão para pesquisa mais avançada. Mas por qual livro você começará? Hoje, um curso a respeito de Aristóteles poderia começar pela ética, ou pela física. Mas um estudante da Antiguidade, você rirá disso, só tem um caminho para começar a fazer filosofia: a lógica. De fato, você passará um bom tempo a digerir as obras lógicas de Aristóteles - muitos estudantes jamais progredirão em direção a tópicos mais avançados.

Aqueles que conceberam o currículo antigo tinham algo em mente quando prescreveram um fundamento em lógica para seus estudantes. A lógica lida com as regras do argumento racional, e, obviamente, a filosofia nada mais é do que um tipo de argumento racional. Assim, há boas razões para pensar que o estudo da lógica seja fundamental para estudar a filosofia como um todo. Mas seu professor da Antiguidade tardia também ensinará a você que a lógica não é, estritamente falando, uma "parte" da filosofia. Somente os tolos estoicos diriam isso. Como aristotélico bem-treinado, você considerará a lógica, em vez disso, como "instrumento" para a filosofia, uma ferramenta que é aplicada nas várias disciplinas que realmente são parte da filosofia, como a física, a ética e a metafísica. Por esse motivo, você se refere às obras de Aristóteles acerca da lógica, como um todo, como o *Organon* – uma palavra grega que significa "ferramenta" ou "instrumento".

Na Antiguidade tardia, o *Organon* era visto como incluindo não menos do que oito obras, a saber, as *Categorias, Da interpretação, Primeiros analíticos, Segundos analíticos, Tópicos, Refutações sofísticas* e, para concluir, *Retórica* e *Poética*. Hoje, julgamos estranho pensar na *Retórica* ou na *Poética* como obras a respeito de lógica – parecem ter sido unidas lá apenas por falta de lugar melhor para inseri-las no sistema aristotélico. Assim, para nós, os escritos lógicos de Aristóteles – ainda às vezes referido como *Organon* – seriam compostos, no máximo, pelos outros seis trabalhos. Mas pensar em todas essas obras como "lógicas" significaria adotar uma visão demasiado ampla acerca da lógica. Tome-se o *Tópicos*, que acabei de discutir no capítulo anterior. Não lida de fato com lógica, tal como a compreendemos, mas antes com as regras do debate dialético em que premissas são assumidas seja em prol da argumentação, seja porque são aceitáveis por alguma outra razão. No que se refere às *Refutações sofísticas*, você pode supor a partir de seu título o que se passa ali: Aristóteles revela os truques e ambiguidades utilizados pelos sofistas para produzir argumentos enganadores. Trata-se, pode-se dizer, do estudo da antilógica – o estudo de argumentos intencionalmente ruins, como aqueles exibidos no *Eutidemo*, de Platão.

Isto nos deixa com as quatro obras "mais lógicas" de Aristóteles, aquelas que discutiremos neste e no próximo capítulo: as *Categorias, Acerca da interpretação, Primeiros analíticos* e *Segundos analíticos*. Assim, estas são as obras em que ele efetivamente discute lógica? Bem, não na verdade. Somente os *Primeiros analíticos* que lida com lógica em algo parecido com o nosso sentido ao analisar as formas dos argumentos apartadas de seu conteúdo. Por exemplo, é nesse livro que Aristóteles discute o fato de que é legítimo argumentar de que "Todo A é B" e "Todo B é C" para a conclusão "Todo A é C". Porém, alunos antigos de lógica não mergulhavam diretamente na análise argumentativa dos *Primeiros analíticos*: eles começavam com as *Categorias*. Do que se trata? Este se revela um assunto difícil e muito discutido. Iniciemos com o título. Ele se relaciona ao verbo grego *kategorein*, que pode significar "censurar" ou "acusar", mas que Aristóteles usa com o significado de "predicar", isto é, "dizer algo acerca de outra coisa". Assim, à primeira vista, parece que as *Categorias* versam acerca das coisas que se podem ser ditas a respeito de outras coisas, ou que a elas podem ser atribuídas. Isto é ainda um tanto quanto vago, mas parece se adequar muito bem ao conteúdo do livro. O que temos primeiro é uma série de capítulos curtos em defesa de argumentos a respeito de palavras que são predicadas – por exemplo, a diferença entre sinônimos e homônimos. O segundo capítulo faz uma distinção fundamental entre dois tipos de predicados, uma das distinções mais importantes em Aristóteles, na verdade. A distinção reside entre aquilo que se "diz de" alguma coisa e aquilo que está presente "em" tal coisa (1a-1b). É como Aristóteles apresenta o tópico aqui, mas a maneira usual de estabelecer o contraste é dizer que algumas características das coisas são essenciais, ao passo que outras são acidentais.

Uma característica ou predicado é "dito de" alguma coisa, ou é essencial a essa coisa, se tiver que ver com a própria natureza da coisa em apreço. Por exemplo, é essencial a uma girafa ser um animal, ser ruminante e ter quaisquer outras características que são exigidas para ser membro do clube exclusivo que é a espécie da girafa. Todas as outras características são acidentais, ou presentes "nas" coisas. Assim, por exemplo, se a girafa é pintada de azul, sua cor azul é acidental ou está presente nela. Se a girafa for um exemplo particularmente bom dessa espécie, então sua pele lustrosa e postura incomumente ereta também será acidental a ela. Na verdade, há um teste que você pode usar para decidir se Aristóteles contaria determinada característica ou predicado como essencial ou acidental: se você puder mudar uma característica de algo sem destruí-lo, então a característica deve ser acidental.

Depois dessas preliminares, as *Categorias* se lançam à tarefa pela qual são mais famosas: fornece uma lista das dez chamadas "categorias", o que significa aqui "tipos de coisas que podem ser predicadas". Existem dez: substância, qualidade, quantidade, relação, lugar, tempo, posição, estado, ação e passividade (1b-2a). O que exatamente é esta lista? Talvez algo como isto: se você pensar a respeito de todas as características que podem ser predicadas de algo, verá que elas incidirão nesses dez tipos. Considere nosso amigo, o ator de cinema mudo Buster Keaton. Em primeiro lugar, ele é humano: trata-se de uma predicação na categoria de substância, pois ela diz que tipo de coisa ele é. Todas as suas características essenciais surgirão do fato de ele ser esse tipo de substância, e a única maneira pela qual ele pode perder essas características essenciais é deixar de ser humano, ou, em outros termos, morrer – o que, fico triste em contar isso, ocorreu em 1966. Foi somente então que ele deixou de ser, por exemplo, vivo, racional, dotado de corpo e assim por diante – essas eram as características que lhe eram essenciais. Mas Buster tinha várias características não essenciais. Por exemplo, seus pés eram grandes, e esta é uma característica acidental que incide sob a categoria de quantidade. Era mudo, o que incide sob a qualidade. Vivia na Califórnia, o que incide sob o lugar. Fazia filmes – esta é a categoria da ação. Nesses filmes, ele recebia pancadas no rosto e era jogado de janelas – isto incidiria perfeitamente na categoria da passividade.

Todo esse projeto de classificar predicados em dez classes não é algo que Aristóteles necessariamente pensou por si próprio. Estudiosos acreditam que se originou no contexto da Academia de Platão, na qual Aristóteles estudou por muitos anos. Você pode imaginar como isso pode ter se passado – enviaram um estudante para a frente da classe, disseram-lhe para parar de se agitar, e todos os outros lhe disseram palavras que o descreviam, que seriam divididas em classes. Queriam se assegurar de que havia uma categoria para cada predicado que se pudesse pensar. Estou, obviamente, inventando isso, exceto pelo fato de que sabemos que a Academia adotava classificação e exercícios lógicos desse tipo. Não posso resistir a mencionar aqui a famosa anedota a respeito de outro filósofo, Diógenes, o cínico. Depois de ouvir a definição de homem dada pela Academia como animal bípede implume", Diógenes apareceu com uma galinha depenada e disse: "Eis o homem de Platão!"

Fico tentado a fazer uma piada autoral aqui, talvez algo quanto a isto deixar Platão com desejo de frango assado. Mas penso que seria melhor retornar às obras lógicas de Aristóteles. Reservarei as *Categorias* para o momento em que discorrer acerca da metafísica de Aristóteles, pois ele, ao dissertar a respeito da categoria da substância, faz numerosas considerações atinentes à metafísica. Com efeito, até mesmo alguns leitores antigos julgavam problemático classificar as *Categorias*, isto é, se elas diziam respeito à lógica ou à linguagem, uma vez que ela também tem esse conteúdo metafísico[101]. É claro, não é de surpreender que Aristóteles fizesse algumas observações metafísicas ao discutir a substância, e, em geral, ele parece se contentar em estabelecer alguns pontos bem gerais acerca de cada uma das categorias. Ele diz coisas especialmente interessantes a respeito da categoria de relação, e retornaremos a esse assunto abaixo – por exemplo, quando discorrermos em um volume futuro a respeito das inovadoras teorias da relação desenvolvidas na filosofia medieval.

Por ora, porém, temos mais obras lógicas a respeito das quais tratar. Em seguida lidaremos com *Da interpretação.* Mais uma vez, esta não parece exatamente ser uma obra de "lógica", em nosso sentido. Antes, parece-se com uma contribuição à filosofia da linguagem. Como vimos, esta é uma área que Platão explorou em seu diálogo *Crátilo*, que considerava se palavras têm significado por natureza ou por convenção. Aristóteles declara de maneira demasiado direta, logo no início de *Da interpretação*, que a resposta convencionalista está correta (16a). Nomes são símbolos convencionais, e Aristóteles diz algo interessante quanto ao que eles simbolizam. Você pode pensar que o som "Buster Keaton" tão somente representaria Buster Keaton, e o faz; mas no primeiro caso Aristóteles pensa que ele representa um pensamento em minha alma. Diz que esse pensamento é um elo em uma cadeia de representação: se escrevo uma palavra, isso representa a palavra tal como falada, de modo que a linguagem verbal é mais fundamental do que a escrita. O nome falado, por sua vez, representa o pensamento. E é o pensamento que representa a coisa no mundo (16a). Tudo isso, novamente, inspirará alguma filosofia inovadora no período medieval[102].

Mas Aristóteles está apenas se aquecendo para seu tema principal, que é o estudo das sentenças que afirmam ou negam algo. Por exemplo, posso afirmar que Buster Keaton é humano, ou negar que Buster Keaton seja uma girafa. Este é um ponto que tem clara relevância para a lógica, especial-

101. Para as visões antigas acerca das *Categorias*, cf. seção 3 de Sorabji (2004, vol. 3).

102. A discussão medieval é mediada pelo antigo filósofo platônico Porfírio, cuja obra a respeito da lógica de Aristóteles foi transmitida para o mundo latino por intermédio de Boécio. Para uma útil coletânea de textos, cf. Kretzmann; Stump (1988).

mente à lógica de Aristóteles – sua lógica é às vezes chamada de "categórica", pois ele sempre se foca em enunciados que se relacionam a um predicado ou a um sujeito (lembre-se que o verbo *kategorein* significa "predicar"). Ele faz outra distinção que será crucial abaixo, quando ele afirma que algumas predicações são universais, ao passo que outras são particulares (17a). Assim, eu poderia dizer "*todos* os humanos são racionais", ou poderia focar-me apenas em um humano particular e dizer: "Buster Keaton é racional". Aristóteles usa essa distinção para examinar o problema de quais sentenças são diretamente opostas entre si. Ele diz que um enunciado é contraditório a outro quando é uma exata negação dele. Como ele assinala, é uma matéria um tanto quanto sutil determinar o contraditório exato de um enunciado. Por exemplo, o contraditório de "todos os humanos são brancos" não é "todos os humanos são não brancos", mas antes "algum humano não é branco" (17b).

A razão pela qual isso é importante e útil é que, para todo par de contraditórios, um e somente um pode ser verdadeiro. Assim, no exemplo que acabei de dar, ou há pelo menos um humano que não é branco, ou todos os humanos são brancos – *tem* de ser de uma maneira ou de outra (talvez você possa se preocupar: "E se não houver humanos?" Lidarei com essa pergunta no próximo capítulo, de modo que, enquanto isso, tenho de pedir-lhe paciência e, por ora, a suposição de que de fato há humanos. Para ser honesto, se de repente não houvesse humanos, então a discussão lógica seria o menor de nossos problemas). O argumento de Aristóteles quanto aos enunciados contraditórios o conduz à parte mais famosa de *Da interpretação*: o capítulo 9. Ele nos disse que, para qualquer par de enunciados contraditórios, um será verdadeiro e o outro falso (18a). Mas isto levanta um problema: E se os enunciados que consideramos dizem respeito ao futuro? Para tomar o exemplo de Aristóteles, e se eu disser: "Haverá uma batalha naval amanhã"? Ele tem um contraditório, a saber: "Não haverá batalha naval amanhã". Segundo a regra de Aristóteles, um desses enunciados é verdadeiro e o outro falso (18a).

Suponha, portanto, que é verdade que haverá uma batalha naval amanhã. Nesse caso, preocupa-se Aristóteles, já está fixado ou estabelecido que a batalha naval ocorrerá. É como se fosse muito tarde para quem quer que seja fazer alguma coisa a respeito. Os almirantes podem conferenciar no tocante à estratégia, consultar as previsões de tempo, e assim por diante, ao mesmo tempo em que pensam que ainda não está decidido. Mas, na verdade, já deve ser *inevitável* que haverá uma batalha naval, pois o enunciado que "haverá uma batalha naval" já é verdadeiro! Entretanto, se o enunciado for agora falso, então não haverá batalha naval, independentemente de que preparações forem feitas ou argumentos forem usados. Aristóteles julga isso perturbador, advertindo que, se o argumento estiver certo, não haverá sentido em deliberar acerca de qualquer curso de atuação. O futuro já está escrito, por assim dizer – tudo o que ocorre, ocorre necessariamente (18b). A boa notícia é que Aristóteles oferece uma solução para o problema (19a-b). A má notícia é que não fica claro o que ela significa[103]. Segundo a interpretação mais popular (às vezes chamada de "interpretação tradicional"), ele diz que esses enunciados acerca do futuro não são na verdade nem verdadeiros nem falsos, de modo que ele faz uma exceção à sua regra quanto aos contraditórios neste único caso. Mas há razão para julgar essa solução insatisfatória. Se observássemos os navios naufragados no estuário do Tâmisa amanhã e você se voltasse para mim e dissesse: "Veja, eu te disse que haveria uma batalha naval", seria implausível que eu dissesse: "Não, você não estava certo, pois quando você disse isso, não era verdadeiro; pelo menos, não ainda".

Esta é a parte mais famosa de *Da interpretação*, e ela claramente se relaciona com o que pensamos como lógica. Mas, como eu disse, o núcleo da lógica de Aristóteles é apresentado nos *Primeiros analíticos*. Os antigos intérpretes viam esses textos como formando uma sequência: as *Categorias* discorreriam acerca dos termos individuais, as palavras que incidiriam sob as dez categorias; então, *Da interpretação* discorre a respeito das palavras reunidas em enunciados; agora, os *Primeiros analíticos* discorrerão a respeito das sentenças reunidas em argumentos. Essa história é demasiado simples, sobretudo no que se refere às *Categorias*. Mas é suficientemente verdadeiro que os *Primeiros analíticos* estudam conjunções de sentenças que formam argumentos. Em particular, o que estudam são os argumentos que Aristóteles chama pela palavra grega *sylogismos* – de onde, é claro, vem nossa palavra "silogismo".

---

103. Quanto a isso, cf. Anscombe (1956, p. 1-15); Hintikka (1964, p. 461-492); Frede (1985, p. 31-83); Gaskin (1995).

Para Aristóteles, um silogismo é um argumento com duas premissas e uma conclusão (24b). É claro, tem de haver um termo que apareça em ambas as premissas, uma vez que, de outro modo, não se poderia concluir nada. Assim, um silogismo típico pode ter esta forma: todos os mamíferos são animais, alguns mamíferos são girafas, logo, alguns animais são girafas. Quando Aristóteles nos diz, nos *Primeiros analíticos*, que esse tipo de argumento é bem-sucedido, ele não usa simplesmente um exemplo como o que eu dei. Em vez disso, ele usa variáveis. Para o argumento que eu forneci, ele seria assim: Todo A é B, algum A é C, logo, algum B é C (25b). É fácil subestimar a importância disso. Para nós, nada poderia ser mais natural do que usar letras ou símbolos como variáveis ao discutir a forma lógica de um argumento. Porém, alguém tinha de inventar isso, e a pessoa que o fez foi Aristóteles. Pode-se argumentar que foi esse recurso enganadoramente simples que o possibilitou inventar a lógica, pois permitiu-lhe examinar várias formas de argumento de maneira abstrata, bem como estabelecer com rigor como um argumento pode se relacionar com outro[104].

É disso que os *Primeiros analíticos* tratam. Mas, à primeira vista, eles estão lidando apenas com uma gama deveras diminuta de argumentos. Aristóteles só considera esses argumentos com duas premissas que ele chama de silogismos, e, na verdade, somente examina silogismos nos quais uma coisa está sendo afirmada ou negada de outra – mais uma vez, sua lógica é "categórica", inteiramente referente à predicação. As premissas que ele considera são, pois, desta ordem: A se predica de todo B, A se predica de algum B, A não se predica de nenhum B, e A não se predica de algum B. Se pusermos exemplos em lugar das variáveis, teremos: todo animal é girafa, algum animal é girafa, nenhum animal é girafa, e algum animal não é girafa. Aristóteles, então, considera exaustivamente todas as maneiras possíveis pelas quais tais premissas podem ser combinadas e demonstra que algumas produzirão, de imediato, uma conclusão – a estes silogismos ele denomina "completos" (24b). Outros necessitam de outro argumento para mostrar que produzem uma conclusão, ao passo que outros ainda não produzem conclusões.

104. Um leitor anônimo que fez muitos comentários úteis ao manuscrito deste livro me pediu para enfatizar a "profundidade perturbadoramente fantástica" da inovação de Aristóteles. Considere enfatizado.

Além disso, Aristóteles nos mostra que silogismos incompletos sempre podem ser completados ao serem reduzidos a casos válidos do "silogismo da primeira figura", o qual pode produzir todas as conclusões (26b, 29a). Silogismos da primeira figura são aqueles nos quais os predicados da primeira premissa se tornam o sujeito da segunda premissa, desta forma:

Primeira Figura	
A	B
B	C

E, como vimos, os As, Bs e Cs podem se vincular de diferentes maneiras, como "todo A é B" e "algum A é não B", de modo que existem numerosas permutas dessa primeira figura. Eis dois exemplos de silogismos completos de primeira figura[105]:

A é predicado de todo B	A é predicado de não B
B é predicado de todo C	B é predicado de todo C
Logo, A é predicado de todo C	Logo, A é predicado de não C

Ou, acrescentando girafas:

"Vivo" predica-se de todo animal (isto é, todo animal é vivo)

"Animal" predica-se de toda girafa (isto é, toda girafa é animal)

Logo, "vivo" predica-se de toda girafa (isto é, toda girafa é viva)

105. Na Idade Média, as formas de argumento recebiam apelidos, usados como artifícios mnemônicos, com base no uso de vogais para indicar o tipo de predicação utilizado. Por exemplo, o tipo de predicação em "todo X é verdadeiro de Y" é simbolizado com a letra *a* (pode-se abreviar assim: A*a*Y). Assim, o primeiro exemplo aqui é chamado de silogismo "Bárbara". Não é porque foi inventado por alguém com esse nome, mas porque as predicações nas duas premissas e na conclusão são todas predicações *a*: A*a*B, B*a*C, A*a*C, daí *Bárbara* (as consonantes no apelido não significam nada, são apenas para ajudar a se lembrar). O segundo exemplo é chamado "Celarent" porque *e* é usado para representar predicações da forma "X é verdade de nenhum Y". Desta feita, a primeira premissa e a conclusão são predicações *e*, enquanto a segunda predicação é uma predicação *a*: A*e*B, A*a*C, A*e*C, daí Celarent. Para um útil panorama acerca de tudo isso cf. Smith (1995, p. 27-65).

"Azul" não se predica de nenhum animal (isto é, nenhum animal é azul)

"Animal" predica-se de toda girafa (isto é, toda girafa é animal)

Logo, "azul" não se predica de nenhuma girafa (isto é, nenhuma girafa é azul)

É claro, pode-se conceber um silogismo de primeira figura que seja não apenas incompleto, mas também inválido, como este:

A é verdadeiro de nenhum B

B é verdadeiro de algum C

Logo, A é verdadeiro de todo C

Inserindo termos nessa má forma de argumento, teríamos, por exemplo:

"Azul" não se predica de nenhum animal (nenhum animal é azul)

"Animal" predica-se de alguma girafa (pelo menos uma girafa é um animal)

Logo, "azul" predica-se de toda girafa (toda girafa é azul)

Não argumente assim em casa. Agora, há duas outras figuras possíveis do silogismo (26b, 28a):

Segunda Figura	Terceira Figura
A B	A B
A C	C B

Os silogismos nessas figuras, mais uma vez, podem ser válidos ou inválidos. Mas quando produzem conclusões de maneira válida, o fazem de maneira "incompleta", o que significa que precisamos de algum raciocínio para mostrar, com base nos silogismos da primeira figura, que silogismos válidos das segundas e terceiras figuras são de fato válidos.

Para sintetizar o que foi exposto, no benefício daqueles cujos olhos que começaram a turvar-se há cerca de um parágrafo: Aristóteles identifica certos silogismos básicos e de imediata produtividade (os "completos" da "primeira figura"). Ele então encontra outros casos de silogismos que também são produtivos, mas não de imediato ("incompletos", em que é preciso fazer algo para mostrar que são bem-sucedidos). Ele mostra como reduzir os casos incompletos aos completos para provar que os primeiros realmente funcionam. Por fim, ele declara todos os demais inválidos. A meticulosa discussão desses silogismos feita por Aristóteles é uma de suas grandes realizações. Ele preparou o terreno para mais de dois mil anos de lógica, o que seria feito em grande parte dentro do quadro concebido nos *Primeiros analíticos*. De fato, foi somente com Frege, no século XIX, que a lógica finalmente se separou desse paradigma aristotélico.

De maneira espantosa, porém, esta não é a única coisa que Aristóteles tenta fazer nos *Primeiros analíticos*. Entre outras coisas, ele está consciente de algo que mencionei, a saber, que ele parece estar examinando uma gama restrita de tipos de argumentos. Assim, Aristóteles tenta mostrar que todos os argumentos produtivos podem ser reduzidos a seus silogismos – ele não está certo quanto a isso, como será apontado pelos estoicos, que deram eles próprios grandes contribuições para a história da lógica. Ele também passa boa parte dos *Primeiros analíticos* discutindo o fato de que as premissas e a conclusão de um argumento podem ser possíveis ou necessárias. Suponha que eu diga: "Girafas são necessariamente mamíferos, e todos os mamíferos dão de mamar a seus filhotes". Isto mostra que as girafas *necessariamente* dão de mamar a seus filhotes? É a necessidade transferida das premissas para a conclusão? Esta é uma área em que as ideias de Aristóteles acerca da lógica são diferentes daquelas que os filósofos respaldam hoje. Por exemplo, ele pensava que se um enunciado é necessariamente verdadeiro, então deve ser sempre verdadeiro, isto é, pode-se inferir que ele é necessariamente verdadeiro. Isto não é tão óbvio. Por exemplo, não tenho irmã, e na ausência de alguma notícia inesperada de meus pais, jamais terei uma irmã. Mas é necessariamente verdadeiro que eu não tenho uma irmã? Não parece ser assim. Claramente, toda essa questão da necessidade precisa de alguma elaboração. E Aristóteles tem mais a dizer a respeito desse assunto como veremos agora, ao passar dos *Primeiros analíticos* para sua sequência, cujo título é deveras previsível, os *Segundos analíticos*.

31

Uma matéria de princípio: a epistemologia de Aristóteles

"Todos os homens desejam por natureza conhecer." Esta é a frase de abertura da *Metafísica* de Aristóteles. Ela expressa sua convicção de que a sede por conhecimento não é algo que se limita a pensadores em tempo integral, como ele mesmo. É algo que todos nós partilhamos. Mas o fato de que todos desejem algo não significa que todos o alcançam. Afinal, a maior parte de nós gostaria de viver para sempre, mas ninguém conseguiu fazê-lo ainda (eu mesmo espero alcançar a imortalidade; na verdade, eu precisarei, se quiser cobrir toda a história da filosofia nesses livros). Certamente, no caso do conhecimento, porém, todos conseguem o que desejam, pelo menos em alguma medida. Todo mundo conhece algumas coisas. Você, por exemplo, sabe que está lendo um livro neste preciso momento. Sabe que este livro é acerca de filosofia antiga. Provavelmente sabe o que tomou no café da manhã – e espero que tenha sido um bom, uma vez que, como você sabe, é a mais importante refeição do dia.

Mas o que permite que você diga que conhece essas coisas? O que é o conhecimento, na verdade? Como mencionei antes, esta é a pergunta central da área de filosofia chamada de epistemologia, o estudo do conhecimento. A epistemologia reconhece uma distinção básica entre conhecimento e mera crença. Claramente, são diferentes. Se conheço algo, então parece que preciso acreditar nisso – para saber que você está lendo um livro, precisa pelo menos acreditar que está lendo um livro. Mas o contrário não é verdadeiro. De maneira otimista, eu acredito que o Arsenal vencerá a Liga de Futebol Inglesa no próximo ano, mas, infelizmente, eu não *sei* isso.

Se eu posso acreditar nas coisas sem conhecê-las, então, qual a diferença? Bem, não pode ser apenas que o conhecimento envolve verdade, ao passo que a crença não. Deve-se admitir que existem crenças falsas – mas há também crenças verdadeiras que não considero como conhecimento. Se o Arsenal de fato vencer a Liga, isto não significará que minha crença era de fato conhecimento. Tratava-se, antes, de um mero palpite de sorte, ou um autoengano, ou talvez uma predição avalizada –, mas de não conhecimento.

Como vimos, Platão foi o primeiro filósofo a distinguir com clareza entre conhecimento e crença verdadeira. Ele o fez no *Mênon*, no *Teeteto* e em outros diálogos, e seus personagens não têm dificuldade em mostrar que há de fato uma distinção a ser feita aqui. Mas é mais difícil dizer o que transforma uma crença em conhecimento. O *Mênon* sugere que algum tipo de explicação causal deve servir, mas falha em fornecê-la em detalhes. Alguns intérpretes pensam que Platão abandonou o projeto em *A república* – que nesse diálogo o conhecimento é visto não como crença verdadeira acrescida de algo, mas antes como a apreensão de um tipo completamente separado de objeto, a saber, das Formas. Antes, eu sugeri algumas razões para duvidar dessa interpretação. Mas sob qualquer leitura de *A república*, é como se o conhecimento – e, em particular, o conhecimento de coisas realmente importantes como a justiça, o bem e assim por diante – fosse reservado para uma pequena elite. O resto de nós tem de se virar com a crença, enquanto os filósofos usam a dialética para alcançar o verdadeiro conhecimento.

No que tange a essa questão, e a muitas outras, Aristóteles prestou demasiada atenção em Platão. Em seu tratamento do conhecimento, ele reage a Platão, e encontra muito a respeito do que concordar com ele, ainda que de claro discorde ocasionalmente de seu mestre. Aristóteles não somente aceita a distinção fundamental entre conhecimento e crença. Como Platão, ele também vê o conhecimento como uma realização formidável – realizada pela elite, e somente com grande dificuldade. O seu parecer no que concerne a esta matéria acha-se exposto na obra de título um tanto quanto desconvidativo *Segundos analíticos*. Como se pode esperar, esse livro parece ser uma espécie de sequência da obra pioneira de lógica, os *Primeiros analíticos*. Mas livros são complicados, e empreendem uma variedade de projetos. Mas se nos aprouvesse resumir num único período os dois *Ana-*

líticos, não andaríamos por maus caminhos se disséssemos o que se segue. Em primeiro lugar, nos *Primeiros analíticos*, Aristóteles explica as regras que regem argumentos válidos. Depois, nos *Segundos analíticos*, explica por que argumentos válidos são suficientes para prover conhecimento. Certo, foram duas sentenças.

Assim, o *Segundos analíticos*, entre outras coisas, é o mais próximo que se tem de um tratado aristotélico acerca de epistemologia. Ele pergunta: Quais são as condições que têm de ser satisfeitas para que consideremos que conhecemos algo? A versão curta da resposta de Aristóteles é que você conhece algo quando fez sua demonstração. Isto nos ajuda a ver de imediato que os *Segundos analíticos* têm a ver com os *Primeiros analíticos*: demonstrações são argumentos válidos; desse modo, precisamos conhecer as regras do argumento antes de podermos dizer o que é uma demonstração. Na verdade, uma boa maneira de pensar a respeito de demonstrações, tal como Aristóteles as concebia, é que elas são o *melhor* tipo de argumentos válidos. Mas isto nos traz para a versão longa da resposta de Aristóteles. Não basta que um argumento seja meramente válido para que logre constituir demonstração e, portanto, propiciar conhecimento. Tem para si o Estagirita que, a bem de alcançar a demonstração, cumpre satisfazer toda uma série de critérios – à feição de um elenco de condições que se devem preencher. O exame destes critérios nos há de entreter pelo restante deste capítulo e pôr a nu o quão exigente se revela, ao cabo e ao fim, a epistemologia aristotélica.

Lembremo-nos primeiro como se parece um argumento válido, segundo Aristóteles. Será um argumento com duas premissas, as quais têm um termo em comum. Juntas, essas premissas formarão uma conclusão. Tal argumento é chamado de silogismo; e Aristóteles pensa que todos os argumentos produtivos podem ser reduzidos a certos tipos de silogismo. Assim, a demonstrarão será definitivamente por meio de silogismos. Mas quais? A ideia fundamental de Aristóteles, aqui, é que, se você for demonstrar algo, precisará *explicá-lo*. Assim, os silogismos que são demonstrativos precisarão ser explanatórios. Por exemplo, eu posso notar que girafas têm pescoços longos. Na condição de zoólogo especialista em girafas, pergunto a mim mesmo: "Raios, por que as girafas têm pescoços longos?" O que busco é um argumento que explique essa característica do nobre animal que é a girafa.

Obviamente, o que Aristóteles procura não é o tipo de conhecimento que temos quando simplesmente notamos que as girafas têm pescoços longos. Ele está pensando, antes, em algum tipo de compreensão sistemática, bem fundamentada – até poderíamos dizer "científica" – do fato de as girafas terem pescoços longos. Com efeito, propôs-se que "compreensão" seria uma melhor tradução da palavra grega *episteme* do que "conhecimento", ao menos neste contexto[106]. Isto nos conduz, portanto, à primeira caixa importante que precisa ser etiquetada: um silogismo demonstrativo precisa ser não apenas um argumento válido, como também genuinamente explanatório. Ele tem de me mostrar não apenas *que* a conclusão decorre das premissas, mas *por que* a conclusão se dá. Em nosso exemplo, um silogismo apropriado poderia ser assim: as girafas são animais terrestres que comem folhas de árvores altas. Animais terrestres que podem comer folhas de árvores altas têm pescoços longos. Logo, girafas têm pescoços longos. Aristóteles apontará a característica que vinculará as duas premissas – ele chama isto de "termo médio" – e diz que, em uma demonstração, o termo médio ajuda a explicar a conclusão. Girafas têm pescoços longos *porque* são animais terrestres que comem folhas de árvores altas.

Desse modo, terminamos? Todo argumento válido que explicar algo conta como demonstração? Bem, não. Aristóteles acrescenta vários outros critérios, e o próximo que eu quero mencionar é um pouco mais surpreendente. Sua ideia é que, se quisermos realmente alcançar a compreensão, o que buscamos é uma explicação não só de uma coisa particular, mas de uma classe inteira de coisas. O conhecimento ou a compreensão devem ser *universais* (85a-86a, 88b). Terei de lidar com características gerais do mundo à minha volta. Isto significa que, se procuro uma girafa particular – digamos que seu nome é Hiawatha –, o mero fato de que eu diga que Hiawatha tem um pescoço comprido porque ela come folhas de árvores altas não pode ser considerado como demonstração. Trata-se de algo certo, porém configura um exemplo de *episteme*, ou seja, de conhecimento ou de compreensão. Antes, se eu realmente compreendo o fato de Hiawatha ter um pescoço longo é porque me dou conta de que ela é uma girafa, e com-

106. Burnyeat (1981, p. 97-139).

preendo que seu pescoço longo é apenas um exemplo de uma característica universal que pertence a todas as girafas.

Isto se relaciona com algo que fora mencionado no capítulo anterior: a distinção entre características acidentais e essenciais. Para lembrar como isso funciona, as características essenciais de algo são as características que a coisa tem devido à sua própria natureza. Não posso ser humano sem ser racional, de modo que a racionalidade é essencial para mim, ao passo que o fato de eu ser careca me é acidental, pois não preciso ser careca para ser humano (na verdade, eu costumava ser humano antes de ser careca; mas não nos aprofundemos neste assunto doloroso). Assim, uma girafa, supomos, não pode ser girafa sem ter um longo pescoço e sem comer folhas de árvores; essas características lhe são essenciais. Obviamente, o critério de universalidade é relevante aqui: as características essenciais de uma coisa serão comuns a todos os membros da espécie. É essencial a Hiawatha que ela tenha pescoço longo; logo, todas as girafas também devem ter pescoços longos. Eis outra caixa a ser etiquetada: as premissas de um argumento demonstrativo devem mencionar características essenciais das coisas que elas explicam (75a).

Este ponto merece ser desenvolvido por um instante. Aristóteles está sustentando que simplesmente não há algo como conhecimento ou compreensão, no sentido próprio, de características acidentais, características essas que são excepcionais em determinada classe. Se Hiawatha tiver um dedo quebrado, por exemplo, isto não interessará ao aristotélico especialista em girafas, pois, em geral, as girafas não têm dedos quebrados. Assim, Aristóteles tem forte tendência a relegar coisas acidentais ou pouco usuais à sua lista de coisas acerca das quais é desnecessário se preocupar em demasia. Na medida em que fazemos ciência, não nos preocuparemos com as características acidentais das coisas. Isto torna Aristóteles bem diferente dos cientistas atuais. É claro, eles buscam leis ou padrões regulares na natureza, como Aristóteles recomenda. Nutrem, porém, igualmente um interesse profundo pelas surpreendentes exceções, isto é, por aqueles eventos ou características que ameaçam falsear suas teorias gerais. Já Aristóteles encoraja-nos a ignorar semelhantes exceções e a estudar somente as generalidades da natureza. Se uma girafa nasceu sem ossicones (aquelas coisas parecidas com chifres em suas cabeças), ou com apenas três pernas, isto não merecerá estudo, será apenas ignorado como não natural.

Não obstante, o que Aristóteles chama de "conhecimento" ou de "compreensão" se relaciona intimamente com o que chamamos de "ciência" (com efeito, nossa palavra "ciência" deriva do latim *scientia*, que era utilizado para traduzir o termo aristotélico *episteme*). Alguns até mesmo dizem que o *Segundos analíticos* constitui o tratado de Aristóteles acerca de filosofia da ciência. Isto faz sentido, dado seus critérios para demonstração, os quais se focam na generalidade e na sistematicidade. Eu a chamei de uma obra acerca de "epistemologia" de modo mais geral, mas realmente não há muita diferença entre a epistemologia aristotélica e a filosofia da ciência aristotélica. Deve-se ter em mente, porém, que ele usa a palavra *episteme* não apenas para a biologia e para outras áreas, mas para disciplinas como a matemática, bem como para a metafísica. Para ele, todos essas disciplinas são "ciências", ou seja, tipos de conhecimento. É nesse sentido mais amplo que os *Segundos analíticos* estabelecem um programa científico. Segundo tal programa, a ciência se apodera de explanações que são universais e baseadas nas características essenciais das coisas. Se os critérios de Aristóteles são exigentes deve-se a ele estar dizendo a nós como alcançar plena compreensão do mundo à nossa volta – como nos tornarmos cientistas, se você preferir.

Mas ele ainda não terminou. Retornemos ao fato de que você só conhecerá alguma coisa se ela for verdadeira. Aristóteles estabelece uma conclusão deveras surpreendente a partir dessa simples observação. Ele diz que, se as coisas que conheço não podem ser falsas, então elas são *necessariamente* verdadeiras (88b-89a). Quando demonstro algo, não só terei premissas e uma conclusão que lidam com características universais e essenciais das coisas, mas terei premissas e conclusões que têm a garantia de serem sempre verdadeiras. Assim, posso saber, ou compreender, por que as girafas têm pescoços longos, pois as girafas precisam ter necessariamente pescoços longos – uma girafa com pescoço curto é impossível – e por que sempre ocorre que girafas têm pescoços longos. A primeira parte corresponde à razão: se pescoços longos são uma característica essencial das girafas, então, é claro, uma girafa não pode ter um pescoço curto, porquanto, se o tiver, deixará de ser uma girafa. Mas não é provável que concordemos com a parte do "sempre", pois não pensamos que as girafas sempre existiram. Pensamos que elas evoluíram, de modo que, em algum momento, o mundo teve de se virar sem girafas. De modo ainda mais deprimente, antecipamos que, algum dia, as girafas estarão extintas. Aristóteles não quer saber disso. Para ele, todas as espécies são eternas. É melhor que sejam, pois todo conhecimento ocupa-se de verdades eternas, de modo que se as girafas nem sempre existiram, então não poderá haver conhecimento demonstrativo a respeito delas.

Poderíamos tentar algo ligeiramente diferente aqui? Poderíamos dizer: "Más notícias, Aristóteles, você se equivocou quanto às girafas terem existido desde sempre. Mas há algo que é sempre verdadeiro: *se* alguma coisa é uma girafa, então ela tem pescoço longo". Isto poderia ser verdadeiro ainda que não houvesse girafas. Aristóteles poderia ficar grato pela sugestão, mas não é assim que ele pensa a situação. Em sua lógica, parece que se presume que "B é verdadeiro de A" só pode ser verdadeiro se houver pelo menos um A. Desse modo, para ele um enunciado como "girafas têm pescoços longos" será falso se não houver girafas[107]. Ele não explora a estratégia que eu acabei de sugerir, que poderia agradar mais a um lógico contemporâneo. Essa discussão surgiu no capítulo anterior. Eu dizia ali que, para Aristóteles, ou todos os humanos são brancos, ou há pelo menos um humano não branco. Eu prometi retornar ao tópico do que acontece se não houver humanos. De maneira estimulante, voltamos a ele agora: para Aristóteles, a resposta é que sempre haverá humanos, e, caso não houver humanos, então não haveria proposições verdadeiras quanto a eles serem ou não brancos.

Façamos um balanço. Começamos dizendo que Aristóteles acredita que o conhecimento, ou a compreensão, é produzido por intermédio de demonstração, e que a demonstração é um tipo de argumento válido. Examinamos, então, as caixas que precisam ser etiquetadas para transformar um argumento válido em um argumento demonstrativo, e descobrimos

---

107. Note que ele também tenderia a pensar a respeito delas em termos "categoriais", perguntando se o pescoço longo é predicado das girafas (como A é B), em vez de fazê-lo na forma de hipótese, como eu sugerir: se algo é uma girafa, então ela tem pescoço longo (se A então B). Os estoicos serão pioneiros na análise de semelhantes "hipóteses", as quais serão entendidas como enunciados do tipo "se, então".

que, para ser demonstrativo, um argumento precisa ser explanatório, universal e eternamente necessário, em virtude de lidar com as características essenciais das coisas envolvidas. Certamente, nós terminamos, não? Bem, sim e não. Isto praticamente esgota as características especiais das demonstrações, mas há outra coisa que pode nos preocupar. Aristóteles está profundamente consciente de que meu conhecimento de uma conclusão só será tão bom quanto meu conhecimento das premissas que usei para gerá-la (71b). Por exemplo, retornemos mais uma vez ao exemplo da girafa. Suponha que eu demonstre que as girafas têm pescoços longos com base no fato de que comem folhas de árvores altas, mas que não compreenda por que elas comem folhas de árvores altas. Agora, é como se eu não compreendesse por que elas têm pescoço longo. Minha compreensão da conclusão na demonstração só será boa na medida em que minha compreensão das premissas o for. Assim, as próprias premissas também precisam de demonstração.

Talvez você já possa adivinhar qual é o problema que surge aqui. Se cada demonstração depende de demonstrações adicionais de suas premissas, então não ficaremos presos a um regresso de explicações? (72b). Se compreendo os pescoços das girafas porque compreendo seus hábitos alimentares, então preciso compreender seus hábitos alimentares com base em algo mais, talvez a estrutura de seus estômagos. Mas deve haver alguma coisa adicional que me permita compreender seus estômagos... e assim por diante. Não haverá interrupção na cadeia de demonstrações. Aristóteles levanta explicitamente esse problema, e declara que, como todas as coisas boas, a cadeia demonstrativa deve ter um fim (73a). Não pode prosseguir em um regresso infinito, tampouco pode ser circular (se eu acabar explicando os pescoços das girafas por meio de seus hábitos alimentares e seus hábitos alimentares por meio de seus estômagos, é melhor que eu não explique seus estômagos com base no tipo de pescoços que têm). Assim, o regresso deve terminar – mas como?

Aristóteles apresenta sua resposta à pergunta bem no final dos *Segundos analíticos*. Ele diz que qualquer argumento demonstrativo, em última instância, derivará do que ele chama de "primeiro princípio", e que nossa apreensão dos primeiros princípios deve ser ainda mais certa e sólida do que nossa apreensão das coisas que demonstramos por meio desses princípios. Aristóteles é o que hoje chamamos de "fundacionista": ele baseia todo o conhecimento em algumas verdades fundamentais, certas. Estas, é claro, não são demonstradas. Assim, como as conhecemos? Aristóteles apresenta, mas, em seguida, descarta como absurda, a ideia de que já conhecemos essas coisas, a despeito de não estarmos cientes delas – obviamente, uma alusão à teoria da rememoração de Platão (99b). Em vez disso, nós nos apossamos de princípios fundamentais por intermédio do mais modesto dos meios, a saber, pelo uso de uma faculdade que até mesmo os animais têm: a sensação.

É mediante a sensação, diz Aristóteles, que conseguimos apreender as características universais das coisas, mas somente depois de repetidas experiências (100a). Em uma analogia marcante, ele sugere que é como um grupo de soldados aposentados que retornam ao combate, de modo que sua formação é restaurada. Cada soldado que se move parece representar uma experiência individual, e quando tudo se encaixa, por assim dizer – sua falange que retorna à formação, os escudos uma vez mais enfileirados com precisão – isso equivale a trazer o universal para nossa compreensão. Aqui, Aristóteles parece se revelar como uma espécie de empirista, uma vez que ele faz nosso conhecimento retroagir à experiência sensorial[108]. Ele até mesmo usa um termo que é muitas vezes traduzido como "indução", *epagogê*. Mas Aristóteles não é David Hume. Sua vertente do empirismo não é tingida de ceticismo. Ele nutre uma confiança serena de que nossas mentes são perfeitamente adequadas para receber verdades universais e necessárias ao apenas examinar o mundo à nossa volta.

Há outra diferença entre Aristóteles e os empiristas modernos como Hume. Mesmo que Aristóteles apele à experiência sensorial para interromper o regresso da demonstração, ele está continuamente comprometido com a ideia de que todo o nosso conhecimento de alguma maneira depende da sensação. Esse termo que eu acabei de mencionar, *epagogê*, também aparece em Aristóteles para descrever a cuidadosa consideração de opi-

108. Há um debate a respeito do quão "empirista" ele é. Acerca dessa discussão, cf. Irwin (1988, cap. 7); Barnes (1994, p. 259); Frede (1996, p. 157-173).

niões reputáveis ou comumente sustentadas[109]. Isto retrocede a algo que já mencionei: sua prática como filósofo consiste em começar com o que já parece plausível, ainda que essas aparências possam ser desfeitas depois. Para Aristóteles, toda busca por conhecimento começa com o que é "anterior a nós", mesmo que não seja "anterior em si mesmo", ou seja, realmente fundamental na estrutura causal das coisas. Assim, o que é fundamental na estrutura causal das coisas? Para adivinhar a resposta a essa pergunta, precisaremos examinar em seguida as concepções de Aristóteles acerca da metafísica, a começar com sua visão a respeito da discussão metafísica mais fundamental: O que é o ser? Ou, para apresentar a mesma pergunta da maneira que faz Aristóteles: O que é a substância?

109. Para o significado de *epagogê* em Aristóteles, cf. Hamlyn (1976, p. 167-180); Engberg-Pedersen (1979, p. 301-317).

32

Pé no chão: a substância em Aristóteles

Há alguns anos tive a oportunidade de visitar o Museu do Vaticano. Aparentemente, ser o papa te dá boas oportunidades para colecionar arte, pois o Vaticano abriga um número deveras impressionante de objetos. O que eu mais desejava ver era o quadro de Rafael, *A escola de Atenas*, que retrata vários dos pensadores que já examinamos neste livro. No centro, é claro, estão Platão e Aristóteles – a imagem mais famosa desses dois filósofos. Eu estava bastante animado em ver essa obra pessoalmente, de modo que você pode imaginar como eu me senti quando cheguei à sala e encontrei a pintura encoberta, pois estava em processo de restauração. Sou um filósofo treinado, de modo que minha razão devia prevalecer em minha alma, tornando-me imune a semelhantes desapontamentos. Mas, infelizmente, esta foi uma das áreas nas quais o meu treinamento filosófico foi inadequado. Assim, eu encarei de maneira petulante o compensado que bloqueava minha visão, até que finalmente meus companheiros me arrastaram para fora para ver alguma capela com um teto decorado, que, sinto dizer, não representavam nem Platão nem Aristóteles.

No quadro que eu não consegui ver, Rafael retrata Platão apontando para o céu, uma aparente alusão à teoria das Formas. Já Aristóteles é retratado mantendo sua mão espalmada em direção ao solo. Usualmente, isso é visto como representando um contraste tradicional entre Platão e Aristóteles. Enquanto Platão parece nos encorajar a nos afastarmos do mundo em direção a um reino ideal, Aristóteles está interessado no aqui e no agora. Ele é o tipo de homem que dedica muitas horas a investigações biológicas – ele se deleita em dissecar peixes para ver como seus órgãos estão arranjados. Sua filosofia natural examina cuidadosamente os mecanismos de corpos em movimento, o que lhe permitiu elaborar teorias que permaneceriam dominantes até a época de Galileu. Em sua ética, ele louva uma vida de ação prática virtuosa, em vez de ver o engajamento político como algo que alguém deveria antes evitar, como Platão fizera em *A república*.

Você provavelmente notou que sempre que eu menciono uma dessas ideias tradicionais acerca da história da filosofia, acrescento que é demasiado simples e que a visão tradicional é, na melhor das hipóteses, uma simplificação. O contraste entre Platão e Aristóteles representado por Rafael não constitui exceção. Já vimos que Platão também estava bastante interessado no mundo natural, como podemos ver especialmente a partir de seu diálogo *Timeu*. E, como veremos depois, a ética de Aristóteles apresenta uma vida de pura contemplação como superior até mesmo à vida da virtude prática. Porém, no que se refere à discussão das substâncias, parecemos estar em terreno mais firme ao comparar Platão e Aristóteles. Não utilizei a palavra "substância" ao discutir Platão, pois não é um termo técnico que ele utiliza. Na verdade, Platão em geral se preocupa muito menos com terminologia técnica do que Aristóteles, e frequentemente faz seus personagens dizerem que a terminologia não é tão importante, desde que as ideias filosóficas estejam claras. Já para Aristóteles, "substância" é um termo técnico: a palavra grega é *ousia*, que é simplesmente uma forma do verbo grego "ser". Assim, nesse contexto, "substância" significa algo mais direto: é simplesmente o que é. E, é claro, este é um tópico acerca do qual Platão tem muito a dizer. Você deve se lembrar que, tanto em *A república* quanto no *Timeu*, Platão descreve as Formas como os objetos do conhecimento e como coisas que realmente existem, ao passo que coisas que participam das Formas são objetos de opinião – ambos são e não são.

Aristóteles pensa que Platão está profundamente equivocado a respeito disso. Dois erros são cometidos aí, na verdade. Em primeiro lugar, Aristóteles nega que existam Formas tal como Platão as concebia. Em segundo lugar, ele acredita que os objetos concretos e sensíveis à nossa volta – coisas como eu, uma girafa ou a Torre Eiffel – são bons candidatos para serem as coisas mais reais que existem. Esses pontos aparecem em vários trabalhos de Aristóteles. É em sua *Ética a Nicômaco* que ele faz a famosa observação de que a verdade deve ser honrada acima de seus amigos para preludiar sua vigorosa rejeição da ideia de Platão de que existe uma Forma do Bem[110]. Mas os dois textos que são mais importantes para estabelecer as visões de Aristóteles acerca da substância são as *Categorias*, que já examinamos um pouco no capítulo quanto a sua lógica, bem como a *Metafísica*, o que não deve surpreender. Quando tentamos elaborar uma explicação da substância com base nesses dois livros, rapidamente descobrimos que as ideias de Aristóteles a esse respeito parecem ter mudado. A explicação da substância nas *Categorias* é muito mais simples do que aquela que encontramos na *Metafísica*, embora não sejam necessariamente incompatíveis. E quando nos voltamos para a *Metafísica*, vemos que Aristóteles reabilita a ideia de substâncias imateriais separadas. Acontece que, segundo a visão de Aristóteles, Platão lidou com a pergunta correta – como devemos compreender as coisas imateriais como princípios de tudo mais que existe? Era apenas a teoria platônica das Formas que não era a resposta correta à pergunta.

Comecemos, todavia, pelas *Categorias*. A razão pela qual a substância aparece aí é que a substância, *ousia*, é a primeira das dez categorias. Como você deve se lembrar, as categorias parecem constituir as classes mais gerais de predicados – em outros termos, se você listar os termos que podem ser atribuídos às coisas, descobrirá que elas incidem em dez tipos. Ou, pelo menos, é nisso que as *Categorias* pedem que acreditemos. A razão pela qual a substância é a primeira categoria a ser mencionada é que ela é básica. Lidaríamos aqui com atribuições tais quais "Sócrates é um homem" ou "Hiawatha é uma girafa". Predicações da substância informam de que tipo de ser se trata, de modo que essas predicações são mais fundamentais do que outras. Antes que alguma coisa possa ser branca, ou alta, ou caminhante, ou estar numa sala, ela deve primeiramente ser algum tipo de ser, como um homem, por exemplo. Já chegamos aqui a uma diferença entre Aristóteles e Platão. Segundo o entender do primeiro, coisas como homens

110. I.6, 1096 a, mencionado no capítulo 29, quanto à vida e às obras de Aristóteles. [Na verdade, a frase de Aristóteles em *Et. Nic.* 1096 a15 é uma paráfrase de algo que Platão diz a respeito de Homero, em *Rep.* X, 595c: "Tive uma espécie de amor e admiração por Homero desde minha infância, o que me faz relutar em falar. Veja, penso que ele foi o primeiro professor e guia de todos os bons poetas trágicos de hoje. Mas o fato é que um homem não deve ser respeitado acima da verdade [...]". Cf. Rouanet (2019, p. 390-395) [N.T.].]

e girafas individuais são básicas, pois são sujeitos de predicação. Se desejo atribuir humanidade, brancura ou altura a algo, então preciso de algo ao qual possa atribuir essas categorias. E este algo é a substância, como o homem individual Sócrates ou a girafa individual Hiawatha. Assim, itens individuais no mundo à nossa volta, como Aristóteles os entende, são seres *primários*, e de seres derivativos, como sugere Platão. Enquanto Platão concebe que as coisas belas são causadas pela própria beleza, Aristóteles defende que, sem as coisas belas, não existe beleza.

Aqui, Platão poderia apelar a seu argumento da copresença dos opostos e insistir que substâncias individuais podem ser tanto iguais como desiguais, ou tanto belas como feias, em relação a outras coisas. Assim, como podem ser primárias? Aristóteles dirá: "Com efeito, isto prova meu argumento: substâncias são de fato primárias, pois são portadoras da predicação. E se você olhar minha lista das categorias verá que um tipo de predicado é a relação" (esta resposta seria tanto mais sugestiva, dado que a lista das dez categorias, como vimos, foi provavelmente desenvolvida dentro da própria Academia de Platão). Ele também subverte a ideia platônica de que os seres verdadeiros são imutáveis e insiste que uma razão pela qual as substâncias individuais são primárias é precisamente porque sofrem mudança. Quando há uma mudança de baixo para alto, trata-se de alguma substância individual que, num primeiro momento, é baixa, e, num segundo, alta, como nossa girafa Hiawatha que cresceu desde filhote até a altura plena e majestosa de um espécime adulto. A capacidade de mudança está intimamente ligada ao fato de ser um sujeito de predicação.

Assim, esses seres particulares que podemos efetivamente ver à nossa volta são o que Aristóteles, aqui nas *Categorias*, chama de "substâncias primárias". Ele também reconhece o que chama de "substâncias secundárias" (*Categorias* 2a). São coisas como espécies e gêneros. Uma espécie é uma classe básica de entidade, como humano ou girafa. Um gênero é uma classe mais ampla que inclui numerosas espécies, como, por exemplo, animal, que abarca tanto humanos quanto girafas. Aristóteles às vezes chama essas substância secundárias de "universais" (*ta katholou*), pois em geral se aplicam a toda uma classe de substâncias primárias. A razão pela qual estas coisas universais são secundárias reside no fato de serem atribuídas aos indivíduos: a espécie humana é atribuída a humanos particulares (*Categorias* 2b). Mais uma vez, os particulares fazem todo o trabalho metafísico aqui. Assim como as coisas belas garantem e explicam a presença da beleza no mundo, são os humanos individuais que asseguram que existe uma espécie humana. Assim, as *Categorias*, pelo menos em um primeiro exame, parecem apresentar um retrato metafísico que é mais ou menos fiel à nossa experiência. Esqueça as ideias radicalmente revisionistas de Heráclito, com sua unidade de opostos; as de Parmênides, com seu ser uno e as de Platão, com suas formas. Aristóteles diz que os componentes básicos da realidade são as coisas particulares nas quais podemos tocar e com as quais podemos interagir. Admite-se que os universais ainda estão sendo reconhecidos como "substâncias" ou "seres" de um tipo. Mas eles são entidades dependentes que não poderiam existir sem substâncias primárias particulares.

Trata-se apenas de uma matéria de gosto ou Aristóteles tem bons argumentos para sustentar que sua descrição metafísica é a correta? Acabamos de ver que Aristóteles acredita que ser um sujeito de predição, bem como ser passível de mudança, tornará as coisas boas candidatas a serem substâncias genuínas. Mas não é provável que Platão aceitasse esses critérios. Assim, o que Aristóteles poderia arguir para convencer Platão? Bem, ele diz várias coisas que parecem um tanto quanto familiares a partir da autocrítica de Platão no diálogo *Parmênides*. Por exemplo, ele se queixa que, se as Formas forem realmente separadas das coisas, então elas não poderão influenciá-las – isto lembra o argumento que Platão chama de "a maior dificuldade" no *Parmênides*. Aristóteles também se aproveita de algumas de suas próprias distinções técnicas para forçar Platão a escolhas inapeláveis. Por exemplo, ele inventou esse contraste entre coisas particulares, como Sócrates, e coisas universais, como a espécie humana. E, como vimos no último capítulo, ele conseguiu capturar a intuição platônica de que o conhecimento lida com características gerais do mundo, de modo que concorda que o conhecimento precisa ter escopo universal. Mas, uma vez que os universais dependem de particulares, ainda serão coisas como Sócrates que possibilitarão nosso conhecimento da humanidade[111]. Agora, Aristó-

111. Aqui vale a pena repetir que, para Aristóteles, deve haver sempre homens individuais, de modo que haja algo *de que* as verdades universais acerca dos homens serão verdadeiras.

teles pode perguntar a Platão: Supõe-se que essas suas Formas são universais, ou acaso seriam elas particulares? De fato, parece haver um incômodo compromisso entre ambas as respostas: supõe-se que cada uma delas seja uma substância, tal qual um particular (*Met.* 1040a); porém, também se supõe que elas explicam características gerais do mundo, como a bondade, a beleza, a igualdade e assim por diante.

Aristóteles também elabora críticas mais específicas. Por exemplo, em sua *Ética* ele sustenta que a doutrina da forma do bem é incoerente (1096a-b). Há muitas maneiras pelas quais as coisas podem ser boas – como diz Aristóteles, "o bem é dito de múltiplas maneiras". Assim, não existe uma única ideia comum de bem para que a Forma incorpore. Esta locução, "dito de múltiplas maneiras" aparece em outros lugares também, e jamais de maneira tão proeminente quanto na *Metafísica*. A *Metafísica* talvez seja o trabalho mais complexo e difícil de Aristóteles. Engloba grande quantidade de tópicos e de problemas diferentes, e, de fato, está longe de ser claro se pretendia ser uma só obra ou se foi compilada depois da morte de Aristóteles como uma coleção de textos originalmente separados. Mas, se a *Metafísica* é uma unidade, é porque ela tem em vista uma única ciência, a qual se dedica a nada menos do que o ser. Aristóteles jamais chama a essa ciência de "metafísica", falando, em vez disso, em "primeira filosofia". Uma tese fundamental dessa ciência da primeira filosofia é que o ser, como o bem, é "dito de múltiplas maneiras".

Já vimos um exemplo disso na discussão da substância nas *Categorias*. Lembre-se, a palavra "substância" em grego é apenas uma forma do verbo "ser". Assim, quando Aristóteles fala de substância primária e secundária, o que está dizendo, na verdade, é que há dois tipos de seres, e que um que é mais fundamental do que o outro. Hiawatha é primária, e girafa é secundária, pois os particulares são mais fundamentais do que a espécie. De modo similar, Hiawatha é um ser mais fundamental do que as propriedades acidentais que ela tem, como a cor de sua pele, seu peso ou aquela centelha que ela tem nos olhos quando vê uma girafa do sexo masculino de boa aparência. Acidentes são seres, e as substâncias às quais elas são inerentes também o são, mas estes são mais primários. Quando chegamos à *Metafísica*, Aristóteles fez uma distinção adicional que complica sua compreensão da substância. Trata-se da distinção entre matéria e forma. Para compreender isso precisamos retornar à discussão da mudança. Mencionei antes que ele vê os indivíduos como primários porque podem sofrer mudança, como quando Hiawatha fica mais alta. Em semelhante caso, uma substância passa de um predicado para outro. Mas o que dizer quando uma mudança é substancial, em vez de acidental? Em outros termos, o que dizemos quando a mudança em apreço é que uma girafa nasce, ou, mais tragicamente, morre? Apresentar uma resposta complexa a essa pergunta significaria nadar em águas bem profundas, uma vez que envolveria lidar com a teoria da alma de Aristóteles.

Logo mergulharemos nesse tópico. Por ora, porém, podemos dizer o seguinte: Aristóteles é simpático à regra de Parmênides de que não pode haver geração a partir do nada, bem como nada se dissolver no nada. Por outro lado, ele pensa que é óbvio que as conclusões últimas a que Parmênides chega estão erradas. As coisas claramente mudam, seja de maneira acidental, seja no que concerne à sua substância. Podemos explicar isso se assumirmos que toda mudança envolve dois componentes. Por um lado, existe algo que muda, e isto sempre será alguma natureza ou alguma propriedade. A isto Aristóteles chama de forma. Por outro lado, há algo que sofre mudança e assume a nova propriedade. A isto ele chama de matéria. As mais claras ilustrações disso são os artefatos feitos pelo homem. Uma mesa, por exemplo, é feita ao se tomar alguma matéria preexistente, por exemplo, madeira, e impor a forma de mesa a ela. A madeira persiste no transcorrer da mudança, mas adquire uma nova forma. A centralidade desse tipo de exemplo é sugerida pelo fato de que a palavra de Aristóteles para "matéria" é simplesmente a palavra grega para "madeira", a saber, *hylê*. Mas a mesma análise vale para outros tipos de mudança, quer envolvam quer não envolvam madeira, assim como se trate seja de mudanças substanciais, seja de mudanças acidentais. Quando Hiawatha nasceu, a forma foi imposta a alguma matéria preexistente, a saber, sangue ou qualquer outra coisa que estivesse no útero da mãe que assumiu a nova forma da girafa. Então, Hiawatha cresce, assume a nova forma de ser alta, e é como a matéria para essa nova forma.

Essa é uma das indagações que Aristóteles examina na árdua seção medial de sua *Metafísica* (mormente no Livro VII). Ele permanece convicto de que a substância primária será algo deste mundo, de modo que não se avizinha de aceitar a teoria platônica das Formas separadas. Mas ele precisa agora reconsiderar a teoria da substância das *Categorias* à luz da distinção entre matéria e forma. Ele poderia se apegar a seus argumentos e insistir que é o particular como um todo que é substância primária. Esta resposta tem muito em seu favor. Um homem ou girafa particular podem existir independentemente de outras coisas, por exemplo – e ainda ocorrerá que as generalidades universais acerca dos homens são tornadas verdadeiras por homens e girafas particulares (por exemplo, é em virtude de cada homem particular ser necessariamente um animal que podemos afirmar com universalidade que o homem é uma espécie que pertence ao gênero animal). Ademais, poder-se-ia dizer que o particular ainda é um sujeito de predicação: Sócrates tem um nariz arrebitado; Hiawatha é alta.

Espere um pouco, Aristóteles pondera. Talvez o nariz arrebitado se predique de Sócrates, e a altura, de Hiawatha: contudo, não haveria, em Sócrates e em Hiawatha, predicação de outra espécie? Em cada caso, uma forma – quer de humano, quer de girafa – é predicada da matéria. E isso parece ser mais fundamental do que as características acidentais que podem se perder; por exemplo, Sócrates pode ir a um cirurgião plástico e retificar o nariz. Por outro lado, a única maneira de remover a forma humana de Sócrates é fazer o que os atenienses efetivamente fizeram: executá-lo. Assim, caso se procure um sujeito fundamental de predicação, parece correto afirmar que a matéria é a substância primária. Por outro lado, a forma apresenta reivindicações próprias para ser considerada o ser mais fundamental. Aristóteles compartilha com Platão a intuição de que o ser deve ser inteligível, e é por ter determinação de certo tipo – ou seja, forma – que as coisas são inteligíveis.

Isto deixa Aristóteles em uma enrascada, a qual ele tenta resolver em uma discussão formidavelmente complicada na *Metafísica*. Essa discussão é difícil, de modo que vou apenas esboçar sua resposta aqui. Aristóteles declara que, quando estamos em busca do ser de alguma coisa, procuramos o que pode ser chamado de sua "essência". É isso que aprendemos quando apreendemos o que é uma coisa. Isto certamente não será a matéria: há muito mais no ser humano do que simplesmente ter carne e ossos. Em vez disso, a essência de Sócrates, de certo modo, será o mesmo que Sócrates, pois cada coisa precisa ser idêntica a seu próprio ser (*Met.* 1031a-1032b). Porém, Aristóteles também julga plausível – e, afinal, mais convincente – associar substância tão somente com forma (1041b). Alguns leitores (por exemplo, entre os filósofos medievais, embora a interpretação ainda tenha seus apoiadores) pensam que Aristóteles enfatizara aqui a prioridade da forma para estabelecer uma discussão que vem logo em seguida na *Metafísica*.

No Livro XII, ele argumenta que, embora Platão estivesse certo em aceitar substâncias imateriais, essas substâncias não devem ser concebidas como Formas platônicas. Em vez disso, elas são intelectos separados, responsáveis pelo movimento dos corpos celestes. Como puros intelectos, ao que parece, só podem ser compreendidos como formas que não são predicadas da matéria. Entre as substâncias primárias, esses intelectos seriam as *mais* primárias, especialmente o primeiro motor de tudo: Deus. Retornaremos à discussão da divindade feita por Aristóteles em um capítulo posterior. Para compreender sua teologia, no entanto, precisaremos conhecer mais a mudança, o que significa examinar de maneira mais atenta a forma e a matéria. Como descobriremos agora ao nos voltarmos para a *Física*, estas se revelarão apenas dois dos quatro tipos de causa reconhecidos por Aristóteles.

33

Forma e função: as quatro causas de Aristóteles

Eu não sou muito bom com tecnologia, mas consegui redigir este livro em um computador. É provável que você, leitor, também seja. Na verdade, você pode até estar lendo este livro em um computador ou em outro dispositivo eletrônico, agora que os livros impressos estão entre as espécies em risco de extinção. Mas se for um pouco parecido comigo, há muita coisa que você não entende de computadores. Para ser honesto, para mim o computador podia muito bem ser um dispositivo mágico: eu o ligo e ele começa a brilhar, conferindo-me poderes de que não disponho por natureza, como a habilidade de navegar na internet, ou a capacidade de assistir a vídeos divertidos de gatos. Mas, é claro, algumas pessoas de fato entendem os computadores: são aqueles que os concebem, estudam, constroem e consertam. Poderíamos descrevê-los como "cientistas da computação" – alguns deles de fato se descrevem dessa maneira. Quanto mais alguém entende de computadores, mais qualificados estão para receberem esse título.

Não obstante as suas magníficas realizações, Aristóteles, por certo, não foi um cientista da computação. Este pensador, cujas prodigiosas conquistas intelectuais se concretizaram sem os benefícios da rede mundial de computadores ou de divertidos vídeos felinos. (O que, aliás, talvez lhe tenha sido proveitoso). Mas se mostrassem a ele um computador, ele concordaria que deve haver algum tipo de ciência ou de conhecimento no que se refere a computadores – o que chamaria de *episteme* da computação. Para ele, isto consistiria em ser capaz de fornecer explicações causais dos computadores e das coisas que eles podem fazer. Como vimos, sua teoria do conhecimento presume que ter *episteme* significa ser capaz de fornecer tais explicações por meio de uma demonstração. O objetivo é compreender não apenas *que* alguma coisa é, mas *por que* alguma coisa é. Assim, Aristóteles está deveras interessado em que tipos de explicação causal podemos fornecer. Há alguma maneira sistemática de dividir os tipos de explicação que podem caracterizar uma demonstração? Para colocá-lo de maneira menos técnica, Aristóteles deseja saber o seguinte: Quantos tipos diferentes de resposta existem para perguntas do tipo "por quê"?

Dado o título deste capítulo, é um pouco tarde para que eu mantenha o suspense. Assim, direi apenas que, segundo Aristóteles, há quatro tipos de causas (ou explicações), a saber, a material, a formal, a eficiente e a final. Esses termos são derivados não do grego, mas de traduções latinas do texto grego de Aristóteles. Por exemplo, "eficiente" se relaciona ao verbo latino *efficio*, que significa "fazer" ou "produzir". Assim, a causa eficiente é aquele que produz algo – por exemplo, o carpinteiro que constrói uma mesa é a causa eficiente da mesa. De modo similar, a palavra "final" se relaciona à palavra latina para "fim" ou "propósito", de modo que uma causa final é o propósito ou o objetivo. Aristóteles com frequência usa expressões menos técnicas para suas causas, como quando se refere à categoria da causa final como "aquilo em prol do quê".

Aristóteles apresenta seus quatro tipos de causa em sua *Física* (194b-195a). Talvez a causa mais fácil de ser compreendida dentre as quatro seja a causa material. É tudo aquilo a partir do qual alguma coisa é feita; Aristóteles fornece o exemplo de uma estátua feita de bronze. O próximo tipo de causa é a formal: a forma será aquilo que fornece sua definição ou sua determinação. O exemplo de Aristóteles é que a forma da oitava é a razão de 2 para 1. O que ele tem em mente são as cordas de um instrumento musical: se você tiver duas cordas na mesma tensão, uma das quais tendo exatamente a metade da extensão da outra, as notas que elas fornecem quando tocadas estarão distantes em uma oitava. A terceira é a causa eficiente, que produz algo ao impor forma à matéria. Aristóteles fornece o exemplo do pai como a causa eficiente de seu filho[112]. O último tipo de causa, de maneira deveras apropriada, é a

112. Como veremos em capítulo posterior, Aristóteles associa a mãe mais à causa material, uma vez que ela fornece a matéria a partir da qual o embrião se formará.

final. Causas finais são propósitos: o exemplo de Aristóteles é que a saúde é a causa final de dar uma caminhada ou de tomar um remédio.

Com todo respeito a Aristóteles, esses exemplos não são tão úteis quanto poderiam ser. Em particular, o exemplo da oitava não esclarece tanto a causa formal. Ademais, seria preferível se o filósofo tivesse enumerado as quatro modalidades de causa concernentes a um único e mesmo objeto. Assim, tentemos fazer isso por intermédio do exemplo com o qual começamos: um computador. Se pudermos aplicar as quatro causas a um computador, isto atestaria a utilidade perene do esquema de Aristóteles. Infelizmente, o que sei a respeito de computadores caberia em um disco flexível dos anos de 1980, mas me esforçarei ao máximo. Vamos nos aquecer com a causa material, que é fácil: a matéria de um computador é tudo aquilo de que ele é feito, como plástico e silicone. A causa formal será a estrutura do computador – ou, de maneira geral, a maneira pela qual a matéria é ordenada de modo que um computador seja produzido. Assim, isto pode incluir coisas como ter determinada forma, ter os circuitos arranjados em certa ordem, o padrão de símbolos no teclado, e assim por diante. Mas a verdadeira forma do computador consistirá apenas nos elementos estruturais de que ele necessita para ser um computador. O fato de que a tecla G esteja bem no meio de um teclado será apenas incidental, pois ela poderia ser movida para qualquer outro lugar do teclado sem que o dispositivo se tornasse disfuncional. Para usar a terminologia que empreguei antes, a causa formal de um computador é aquilo que fornece ao computador suas características essenciais: as características que ele precisa ter para que seja um computador. Assim, a localização da tecla G não é vital (é acidental ao computador), mas o computador deve ser capaz de processar informação. Sua habilidade de fazer isso derivará de seu arranjo, ou sua forma.

E no que se refere à causa eficiente, esta também é fácil de nomear: é a pessoa que constrói o computador, assim como pai é causa eficiente do filho. Em geral, é como se uma causa eficiente fosse tudo aquilo que viesse e fizesse alguma coisa a fim de que algo venha a existir. Esta formulação suscita de imediato a consideração de que as realidades eternas – aquelas que sempre existiram – não podem ser dotadas de causas eficientes. Isto pode não parecer tão importante agora, mas os filósofos lidarão com essa implicação da teoria de Aristóteles por muitos séculos na Antiguidade tardia e no período medieval. Trataremos mais disso em volumes futuros desta série. Por ora, você pode se preocupar com o fato mais básico de que seu computador provavelmente não será montado apenas por um mecânico com uma chave de fenda. Não será a causa eficiente toda uma equipe de pessoas, ou talvez as máquinas em uma fábrica? Bem, por que não? Aristóteles ficaria feliz em admitir que muitas entidades às vezes se reúnem para formar uma causa eficiente – imagine, por exemplo, um batalhão de soldados empurrando seu barco para o oceano, talvez um dos navios que foram lançados ao mar devido ao belo rosto de Helena. Eles são, em conjunto, a causa eficiente do movimento do barco na água.

No que se refere à causa final no exemplo que acabei de fornecer, o propósito de lançar o navio seria recuperar Helena de Troia. O propósito do computador, é claro, é assistir a vídeos divertidos de gatos. Ok, não realmente. Antes, é algo mais geral, como processar e armazenar informação (e o que poderia ser mais informativo do que um vídeo divertido de um gato?). Note que a causa final se relaciona intimamente com a causa formal: a forma de um computador permite que ele realize seu propósito. Tal correspondência, decerto, coaduna-se com o esperado: equivale a afirmar que a concepção do computador lhe faculta realizar aquilo para o qual foi concebido. Para uma explicação plena, podemos adicionar as causas eficiente e final. Uma causa eficiente, por exemplo, um humano, vem e formula um fim a ser alcançando – esta é a causa final. Esse atuador seleciona então alguns materiais adequados – a causa material – e lhes impõe a forma adequada à tarefa. Para fornecer um exemplo mais aristotélico do que um computador, um carpinteiro pode impor a forma de uma mesa a alguma madeira, de modo que tenha algo em cima do qual deixar a comida. O carpinteiro é a causa eficiente, a forma e a estrutura da mesa, sua causa formal, a madeira a causa material, e ter algum lugar no qual comer, sua causa final.

Mas são estas realmente *causas*? Dos quatro tipos que Aristóteles nomeou, há de fato apenas uma que normalmente descreveríamos como causa, a saber, a causa eficiente. Para nós, causas são impulsionadoras e motivadoras. São tudo aquilo que faz alguma coisa acontecer, isto é, o que quer que introduza uma mudança no mundo. Essa menção de mudança já nos aproxima mais da perspectiva de Aristóteles, porém. No último capítulo, vimos que para explicar a mudança precisamos de matéria e de forma. A matéria é qualquer coisa que persista no transcorrer da mudança, e a forma é qualquer coisa que seja acrescida à matéria, ou subtraída a ela. Por exemplo, quando uma pedra é aquecida, a pedra é a matéria e o calor é a nova forma. Quando a madeira se torna uma mesa, a madeira é a matéria que permanece e a forma é a mesa que lhe é acrescentada. Assim, se é na mudança que você está interessado, precisará concordar que matéria e forma são vitais. Além disso, Aristóteles pode apontar que matéria e forma permanecem em cena mesmo depois que a causa eficiente terminou sua ação: o carpinteiro deixa a oficina e vai dormir, ou talvez até mesmo morra, mas a madeira ainda está moldada como mesa.

Talvez você possa retorquir: certo, Aristóteles, admito que é útil invocar matéria e forma ao discutir a mudança. Mas isto não faz com que matéria e forma *causem*. A causa é o carpinteiro, ou, de maneira mais geral, a causa eficiente: a coisa que produziu a mudança. Não precisamos falar de "causas" para nos referirmos a uma mesa que está parada em uma tranquila oficina. Mas Aristóteles lembrará o que começamos tentando fazer. Estamos tentando aprender quantos tipos de resposta existem para perguntas do tipo "por quê?" Causas eficientes se encaixam nisso: Por que existe uma mesa aqui? Porque o carpinteiro a construiu. Mas o que dizer quanto a: "Por que ela tem ângulos retos?" Porque a parte de cima é quadra; uma resposta em termos de causa formal. Ou, "por que ela é inflamável?" Porque é feita de madeira; resposta que invoca a causa material. Aristóteles quer que vejamos que não podemos compreender ou explicar as coisas sem invocar seja sua forma, seja sua matéria, assim como suas causas eficientes. O mero discurso acerca dos que impelem e dos que puxam não alcança senão limitada penetração explicativa.

Já que tem lutado tanto contra Aristóteles, você claramente não é uma pessoa fácil de ser agradada. Assim, mesmo agora você provavelmente traçará uma linha na areia (você é a causa eficiente, a areia é a causa material, a linha é a causa formal... desculpe, pararei por aqui). Você terá vontade de dizer: está bem, Aristóteles, eu admitirei três de suas quatro causas. O carpinteiro, a madeira e a forma da mesa – essas são coisas reais existentes no mundo. Elas gozam, por assim dizer, de respeitabilidade metafísica. Logo, é aceitável apontar para elas como tipos de causa. Mas o que dizer quanto ao quarto tipo, a causa final? Não existem fins ou objetivos vagando livremente no mundo. O carpinteiro pode ter um objetivo *em mente* ao construir a mesa, como comer nela, ou ganhar dinheiro vendendo-a. Mas se esta é uma causa, é uma causa em um sentido bem diferente. Você pode tentar ganhar a discussão pedindo a Aristóteles para pensar na diferença entre uma mesa e um computador, por um lado, e algo como uma girafa, por outro lado. As girafas também têm causas eficientes, a saber, seus pais girafas. E têm forma e matéria, como vimos no último capítulo. Mas não têm causas finais. Não há fim ou propósito para uma girafa, por mais adoráveis que possam ser. Esta é uma grande diferença entre coisas feitas pelos humanos e coisas naturais, você insistirá. A razão para a diferença é que o objetivo de uma coisa feita pelos humanos é imposto pelo humano que a fez. Assim, não precisamos levar as causas finais tão a sério como os outros três tipos. Mesmo que seja útil de falar delas ao discutir carpintaria e coisas semelhantes, as causas finais simplesmente não são *reais*.

Chegamos aqui a um aspecto notório da concepção de natureza em Aristóteles: quando você disser que as girafas não têm propósitos, que não têm causas finais, ele discordará firmemente. Como você dirá que a girafa não tem causa final, retorquirá ele, quando até mesmo as *partes* das girafas claramente têm causas finais? Ele só precisa mencionar seu famoso pescoço, que tem o propósito de permitir que a girafa coma folhas de árvores altas (ou talvez não: já vi sustentarem que os longos pescoços são, na verdade, para lutar com outras girafas. Mas sou um filósofo, e não deixarei que alguns tolos fatos atrapalhem um bom exemplo). Com efeito, se olharmos para o mundo animal veremos sucessivos exemplos de animais que são maravilhosamente adequados para o seu propósito: o sapo com olhos que podem examinar tudo à sua volta enquanto o resto dele permanece debaixo d'água, o lagarto cuja pele é da mesma cor que seu ambiente, e assim por diante. Como podemos explicar isto, perguntará Aristóteles, sem dizer que realmente existem causas finais na natureza? As partes dos animais realizam certas funções, tais como camuflagem, alcançar folhas e espreitar inimigos. Essas funções contribuem para a função geral de cada animal, que simplesmente consiste em florescer e se reproduzir, de modo que a espécie seja preservada ao longo das gerações. Algo similar vale para as plantas e, é claro, para os humanos, os quais, de modo semelhante, têm corpos assustadoramente complexos que só podem ser explicados pela admissão da presença de causação final. Se eu puder introduzir um termo técnico, podemos dizer que a concepção de natureza de Aristóteles é *teleológica* – esta palavra provém do grego *télos*, que significa "fim" e "propósito". Dizer que a natureza é teleológica é tão somente defender que a natureza envolve causação final.

Aqui você pode ser tentado a sorrir de maneira indulgente e dizer que a teleologia de Aristóteles era plausível em sua época, mas que, ultimamente, mostrou-se estar equivocada devido à teoria da evolução. Desde Darwin, sabemos que os aspectos funcionais dos animais nada têm a ver com algum tipo de causação final natural. Antes, são o resultado de um longo processo pelo qual certas características são selecionadas para serem herdadas a depender da capacidade de propiciarem ou não a sobrevivência da espécie. O *design* [projeto/arquitetura] que vemos na natureza é apenas aparente: na verdade, não passa de aleatoriedade constrangida por mecanismos de pressão por sobrevivência e por herança genética. O pobre Aristóteles, é claro, não sabia de nada disso, de modo que sua teoria teleológica, de maneira deveras literal, é antiquada. Mas as coisas são um pouco mais complicadas. Aristóteles conhecia uma tentativa de explicar os fenômenos naturais por um recurso ao acaso, em vez de à teleologia. Isto é algo que já vimos no capítulo acerca do filósofo pré-socrático Empédocles. Para lembrá-lo, Empédocles acreditava que partes separadas dos animais surgiram primeiro por acaso, e, então, se juntaram de maneira aleatória para produzir animais inteiros, de modo que os animais adequados são aqueles que conseguiram se reproduzir. A leitura contemporânea do relato aristotélico desta teoria inevitavelmente faz pensar na evolução das espécies. E, na verdade, o relato antigo é encontrado nesse mesmo livro da *Física*. Aristóteles apresenta a teoria de Empédocles como rival à sua própria; assim, está bem ciente de que se poderia tentar explicar a natureza por meio da aleatoriedade, em vez de pela causação final (198b).

Aristóteles rejeita a teoria pela seguinte razão. Para Empédocles, tudo no mundo natural deve ser explicado pelo acaso. Os dentes, por exemplo, teriam brotado fortuitamente de tal maneira que se encontrassem dispostos de modo propício à trituração e ao dilaceramento dos alimentos. Mas isto é tão somente uma incompreensão do que é o acaso. Quando digo que algo é um evento casual ou por sorte (ou azar), isto significa que é pouco usual, precisamente porque poderia ter sido intencional, mas não foi. Aristóteles fornece um exemplo, que eu completarei um pouco. Suponha que estou à procura de alguém porque estou juntando dinheiro para dar uma festa e preciso receber sua contribuição. Vou ao mercado fazer compras, e acontece de encontrá-lo lá. Que sorte a minha: não fui ao mercado para encontrá-lo, mas o encontrei mesmo assim – o resultado é *como se fosse pretendido*, mas não foi (196b-197a). Outro exemplo seria se uma pedra acabou de cair de um penhasco no momento certo para matar meu inimigo (197b). Mais uma vez, que sorte a minha. Mas se isto foi por acaso ou simples sorte significa que o evento só é inteligível à luz das coisas que realmente são intencionais. O que ocorre na maior parte das vezes é que os propósitos são buscados e alcançados: as causas finais efetuam seu trabalho. Ocasionalmente, mas somente ocasionalmente, um resultado desejável é alcançado sem ser buscado, isto é, sem que qualquer causa final esteja envolvida. E é isto o que chamamos de acaso ou de sorte. Como, então, poderia tudo na natureza ser assim, uma vez que toda a discussão da sorte envolve precisamente a ideia de ser excepcional, ao passo que a natureza é apenas o que quase sempre acontece? (199a)[113].

A resposta de Aristóteles a Empédocles, penso eu, é razoavelmente efetiva, nem que seja pelo fato de que Empédocles não explicitou os mecanismos pelos quais os processos randômicos poderiam produzir processos uniformes e previsíveis. Pelo menos segundo o relato de Aristóteles, Empédocles não disse nada a respeito de heranças genéticas e praticamente nada quanto a pressões por sobrevivência. Assim, estranhamente, Aristóteles pode ter levado a melhor no que concerne a este argumento em particular, ainda que Empédocles estivesse mais próximo de estar certo. Mas, uma vez que adicionamos o mecanismo da genética moderna e da teoria da evolução, parece que nós realmente podemos renunciar às causas finais.

113. Acerca deste argumento, cf., *e.g.*, Lennox (1984, p. 52-60); Furley (1985, p. 177-182); Sedley (1991, p. 179-196); Wardy (1993, p. 18-30).

Aqui, alguns estudiosos ainda tentarão uma última defesa de Aristóteles, adotando uma leitura com menos conotações metafísicas de sua teleologia. Segundo essa leitura, Aristóteles não insistiria em que as causas finais são metafisicamente reais. Em vez disso, ele diria que são necessárias para que compreendamos a natureza. Enquanto as causas material, formal e eficiente existem de fato no mundo, as causas finais teriam função meramente heurística. Elas nos ajudariam a explicar o que vemos, a despeito de não serem uma parte real do que vemos.

Isto nos traz de volta ao ponto de onde partimos, que foi a busca de Aristóteles por explicações, por respostas a perguntas do tipo "por quê?", por silogismos demonstrativos e, portanto, por conhecimento. Segundo a leitura menos metafísica, Aristóteles quer dizer apenas que não podemos evitar falar de função e de propósito quando investigamos a natureza. Isto torna sua explicação deveras plausível: ao mesmo tempo em que aceitamos a teoria da evolução, ainda nos referimos tranquilamente ao fato de as girafas terem longos pescoços para alcançar árvores altas, bem como ao fato de os camaleões mudarem de cor para evitar serem comidos. Talvez a frase "para que" simplesmente não possa ser eliminada de nossa linguagem científica. E talvez isto seja tudo de que Aristóteles precisa: a tese de que as causas finais apareceriam em explicações propriamente científicas. Esta argumentação se me afigura uma defesa engenhosa do pensamento aristotélico, embora eu conjeture que o filósofo estagirita mantinha uma concepção das causas finais mais profundamente comprometida com pressupostos metafísicos. Podemos reservar nosso juízo final a respeito disso para os próximos capítulos, uma vez que em breve discutirei as concepções de Aristóteles acerca dos animais. Mas os animais são apenas uma parte do mundo natural à nossa volta, e Aristóteles tem muito a nos dizer acerca do mundo natural como um todo, inclusive na obra que viemos discutindo, a *Física*. Até agora, como um carpinteiro tentando conferir a uma mesa uma aparência antiga, nós apenas arranhamos sua superfície.

34

Compreender o físico: a filosofia natural de Aristóteles

A simplicidade, ao que dizem, é uma virtude. Será? Suponho que dependa do que se está tentando realizar. Produzir uma obra de arte minimalista? Então a simplicidade deve ser seu lema. Mas arquitetar uma igreja barroca? Nem tanto. Os cientistas parecem se alinhar aos artistas minimalistas, e não aos arquitetos barrocos. Como podemos ver a partir de tentativas contemporâneas de produzir uma teoria unificada da física, os cientistas com frequência procuram fornecer as explicações mais simples possíveis do mundo à nossa volta. Se você puder reduzir o número de princípios ou conceitos necessários para explicar o que vê à sua volta, isto parece contar como um avanço científico, ainda que a explicação mais simples não lhe permita, por exemplo, prever coisas com grande grau de acurácia. Parecemos sentir instintivamente que explicações da natureza *devem* ser simples, e que, se pudermos nos restringir a um número menor de fatores explanatórios, estaremos nos aproximando mais da realidade subjacente.

Seja qual for o juízo acerca desta característica da ciência, manifesta-se incontestável a sua presença desde tempos remotos, mais precisamente, desde que existe algo a que se possa, com plausibilidade, denominar ciência. Como vimos, os primeiros pré-socráticos procuraram explicar todos os fenômenos naturais em termos de um único princípio, que pode ser a água, segundo Tales; o ar, segundo Anaxímenes; ou o mais obscuro "infinito" de Anaximandro. Esses pensadores milésios são com frequência chamados de "monistas materiais" devido à sua tentativa de derivar todo o mundo natural a partir de uma única matéria original. A busca por simplicidade alcançou seu apogeu com Parmênides, para quem tudo é uno e a complexidade não só é um defeito teórico, como também uma ilusão. Quando Aristóteles se propõe a fazer filosofia natural em sua *Física*, ele adota o método característico de examinar concepções anteriores. E o que ele descobre é que quase todos os seus predecessores procuraram explicar o mundo natural em termos de um pequeno número de princípios. Os milésios e Parmênides, como acabamos de ver, reduziram o número de princípios a um. Empédocles não chega a esse ponto, já que ele invoca dois princípios opostos, o amor e a luta (na verdade, alguém poderia argumentar que ele tem seis princípios, já que há também os quatro elementos). Aqueles que não aderem a um pequeno número de princípios tendem a ir na direção oposta, e dizem que existe uma infinidade de princípios – o que poderia ser uma infinidade de átomos, ou as sementes infinitas na mistura de Anaxágoras.

Ao discutir esse material, Aristóteles nos fez o favor de preservar muita informação a respeito dos pré-socráticos – comentários posteriores à *Física* preservam informações adicionais. Mas Aristóteles não está nos dizendo isso tudo por mero interesse histórico. De fato, ele corre o risco de distorcer as concepções de seus predecessores, pois força essas concepções a entrarem em um esquema que permitirá que suas próprias ideias apareçam com mais clareza. Nesse caso, o esquema gira em torno da discussão de quantos princípios existem na natureza. Essa pergunta não pode senão induzir em erro quando dirigida aos pré-socráticos. O uno de Parmênides é realmente um princípio, no mesmo sentido que o ar, segundo Parmênides, ou os átomos infinitos de Demócrito? Certamente não. Os princípios que o próprio Aristóteles invocará são princípios em outro sentido, ainda. Porém, Aristóteles tocou em algo: seu esquema revela que o impulso em direção à simplificação já era um aspecto central do pensamento grego antigo.

Embora Aristóteles não tenha problema com a pressão por simplicidade, ele nos advertiria a não simplificar *em excesso*. Este foi, afinal, o homem que construiu toda uma teoria ética em torno do meio-termo. Ele dará continuidade ao projeto de identificar os princípios básicos da natureza, mas com moderação. Ele sustenta que teorias baseadas em um único princípio são, digamos, demasiado simples. Se você tiver uma coisa só, ela não poderá interagir com outra qualquer, de modo que ela permanecerá inerte. É claro, é exatamente isto que Parmênides tinha em vista: que a realidade consiste em um único ser imutável. Aristóteles se detém para examinar essa ideia, mas observa que a discussão não pertence realmente à filosofia natural enquanto tal (184b-185a). A teoria de Parmênides assevera que o mundo natural é uma ilusão, ao passo que a filosofia natural deve presumir que o mundo natural de fato existe, e, então, tentar compreendê-lo. Precisaremos, portanto, de pelo menos dois princípios para explicar as mudanças e características do mundo natural. Mesmo isto pode não ser suficiente, no entanto. Se postularmos dois princípios opostos, como fez Empédocles, então por que eles não se cancelam mutuamente? (189a). Contudo, os dois princípios precisariam ser opostos para explicar a variedade e a mudança.

Não, aquilo de que precisamos, diz Aristóteles, é de três princípios: um princípio com o qual trabalhar, e outros dois princípios contrários para trabalhar no primeiro (189a-189b). Posto dessa maneira, sua ideia soa deveras abstrata, mas já vimos nos dois últimos capítulos como isto se desenvolveria. A noção central será a mudança. Parmênides e seus seguidores sustentavam que a mudança significaria que o ser surge do não ser, algo que não pode acontecer. Aristóteles concorda que esse tipo de geração absoluta a partir do nada é impossível. Mas esta não é a maneira correta de compreender a mudança. Em vez disso, há mudança quando algo que já existe adquire uma nova característica, ou perde uma característica que já tinha. Aristóteles ilustra isso com o exemplo de um homem que se torna músico (189b-190a)[114]. Aqui, o homem sofre a mudança, é o sujeito da mudança. Primeiro carece de uma forma, quando não é músico, e então adquire uma, ao se tornar músico. Assim, temos três princípios: o sujeito de mudança, a ausência de forma e a forma. Apenas o número certo de princípios – simples o bastante, mas não simples em demasia.

Isto nos traz a outra peça-chave da terminologia aristotélica. Você a lerá muito daqui por diante, de modo que espero que goste dela. Aristóteles dirá que, se um homem pode adquirir forma musical, então ele é músico "em potência". A palavra grega para "potência" é *dynamis*, que é de onde derivamos nossa palavra "dinâmico/dinâmica": significa poder ou capacida-

114. A palavra *mousikos* ("músico") em grego significa na verdade algo como "educado" ou "culto", mas o exemplo funciona igualmente bem se você imagina alguém no processo de aprendizagem do piano.

de. Já "ato" traduz *entelecheia*, que significa aproximadamente completude, ou, de maneira alternativa, *energia*, que, é claro, é de onde derivamos nossa palavra "energia". Aristóteles empunha este par de conceitos, potência e ato, como instrumento primordial no seu arsenal filosófico. Ele descobre que problemas filosóficos perenes (e não tão perenes) podem ser respondidos por meio de uma distinção entre o potencial e o atual. Nesse caso, a distinção lhe permite resolver a posição de Parmênides contra a possibilidade da mudança. Ele pode dizer que a mudança não requer que o nada se torne alguma coisa, ou que algumas coisas se transformem em nada. Na verdade, uma coisa dotada da potência de tornar-se outra vem a ser esta outra em ato. Quando uma pedra fria, a qual era quente *em potência*, recebe calor, torna-se quente *em ato*; e apenas as realidades que principiam por serem quentes *em potência* podem ser aquecidas até se converterem em quentes *em ato*. Acaso não se afigura cristalino este raciocínio?

Mas o que qualquer coisa disso tem a ver com filosofia natural? Este, afinal, é supostamente o assunto da *Física*. Com efeito, visto que estamos em um espírito etimológico, lembrarei que a palavra "física" vem da palavra grega para natureza, *physis*. Por que, portanto, Aristóteles inicia uma investigação geral da natureza discorrendo a respeito da mudança? A resposta se revela quando chegamos ao Livro II da *Física*, onde Aristóteles tenta fornecer uma definição da natureza. Segundo sua definição, a natureza é um princípio de mudança, de modo que não podemos compreender a natureza ou o mundo natural sem compreendê-la (193a). Para ver por que, considere a diferença entre um objeto feito por humano e um objeto natural. Em honra desses heróis da simplicidade, os artistas minimalistas dos anos de 1960, tomemos como exemplo de coisa feita pelo homem, um cubo de aço, e comparemos com uma girafa. São claramente bem diferentes: talvez a única coisa que têm em comum é que às vezes são exibidas publicamente e saúdam suas audiências com uma fria indiferença. Cubos de aço, por exemplo, não comem folhas de árvores. Na verdade, para ser honesto, não fazem muita coisa. Mesmo sua forma lhes é imposta de fora, por um artista minimalista, ou mais provavelmente pela equipe de assistência do artista. Se o cubo muda, a mudança é forçada por algo que lhe é exterior. Por exemplo, ele se moverá quando as pessoas o apanharem e o levarem para um museu, talvez se perguntando por que a obra de arte minimalista tem de ser extremamente pesada. Quão distinta é a girafa, a qual começa como feto no ventre materno e naturalmente se transmuda em filhote de girafa, para então mover-se por si mesma no intento de alcançar as plantas, que a nutrem, possibilitando-lhe que medre até a idade adulta?

Depois de ponderar acerca desse tipo de comparação, você decide que a diferença-chave entre o que é produto do artifício humano e o que é natural é que as coisas naturais têm uma capacidade *inata* para o movimento e para a mudança. Mesmo quando estão em repouso, sem mudança ou movimentação – por exemplo, quando as girafas dormem –, é sua natureza que explica isso, e não alguma força externa. Aristóteles nos fornece um exemplo vívido para ganhar a discussão: se você pegar um leito de madeira e enterrá-lo, e ele brotar como uma planta, o que você verá crescendo é um broto, e não outra cama (193a). A natureza da madeira ou da árvore permanece, mesmo que seja forçada a assumir a forma de uma cama. De modo similar, o cubo de aço minimalista pode ter algumas tendências naturais – como veremos em breve, Aristóteles pensa que sim –, mas não lhe é natural ter a forma de cubo ou estar em um museu, uma vez que essas características lhe são impostas de fora. Logo, Aristóteles compreende a *physis*, ou natureza, como um princípio interno de movimento e de repouso.

A concepção de natureza de Aristóteles significa que sua física é, de um lado, notavelmente similar à física contemporânea, e, de outro lado, deveras diferente. É notavelmente diferente porque ele pensa que a física, ou filosofia natural, deve investigar o movimento. O movimento, é claro, é uma das coisas que todos estudamos quando adolescentes, nas aulas de física: bolas que rolam por rampas, aprendizado da aceleração, e assim por diante. É claro, o movimento espacial é apenas um dos tipos de mudança que a filosofia natural pode investigar. O físico também precisa investigar processos como aquecimento e resfriamento, mudança de cores e assim por diante. Na verdade, quaisquer mudanças pelas quais as coisas passam naturalmente ficarão submetidas ao crivo da filosofia natural aristotélica. Tudo isso parece razoavelmente relevante para a física tal como a concebemos hoje.

Todavia, a física de Aristóteles também é diferente da física contemporânea, pois ela enfatiza excessivamente as tendências inatas ao movimento e ao repouso. Agora que podemos construir máquinas que parecem capazes de mover a si próprias, a distinção de Aristóteles entre o artificial e o natural pode parecer correr o risco de perder sua legitimidade. E, de qualquer modo, as coisas naturais realmente têm uma tendência inata à mudança? Isto pode parecer plausível quando se trata de girafas e coisas semelhantes, uma vez que têm um princípio interno de movimento – podem ficar de pé e galopar ao longo da savana em busca de suculentas folhas de acácia. Mas o que dizer de coisas como pedras e nuvens? Não são vivas, mas certamente são naturais. E não têm um princípio interno de movimento e de repouso. Aqui, Aristóteles definitivamente se separa de nosso físico contemporâneo. Para ele, a pedra tem, de fato, um princípio interno de movimento: apenas largue uma e a veja em ação. Primeiro, tire o seu pé do caminho, pois a pedra irá diretamente em sua direção. Enquanto pensaríamos nisso como a queda da rocha em razão da gravidade, Aristóteles, que viveu cerca de dois milênios demasiado cedo para discutir os pormenores dos corpos em queda com Isaac Newton, julgava que a rocha cai em decorrência de sua tendência natural a mover-se para baixo.

Para explicar isso precisamos examinar rapidamente como Aristóteles acredita que o mundo natural como um todo se estrutura. Voltarei a tratar de sua cosmologia mais adiante neste livro, mas aqui estão seus aspectos básicos[115]. Para Aristóteles, assim como para Platão antes dele, a Terra está no centro de um universo esférico, e é pequena em comparação aos corpos celestes que a cercam. O domínio abaixo dos céus, que é onde vivemos, é composto pelos quatro elementos conhecidos de Empédocles: fogo, ar, água e terra. Ao contrário de Platão, Aristóteles pensa que os céus são feitos não de versões particularmente puras dos quatro elementos, mas antes de um quinto elemento, às vezes denominado de éter [*aither*]. O quinto elemento, diferentemente do que um filme de ficção científica dos anos de 1990 o levou a acreditar – uma jovem com um cabelo ruivo brilhante –, é um material transparente e indestrutível. Esse material carrega os corpos celestes visíveis em suas órbitas circulares em torno da Terra.

No que se refere aos quatro elementos inferiores, eles se movem não em círculos, mas em linhas retas – no caso da terra e da água, para bai-

115. Para tudo isso, cf. por exemplo Aristóteles, *Acerca dos céus* 268b-270b.

xo, em direção ao ponto mediano do universo, e, no caso do ar e do fogo, para cima, para longe do ponto mediano. É por isso que pedras e gotas de chuva caem, mas bolhas de ar se movem para cima na água e chamas crepitam para cima no ar. Esses movimentos são naturais aos quatro elementos. Assim, Aristóteles pode dizer que a pedra que cai tem de fato um princípio interno de movimento. Devido à sua natureza terrestre, tem uma tendência a se mover em direção ao centro do universo, se nada atrapalhar o seu caminho. Esse cubo de aço minimalista é idêntico a ela sob esse aspecto. É feito de metal, e o metal é obviamente um tipo de material terrestre. Como você descobrirá se deixar o cubo cair ao carregá-lo, ele tem uma tendência muito poderosa a se mover para baixo (como eu disse, cuidado com o seu pé). Mesmo que o cubo de aço tenha sido feito pelo homem, como todos os artefatos feitos pelos humanos, ele mantém suas tendências naturais, tal qual a cama que lança brotos quando enterrada.

Assim, o movimento e a mudança são noções centrais na filosofia natural de Aristóteles; na verdade, são definidoras do que significa alguma coisa ter natureza. Assim, Aristóteles tem bons motivos para fornecer uma análise cuidadosa do movimento e da mudança, que é exatamente o que ele continua a fazer na *Física*. Para ele, qualquer mudança será uma transição da potência para o ato. Isto será verdade tanto do movimento espacial quanto da mudança em geral. Se vou de Londres a Paris, então no caminho eu gradualmente atualizo minha potência de ir para Paris. Se o sol de verão está abrasante, de modo que Paris está muito quente e se incendeia – como não acontecerá –, sua potência para o calor é atualizada.

Uma característica marcante da mudança, que se torna óbvia quando começamos a pensar em termos de potência e de atualidade, é que a mudança envolve intrinsecamente um grau de incompletude. Quando estou no caminho de Londres a Paris, eu atualizei em parte, mas não por completo, meu potencial de ir para Paris. No exato momento em que chego a Paris, minha potência é plenamente atualizada – porque estou em Paris em ato. Assim que isso ocorre, a mudança termina; está completa. Do mesmo modo, algo que é quente em potência é parcialmente atualizado enquanto está em processo de aquecimento, e é plenamente atual quando está quente. Esta é uma das razões pelas quais Aristóteles usa essa palavra, *entelecheia*, ou "completude", para a forma ou atualidade que é alcançada na mudança.

Entelecheia também ressoa com a palavra *télos*, a qual acabamos de encontrar no último capítulo quando mencionei o termo "teleologia". Como vimos, *télos* significa propósito ou fim. Podemos pensar no estado final de uma mudança como a completude, realização e propósito do processo de mudança. Toda mudança é identificada pelo estado final para o qual se dirige. Por conseguinte, se me encontro a caminho de Roma saindo de Londres e passo em Paris, minha jornada está incompleta quando alcanço Paris – ainda me encontro em estado de potência –, ao passo que meu objetivo é atingido se minha intenção era tão somente chegar até Paris.

Um benefício adicional dessa análise é que ela permite a Aristóteles compreender algo que permaneceu central no estudo da física: o tempo. Aqui ele se envolve na tática simplificadora tão popular entre os cientistas. Ele define o tempo em termos de mudança, de modo que reduz a discussão da realidade do tempo à menos controversa realidade da mudança. Platão também conectou o tempo à mudança – ele diz no *Timeu* que o tempo é produzido pelo movimento dos céus (37d-40d). Não é de surpreender que ambos os filósofos considerem que o movimento e o tempo estão em íntima conexão. Se você tentar visualizar o tempo passando, provavelmente imaginará alguma mudança ou movimento, como o ponteiro do relógio girando em seu mostrador. Aristóteles endossa essa maneira de compreender o tempo e, de fato, propõe que o tempo nada mais é do que a medida do movimento e do repouso (*Física* 219b-221a). Desse modo, para ele nossa concepção do tempo depende inteiramente de nossa consciência da mudança e da mudança potencial. Mais obviamente, como enfatiza Platão, nós medimos os dias por meio do movimento do Sol em torno da Terra.

Mas Aristóteles não vincula o tempo exclusivamente ao movimento dos céus. Qualquer movimento por ser medido pelo tempo, por exemplo, quando um corredor se move 100 metros em dez segundos. Como você deve se lembrar, esta foi a base para a resposta de Aristóteles ao paradoxo da dicotomia, segundo o qual não podemos jamais nos mover porque precisamos primeiro percorrer metade da distância. Aristóteles responde que não se leva um tempo infinito para percorrer uma distância (233a). Zenão demonstra acerto quanto à divisibilidade infinita da distância, porém o tempo apresenta divisibilidade infinita da mesma maneira. Em vez de percorrer um número infinito de divisões, percorremos a distância inteira, a qual admite qualquer tipo de divisão. O tempo divide-se junto com o movimento, fato que se prova razoável, uma vez que o tempo mede o movimento. Independentemente da maneira pela qual dividamos a distância e o tempo, ainda reteremos uma quantidade finita total de tempo e de distância.

Vimos que, quando examinamos as concepções de Aristóteles acerca da substância, ele considera seres particulares, como Sócrates e Hiawatha, a girafa, como substâncias "primárias", os blocos de construção básicos da realidade. Assim, não surpreende que ele faça o tempo, em última instância, depender dessas substâncias. O tempo existe porque é uma medida das mudanças que as substâncias primárias sofrem – sejam essas substâncias as esferas maciças dos céus, quando fazem sua rotação, sejam pequenas pulgas quando saltam. Aristóteles diz algo similar a respeito do lugar. Em vez de estabelecer um conceito de espaço absoluto, como fará Newton, Aristóteles se contenta com a noção de lugar como o limite que cerca um corpo particular (212a). Meu lugar é simplesmente o limite em que o ar à minha volta me toca. Como o tempo aristotélico, o lugar, para ele, depende inteiramente de objetos particulares aos quais chama de substâncias.

Essa característica da física de Aristóteles é reconfortante, de certa maneira. Ele não postula coisas metafisicamente misteriosas como tempo e espaço absolutos, mas se contenta com as substâncias conhecidas que nos cercam. O tempo e o lugar emergem somente como fenômenos dependentes dessas substâncias. Mas o objetivo não é passar a impressão de que a filosofia natural aristotélica se preocupa somente com corpos em movimento em determinado tempo e lugar. Isto é fundamental para compreender a "física", mas ele incluiria outras disciplinas sob a rubrica de filosofia natural. Em particular, Aristóteles mostra profundo interesse pelo estudo de coisas vivas. Ele até mesmo dissecou animais para discernir seu funcionamento interno. Assim como a *Física* é sua obra fundamental de filosofia natural em geral, a parte de sua filosofia natural dedicada a seres vivos tem uma obra fundamental: *Da alma*. Aristóteles acredita que qualquer coisa que esteja viva tem alma. Assim, na medida em que agora voltarmos nossa atenção para suas concepções acerca da alma, permaneceremos perfeitamente inseridos no domínio da filosofia da natureza.

35

O PODER DA ALMA: O *DA ALMA* DE ARISTÓTELES

Você está confortável no divã? Quero que relaxe – esse é um espaço seguro. Nada do que for dito dentro destas paredes deixará a sala. Você não está sendo julgado. Estou aqui para ajudar. Assim, vamos começar do início? Fale-me de sua mãe.

Sim, neste capítulo estamos fazendo psicologia. Mas, na verdade, não comece a desabafar – especialmente se estiver lendo isto no transporte público. Pois vamos fazer, na verdade, psicologia aristotélica, que tem menos a ver com descobrir o seu verdadeiro caráter e as experiências traumáticas de sua infância, e mais com descobrir a verdadeira natureza e experiências da alma. Como não será surpresa para você, a palavra "psicologia" vem do grego antigo; a palavra grega *psychê* significa "alma". Psicologia, portanto, é simplesmente o estudo da alma. E o primeiro livro dedicado à psicologia, é claro, é *Da alma*, de Aristóteles (frequentemente conhecido por seu título latino, *De anima*). Com o devido respeito a James Brown, é a Aristóteles que pertence o título "o padrinho da alma".

Mas e Platão? Ele escreveu o *Fédon*, que prova a imortalidade da alma, não apenas uma, mas várias vezes. Bem, sim. O que quero dizer não é que *Da alma* seja o primeiro trabalho a focar na alma, mas que é a primeira obra a tentar uma discussão geral e sistemática da alma. Como vimos quando examinamos o *Fédon*, Platão tão somente presume a distinção entre alma e corpo. Ele examina as capacidades e propriedades da alma humana apenas de passagem, uma vez que o tópico principal do diálogo é provar a imortalidade da alma. Já Aristóteles menciona a imortalidade da alma apenas de passagem. Mas ele discute praticamente todos os outros tópicos relativos à alma, começando pela matéria daquilo que entendemos por *psychê*, ou “alma”. Como na *Física*, o trabalho que examinamos nos dois últimos capítulos, Aristóteles começa sua discussão, aqui no *Da alma*, pela investigação de concepções anteriores acerca do assunto. Neste caso, um de seus objetivos é determinar exatamente qual é o assunto em debate. Ele investiga seus predecessores para formular uma espécie de lista de perguntas à qual uma teoria da alma deve responder. Os pré-aristotélicos, incluindo Platão, presumem em geral que a alma é, de certa maneira, distinta do corpo. Assim, esta é uma pergunta: Como a alma se relaciona com o corpo? Há, então, problema de saber por que estamos postulando a alma, de saída. O que se supõe que a alma faça? O que significa dizer que alguma coisa tem alma?

Talvez de maneira mais óbvia, a alma pretende explicar a vida. Aristóteles fica à vontade para atribuir alma a qualquer coisa que esteja viva, o que significa para ele que não apenas humanos, mas também animais, e mesmo plantas, têm alma. Isto será importante para ele, pois, se existem almas de plantas, almas de animais e almas humanas, então as almas podem ser bem diferentes umas das outras – minha alma terá algo em comum com a alma de um girassol porque ambas são almas. Mas, de igual modo, minha alma e a alma do girassol serão diferentes. Diferirão quanto às habilidades que conferem ao ser vivo. Os girassóis se nutrem, voltam-se para o Sol e crescem. E, com todo respeito pelos girassóis, isto praticamente exaure seu repertório. Já eu, posso fazer todas essas coisas. Eu me alimento, volto-me para o Sol – faço essas coisas quase diariamente, e, quando eu era jovem, crescer era uma meta, de certa maneira. Mas posso fazer muitas outras coisas além disso, como ver, falar, mover-me de um lugar para outro e, em dias bons, pensar a respeito de Aristóteles.

Ao examinar seus predecessores, Aristóteles descobre que a alma, de fato, foi associada com essa gama de capacidades. Em particular, descobre que a alma se associa com o movimento ou mudança (*kinesis*) e com a percepção (*aisthesis*) (403b27). Ele considera ambos em um sentido amplo. Ao se alimentar o girassol exibe seu princípio interno de mudança, que é sua natureza, como vimos acima. Mas plantas não percebem, pelo menos segundo Aristóteles. Para isso, precisamos olhar para a cadeia alimentar até os animais, que são capazes não só de percepção sensorial, como de capacidade de se mover de um lugar para outro. Essas habilidades se vinculam, acredita Aristóteles, pois o animal necessita de percepção para encontrar seu alimento, bem como da capacidade de movimento para ir em direção ao alimento. Mais uma vez, vemos seu compromisso com a ideia de que a mudança, ou o movimento, pode ser explicado com referência à natureza das coisas, e, é claro, também seu compromisso com a teleologia, a ideia de que tudo o que é natural a uma planta ou a um animal servirá ao propósito do florescimento. Se é natural aos girassóis se voltar para o Sol, e para as girafas trotar em direção às folhas de acácia, isto deve ser porque esses comportamentos contribuem para seu bem-estar (415b).

Aristóteles também usa sua investigação das concepções anteriores para indicar que há dois extremos que devem ser evitados ao pensar a respeito de como a alma se relaciona com o corpo. Em um extremo estão teorias fortemente dualistas da alma. De acordo com essas teorias, a alma é uma entidade inteiramente diferente do corpo – apenas ocorre que ambos coexistem, por assim dizer. Isto se aplicaria à teoria imaterialista da alma formulada por Platão, mas também a concepções materialistas como aquelas desposadas pelos atomistas em que a alma é constituída por átomos redondos que fluem a grande velocidade e que estão localizados no composto atômico que é o animal (403b-404a). Trata-se, poder-se-ia dizer, de um corpo dentro do corpo. O problema com essas concepções dualistas é que elas dissolvem a unidade do ser vivo, de modo que dificultam a compreensão de por que a relação da alma com o corpo é íntima, mais do que casual. Como diz Aristóteles ao criticar esses tipos de concepções, precisamos explicar por que não é qualquer alma que pode se juntar a qualquer corpo (407b). No outro extremo há a concepção de que a alma nada mais é do que certa harmonia ou arranjo do corpo (407b-408b). Essa ideia também é criticada no *Fédon*, e Aristóteles concorda com as críticas: a alma deve ser capaz de exercer influência causal no corpo; por exemplo, ao iniciar movimento. É difícil ver como isto poderia ocorrer se a alma fosse uma harmonia, assim como a afinação das cordas em um violão não seria suficiente para fazer o violão tocar sozinho.

Isto deixa Aristóteles precisamente onde ele gosta de estar: no terreno intermediário. Segundo ele, a alma não será apenas outro corpo, como propuseram os atomistas, mas tampouco será alguma entidade separada com uma conexão meramente acidental com o corpo, como Platão parece sustentar em seu *Fédon*. Para chegar a uma posição intermediária, Aristóteles lança mão de sua distinção favorita entre atualidade e potência (412a-b). Como vimos, ele usa essa distinção para explicar a mudança e o movimento. Quando James Brown desliza ao longo do palco fazendo seus passos de dança característicos, ele atualiza a potência da dança. Mas essa distinção ainda não é suficientemente refinada para fornecer a base para a psicologia de Aristóteles. Precisamos efetuar outra distinção entre dois tipos de potência (412a). Por um lado, há o tipo de potência exercido quando James Brown repentinamente começa a dançar. Por outro lado, há o tipo de potência que ele tinha quando criança, antes até mesmo que soubesse dançar (em seu caso, penso que podemos supor que ele aprendeu a dançar e a andar mais ou menos na mesma época). Quando criança, o que James Brown tinha era a habilidade de adquirir uma habilidade. Ou, para colocá-lo nos termos de Aristóteles, a potência para adquirir uma potência.

Aristóteles distingue ainda entre o que ele chama de "primeira potência" e o que ele chama de "segunda potência". A primeira potência é a habilidade de ganhar uma habilidade; a segunda potência é a habilidade que você efetivamente tem (412a, 417b-418a). A primeira potência é a habilidade de ganhar uma habilidade; já a segunda potência é ela mesma uma espécie de atualidade, ainda que não esteja necessariamente ativa em qualquer momento. Quando James Brown está nos bastidores se preparando para o espetáculo, está apto em ato para dançar, mas não está dançando em ato (efetivamente). Assim, também podemos chamar a segunda potência – a habilidade atual – de "primeira atualidade", para diferenciá-la da segunda, ou atualidade plena que ocorre quando nós exercemos em ato nossas habilidades. Aristóteles fornece exemplo similar (417a), que tem o defeito de não envolver James Brown, mas que defende o mesmo ponto. Há alguém que é capaz de aprender a ler, que está na primeira potência; ou alguém que é alfabetizado, mas que não está usando essa habilidade (por exemplo, porque está dormindo; ver 412a). Esta é a segunda potência, que é a mesma coisa que a primeira atualidade. Então, há a pessoa que está em ato (efetivamente) desenvolvendo sua capacidade de ler, como você está fazendo agora. Essa pessoa alcançou a segunda, ou completa, atualidade.

Você talvez já seja capaz de adivinhar o que tudo isso tem a ver com a alma. Já vimos que plantas, animais e humanos têm almas, mas de diferentes tipos. A diferença de tipo se relaciona a uma diferença em habilidades: as almas das plantas permitem que as plantas se envolvam em nutrição e reprodução, mas nada mais; almas animais conferem aos que a têm o poder de perceber e se mover; e as almas humanas trazem a capacidade de pensar. Em sua investigação das concepções anteriores da alma, Aristóteles já dera a entender que a alma é definida em termos de semelhantes capacidades. Isto foi no Livro I de *Da alma*. A alma, diz ele, é a primeira atualidade de um corpo vivo (412a). É sua primeira atualidade – ou, se você preferir, segunda potência – porque ter uma alma é simplesmente ter uma gama de capacidade ou habilidades atuais. Que habilidades estão em jogo depende do tipo de alma está envolvida[116]. Se você for um girassol, sua alma o ajudará a viver e a produzir mais girassóis, mas se você for James Brown, você tem a mais complexa e multifacetada alma que existe: pode viver, perceber, pensar e, é claro, dançar. Não é de admirar que o chamassem de irmão do *soul* número um.

Façamos uma pausa para comparar esta ideia de Aristóteles com as ideias apresentadas por filósofos da mente contemporâneos. A filosofia da mente se dedica em parte a discutir o problema de como os fenômenos mentais se relacionam com fenômenos físicos. Como Aristóteles, a maior parte dos filósofos contemporâneos suspeita de respostas extremas a esse problema. Somente alguns dirão que poderíamos abolir inteiramente a discussão acerca do mental, de modo que a ciência propriamente dita não precisaria de conceitos como desejos, pensamentos ou intenções. De igual modo, poucos deles desejariam afirmar, como Platão e Descartes, que a mente é uma substância separada cuja relação com o corpo é meramente fortuita. Assim, os filósofos da mente de hoje tendem a ocupar o terreno

116. Isto ajuda a explicar a afirmação aristotélica de que não é qualquer alma que pode habitar qualquer corpo (girassóis não podem ser feitos de carne e ossos). Em vez disso, cada corpo tem exatamente a potência certa para ter a alma que recebe. Por esse motivo Aristóteles acredita que o biólogo bem-sucedido precisa levar em conta tanto a alma como o corpo – tanto a matéria quanto a forma.

intermediário, junto com Aristóteles. Há quase tantas maneiras de fazer isso quanto o número de filósofos da mente. No entanto, devemos notar uma importante diferença entre esses filósofos e Aristóteles, já que pode facilmente passar desapercebida. O que Aristóteles nos fornece não é uma teoria da mente, mas uma teoria da alma. Para ele, a alma explica eventos mentais como ver, desejar e pensar: porém, ela também explica funções como a digestão, a reprodução e o crescimento. É óbvio para ele que as plantas têm alma, ao passo que é igualmente óbvio para nós que as plantas não têm mentes. Em suma, aquilo acerca do qual Aristóteles discorre em *Da alma* é um princípio da vida, não um princípio da vida *mental*, que geralmente chamamos de consciência. Isto complica qualquer tentativa de situá-lo em relação ao debate contemporâneo.

Tendo definido a alma como um tipo de capacidade atual ou conjunto de capacidades, é claro aquilo que Aristóteles precisa fazer em seguida: examinar os vários tipos de capacidades psicológicas, um por um, e fornecer uma explicação filosófica deles que esteja hierarquizada em ordem de nobreza. É precisamente isto que ele realiza, abrangendo, *grosso modo*, a nutrição e a percepção sensorial no restante do Livro II, e as faculdades cognitivas superiores – o pensamento e a imaginação – no Livro III. É nesse contexto, de fato, que Aristóteles nos transmite suas concepções da mente (ou intelecto: em grego, *nous*). Suas observações a respeito do pensamento estão entre as passagens mais influentes, mas também entre as mais controversas que Aristóteles escreveu, de modo que voltarei a elas em capítulo posterior. Por ora, desejo me concentrar na nutrição e na percepção sensível.

Aqui, Aristóteles nos remete a outra discussão que tratara na investigação de seus predecessores. Ele nos disse que havia uma disputa entre os pensadores pré-socráticos no que diz respeito ao problema de como uma coisa pode afetar outra (409b-410). Alguns filósofos, diz Aristóteles, acreditavam que para que possa ocorrer uma interação causal entre duas coisas elas precisam ser diferentes. Por exemplo, se algo frio sofrerá uma ação de modo que mude, precisará que aquilo que atue nele seja quente. Outros pensadores insistiam que duas coisas precisam compartilhar algo para que possam interagir. Empédocles, por exemplo, pensava que os órgãos dos sentidos precisam ser compostos pelos quatro elementos a fim de que possam sentir todos eles (410). Assim, temos uma oposição dialética clássica, o tipo de oposição que Aristóteles gosta de dissolver mostrando que existe uma terceira via. Neste caso, a terceira via é fornecida pelo contraste cada vez mais conhecido entre potência e atualidade. Graças a Aristóteles, sabemos que, quando uma coisa aquece outra, isto pode ocorrer porque algo quente em potência encontra outra coisa que é quente em ato. Por exemplo, uma pedra fria é trazida para perto do fogo. O fogo quente em ato atualiza o potencial da pedra de ser quente. Isso resolve o problema pré-socrático porque a pedra é, de certo modo, como fogo, e, de certo modo, diferente dele. É como o fogo porque, em certo sentido, é quente (ou seja, quente em potência), e diferente dele porque, em outro sentido, não é quente (ou seja, é fria em ato). Este simples ponto acaba por revelar a chave para compreender tanto a nutrição como a sensação.

No que tange à nutrição, Aristóteles pode explicar que a comida nos alimenta não porque seja simplesmente como nós ou diferente de nós, mas porque ela é em potência o que nossos corpos são em ato (416a-b). Você deve se lembrar que Anaxágoras pensou que deve haver carne e ossos no queijo, já que, quando o comemos, nossa carne e ossos são restaurados e até incrementados. Aristóteles poderia responder que não há carne e ossos *em ato* no queijo, mas que o queijo é carne e ossos *em potência*. Qualquer coisa que esteja viva, seja ela planta, animal ou humano, terá um poder nutritivo, o qual é tão somente o poder de atualizar essa potência. Assim como o fogo aquece a pedra, do mesmo modo o animal que come queijo transforma o queijo em carne, e se restaura. O mesmo tipo de relato pode ser feito em relação à percepção sensível. Considere o que acontece quando você vê. Quando não está vendo – como quando você está dormindo ou quando seus olhos estão fechados – você está vendo; em potência, é claro (417a). Você precisa apenas acordar, abrir seus olhos e, se eles estiverem em boas condições de funcionamento, você verá qualquer coisa que estiver à sua frente. Mais uma vez, você adivinhará o que Aristóteles dirá aqui. Assim como o fogo quente em ato atualiza a pedra quente em potência, as cores e formas atuais dos objetos diante de seus olhos atualizarão o potencial de sua visão. Se, por exemplo, você enxergar uma maçã vermelha, sua visão passará de ser vermelha em potência para vermelha em ato (423b-424a). A vermelhidão da maçã simplesmente ativa a vermelhidão potencial da visão.

O que exatamente isso significa? Alguns estudiosos, mais notadamente Richard Sorabji, propuseram que o órgão físico, isto é, o olho, fica literalmente vermelho. Isto é encorajado pelo fato de que Aristóteles diz que o olho deve ser ele próprio desprovido de cor, uma vez que, do contrário, não seria capaz de manifestar todas as cores que vemos (424a). Outros intérpretes, às vezes chamados de "espiritualistas", pensam que o olho, ou a visão, torna-se vermelho quando vemos o vermelho, mas não em um sentido literal, físico. Em vez disso, a visão se tornar vermelha significa simplesmente termos a experiência de ver o vermelho[117]. Isto tem interessantes consequências para alinhar Aristóteles com a filosofia da mente contemporânea, uma vez que, segundo a leitura de Sorabji, o olho ficar vermelho seria idêntico a ver o vermelho. Em outros termos, "fluido ocular se tornou vermelho" e "eu vi o vermelho" seriam duas descrições diferentes para o mesmo evento – esse tipo de explicação é proeminente entre os filósofos da mente, muitos dos quais também estão dispostos a identificar eventos físicos e mentais.

Mas, por mais literalmente que consideremos a teoria de Aristóteles, é claro que, para ele, a sensação nada mais é do que a atualização de uma capacidade do animal ou do humano que está envolvida na percepção. Se retornarmos à definição aristotélica de alma, isso faz perfeito sentido. O que você ganha tendo uma alma, como dissemos, é toda uma gama de capacidades, que serão ou não atualizadas a depender de nossas circunstâncias. Algumas funções serão atuais praticamente o tempo todo, por exemplo, o poder de respirar e produzir o calor necessário para manter sua temperatura corporal. Essas coisas continuam até que se adormeça. Mas a maior parte das outras funções entra em repouso quando você dorme – em termos de atividade atual, pessoas adormecidas que não estão sonhando são muito semelhantes a plantas. Mas até mesmo pessoas adormecidas têm a *capacidade* de fazer toda uma gama de coisas, desde se mover, ver e ouvir, até pensar. Experimente sacudi-las para que acordem, e elas manifestarão algumas

117. Para a concepção de Sorabji, cf. Sorabji (1979, p. 63-89), e para discussão adicional, bem como a explicação contrária, espiritualista, de Burnyeat, cf. Nussbaum; Rorty (1992). Cf. também sua avaliação em Caston (2005, p. 245-320).

ou todas essas capacidades quase que de imediato, por exemplo, a capacidade de ficarem aborrecidas por terem sido acordadas sem uma boa razão.

Parte do que Aristóteles fez em *Da alma*, portanto, foi esboçar os princípios para um projeto muito mais amplo, ao qual poderíamos chamar de "biologia". A biologia aristotélica estudaria todos os organismos vivos, sejam eles plantas, animais ou humanos. Nesse projeto, as ideias de Aristóteles acerca da natureza e da psicologia estariam unidas. Ele exploraria em detalhe sua ideia de que todos os seres naturais têm propósitos que eles naturalmente buscam, bem como sua ideia de que cada coisa viva tem um tipo diferente de alma, o que traz consigo uma gama específica de capacidades. Afinal, não se dá apenas que plantas, animais e humanos têm diferentes capacidades – isso também vale para diferentes tipos de plantas, como girassóis se comparados a plantas carnívoras; e diferentes tipos de animais, como girafas comparadas a gorilas. Dessa perspectiva, o *Da alma* pode ser visto simplesmente como o primeiro passo na direção de uma biologia sistemática na qual a gama completa de organismos vivos seria explorada e explicada com base em princípios aristotélicos. Aristóteles empreendeu esse projeto? Pode apostar sua vida que sim, como veremos no próximo capítulo.

36

Informação confidencial: a biologia de Aristóteles

Um conto do escritor argentino Jorge Luís Borges imagina uma enciclopédia chinesa, intitulada *Empório celestial do conhecimento benevolente*. Essa obra ficcional sugere uma divisão dos animais em quatorze tipos, a saber:

> 1. Os que pertencem ao imperador.
> 2. Embalsamados.
> 3. Os que são treinados.
> 4. Porcos que mamam.
> 5. Sereias.
> 6. Fabulosos.
> 7. Cachorros perdidos.
> 8. Os que estão incluídos nesta classificação.
> 9. Os que tremem como se estivessem doidos.
> 10. Inumeráveis.
> 11. Os desenhados com um pincel com pelo bem fino de camelo.
> 12. *Et cætera*.
> 13. Os que acabaram de quebrar um vaso de flores.
> 14. Os que a distância se assemelham com moscas (Borges, 1999, p. 231).

Não sei se essa brincadeira foi feita em parte tendo em vista Aristóteles. Mas se não foi, poderia ter sido.

Quando dizemos que o reino animal é dividido em gênero e em espécies, não somente nos engajamos em um projeto aristotélico, mas também fazemos uso de terminologia aristotélica na busca desse projeto). Não foram somente os animais que Aristóteles classificou. Como mencionei no capítulo a respeito de sua vida e de suas obras, ele e seus alunos coletaram e classificaram constituições políticas de cidades-estados. Até mesmo quando ele apresenta concepções pré-socráticas, Aristóteles mostra seu instinto classificatório: vimos como, na *Física*, ele dividiu seus predecessores em termos de quantos princípios eles postularam para explicar a natureza. Ele aprendeu a prática da divisão de seu mestre, Platão. Em vários diálogos Platão faz seus personagens tentarem chegar a definições ao dividirem tipos maiores em tipos menores. Vimos que as divisões devem ser feitas "nas juntas naturais", em vez de cortarem aleatoriamente, como um mau açougueiro (*Fedro*, 265e). Esta é a ideia com a qual Borges brinca: seu *Empório celestial* imaginário nos lembra quantas maneiras há de dividir as coisas, e, assim, convida-nos a perguntar se a classificação é sempre arbitrária.

Mas se você pensa que existe uma maneira certa de dividir, como pensavam Platão e Aristóteles, então há uma tarefa filosófica a ser cumprida[118]. Podemos compreender o mundo ao classificarmos as coisas que há nele. Separaremos as rãs dos sapos, e também os sapos-boi das pererecas, que vivem nas árvores. Se dividirmos corretamente, e de maneira completa, teremos um abrangente e acurado inventário das coisas no mundo. Além disso, compreenderemos como essas coisas se relacionam entre si: veremos que sapos-boi se relacionam intimamente a pererecas, uma vez que são ambos sapos; que sapos, em geral, relacionam-se a salamandras, uma vez que ambos são anfíbios; e que sapos têm uma relação distante com girafas, uma vez que ambos são animais. Aristóteles já esboça um projeto desse tipo em seus trabalhos lógicos, sugerindo que uma definição estabelecerá um tipo geral – um *genus*, como *animal* – e então dividirá um tipo mais específico ou espécie, como *homem*, explicitando, desse modo, o que torna especial esse tipo de animal. O homem será o tipo de animal que é racional, por exemplo.

Mas há mais a compreender filosoficamente do que a mera classificação. Para Aristóteles, tal qual para Platão, a verdadeira compreensão ou conhecimento exigirá fornecer uma explicação causal. No mundo animal as causas relevantes serão, com frequência, causas finais, ou seja, o propósito das coisas. Por exemplo, podemos distinguir entre duas espécies de pássaro com base na forma de seus bicos. Isto não é ainda uma *explicação*: cada tipo

118. Isso não significa que eles concordem quanto à maneira correta de dividir. Aristóteles critica a teoria platônica da divisão, bem como as expectativas quanto ao que a divisão pode realizar, em *Segundos analíticos* 2.5-6.

de pássaro foi isolado, mas ainda não alcançamos a compreensão. Compreendemos quando vemos que, por exemplo, alguns bicos visam a extrair alimentos de águas paradas, enquanto outros visam a apanhar insetos em árvores. Isto será pelo menos uma parte do que é preciso para compreender a diferença entre um pato e um pica-pau. Uma análise mais detalhada pode ajudar a explicar a diferença entre diferentes tipos de patos, ou de diferentes tipos de pica-paus – mais uma vez, a compreensão ocorreria assim que víssemos a que propósitos as características distintas serviriam. O lema de Aristóteles aqui é: "a natureza não faz nada em vão" (*Sobre o céu* 291b). O que quer que torne cada espécie especial deve servir a um propósito e ajudar os membros dessa espécie a florescer.

Toda essa cadeia de pensamentos está refletida nos escritos de Aristóteles acerca dos animais – suas obras zoológicas. Juntamente com um pequeno número de tratados, os três textos principais são: *História dos animais*, *Partes dos animais* e *Geração dos animais*. São tratados de tamanho razoável. Reunida, a zoologia compreende mais do que um quarto dos escritos remanescentes de Aristóteles. A *História dos animais*, em particular, constitui um extenso e minucioso levantamento de informações. No título, a palavra *História* reflete a palavra grega *historia*, que significa uma explicação que sedimenta os resultados de uma investigação. Embora Aristóteles tenha incluído boa dose de boatos, os quais faríamos bem em ignorar, a investigação foi empreendida em grande parte por ele mesmo. Depois da morte de Platão e de sua saída da Academia, porém antes de fundar sua própria escola, o Liceu, Aristóteles viajou no Mediterrâneo oriental. Tinha uma equipe especialmente produtiva na ilha de Lesbos, onde ele empreendeu extensas investigações científicas. Estudou animais marinhos com particular intensidade, e fez algumas descobertas genuinamente impressionantes. Por exemplo, foi o primeiro a notar que baleias e golfinhos não são tipos de peixes[119].

Aristóteles não apenas olhou os animais, porém; ele de fato os dissecou. Foi capaz de descrever em detalhes os órgãos internos dos animais ao comparar diferentes espécies e discorrer acerca da variação de seus sistemas reprodutivos, de seus órgãos digestivos, e assim por diante. Ele nos insta a não desprezar a tarefa de observação e dissecção minuciosas, mas sim, em

119. Ele os classifica como cetáceos, por exemplo em *História dos animais* 1.5.

vez disso, a sujar nossas mãos. Isto, assim como o estudo dos divinos corpos celestes, fornece um vislumbre do quão espantosamente bem concebido é o mundo à nossa volta. De fato, Aristóteles chega a dizer que a astronomia e a biologia são igualmente prazerosas: as estrelas são mais nobres do que os animais terrestres, mas temos pouco acesso a elas, algo que ele compara a ter apenas um vislumbre de alguém que se ama (*Partes dos animais* 644b).

Todos os dez livros de *História dos animais* podem parecer uma miscelânea de fatos organizados de forma aleatória. Em um único capítulo (9.6), ele nos diz que tartarugas comem manjerona para evitar serem envenenadas depois de terem comido víboras (612a); relata que um homem que poderia prever o tempo ao observar porcos-espinhos com minúcia (612b); e menciona que a marta gosta de mel e tem órgãos genitais que podem ser transformados em pó medicinal (612b). Espera-se que a marta receba algum mel antes, em compensação. Uma leitura mais atilada, porém, da qual o próprio Aristóteles dá indicações, compreenderia esta obra como preparatória para as *Partes dos animais*. Segundo essa leitura, a *História* apresenta as observações que nos permitem dividir o mundo animal em tipos. O fascínio de Aristóteles com certos detalhes revela isso. Ao elencar as distintas características, digamos, da marta ou da tartaruga, Aristóteles prepara o caminho para a compreensão científica.

As *Partes dos animais*, portanto, fornece essa compreensão, bem como explica os propósitos dessas distintas características que servem para separar uma espécie de outra. Uma vez que a natureza não faz nada em vão, qualquer característica natural de uma espécie contribuirá para o funcionamento adequado dos animais dessa espécie. A ingestão de manjerona, a forma dos bicos dos pássaros, e assim por diante, serão todas "hipoteticamente necessárias", como Aristóteles as apresenta (639b). Se a tartaruga quiser evitar ser envenenada, precisa comer manjerona; se o pato quiser extrair alimento de água parada, precisa de uma boca que aja como uma peneira; e assim por diante. A cuidadosa dissecção aristotélica de animais e de suas partes foi motivada por sua busca de compreensão dessas funções à semelhança de alguém que desmonta um carro e tenta decidir para que serve cada parte dele.

Aristóteles também registra observações a respeito de plantas, as quais parecem ter sido uma especialidade de seu associado, Teofrasto, que residiu com ele em Lesbos e redigiu uma obra dedicada às plantas (falaremos mais a seu respeito adiante). Mas Aristóteles tinha um interesse particular em animais. E não é de surpreender; os animais são as entidades mais altamente funcionais no mundo funcional e hierárquico de Aristóteles. Na base dessa hierarquia estão os conhecidos quatro elementos: ar, terra, fogo e água. Eles podem se transformar um no outro, em um ciclo, como Aristóteles defende em outro trabalho, o *Da geração e da corrupção*; aqui ele está em desacordo com Platão, o qual acreditava que a Terra não poderia se transformar em qualquer um dos outros elementos. Quando se combinam formam componentes básicos, que são os mesmos em toda parte: coisas como sangue e outros humores corporais. Estes se combinam novamente para formar as partes mais complicadas dos animais (*Partes dos animais*, 640b). É realmente aqui que o finalismo biológico entra na equação. Um órgão como um fígado ou uma mão só pode ser compreendido no contexto do funcionamento dos animais. Como diz Aristóteles, um olho retirado de sua cavidade é um olho apenas em virtude do nome (*Sobre o céu* 412b).

É claro, com toda sua cuidadosa observação, nem sempre Aristóteles chegava às respostas corretas. Ele se enganou feio no que se refere aos órgãos principais do corpo. Para ele, um dos mais importantes princípios em biologia é o que ele chama de "calor vital". Isto não é tão descabido: afinal, animais vivos tendem a ser quentes, e a esfriar rapidamente quando morrem. Apoiando-se nessa ideia, Aristóteles acreditava que a função do coração consistia em espalhar calor vital pelo corpo, bem como desempenhar o papel de centro do movimento e da sensação (*Partes dos animais* 670a). Para ele, o cérebro era pouco mais do que um dispositivo de refrigeração para regular o calor vital, e a respiração tem o mesmo tipo de papel: equilibrar o calor gerado no coração. Você pode acreditar que está pensando com seu cérebro, e que é óbvio que seus pensamentos e experiências sensoriais estão, por assim dizer, acontecendo dentro de sua cabeça. Mas isto claramente não é óbvio: Aristóteles, e os estoicos depois dele, pensava que o coração era o órgão controlador do corpo, isto é, a sede do movimento e da sensação. No que se refere ao pensamento, Aristóteles negava que isto fosse feito com qualquer órgão corporal, como veremos daqui a alguns capítulos.

Igualmente vital para a biologia de Aristóteles (trocadilho, como de costume, intencional) é a discussão de como novos animais se formam. Também aqui ele era um observador arguto, sempre mantendo cuidadoso registro do desenvolvimento de pintinhos olhando dentro dos ovos em diferentes estágios da incubação (se você está curioso em saber quem veio primeiro, a galinha ou o ovo, remeto-lhe à *História dos animais* 6.3). A preservação de espécies é de tremenda importância para Aristóteles, pois ele acredita que, quando dividimos os animais e compreendemos suas funções, aprendemos as características eternas e necessárias do mundo. Os corpos celestes giram por toda a eternidade em torno da Terra. Mas galinhas, tartarugas e humanos não podem viver para sempre, como é o caso dos corpos celestes – pois não são feitos do indestrutível quinto elemento que existe no céu. Assim, a única maneira pela qual a espécie pode ser eterna é por intermédio da reprodução (*Sobre o céu* 415b). Graças à reprodução e à permanência das espécies que ela torna possível, a zoologia é um assunto adequado para a o cientista aristotélico, cujo interesse diz respeito somente às verdades necessárias e eternas.

Isto nos traz para a terceira grande obra zoológica, a *Geração dos animais*. Tal qual em *Partes dos animais*, Aristóteles lida aqui com a finalidade. Na medida em que se desenvolve, um embrião de galinha está incessantemente em busca de sua causa final, que é nascer como pintinho e poder se tornar uma galinha (ou galo) madura. Mas, para explicar a mecânica da reprodução, Aristóteles recorre a dois outros tipos de causa: forma e matéria. Sua ideia básica é que a fêmea do humano ou do animal fornece o material para o feto, a saber, o fluido menstrual, enquanto o macho fornece a forma, mediante seu sêmen. O sêmen contém certos "movimentos" que transmitem a forma do sangue e estabelecem uma cadeia de desenvolvimento na matéria que conduz à formação de um feto (*Geração dos animais* 729b). Mais uma vez, o calor é o principal mecanismo físico aqui. O sêmen humano leva a matéria a ser aquecida da maneira precisa, de modo que o sangue seja transformado em um embrião humano, e não o embrião, digamos, de uma girafa. À parte os aspectos mecânicos, cumpre notar a divergência entre Aristóteles e Platão. Esqueça a Forma do homem, singular e transcendente. O homem não procede de nada mais nem menos elevado do que outro homem, a saber, o pai, em cooperação com o cosmos, o qual fornece o contexto em que a natureza se desdobra. Conforme a célebre asserção de Aristóteles, "o homem é gerado pelo homem e pelo Sol" (*Física* 194b).

É claro, as coisas não podem ser tão simples. Afinal, os humanos se assemelham a seus pais e avós mais do que a outros membros da espécie. Assim, o pai precisa transmitir mais do que a forma básica do humano ou do cavalo; também precisa transmitir, digamos, a propriedade de ter um nariz curvo ou aquilino. Além disso, as pessoas também se assemelham a suas mães. Desse modo, a mãe não pode estar apenas fornecendo um substrato da matéria, de modo que o sêmen do macho faz todo o trabalho de transmitir a forma. Percebendo isso, Aristóteles não só admite que os movimentos no sêmen do pai trazem consigo as características idiossincráticas do pai, como também admite que já deve haver potencialidades altamente específicas no fluido menstrual da mulher (*Da geração dos animais* 768a). Elas podem emergir à medida em que o embrião se forma, de modo que você pode herdar os olhos castanhos de sua mãe, a despeito de ter um pai de olhos azuis. Por fim, Aristóteles parece admitir que novas características surgem na criança, de modo que explica características que aparentemente não são próprias a nenhum dos antepassados imediatos da criança[120].

Isto levanta a intrigante possibilidade de que Aristóteles possa ter admitido a possibilidade de algo como a evolução. Afinal, se você pode ter olhos azuis quando seus pais têm olhos castanhos, então por que não podem as espécies mudar de geração para geração? Faça um número suficiente de mudanças incrementais ao longo das gerações e você poderá transformar macacos em humanos, como Darwin nos ensinou. Aristóteles claramente rejeita isso, por quê? Suspeito que Aristóteles simplesmente não considerou tal coisa fisicamente possível no âmbito da mecânica da reprodução, isto é, que surgissem variações que conduzissem a uma efetiva mudança nas espécies. Para explicar a razão disso ele poderia apontar para o próprio ciclo cósmico: se acontecimentos em nosso mundo inferior estão causalmente conectados com os movimentos regulares e eternos do céu, então não é de surpreender que os acontecimentos sejam sempre mais ou menos os mesmos.

120. Sigo aqui Henry (2006, p. 425-455).

Esta, em linhas gerais, é a explicação de Aristóteles de como as espécies se reproduzem. Mas existe uma grande exceção que ainda não consideramos. Aristóteles acreditava que alguns animais são gerados sem pais – ou seja, *espontaneamente* gerados (*História dos animais* 538b, com exemplos ao longo do Livro V, nos capítulos 11, 15-16, 19). Usualmente, isso é explicado pela referência à aparência de larvas e vermes na carne pútrida. Sem ter notado nenhum inseto que tivesse depositado ovos na carne, Aristóteles e outros saltaram para a conclusão de que semelhantes criaturas podem se gerar espontaneamente. Isto é parte da história, mas Aristóteles também estava extraindo uma inferência de seu trabalho de dissecção. Ele examinava uma variedade de espécies sem encontrar quaisquer órgãos reprodutivos, de modo que inferiu que essas espécies devem ter surgido espontaneamente.

Este é o tipo de erro que pode levar leitores contemporâneos a olharem Aristóteles com condescendência. Mas, de certo modo, penso que deveríamos parabenizá-lo por sua honestidade intelectual. Em seu sistema, a geração espontânea é evidentemente um problema. Trata-se de uma exceção importante à sua teoria de que a forma é passada pelos pais às suas proles. Cumpre, pois, louvar-lhe o mérito por haver refletido com seriedade acerca de um fato observacional aparentemente incontornável, mormente à vista da baixeza de muitos produtos aparentes da geração espontânea. Aristóteles não deixaria uma boa teoria, ou o fato de que as larvas são repulsivas, distraí-lo de sua integridade científica. Em resumo, sua explicação da geração espontânea é que alguma fonte de calor externa, como o Sol, efetua o trabalho de pôr em movimento uma matéria adequadamente preparada para isso, fenômeno que normalmente seria feito por um sêmen gerador. Isto ocorre quando uma bolha de líquido quente é de alguma forma fechada de modo que o calor vital escape, e o animal se forma de maneira mais ou menos aleatória (*Da geração dos animais* 762a).

Vale a pena enfatizar que muitos tipos de animais são gerados *somente* dessa maneira. Isto é surpreendente, uma vez que, na *Física*, Aristóteles insista, contra Empédocles, que as coisas naturais não podem ser resultado de acaso e de espontaneidade, o que examinamos há alguns capítulos atrás. Em vista disso, como pode Aristóteles dizer que existem espécies eternas que se propagam por meio do acaso? A solução, talvez, seja dizer que o tempo e o lugar particulares da geração espontânea sejam uma matéria de acaso. Esta é uma diferença marcante em relação à geração normal, na qual animais e humanos, de maneira deveras intencional, iniciam o processo de reprodução, talvez depois do jantar e de um cinema. No caso do verme gerado espontaneamente, ocorre que o tipo certo de bolha é aquecido da maneira correta. Mas, em outro sentido, isto é tudo, exceto aleatório. Sempre que semelhante bolha é aquecida, o resultado será um verme, e é inteiramente previsível que isso ocorrerá com regularidade, ainda que não possamos prever onde ou quando.

Finalmente, devemos admitir uma tensão similar que ocorrer amiúde para Aristóteles: ele deseja dizer que a natureza não faz nada em vão, que o mundo à nossa volta está repleto de forma e de propósito. Porém, vemos com frequência a natureza falhar. Filhotes de humanos e de animais nascem com deformidades. Mesmo espécies inteiras às vezes parecem apresentar deficiências, como, por exemplo, toupeiras, que têm olhos subdesenvolvidos debaixo de sua pele, fato que Aristóteles observa e discute com algum interesse (*História dos animais* 491b, 533a). Em geral, Aristóteles não se preocupa muito quando a natureza é insuficiente. A natureza não faz nada em vão, mas ela também só atua na maioria dos casos, e o fato de que animais e plantas sejam feitos de matéria significa que a forma pode ser sempre prejudicada. Nós nos preocupamos mais, é claro, quando humanos apresentam deficiências. Quanto a isso, Aristóteles parece se afastar de seu otimismo habitual. Ele pensa que a raça humana é de fato formada, em grande parte, de tipos defeituosos, os quais incluem as mulheres e os chamados "escravos naturais"[121], mas também plena de homens cidadãos livres que são viciosos, quando deveriam ser virtuosos; rústicos, quando deveriam estar em busca dos prazeres do conhecimento. Aristóteles precisa explicar isso e dizer-nos como certificamo-nos de que pertencemos à classe relativamente pequena dos humanos que cumprem seu propósito. Essa é a tarefa que ele assume naquela que talvez seja sua obra mais duradoura, a *Ética a Nicômaco*, e em sua continuação, a *Política*.

121. É como se pensava na época, e Aristóteles não constitui exceção a isso. Este julgamento, naturalmente, não deve ser atribuído ao autor deste livro – ou a seu tradutor. Este tema será retomado à frente, no capítulo 40, a respeito da política em Aristóteles [N.T.].

37

A TEORIA DO MEIO-TERMO: A *ÉTICA* DE ARISTÓTELES

Há este novo ramo das ciências sociais chamado de "estudos da felicidade". Li a seu respeito em um artigo de revista (cf. Kolbert, 2020), que relatava algumas das surpreendentes descobertas feitas nesse campo. Por exemplo, pessoas que ganham na loteria não são mais felizes do que as que não ganharam, bem como enquanto ser pobre não o faz infeliz, viver entre pessoas que são mais ricas do que você *de fato* o torna infeliz. Mas como eles descobrem o quão felizes são essas pessoas? Bem, é simples: perguntam. Por exemplo, perguntaram a ganhadores de loteria e a outras pessoas para dizerem, em uma escala de um a dez, o quão felizes são, e descobriram que as respostas médias são as mesmas. Lições extraídas dessa pesquisa estão até mesmo sendo aplicadas a políticas governamentais. Por exemplo, é útil saber, se você está no comando de uma sociedade, que igualdade de renda pode tornar as pessoas mais felizes do que aumentos absolutos de riqueza.

Sempre que leio algo nessa linha, pergunto a mim mesmo: "O que Aristóteles acharia disso?" Ele endossaria esse novo e estimulante campo dos estudos acerca da felicidade? Suponho que ele diria o mesmo que sempre diz: "de certa maneira, sim, de outra maneira, não". Ele certamente concordaria que vale a pena estudar a felicidade, que se trata de um tema de grande importância e que ela é a finalidade certa à qual se deve visar ao conceber uma sociedade. Mas ele teria uma ressalva, penso. Ele levantaria uma sobrancelha cética à sugestão de que podemos descobrir o quão felizes as pessoas são ao apenas lhes perguntar a respeito. As pessoas não são bons juízes quanto ao que as tornará felizes, tal qual os cientistas da felicidade mostraram ao estudar ganhadores de loteria. As pessoas julgam mal acerca de se *já* são felizes. Ou assim pensa Aristóteles.

Aqui, portanto, temos um assunto de grande importância acerca do qual as pessoas tendem a ficar muito confusas. Parece trabalho para um filósofo. Aristóteles tomou para si este desafio em um de seus mais conhecidos trabalhos, a *Ética a Nicômaco*. Esta é uma das três obras que ele escreveu a respeito de ética, junto com a *Ética a Eudemo* e outro texto, raramente estudado, chamado *Magna moralia*. As duas primeiras têm uma grande seção em comum, e existe um debate quanto a como elas se relacionam entre si, qual foi escrita primeiro, e assim por diante. Eu me concentrarei na *Ética a Nicômaco*, uma vez que é, de longe, o tratado ético mais estudado de Aristóteles. É uma obra demasiado longa, e trata não só da virtude ética, mas da ideia de ação voluntária, de virtude teórica, de amizade, de prazer e da superioridade da vida filosófica. Como no caso de *A república* de Platão, dedicarei dois capítulos a ela, sem que, com isso, tenha sequer arranhado sua superfície.

Aristóteles inicia a *Ética* com o surpreendente anúncio de que embarcaremos no que ele chama de filosofia *política* (1094b). Desse modo, a *Ética* é explicitamente vinculada à outra obra, chamada *Política*, que examinaremos depois. Sua ideia é que o objetivo do teórico político é descobrir o que tornará toda a comunidade feliz. Para fazer isso, precisamos primeiro compreender a felicidade de pessoas individuais. A palavra grega para "felicidade" é *eudaimonia*, que já nos fornece uma chave para saber por que Aristóteles acredita que as pessoas podem estar erradas quanto a quão felizes são. A palavra *eudaimonia* se relaciona com a palavra *daimon*, uma espécie de espírito ou divindade menor – como o espírito guardião que sussurrava no ouvido de Sócrates sempre que ele estava a ponto de fazer algo errado. Por essa razão, *eudaimonia* tem mais a conotação de bem-estar do que de contentamento. Segundo Aristóteles, a felicidade consiste em viver uma vida bem-aventurada, uma vida à qual as pessoas de reto pensamento admirariam e desejariam conduzir por si próprias. Se alguém julga alcançar a felicidade pela simples razão de acumular riquezas ou conquistar a fama, labora em erro, pois tal vida não merece a justa admiração das demais pessoas.

Mas por que não? Não poderíamos tão somente dizer, "a cada um o que lhe cabe", e permitir que cada um decida o quão feliz é em uma escala de um a dez? Aristóteles pensa que não, pois há boas razões para descartar certos estilos de vida, uma vez que ficam aquém da felicidade. Tome os fins que acabo de mencionar: ser rico e ser famoso. Se você pensa que a riqueza o tornará feliz, Aristóteles adverte: pense de novo. Afinal, quando você busca a riqueza o que você realmente deseja não é a riqueza, é o que a riqueza pode comprar (1096a). Como já apontara Sócrates, a riqueza não é um bem sem uma compreensão do que se deve fazer com ela. Mesmo sem o benefício de estudos empíricos a respeito da felicidade, Aristóteles sabia que, por si mesmo, vencer na loteria não tornaria alguém feliz. Pensar o contrário é, de fato, um grave erro conceptual, pois confunde o fim pelo qual almejamos com um dos meios para esse fim. A felicidade, por outro lado, jamais poderia ser meio para coisa alguma. Como assinala Aristóteles, trata-se de nosso fim último: não há outro propósito pelo qual desejaríamos ser felizes.

Aristóteles levanta uma crítica similar à vida de fama ou, para colocá-lo de uma maneira mais grega, uma vida de honra. Muitos gregos provavelmente endossariam esta última como a vida mais digna de ser escolhida: uma vida centrada em torno do sucesso político, da conquista militar e da reputação duradoura. O próprio aluno de Aristóteles, Alexandre o Grande, talvez fosse a pessoa mais feliz no mundo antigo, se honra fosse o mesmo que felicidade. E tal qual Platão, que lida extensamente com esse assunto em *A república*, Aristóteles está bem ciente do quão tentadora a honra era para muitos de seus leitores. Porém, ele a coloca ao lado da riqueza como um falso fim, pois a honra tampouco é boa o suficiente – preocupamo-nos com o *motivo* pelo qual somos honrados. Se uma gangue de criminosos de baixa extração me admira e valoriza por meu sucesso no roubo, esta não é uma razão para pensar que estou vivendo uma boa vida. Tampouco desejaríamos ser falsamente honrados por coisas que não fizemos de fato. Assim, se busco honra, o que devo estar realmente buscando é algum tipo de vida que *mereceria* ser honrado. Nesse caso, a honra parece ser secundária. O que de fato almejo é a boa vida que corretamente me proporciona a admiração de outros.

Aqui mais uma vez temos de admirar Aristóteles, quer isto lhe faça feliz, quer não faça. Seu argumento é persuasivo, e me parece ir de encontro ao cerne, por exemplo, da cultura contemporânea da celebridade (há de fato algo vão e absurdo em ser famoso tão somente por ser famoso). Mas uma grande pergunta fica em aberto: Se o que desejo é uma vida que seria corretamente honrada, como seria essa vida? Aristóteles, ao adotar um argumento encontrado no início de *A república* de Platão, sugere que podemos descobrir a resposta se pensarmos acerca daquilo para que servem os seres humanos (1097b). Qual é nosso propósito? Para o que, por assim dizer, fomos concebidos? Se temos algum propósito, então certamente a boa vida será a vida na qual esse propósito é cumprido em sua máxima extensão possível. Assim como ser um bom flautista consistirá em tocar bem uma flauta, do mesmo modo, ser um bom humano consistirá em fazer o que quer que seja para o que se supõe que os humanos foram concebidos, e realizar bem essa função (1098a).

Será realmente manifesto que todos os seres humanos partilham de alguma finalidade ou função? Aristóteles responde a essa indagação com outra indagação: Como seria concebível que as partes do meu corpo, tais como os olhos, manifestassem uma função sem que eu próprio manifestasse uma função? (1097b). Seria como se meu carro fosse feito de partes funcionais, mas o carro não tivesse qualquer propósito. O pensamento aristotélico segue aqui o movimento posto em ação em sua filosofia da natureza. Lembre-se de que, para ele, todos os animais, plantas, e até mesmo coisas simples como os quatro elementos, perseguem algum tipo de objetivo. O objetivo de uma planta é crescer até a maturidade e se reproduzir. O objetivo, ou fim, de uma pedra é se mover para baixo, em direção ao centro do universo. Se Aristóteles acredita que até mesmo essas coisas têm propósitos, não é de surpreender que ele pense que os humanos também têm. Isto não significa que Aristóteles de fato invoca alguma teoria da natureza ou considerações metafísicas profundas aqui na *Ética*. Mas as considerações estariam disponíveis se o pressionássemos a respeito.

Em prol da argumentação, portanto, concedamos-lhe que os humanos têm um propósito. Como, então, podemos dizer qual é o propósito dos humanos? Não pode ser meramente estar vivo, ou ter sensação, pois compartilhamos essas coisas com plantas e animais. Se existe uma função humana, ela deve ser algo característico dos humanos – deve ser a realização da atividade que nos é exclusiva. Qual seria ela? Para Aristóteles, só existe uma resposta possível: deve ser o uso da razão (1098a). Ora, é a racionalidade que nos distingue de plantas e de animais. Este é o chamado "argumento da função", que fornece o fundamento para a ética de Aristóteles[122]. Dada sua importância, sentimo-nos inclinados a pensar que ele deveria se esforçar mais para nos convencer. Aristóteles parece pensar que julgaremos imediatamente plausível não só que os humanos têm uma função (em grego, *ergon*), como que nossa função residirá em qualquer atividade que nos seja única. O resultado é que não podemos separar a pergunta quanto ao que somos nós, seres humanos, da pergunta quanto ao que devemos ser.

Uma vez que tudo isso é surpreendente, dada a convicção de Aristóteles de que toda coisa natural tem um propósito, isto significa que ele parte de um ponto bem diferente da maior parte dos especialistas em ética contemporâneos. O problema mais notório em ética, hoje, talvez seja o chamado hiato entre "é/deve" apontado por David Hume (Hume, *Tratado*, 3.1.1). O problema é que, por um lado, temos uma descrição factual do mundo e das coisas que estão nele, e, por outro lado, um conjunto de noções acerca do certo e do errado. Uma descrição a respeito de como as coisas *são* não nos fornece, por si mesma, uma explicação de como as coisas *deveriam* ser. Por exemplo, podemos observar que algumas atuações causam dor e sofrimento sem que mostremos, em virtude disso, que tais atuações são erradas. Para fazer isso precisaríamos explicar por que a dor e o sofrimento são ruins, isto é, por que não deveriam ocorrer. Ainda assim, é como se tudo o que podemos observar no mundo apenas nos conferisse descrição factual. De onde procede, pois, a moralidade? Este problema mostra-se deveras inextricável, razão pela qual alguns pensadores se inclinaram ao ceticismo ético. Mas, para Aristóteles, é um problema que jamais surge. Ele rejeitaria a ideia básica de que podemos descrever e compreender as coisas sem invocar propósito e função. Esses conceitos, como dizem os filósofos hoje, são "normativos"; em outros termos, já implicam juízos de valor. Para colocá-lo de forma mais clara, Aristóteles pensa que dizer o que é uma girafa já envolve dizer algo acerca de como uma boa girafa deve ser. Isso também vale para os humanos.

---

122. Acerca disso, cf., por exemplo, Whiting (1988, p. 33-48).

Finalmente, portanto, chegamos a um ponto de parada na vida feliz. Ela será uma vida de razão, pois será o tipo de vida que permite aos humanos alcançar sua excelência distintiva. Podemos ver agora por que Aristóteles pensa que você pode estar errado quanto a estar feliz: sua felicidade é determinada não por como você se sente a seu próprio respeito, mas por quão bem está usando sua racionalidade. Agora, entretanto, ficamos tentados a perguntar por que qualquer coisa disso tem a ver com ética. Quando nos imaginamos utilizando a razão, estamos mais aptos a nos imaginar, digamos, fazendo matemática do que, por exemplo, ajudando a senhoras idosas a atravessarem a rua. Se refletimos acerca das pessoas que manifestam defeitos éticos, não pensamos nos seus defeitos em relação à *racionalidade*. Em suma, Aristóteles tem de nos dizer o que a razão tem a ver com a virtude, e o que falhas da razão têm a ver com vício. Ele tem uma história muito boa para contar aqui, e chegaremos a ela dentro de instantes. Mas primeiro quero assinalar que para Aristóteles o uso excelente da razão *incluiria* coisas como a matemática. A *Ética* inclui uma discussão da excelência na busca do conhecimento por si próprio. Ele vê o entendimento, de fato, como uma espécie de virtude não prática (1142b-1143a). Com efeito, sob risco de perder o arremate da história de Aristóteles, revelar-se-á que a vida de investigação teórica é, de fato, a mais feliz.

Por ora, Aristóteles procura compor um quadro da vida humana em que todas as esferas da racionalidade são perscrutadas por inteiro, inclusive a esfera prática. A virtude surge na medida em que a esfera prática é uma oportunidade de usar nossa razão. Mas a esfera prática é a esfera na qual formamos preferências e realizamos atuações. Assim, a virtude fará uso da razão para formar as preferências corretas e realizar as atuações certas. Quanto a esse ponto, Aristóteles é admiravelmente modesto. Ele concede que não há possibilidade de "exatidão" total quando lidamos com o domínio de situações particulares, contraposto a verdades universais (1104a). Não há um conjunto de regras éticas prontas que podem ser aplicadas a todo caso que possa surgir. Em vez disso, a racionalidade prática, para Aristóteles, é a habilidade de enfrentar cada situação que surge, bem como de escolher o curso correto de ação em cada caso. Isto poderia ser algo como escolher com modéstia a porção correta de comida a ser ingerida em cada refeição – a virtude da temperança – ou escolher lutar em um campo de batalha – a virtude da coragem.

É claro, seria desapontador se tudo o que pudéssemos dizer é que a ação virtuosa é a ação que seria escolhida pela pessoa virtuosa. Assim, Aristóteles acrescenta uma observação mais geral, talvez a ideia mais famosa em sua ética: que a ação virtuosa se situará no meio entre dois extremos (1104a). Isto é o que um amigo meu chama de "teoria do Cachinhos Dourados"[123]. Virtude é quando você escolhe e usufrui o que não é nem muito grande, nem muito pequeno, mas apenas justo. Cada tipo de virtude é um meio-termo entre alguma tendência para o excesso e uma tendência para a falta. A temperança, por exemplo, situa-se no meio entre a gula e a abstinência demasiada. A coragem é o meio entre a imprudência e a covardia. A generosidade é o meio entre a avareza e a prodigalidade. E assim por diante. É claro, isso não significa que você deve literalmente se envolver em *tudo* com moderação. Não se pratica a justa medida do incesto nem de assassínio não instigado. Essas atuações não devem ser feitas de todo – o que talvez constitua um problema para Aristóteles, a menos que ele possa nos convencer que semelhantes atuações são excessos em relação a algum outro tipo de atuação que deve ser feita com moderação. Por exemplo, o incesto pode ser um uso excessivo das próprias capacidades sexuais. O sexo, diferentemente do incesto, é algo que deve ser buscado de maneira moderada.

Embora isso soe razoável, essa parte da *Ética* pode nos lembrar de que estamos lendo um autor de uma cultura muito diferente. Considere como sua definição de virtude como meio se relacionaria com a moralidade judaico-cristã. Os santos cristãos não se envolviam em castidade, fé e humidade em grau moderado, mas, antes, ao maior grau de castidade, de fé e de humildade. Se o incesto é sexualidade excessiva, então a castidade deve ser sexualidade deficiente – e, desse modo, não é de todo uma virtude, segundo a teoria de Aristóteles. Um bom exemplo da alteridade cultural de Aristóteles, aqui, é sua discussão do "homem que tem grandeza de alma". A maravilhosa palavra grega para ele nesse contexto é *megalopsychos*. O

123. Devo a frase a David Vessey. Quanto à teoria, cf. Hursthouse (1980, p. 57-72); Young (1996, p. 89-99); Brown (1997, p. 77-93).

homem dotado de grande alma é perfeitamente virtuoso, está bem ciente de sua virtude, e atua de acordo, comportando-se com grande dignidade e vendo a si mesmo como significativamente superior aos que estão à sua volta (1123a-1152a). Vemos aqui que o exemplar ético de Aristóteles está mais próximo de Aquiles do que de Madre Teresa. É claro, Aristóteles admitiria que se pode ser excessivamente orgulhoso de si. Mas o homem de grande alma *conquistou* a sua imensa autoestima por meio da prática das mais excelsas virtudes. Uma pessoa comum, ao comportar-se como Aquiles, não pratica virtude alguma, pois manifesta apenas arrogância pueril. Tampouco convém a Aquiles proceder como uma pessoa comum, pois assim avaliaria as suas próprias virtudes aquém do justo valor.

Como, então, alcançamos a virtude? Isto já havia sido assinalado como uma matéria de política na abertura da *Ética*, como já foi mencionado. Aristóteles pensa que as pessoas que não crescem em sociedades saudáveis não têm chance de efetivamente se tornarem virtuosas. Assim, uma resposta complexa implicaria examinar a filosofia política de Aristóteles. Mas já na *Ética* ele explica por que nossa formação social é tão importante: a virtude é alcançada por meio do hábito. A própria palavra "ética" mostra isso, como indica Aristóteles. Provém da palavra grega *ethos*, que significa "hábito" ou "costume" (1103a). Assim, principiamos o desenvolvimento das virtudes desde a infância. Os pais censuram os filhos por não se mostrarem suficientemente resolutos ou verdadeiros, o que neles inculca o costume da coragem e da honestidade.

Acerca desse ponto, é tradicional estabelecer um contraste entre Aristóteles e Sócrates. Como você deve se lembrar, Sócrates aparentemente pensava que a virtude envolve algum tipo de conhecimento intelectual, de modo que as pessoas virtuosas devem ser capazes de fornecer uma definição de virtude. Para Aristóteles, esse retrato é demasiado intelectualista. Como vimos, ele certamente acredita que a ação ética requer algum tipo de processo cognitivo – é excelência racional, afinal. Mas a virtude aristotélica é mais como um tipo de discernimento ou percepção racional na qual me apoio em meu treinamento para encontrar a resposta correta para qualquer circunstância dada. Mais uma vez, a variação entre as circunstâncias significa que nenhuma definição ou explicação abstrata pode garantir que eu escolha corretamente. Em última instância, tal discernimento está ligado a meu hábito mais arraigado, que não só me permite fazer a escolha correta, como também implica que eu *desejarei* fazer a escolha correta. Terei prazer em fazer o que é certo, uma vez que estou habituado a isso; é minha segunda natureza (1099a, 1105a). Isto significa que a virtude não se resume a crenças ou a conhecimento, como pensava Sócrates – diz respeito a sentimentos e a atuações (1106b). A diferença entre o homem virtuoso, excelente, e o homem vicioso, falho, é, em grande parte, resultado de treino. O homem virtuoso gosta e escolhe o meio-termo entre os extremos como uma conduta de vida, ao passo que o homem vicioso gosta das coisas erradas e tem hábitos arraigados de fazer escolhas erradas.

O retrato de Aristóteles é convincente. Ele descreveu a virtude como algo que nos traz satisfação e nos permite alcançar nossa própria excelência pessoal. Meu objetivo, como atuador ético, é fazer o que se espera de mim, e fazê-lo bem. Aristóteles o compara a metas atléticas, de modo que observa que nós recompensamos com admiração aqueles que efetivamente realizam atos virtuosos, e que, tal qual nas Olimpíadas, são premiados aqueles que competem e vencem, e não apenas aqueles que são mais fortes e belos (1099a). Isso faz a virtude soar como algo que de fato merece ser alcançado, e é evidente por que é de nosso interesse dispor dela: a virtude nos torna os melhores humanos que podemos ser. Mas essa espécie de competição ética não deixa alguma coisa de fora, algo que é fundamental para a ética? O que dizer quanto a tratar bem as outras pessoas por *elas mesmas*? Devo realmente ser generoso, ajudar meus amigos, ter relacionamentos saudáveis com os que me são queridos, e tudo o mais, tão somente para buscar minha própria excelência pessoal? Aristóteles passa a impressão de que as outras pessoas são meras ferramentas que uso para atingir a perfeição. Este é um problema que examinaremos em seguida, na medida em que nos voltarmos para a teoria da amizade de Aristóteles e considerarmos em maior profundidade como o homem virtuoso aristotélico usa e usufrui tanto das coisas quanto das pessoas à sua volta.

38

O SEGUNDO EU: O PRAZER E A AMIZADE EM ARISTÓTELES

Ao pensar a respeito das coisas boas na vida, o que lhe vem à mente? Talvez uma bela refeição, uma taça de bom vinho? Uma conversa agradável com seus amigos? Ou talvez você pense em coisas menos elevadas, e vá direto para o sexo, carros velozes e muito dinheiro. Como vimos no capítulo anterior, Aristóteles identifica a boa vida com a vida racional e virtuosa. Assim, será que ele apertaria os lábios em severa desaprovação para nós enquanto buscássemos esses jantares agradáveis, para não mencionar sexo, carros e dinheiro? Ou será que ele deixa espaço para coisas como essas em seu exame da felicidade?

Um leitor contemporâneo da *Ética a Nicômaco* é capaz de ficar com a impressão de que Aristóteles é um tanto quanto rabugento quanto a toda essa discussão do prazer. Próximo ao início da *Ética* ele menciona a vida dedicada ao prazer e a descarta com uma bufada de desprezo. É uma vida para o gado, não para humanos, diz ele (1095b). Assim, é surpreendente descobrir que muitos leitores antigos da *Ética* viam Aristóteles como defensor da vida confortável. Ele não era tanto objeto de críticas como os grosseiros hedonistas epicuristas, mas para esses críticos ele ainda não apresentava um rigor moral pleno que se esperaria de um filósofo propriamente dito. Os críticos comparavam Aristóteles aos pensadores éticos estoicos e platônicos, para quem *apenas* a virtude tem valor, e tudo o mais é intrinsecamente desprovido dele. Já vimos uma concepção como essa na boca de Sócrates, que dizia que coisas como riqueza e poder só beneficiam os que os têm se vêm acompanhados de sabedoria e virtude. Também vimos

Platão argumentando em *A república* que um homem virtuoso é feliz ainda que seja odiado pela sociedade e sujeito a injustiças e tormentos.

Aristóteles, como ocorre com frequência, fica feliz em ocupar o terreno intermediário. Por um lado, ele rejeita o hedonismo: embora o prazer tenha lugar na boa vida, não é o objetivo primário dela. De outro lado, aceita o juízo do senso comum, segundo o qual um indivíduo que, digamos, padece a morte por tortura depois de um tirano injusto haver assassinado a sua família não está feliz, por maior que seja a sua virtude. É claro, ele sabia que estava em discordância com seu mestre Platão, aqui, mas ele diz na *Ética* que devemos honrar a verdade acima de nossos amigos. E, como vimos na última vez, a verdade acerca da boa vida é que ela precisa ser admirável para homens sensatos, bem como invejada por eles. A não ser que sejamos estoicos ou platônicos, provavelmente concordaremos com Aristóteles que a virtude não garante a felicidade, mesmo que seja o melhor caminho para alcançá-la. Mas isto impele Aristóteles a admitir que nossa felicidade, em certa medida, é algo que está fora de nosso controle. Um tirano sempre pode aparecer e destruir nossas vidas. Na verdade, Aristóteles até mesmo se pergunta se nossa felicidade pode ser retroativamente destruída depois de nossas mortes se nossos amigos e descendentes próximos foram acometidos por horrores infligidos a eles (1101a-b). Embora ele conclua que a felicidade não poderia ser completamente destruída dessa maneira, a preocupação é um lembrete de que, para Aristóteles, ser feliz se assemelha mais a ser abençoado do que a estar contente.

Há outra razão pela qual Aristóteles inclui os assim chamados "bens externos" na vida feliz, ou seja, bens como riqueza, saúde e família, além da virtude. Ele acredita que as virtudes devem ser exercidas para que tenham algum valor. O indivíduo não terá ocasião de exercitar a generosidade se não dispuser de dinheiro, tampouco a lealdade florescerá sem amizades. De tal sorte que a pessoa virtuosa necessita de um mínimo de prosperidade material a fim de que lhe caiba ocasião de exercer a sua virtude (1099a-b). Quanto a esse ponto, Sócrates poderia concordar com Aristóteles. Sócrates, pelo menos tal como retratado por Platão, admitia que a riqueza e o poder teriam valor desde que estivessem nas mãos de um homem sábio e virtuoso, o qual os usaria para fazer o bem. Trata-se apenas que a riqueza e o poder são desprovidos de valor, e podem até mesmo ser nocivos, na ausência da sabedoria e da virtude. Não obstante, não há dúvida de que Sócrates e Aristóteles diferem em sua ênfase, uma vez que o segundo fica feliz em aceitar a importância de bens externos, ao passo que o primeiro ressalta a todo instante sua falta intrínseca de valor. Aqueles críticos estoicos e platônicos ficaram do lado de Sócrates, mas, uma vez mais, suspeito que tendemos a julgar a concepção de Aristóteles atrativa.

Outra característica atrativa das ideias de Aristóteles a respeito da felicidade é algo que já mencionei no capítulo anterior. Para Aristóteles, a virtude nela mesma é agradável para o homem virtuoso. Isto se dá porque o homem virtuoso está habituado a realizar atuações virtuosas. Está tão acostumado a elas a ponto de surgirem com naturalidade para ele. Por mais aterrorizante que lhe seja permanecer na batalha com bravura, seria ainda mais doloroso para ele fugir – ele teme mais a vergonha do que uma morte nobre (1115a). É corajoso, e julgaria excruciante fugir de uma batalha quando não deveria fazê-lo. Ele também julgará desagradável comer excessivamente em um banquete, enquanto um repasto moderado será exatamente algo de que gostará. Digo que essa concepção é atrativa, mas talvez você discorde. Talvez você diga que, para que a virtude seja realmente admirada, ela deveria ser difícil de alcançar. Deveríamos trincar os dentes e fazer a coisa certa não porque gostamos dela, mas porque é a coisa certa a fazer.

É tradicional aqui estabelecer uma comparação entre Aristóteles e um filósofo bem posterior, Immanuel Kant. Enquanto Aristóteles pensa que desfrutar da virtude é um sinal certo de um caráter virtuoso, Kant insiste que a moralidade nada tem que ver, de fato, com o prazer. Não que Kant deseje necessariamente que se considere o dever moral desagradável; isto seria perverso. Mas para ele, decerto, se alguém ajuda uma senhora a atravessar a rua apenas porque lhe é aprazível fazer isso, isto não constitui um ato propriamente moral. De certo modo, essa pessoa é somente sortuda. Ocorre de ela ser uma pessoa que gosta de ajudar velhas senhoras, em vez de roubar-lhes as bolsas. A razão correta para ajudar a senhora é que é um dever fazê-lo, e qualquer prazer que se tenha nisso é irrelevante de uma perspectiva moral, mesmo que seja um belo bônus por isso[124]. Agora, é preciso ser dito que Kant tem razão. A teoria da virtude de Aristóteles depende fortemente da ideia do hábito – você se torna virtuoso ao ser treinado na virtude à medida que cresce. Isto significa que se você não tiver a formação adequada não gostará das coisas corretas, e, assim, não será virtuoso. Nesse sentido, Aristóteles é vulnerável ao que às vezes é chamado de problema da "sorte moral"[125]. Em outros termos, nossa condição ética não deve ser uma matéria de acaso; deveria estar em nosso controle.

Aristóteles tem uma resposta pronta. Ele dirá que há pessoas, de fato, que conseguem fazer a coisa certa ao contrariarem seus hábitos e inclinações mais arraigados. São pessoas dotadas de *enkrateia*, o que significa algo como "autocontrole" (1145b). O indivíduo que naturalmente se compraz em ser pontual e se apresenta à hora aprazada já adquiriu a virtude da pontualidade, ao passo que aquele a quem se faz necessário adiantar o relógio em dez minutos para ludibriar a si próprio e assim manter-se dentro do horário previsto não alcançou mais do que o autocontrole. Em sua exterioridade, a pessoa com autocontrole e a pessoa virtuosa parecem ser bem similares. Ambas manterão a posição na batalha, comerão com moderação, ajudarão as senhoras idosas a atravessar a rua. A diferença é que, enquanto a pessoa virtuosa gosta de fazer essas coisas e as faz por hábito, a pessoa dotada de autocontrole tenderia a fugir na batalha, a comer como um glutão e a ignorar as velhas senhoras. Porém, ela faz a coisa certa porque sabe o que lhe é esperado fazer. Aristóteles poderia perguntar agora: Quem nós admiraríamos mais, e quem gostaríamos de ser? Suponho que seja claro que preferiríamos *ser* a pessoa virtuosa, mas a discussão de saber quem *admiraríamos* mais é mais complicada. Quando penso acerca disso, vejo-me a mudar de opinião, dependendo do exemplo. Alguém que tem de exercer autocontrole para evitar roubar as bolsas de senhoras me parece ser menos admirável do que alguém que jamais consideraria fazer tal coisa. E, certamente, sinto-me mais confiante em marcar encontros com pessoas genuinamente pontuais. Por outro lado, alguém que luta bravamente na

---

124. Cf. Kant (2009, p. 21-22). Na sequência, todavia, ele argumentou que há o dever de assegurar a própria felicidade (2009, p. 25).

125. Cf., por exemplo, Kenny (1992, cap. 6).

batalha, mesmo que cada fibra de seu ser lhe diga para fugir, ou alguém que tem de forçar sua vontade para manter a dieta e comer de maneira moderada me parece mais admirável do que pessoas que fazem essas mesmas coisas com prazer e com naturalidade. Assim, não fica claro para mim quem, entre Aristóteles e Kant, leva a melhor nessa disputa.

É claro, Aristóteles reconhece que nem todo mundo faz a coisa certa. Assim, ele identifica dois outros tipos de caráter, além do virtuoso e do autocontrolado. Completamente oposto ao homem virtuoso é o homem vicioso, que pratica o mal da mesma maneira pela qual o homem virtuoso pratica o bem (1145a). Naturalmente, e por hábito, chega tarde às batalhas e, então, foge delas. Rouba bolsas e devora bolos. Como meu avô gostava de observar, "todo mundo serve para alguma coisa, nem que seja como mau exemplo", e é somente para isso que serve o homem vicioso. Mais complexa é a versão má do homem autocontrolado, dotado de vontade fraca. Aristóteles chama a essa condição do fraco de *akrasia*, com frequência traduzida como "incontinência". Alguém com esse defeito de caráter, ao contrário do homem vicioso, sabe o que deve fazer. Mas é incapaz de fazê-lo devido ao fato de ser dominado por seus desejos e pela perspectiva de alcançar prazer ou de evitar a dor (1147a, 1148a).

Akrasia é precisamente o fenômeno que Sócrates afirmava ser impossível ao afirmar que ninguém faz o mal de maneira voluntária. Caso você se lembre, seu raciocínio era assim: quando efetuamos escolhas, o que fazemos, em rigor, é tentar escolher o que é bom, ou o que é melhor. Assim, há algo de autorrefutante, ou, poder-se-ia dizer, até de contraditório, em escolher conscientemente o que é mau. É equivalente a pensar: "Considero que a melhor coisa a fazer é a coisa má". Aristóteles explicitamente se refere a Sócrates e admite que ele suscitou um poderoso questionamento contra a possibilidade da *akrasia*. Mas, ao novamente defender uma posição mais próxima daquela do senso comum, ele diz que é evidente que a *akrasia* existe. A pergunta é como isso é possível. Aristóteles sugere que Sócrates está correto de certo modo, pois o homem acrático de fato sofre em virtude de raciocínio falho (1147b). Ele sabe, por exemplo, que este bolo não é saudável e que não se deve comer coisas que não são saudáveis. Mas a perspectiva do bolo delicioso o torna temporariamente incapaz de utilizar esse conhecimento, de modo que ele coloca o bolo em sua boca. Nesse caso, sou menos persuadido por Aristóteles. Ele deve estar certo quanto à *akrasia* de fato existir. Mas não tenho certeza de que ele está certo ao afirmar que a *akrasia* reside em algum tipo de falha de pensamento, em, por assim dizer, ser arrebatado pelo prazer. Sem dúvida isso acontece, mas eu diria que as pessoas às vezes fazem, de plena consciência, coisas que sabem que são más (os filósofos às vezes chamam a isso de "*akrasia* de olhos abertos"). Se isso realmente ocorre, então não é, ao que parece, o que Aristóteles tenta explicar em sua teoria da *akrasia*[126].

Observamos, por conseguinte, que Aristóteles julga que a vida excelente inclui muitas delícias por várias razões. Em primeiro lugar, a carência total de bens deleitosos para além da virtude, como riquezas e família, destrói a nossa felicidade. Em segundo lugar, precisamos destes bens para a exercitação da nossa virtude. Em terceiro lugar, a virtude nos traz deleite no ato da prática. A boa vida está começando a parecer assaz prazerosa, afinal. Nesse caso, por que não pode Aristóteles tão somente seguir em frente e ser um hedonista? Por que não pode dizer que a melhor vida é simplesmente a vida mais prazerosa, ao insistir que o homem virtuoso é aquele que se deleita com muito mais prazer de suas atividades? Nesse caso, ele estava errado em descartar a vida de prazer como uma vida bovina. Longe disso; é, com efeito, uma vida adequada para as melhores e mais admiráveis pessoas entre nós e, em suma, para uma vida feliz. De fato, deveríamos organizar nossas vidas em torno da busca do prazer.

Aristóteles retorna de fato ao tópico do prazer mais tarde na *Ética*, e quando o faz deixa claro por que não é um hedonista. Para ele, dedicar sua vida ao prazer é não apenas um erro, é explicitamente incoerente. Para ver por que, precisamos pensar um pouco na própria natureza do prazer. O prazer sempre envolve gostar de alguma atividade, seja comer, dirigir um carro veloz, ou simplesmente sentir-se em paz consigo mesmo. Assim, o prazer é uma espécie de fenômeno secundário, o qual acompanha algu-

126. Não existe consenso quanto à posição de Aristóteles aqui, ou o sentido em que a pessoa de vontade fraca é "ignorante", segundo ele. Para algumas visões recentes a respeito do tópico, cf. Destree (2007, p. 139-166); Charles (2009, p. 41-71); Pickavé; Whiting (2008, p. 323-371); Moss (2009, p. 119-156).

ma atividade ou experiência primária, e que, de certa maneira, a completa (1174b). Este fato aparentemente inócuo significa a derrota do hedonista. Significa que, quando nos perguntamos se vale a pena buscar determinado prazer, a resposta sempre dependerá da atividade à qual o prazer está ligado. Se você tem prazer em matemática e em comer bolo, então a pergunta quanto a qual prazer é mais valoroso dependerá de saber se a matemática ou o bolo são intrinsecamente melhores. Isto permite que Aristóteles insista que ainda que o prazer, em si mesmo, seja sempre bom, deve ser evitado quando acompanha uma atividade que é ruim.

Mais uma vez, note como ele adotou uma posição de compromisso: não nega que o prazer seja bom, mas tampouco diz que é o bem. Em vez disso, é uma coisa boa e, às vezes, acompanha outras coisas boas; mas às vezes surge de coisas más. E isso faz toda a diferença. O hedonista pode tentar responder que devemos tentar maximizar o prazer, ou seja, escolher entre prazeres não com base em suas atividades associadas, mas com base no que é mais prazeroso. Para fazer isso Aristóteles poderia dizer que não há razão para supor que somos capazes de comparar, digamos, o prazer da matemática com o prazer do bolo. Não obstante, você pode muito bem ter de escolher, por exemplo, se você for invitado tanto a uma festa de aniversário quanto a um seminário de matemática. E então, Aristóteles insistirá, a escolha não deve depender da quantidade de prazer que cada atividade forneceria, mas de qual atividade é mais valiosa: qual atividade contribuirá mais para meu bem-estar e florescimento geral.

Por mais atrativo que tudo isso soe, há ainda um problema à espreita, aquele que mencionei no final do capítulo anterior. Toda a ética de Aristóteles parece dizer respeito a meu próprio florescimento pessoal e excelência. Tento alcançar a felicidade, e a maneira de fazer isso é me envolver nas atividades que me distinguem como humano: o uso da razão, tanto na esfera prática quanto teórica. É uma teoria ética que é exigente, que nos impele à realização pessoal e a grandes feitos, sejam eles políticos, militares ou, o melhor de todos, filosóficos. Mas isto não é também um pouco egoísta? E se meus amigos e familiares forem um obstáculo à minha excelência? É claro, Aristóteles disse que ninguém pode ser feliz sem amigos e sem família, e talvez eu precise estar perto deles para exercer algumas de minhas virtudes, como a generosidade e a lealdade. Mas não são estas as razões erradas para valorizar os que me são mais caros? Eu não deveria mantê-los próximos a mim para meu próprio benefício; se houver algum motivo, eu deveria estar em busca da promoção do bem deles acima do meu próprio[127].

A resposta de Aristóteles consta nos livros 8 e 9 da *Ética*, os quais são dedicados à amizade – o termo grego, que eu já mencionei ao discutir os diálogos eróticos de Platão, é *philia*. Vale enfatizar que dois dos dez livros da *Ética* dizem respeito a esse tópico. Claramente, este é um aspecto de nossas vidas éticas que Aristóteles levou a sério, embora eu pense que isto foi necessário porque ele sentiu que a ética precisa estar voltada para o outro, mais do que para si próprio. Sua teoria ética é fundamentalmente "eudemonista", o que significa que procura basear a ética na *eudaimonia* (ou felicidade) do atuador ético, mais do que em qualquer tipo de responsabilidades ou deveres que tal atuador deveria ter em relação a outras pessoas. Mas Aristóteles definitivamente pensou que a pessoa virtuosa teria amigos. De fato, ele pensou algo bem mais forte do que isso: pensou que, no sentido estrito e próprio do termo, *apenas* a pessoa virtuosa pode ter amigos.

Segundo Aristóteles, existem três tipos de relacionamento que contamos como "amizades". Alguns amigos passam um tempo juntos apenas porque é útil para ambas as partes (1156a). Essas "amizades úteis" podem ser duradouras e profundamente valorizadas – pense, por exemplo, em dois sócios que podem trabalhar juntos no decorrer de toda a sua carreira e ajudar um ao outro a se tornarem ricos e bem-sucedidos. Mas semelhantes relacionamentos são também vulneráveis às circunstâncias. Se você e eu somos amigos desse modo, eu posso simplesmente largá-lo como um saco de batatas assim que sua utilidade terminar. Similares a essas são as amizades de prazer, as quais são predicadas a alguma atividade comum da qual os amigos desfrutam (1156a-b). O companheiro de bebida é o exemplo extremo disso. Mais uma vez, a amizade se baseia em algo incidental à amizade efetiva, e isto a torna vulnerável. Suponha que eu deixe de beber – desse modo, eu também abandonarei meus companheiros de bebida. Embora esses dois tipos de amizade sejam, em certo

127. Acerca desse problema, cf. Kahn (1981, p. 20-40); Kraut (1989).

sentido, falhas, podemos ainda assim chamá-las de amizade devido à sua semelhança com a verdadeira amizade.

Esse tipo de amizade se baseia não em algo incidental à amizade, como sua utilidade ou os prazeres em comum, mas no caráter do amigo (1156b). Se sou real e verdadeiramente seu amigo, isto deve ser porque admiro e valorizo seu caráter, do mesmo modo como você admira e valoriza o meu. É por isso, em certo sentido, que somente pessoas virtuosas podem *realmente* ser amigas, pois são as únicas que *realmente* têm caráter admirável e valoroso. No caso ideal, os dois amigos serão iguais em termos de virtude. A desigualdade, para Aristóteles, é inimiga da amizade. Lamento relatar que, com base nisso, ele diz que os homens não podem ser amigos perfeitos das mulheres, nem mesmo de suas esposas – pois as mulheres são intrinsecamente inferiores aos homens (1158b). Isso também explica, diz ele em uma passagem marcante, por que não podemos ser amigos de Deus (1159a).

Assim, Aristóteles pode explicar por que pessoas virtuosas não são egoístas autocentrados. Podem não avaliar o valor de todos os humanos da mesma forma. Mas outras pessoas que são mais ou menos virtuosas serão valorizadas pela pessoa virtuosa, e por si mesmas. No caso ideal da amizade de virtude, Aristóteles diz até mesmo que o homem virtuoso considera o amigo um "segundo eu", e considerará as atuações do amigo como sendo efetivamente suas. Isto, mais uma vez, é uma ideia nobre, embora alguém possa se preocupar que acabe por recair no egoísmo, afinal. Se, em uma amizade de virtude, meu amigo é, para todos os fins e propósitos, um "outro eu", isto não mostra que a virtude é, em verdade, egoísta? Se, numa amizade virtuosa ideal, o meu amigo se apresenta, para todos os efeitos, como um outro eu, isto não demonstra que a virtude permanece egoísta? Tudo gira em torno de mim, e há tantos "eus" quantos amigos virtuosos. O problema se torna ainda mais premente quando chegamos ao notório fim da *Ética*, no qual Aristóteles repentinamente anuncia que a melhor vida, afinal, não é uma matéria de atividade política, mas de uma vida dedicada à contemplação filosófica (1177a-1178a). Onde isso deixa os relacionamentos pessoais, ou, mais especificamente, a atividade virtuosa?

Chegamos aqui a uma das discussões mais calorosamente debatidas na *Ética*[128]. Alguns estudiosos acreditam que Aristóteles vê a contemplação como o pilar para uma vida plena e completa, que incluiria todos os outros bens – não apenas a atividade política, mas também os chamados "bens externos" como saúde, família e amigos (esta é às vezes chamada de leitura "inclusivista" de Aristóteles). Outros entendem que Aristóteles assevera que a contemplação prevalece em todas as outras considerações, e que uma vida dedicada unicamente à contemplação seria a melhor, de modo que uma vida mais politicamente engajada constituiria a segunda melhor opção (trata-se da às vezes chamada de interpretação "exclusivista" ou "dominante"). Não tentarei resolver este problema aqui, mas os próximos dois capítulos, tanto acerca das concepções de Aristóteles concernentes ao intelecto como acerca dos assuntos políticos, poderão ajudá-lo a formar sua própria opinião a esse respeito.

128. Uma contribuição clássica ao debate é Ackrill (1974, p. 339-359). Cf., *e.g.*, Kraut (1999); Kenny (1993); Charles (1999, p. 205-223); Lear (2004).

39

Só Deus sabe: Deus e mente em Aristóteles

Como se pode dizer que alguém é filósofo? Há várias pistas em potencial. Essa pessoa gosta de argumentar? Ela tem o hábito de ficar parada e olhar em silêncio, a meia distância? O seu asseio e higiene deixa algo a desejar? Você pode estar com sorte: encontrou um filósofo. Mas um teste de fogo quase certo é este: diga-lhe que você mesmo é um filósofo ou filósofa. Se estiver lidando com uma pessoa normal, ela dirá algo como: "Puxa. Então, hum, o que você faz o dia todo?" Mas se você estiver falando com um filósofo, ele lhe perguntará em que área da filosofia você trabalha. Profissionais sabem que a filosofia tem muitos ramos, bem como que ninguém, hoje em dia, é um "filósofo" no sentido em que Aristóteles o era: investigador de todo o conhecimento que a humanidade pode almejar ter.

No mundo anglófono, os filósofos que você encontra em festas dizem com frequência, quando perguntados a respeito de em qual área da filosofia eles atuam, que são filósofos da mente. Não que filósofos da mente vão a muitas festas. Estão demasiado ocupados com o debate acerca de tópicos como a natureza da consciência, a relação de nossas mentes com nossos corpos e a relevância filosófica da pesquisa empírica em ciência do cérebro e em psicologia. Estas matérias são pioneiras, mas à semelhança da maioria, senão de todas as áreas da filosofia, tem raízes na Antiguidade. Pode-se sustentar que Aristóteles foi o inventor da filosofia da mente, assim como foi o inventor da lógica, da biologia e de numerosas outras disciplinas. É claro, quando eu comentei sua obra *Sobre o céu*, disse que é um erro confundir alma, tal qual Aristóteles a compreende, com o tópico considerado pelos filósofos da mente de hoje. A alma de Aristóteles é, antes, a explicação para todas as nossas funções vitais, até mesmo para a nutrição, o movimento e a sensação, assim como para o pensamento. Assim, quando Aristóteles examina a relação entre alma e corpo, ele lida com uma matéria diferente daquela de que Descartes tratou ou que um filósofo contemporâneo discute ao investigarem a relação entre mente e corpo.

Porém, Aristóteles de fato fornece uma explicação do pensamento no terceiro livro de *Sobre o céu*. Ele toma ali o tópico da mente não no sentido de todas as nossas experiências, ou da consciência – o que hoje os filósofos chamam de fenômenos "mentais" –, mas no sentido de intelecto. A palavra grega para "intelecto" é *nous*. Refere-se aí especificamente à capacidade pela qual adquirimos conhecimento. Aristóteles considera que se trata de uma capacidade elevada, divina mesmo, que distingue os humanos dos animais inferiores. Quando ele conclui sua *Ética* com a sugestão de que uma vida contemplativa é a melhor vida para os humanos, ele entende que nossa maior felicidade seria alcançada por intermédio do exercício do intelecto. Ainda assim, Aristóteles vê laços estreitos entre o intelecto e as funções inferiores da sensação e da imaginação. Já vimos que, no final dos *Segundos analíticos*, ele sustenta que a sensação é a base para os primeiros princípios de conhecimento demonstrativo – e chama ao estado de apreender esses princípios pela mesma palavra, *nous*, ou seja, intelecto.

Em *Sobre o céu*, entretanto, Aristóteles estabelece um íntimo paralelo entre intelecto e sensação. Como vimos, ele compreende a sensação como a atualização de uma potência. Se seus olhos funcionam do modo adequado, então mesmo quando você não vê coisa alguma, você vê o vermelho em potência; isto é, você tem a capacidade de ver o vermelho. Quando você é confrontado com uma maçã vermelha, essa capacidade é atualizada. Sua vista se torna não apenas vermelha em potência, mas vermelha em ato, o que significa que você vê o vermelho. O mesmo tipo de coisa pode ser dito acerca do intelecto. Seu intelecto é a capacidade que você tem em virtude do fato de ter uma alma humana. Quando é atualizado, o que você faz é pensar. O que Aristóteles parece designar por "pensar", neste contexto, representa algo assaz específico. Não se trata de pensar acerca do que você terá para o jantar, por exemplo, ou tentar se lembrar onde você deixou suas chaves. O que Aristóteles entende por "pensar" é ter uma apreensão das essências ou das formas que existem no mundo. Quando você pensa desse modo acerca de girafas, você efetivamente apreende a natureza da girafa, assim como a visão efetivamente apreende a vermelhidão de uma maçã. Assim, podemos pensar no intelecto como estando numa íntima relação com a natureza das coisas, tal como a visão está relacionada às cores.

A despeito da analogia entre pensamento e sensação, há, é claro, diferenças. Uma diferença é que não existe falsidade na sensação. A visão pode lhe prover uma aparência *enganadora*, como a miragem no deserto, que parece com um oásis (ou o som feito por uma banda cover que parece com o Oasis). Mas, segundo Aristóteles, a visão ela própria é sempre verdadeira, como qualquer tipo de sensação (428a) – a falsidade apareceria no nível de um juízo feito com base nessa impressão enganadora. A falsidade já aparece em uma faculdade que Aristóteles chamada de *fantasia* (às vezes traduzida, de maneira inadequada, como "imaginação")[129]. A imaginação é distinta tanto da sensação quanto do pensamento, mas se relaciona intimamente com ambos. A imaginação sempre se baseia naquilo que percebemos com os sentidos, embora possamos manipular o que sentimos (como combinar as imagens de um humano e de um cavalo para formar um centauro), e o pensamento não pode ocorrer sem imaginação (427b, 413a). Talvez esteja claro o suficiente que a sensação não é a mesma coisa que a imaginação, mas pode-se ficar tentado a identificar o pensamento com a imaginação. Isso seria um erro, diz Aristóteles, uma vez que a crença só ocorre no nível do pensamento. Quando você imagina, você está, por assim dizer, fazendo um retrato de como as coisas poderiam ser, mas você não está convencido de que as coisas realmente são desse modo. A imaginação é "falsa" apenas no sentido de que ela não representa a realidade como é. Mas apenas imaginar que as coisas sejam de certa maneira não significa que elas realmente são assim. A crença falsa surge apenas no pensamento, por intermédio de combinações de termos que não correspondem à realidade (430b – podemos lembrar o argumento similar desenvolvido por Platão no *Sofista* com o exemplo "Teeteto voa"). Aristóteles pensa que isso marca a linha divisória entre nós e os animais não humanos: eles são capazes de imaginação, mas não de crença (427a).

---

129. Quanto a esse tópico e às suas aplicações à ação prática, cf. Moss (2012). O motivo pelo qual "imaginação" é uma tradução inadequada é que *fantasia* está envolvida em uma ampla gama de funções, até memória e sonhos.

Outra diferença entre o pensamento e a sensação é que o pensamento ocorre sem o uso de qualquer órgão corporal. Não surpreende que Aristóteles falhe em identificar o cérebro como a sede do intelecto. Para ele, o cérebro é tão somente uma unidade de refrigeração concebida para equilibrar o calor oriundo de nosso coração[130]. É o coração que serve como centro de comando; por exemplo, é a sede última da sensação. Mas não o usamos para pensar, tampouco usamos qualquer outra parte do corpo para isso. O argumento de Aristóteles aqui parte da observação de que você pode pensar a respeito de qualquer coisa: tudo é um objeto possível de intelecção. E o intelecto pensa ao assumir efetivamente a forma daquilo acerca do qual pensa. Isso significa que se ele estivesse sediado em um órgão que, por exemplo, fosse quente, ele sempre pensaria a respeito do calor, porque estaria sempre quente em ato. Mas isso claramente não ocorre. Em vez disso, em seu estado básico, o intelecto é apenas tudo *em potência*. Assim, não pode ter qualquer órgão corporal, dado que todo órgão já tem muitas características efetivas.

Esse argumento provavelmente não manterá meus colegas que fazem filosofia da mente acordados à noite. Eles já estariam intrigados com a ideia de que o pensamento assume uma forma. E ainda que se conceda isso a Aristóteles, por certo o sentido em que o intelecto assume uma forma seria diferente do sentido em que um órgão corporal tem essa forma. Ainda assim, o argumento de fato ressalta o compromisso de aristotélico com uma ideia que terá um impacto histórico de longo alcance, a saber, que nossas mentes se tornam idênticas à forma de qualquer coisa acerca da qual elas pensem. Ele também está sendo coerente com o que dissera acerca da sensação. No que concerne à visão, por exemplo, ele observou que o fluido no olho não deve ter cor, uma vez que, de outro modo, nós sempre veríamos essa cor. Em vez disso, ele deve ter todas as cores em potência. De igual modo, o intelecto é tudo em potência.

A ideia de que pensamos sem usar um órgão corporal nos dá um vislumbre do motivo pelo qual Aristóteles acredita que o intelecto é algo divino. Como ele diz na *Ética*, a vida da mente não é tanto a melhor vida

130. A esse respeito, cf. *Do sono* 458a.

para nós, mas uma vida que, entre outras coisas, é demasiado boa para meros humanos. Em verdade, é divina. Isto não é apenas uma figura de linguagem. Como podemos ver, se examinarmos outras obras além de *Da alma*, Aristóteles de fato retrata Deus como puro intelecto. Para juntar as peças dessa explicação precisamos retornar à sua cosmologia, tal como ela é apresentada na *Física* e em outro tratado chamado *Sobre o céu*. Nesses escritos ele descreve que o cosmo tem uma forma esférica, bem como que é formado por muitas esferas ocultas. Na margem da esfera mais afastada, na qual estão embutidas as chamadas "estrelas fixas" – aquelas que, quando vistas da Terra, parecem se levantar e se pôr todas as noites, e se mover juntas. Outras estrelas podem ser vistas mudando de posição toda noite, a caminhar contra o fundo dessas estrelas fixas. São os chamados "planetas" (a palavra deriva do verbo grego "πλανάω" que significa "vagar", "errar"). Os planetas estão embutidos em outras esferas ocultas dentro da esfera mais distante das estrelas fixas.

Nosso reino inferior está abaixo dessas esferas celestes, no centro do cosmo. É formado pelos quatro elementos, os quais se misturam para produzir a terra, os mares, o céu e todas as plantas, animais e outras substâncias que vemos à nossa volta. Ao que parece, o movimento celeste é de algum modo responsável pela mistura desses elementos. O movimento celeste remonta ao movimento da esfera mais externa, pois é a rotação diária dessa esfera que explica a maior parte do que vemos no céu à noite. A movimentação dos planetas se deve a ligeiras mudanças em sua rotação introduzidas pelos vários movimentos das esferas nas quais estão apoiados. Mas, basicamente, as esferas planetárias giram uma vez por dia, carregadas pela esfera mais externa.

Assim, se queremos perguntar o que, em última instância, explica o movimento, toda geração e destruição em nosso cosmo, precisamos encontrar a causa do movimento eterno da esfera mais externa. Será este motor que colocará em ação a cadeia das complexas séries de rotações celestes que misturam os quatro elementos para produzir o ambiente em que vivemos. Quando girafas galopam pela savana, esse movimento pode ser remontado – ainda que de maneira deveras indireta – à rotação simples e singular da esfera mais externa. Julgo que não negligencio nada se digo, agora, que a causa dessa rotação é Deus, um motor imóvel (*Física* 260a). Mas por que penso que esse movimento, ou qualquer movimento celeste, tem uma causa? Por que não dizer apenas que o movimento é um fato bruto a respeito do cosmo? Essa pergunta se apresenta por si mesma com particular força à luz da crença de Aristóteles de que o mundo é eterno, uma afirmação central tanto na *Física* como em *Sobre o céu*. Aristóteles está convencido de que o mundo não apenas sempre existiu, como sempre pareceu muito com o que é agora, com as mesmas rotações celestes, bem como as mesmas espécies animais e vegetais. Embora Aristóteles deseje encontrar um lugar para Deus em sua cosmologia, seu Deus não é um criador. Desse modo, mais uma vez: Por que pensar que o céu precisa de qualquer princípio explanatório?

Aristóteles fornece várias respostas aqui – embora, talvez, a ideia subjacente seja simplesmente que o movimento celeste eterno não pode ocorrer da forma que ocorre sem ter uma causa. Isso traria o céu para o âmbito da concepção geral de natureza de Aristóteles, na qual nada fica sem explicação e tudo tem um propósito. Mas ele deseja estabelecer precisamente como será essa causa. Assim, ele fornece o seguinte argumento. O movimento do céu é eterno, e, desse modo, em certo sentido, infinito. Mas nada finito pode ter poder suficiente para realizar um movimento infinito (*Física* 266a-b). Imagine tentar fazer um carro correr para sempre com uma quantidade finita de combustível. Por mais eficiente que seja o carro, ele ficará sem combustível em algum momento. Ora, ainda que tenha um tamanho muito grande, o céu, ainda assim, é finito, pois seu tamanho tem um limite. Assim, não pode ter poder para se mover eternamente sob seu próprio impulso. Precisa de um motor externo. Obviamente, esse motor não pode ter um corpo, uma vez que, se tivesse, também seria limitado e finito. Logo, o motor externo "não tem magnitude" – ou seja, é imaterial (267b).

Sob o risco de complicar as coisas, devo dizer que o argumento de Aristóteles se aplicará a cada esfera celeste individual. Há não apenas o céu mais externo, como também cada uma das esferas planetárias. Na verdade, é até pior, uma vez que Aristóteles, ao seguir a teoria astronômica produzida na Academia de Platão por homens como Eudoxo, acreditava que cada movimento planetário deve ser explicado como uma combinação de várias rotações simples. Isso explica por que o planeta se move em um caminho ao longo do céu a cada noite. Aristóteles parece ter dado um passo além dos matemáticos aqui ao postular várias esferas físicas para cada movimento planetário requerido, com outras esferas para se contraporem a esses movimentos, a fim de impedir que isto seja passado para planetas inferiores (*Met.* 1073a-1074b). Eudoxo e outros haviam observado tão somente que a combinação de um número suficiente de movimentos circulares produziria o cálculo matemático para expressar, digamos, o movimento de Vênus, mas não postulavam um mecanismo físico. Aristóteles pressupõe, em lugar disso, que existem esferas físicas reais, e a fim de explicarmos os movimentos planetários que contemplamos, necessitamos de dezenas delas, cada uma das quais carece do seu motor imaterial próprio (1074a). Deus representa, pois, para Aristóteles, tão somente o mais excelso e mais relevante dos motores celestes incorpóreos. Consoante assevera Aristóteles, os pensadores precedentes alcançaram uma intuição imprecisa desta verdade quando discorreram acerca da multiplicidade dos deuses (1074b). Há, de fato, numerosos seres divinos, mas não são a família contenciosa de Hesíodo e de Homero. Aristóteles segue as trilhas de Xenófanes e de Platão ao despojar os "deuses" de quase todas as características humanas. Eles são simplesmente substâncias imateriais apartadas, e fazem com que as várias esferas celestes se movam.

Até aqui, sem problemas, exceto pelo fato de que é difícil ver como seres imateriais podem fazer esferas girarem. Não é de se presumir que o façam saindo e as empurrando. Aristóteles tem uma resposta a esse problema, que ele fornece no livro XII de sua *Metafísica.* Ali, Aristóteles apresenta sua teoria do divino como um avanço em relação a Platão. Ele tirou proveito de algo que Platão desejava fazer com sua teoria das Formas. Mas, enquanto as Formas, pelo menos segundo Aristóteles, não podem realmente explicar o movimento (1070a), seus motores celestes suscitarão movimentos simples, circulares – os quais prosseguem na causação de tudo o mais. Aristóteles está indubitavelmente certo quanto à sua crítica de que é um mistério como a Forma da grandeza leva as coisas a serem grandes. Mas sua versão só contará como um avanço se ele puder nos dizer como Deus move o céu mais externo, e como os outros motores divinos movem suas esferas.

Quando Aristóteles responde a essa pergunta, ele acaba por admitir que o divino, afinal, tem algo em comum com os humanos. Pois a única atividade dos motores divinos se revela como uma atividade distintamente humana: pensar (1072b). Esses motores nada mais são do que intelectos separados, e as esferas se movem em imitação de seu pensamento eterno, ao realizar movimentos circulares eternos. Assim, Aristóteles descreve Deus como um tipo de causa final ao afirmar que Ele move o céu mais afastado da maneira pela qual o amado move o amante (1072a). À semelhança da moça formosa que, no baile, faz os rapazes se lhe achegarem timidamente sem que ela mesma execute movimento algum, assim também Deus, sem se mover, induz as demais coisas em movimento em razão da aspiração que estas nutrem de se assemelharem ao divino. Deparamo-nos, novamente, com uma concepção que haverá de inspirar filósofos por séculos vindouros, e não se afigura árduo compreender a razão disso. Para leitores judeus, cristãos e muçulmanos, a noção de que Deus é o objeto final do amor e do desejo no universo, perdoem-me o trocadilho, será assaz atrativa.

Ainda assim, porém, Aristóteles realmente nos forneceu um relato acerca da razão pela qual Deus e os outros motores são *pensantes*? Por que não poderiam estar fazendo alguma outra coisa? Concedamos seu argumento de que se trata de seres imateriais. E, para Aristóteles, a atividade que realizamos sem usar qualquer parte de nosso corpo é o pensar. Isso parece ter sido suficiente para fazê-lo saltar para sua conclusão. Deus é imaterial e deve estar fazendo algo; quando fazemos algo de maneira imaterial, estamos pensando; logo, Deus pensa. Isso tão somente presume, mais do que argumenta, que existe apenas um tipo de atividade imaterial. Mas há algumas coisas que Aristóteles poderia dizer em sua defesa. Ele poderia insistir que é desnecessariamente complicado pressupor outros tipos de atividade imaterial: se já conhecemos um, a saber, o pensamento, por que postular outro? Ademais, ele poderia afirmar que pensar tão somente é atividade imaterial, isto é, que são coisas idênticas. Afinal de contas, em que consiste o ato de pensar para nós, senão na posse imaterial da forma? Assim, se Deus faz algo, e é imaterial, segue-se quase que necessariamente da definição aristotélica de pensamento que Deus pensa.

Mesmo se admitirmos isso, desejaremos saber pelo menos mais uma coisa: Em que Deus pensa? Aristóteles responde que, uma vez que estamos tratando de Deus, precisamos permitir-lhe que pense a respeito do melhor objeto possível. Há algumas coisas acerca das quais seria melhor não pensar, de todo. Deus claramente não está pensando acerca de onde deixou suas chaves. Na verdade, se Deus pensará absolutamente acerca da melhor coisa, há apenas um candidato: Ele mesmo. Como Aristóteles notoriamente disse, Deus é "pensado pensando acerca do pensamento", às vezes parafraseado como "pensado pensando a si mesmo" (1072b)[131]. A frase é famosa, mas também um pouco perturbadora. Somos apresentados a um contemplador divino, um Deus que nada faz dia após dia, por toda a eternidade, a não ser pensar acerca de si mesmo? Isso soa desapontador. Afinal, se Deus nada mais é do que um intelecto que pensa a si mesmo, então a única coisa a respeito da qual Ele pode pensar é o quê? O fato de que Ele está pensando acerca de si mesmo? Isto soa não só autorreferente como ininteligível.

Alguns intérpretes sustentam que, para Aristóteles, Deus pensa acerca de tudo, mas de maneira indireta. Uma vez que Ele é causa do primeiro movimento celeste que conduz a todos os outros movimentos, poderia apreender todas as coisas como implicações de sua própria influência causal. Mas Aristóteles decerto não diz isso explicitamente, e, de fato, não penso que ele estivesse muito preocupado com o *conteúdo* do pensamento divino. Eu apostaria que ele apenas pretendia dizer que, independentemente daquilo acerca do qual Deus estivesse pensando, ele deveria estar permanentemente consciente disso. Assim como nós, em nossos momentos mais elevados, refletimos conscientemente acerca do nosso próprio conhecimento – e que é a filosofia, senão tal reflexão consciente de si mesma? –, assim Deus cogita permanentemente acerca de si mesmo como o ser consciente de seu próprio pensamento, seja este qual for. A extensão de seu conhecimento no que concerne a outras coisas pode ser deixada como uma discussão em aberto[132].

De qualquer modo, fica claro que Aristóteles pretende que nós encaremos o primeiro motor celeste – o chamado "primeiro motor" – como digno de respeito, e talvez até mesmo como algo merecedor de adoração. Não digo que ele deseja que caminhemos até o templo de Zeus e sacrifiquemos animais para o primeiro motor. Mas ele termina sua discussão de Deus na *Metafísica*

131. Na tradução brasileira citada, "a inteligência intelige a si própria" (p. 258) [N.T.].

132. Acerca desse tópico, cf. Norman (1969, p. 63-74); Elders (1972); De Koninck (1994, p. 471-515); Kosman (2000, p. 307-326).

com uma passagem retórica pouco usual que identifica o primeiro motor como a fonte última da ordem em nosso cosmo (1075b-1076a). Ele não só é causa do movimento do céu mais externo, como também, de alguma forma, coordena todos os outros movimentos. Citando um verso de Homero, Aristóteles termina com um floreio, ao dizer "[...] servir a muitos senhores não é um bem; que seja um só o governante" (1076a)[133]. Ele parece pensar que seu Deus é não apenas perfeito, como também providencial. Mais uma vez, autores nas gerações futuras anotarão isso, e tirarão proveito ao entretecer na teologia de Aristóteles os ensinamentos da religião revelada.

O Deus de Aristóteles é deveras um deus dos filósofos, em todas as acepções que se possam atribuir a essa expressão. O tipo mais apropriado de adoração, sem dúvida, é a que realiza Aristóteles: contemplar Deus por meio de raciocínio argumentado. E Deus é, Ele próprio, um tipo de filósofo, mas melhor; um intelecto puro que sempre pensa; pensa acerca de seu pensamento e jamais adormece. Deus fornece, assim, um padrão para que todas as outras coisas o imitem. O céu imita seu pensamento por meio de suas intermináveis rotações. Mesmo plantas e animais imitam o divino por intermédio da reprodução, a qual lhes permite atingir um tipo de imortalidade própria – sua espécie viverá incessantemente, ainda que os indivíduos morram. No que concerne a nós, podemos imitar Deus ao fazer filosofia. Se tudo isso conduz os leitores de Aristóteles a inferir que ele é o homem mais semelhante a Deus que conhecem, isso provavelmente não seria problemático para ele. Mas há, para nós, outra maneira de imitar Deus. Deus é o governante de todas as coisas, aquele que traz ordem e harmonia. Podemos fazer algo similar em nossos assuntos práticos. Ao estabelecer sistemas corretos de governo em nossas cidades, nós humanos podemos imitar a ordem do universo – ideia já endossada por Platão em *A república* e no *Timeu*. Quais sistemas produziriam a melhor ordem possível? Para descobrir isso, precisaremos examinar outro tratado aristotélico, o qual é, em grande medida, uma resposta à *A república*, e que lida com suas propostas políticas à semelhança de como a *Metafísica* lida com a teoria das Formas de Platão.

---

133. Sigo a tradução brasileira citada, isto é, Aristóteles (2024, p. 267). A tradutora traz na nota 107 a referência de Homero, *Ilíada* II, 204-206 [N.T.].

40

Convenções constitucionais: A filosofia política de Aristóteles

Não é provável que alguém confunda Aristóteles com Oscar Wilde. Ele não é conhecido exatamente por seu estilo mordaz e fino. Se você estiver à procura de aforismos afiados na filosofia grega, estaria melhor servido com Heráclito. Ainda assim, Aristóteles produziu uma quantidade razoável de citações memoráveis. Há sua insistência de que "a natureza não faz nada em vão". Sua observação na *Metafísica* de que "o ser é dito de múltiplas maneiras". Na *Ética*, ao explicar que a felicidade é toda uma vida de virtude e não apenas a virtude exercida por um breve período de tempo, ele observa que "uma andorinha não faz verão"[134]. Mas talvez a frase mais famosa de Aristóteles apareça em sua obra *Política*, quando ele descreve o homem como um "animal político" (1253a). Em certo nível, isto é simplesmente uma observação empírica. Os humanos têm uma tendência natural a se reunir em grupos – não apenas famílias, mas também comunidades menores no tamanho de aldeias, e, em última instância, cidades (1252b). Como mencionei antes, a palavra "política" se relaciona à palavra grega para cidade, *polis*. Aristóteles, tal qual Platão antes dele, considera a cidade-estado ou *polis* como o tamanho natural, e máximo, para uma comunidade política. É claro, ambos estavam cientes de que uniões políticas maiores eram possíveis: conheciam o Império Persa e, mais próximo deles, grupos pan-mediterrâneos, como a Liga de Delos, liderada por Atenas. Quando Aristóteles, todavia, discorre acerca de arranjos políticos, não tem em mente o moderno Estado-nação, nem, nessa matéria, impérios ou ligas de nações. Pensa ele em cidades.

134. Cf., respectivamente, *Sobre o céu* 271a, *Met.* 1028a e *Et. Nic.* 1098a.

É claro, se é *natural* para os humanos se reunirem em cidades, chamar o homem de "animal político" não é meramente descritivo. Lembre-se, "a natureza não faz nada em vão". Assim, se os humanos naturalmente se reúnem, deve haver uma boa razão para isso. Desse modo, uma pergunta central da *Política* de Aristóteles é: Para que serve a cidade? A resposta a ela deve estruturar nossa filosofia política. Devemos lembrar também que, no início de sua *Ética*, Aristóteles afirmava estar se envolvendo em filosofia política. Sua *Ética* e sua *Política* são explicitamente apresentadas como obras relacionadas, e essa conexão literária se baseia em uma conexão política: o fim próprio da cidade está intimamente relacionado ao fim próprio do indivíduo. Na *Ética*, Aristóteles nos disse que a felicidade é buscada ao longo de uma vida racional e virtuosa. Na *Política*, ele nos dirá como os assuntos políticos podem ser organizados de forma a facilitar semelhante vida.

Uma consequência interessante é que, para Aristóteles, o objeto dos assuntos políticos é promover uma vida boa para todos os cidadãos. Um governo não existe para benefício daqueles que governam, mas para a comunidade como um todo. Assim, quando ele classifica os diferentes tipos possíveis de constituição política, compara três tipos legítimos com suas perversões (127a-b). Os tipos legítimos desempenham o papel esperado de uma constituição política. Há a monarquia, a aristocracia e o que ele chama de governo constitucional (de maneira confusa, ele usa a palavra grega *politeia* tanto para seu terceiro sistema quanto para o conceito geral de constituição, o que se aplica aos três tipos). A diferença entre os três é basicamente o número de pessoas envolvidas no governo da cidade: um rei governa sozinho, já os aristocratas o fazem em pequenos grupos de elite, ao passo que em um governo constitucional os muitos governam para a boa vida da cidade. Mas em cada caso há uma constituição política legítima, na medida em que o fim almejado é o bem de toda a comunidade.

Esses três tipos constitucionais são pervertidos quando os governantes buscam, em vez disso, seu próprio bem: a monarquia se torna tirania; a aristocracia se torna oligarquia; o governo constitucional se torna democracia (1279b). Como ocorreu quando discutimos *A república* de Platão, podemos ficar perturbados ao ver a democracia classificada como uma perversão. Mas o que Aristóteles entende por "democracia" é uma situação na qual o grupo mais numeroso na cidade (o *demos*), que é usualmente composto pelos cidadãos mais pobres, tão somente mantém o poder para sua própria vantagem. Diferentemente da tirania ou da oligarquia, isso envolve buscar o benefício de um grande número de pessoas. Mas é injusta precisamente à semelhança da tirania e da oligarquia – um grupo de cidadãos simplesmente tem o poder, em detrimento de outros, e usa esse poder para alcançar o que puder. Aristóteles não precisou ler Karl Marx para desenvolver uma sensibilidade aguda para a possibilidade de conflito de classes. Na verdade, a ideia de que o rico e o pobre estão presos a uma luta pelo poder é proeminente em sua *Política*, e não sem razão, pois a tensão entre essas duas classes conduzira a conflitos internos em muitos estados gregos. Essa condição foi mencionada como *stasis* – uma espécie de guerra civil debilitante na qual uma cidade se volta contra si mesma, em vez de dedicar suas energias a tornar os cidadãos felizes.

Até aqui, sem problemas. É quase como se quiséssemos que Aristóteles aconselhasse nosso próprios líderes políticos. O que, com efeito, é exatamente o que ele se propõe a fazer na *Política*. Ele diz muitas vezes que deseja que sua obra seja útil para a tarefa prática de legislar. Por outro lado, tal como na *Ética*, ele salienta que a filosofia prática deve contemplar a infinita variedade de situações com as quais nos deparamos. Não há regras universais que nos permitam estipular leis detalhadas que se apliquem a todas as cidades. Variações populacionais, geográficas e outros fatores tornam isso impossível. Ainda assim, devemos tentar arranjar uma cadeira no gabinete para Aristóteles, ou pelo menos para alguém que tenha estudado cuidadosamente sua *Política*? (se algum presidente ou primeiro-ministro estiver examinando este livro e queira dar algum conselho, eu poderia provavelmente encaixá-lo em minha agenda). Talvez devamos hesitar um pouco, porém, pois há aspectos da *Política* de Aristóteles que nos chamarão a atenção como menos atraentes.

Eu disse que ele encoraja a cidade a buscar o bem-estar de todos os seus cidadãos. Mas não mencionei quem conta como cidadão. Aristóteles dedica alguma atenção a essa matéria e conclui que um cidadão é alguém que está ativamente envolvido com assuntos políticos (1257a). Nem todos os cidadãos estarão necessariamente no governo da cidade em um momento dado, mas podem efetuar rodízios no desempenho de deveres oficiais, e devem pelo menos participar no processo político (assim, em uma tirania, ninguém na cidade, além do tirano, é verdadeiramente um cidadão, segundo a definição de Aristóteles. Somente o tirano tem voz na administração da cidade, de modo que seu próprio bem-estar é buscado em detrimento do bem-estar dos demais). Desse modo, os homens precisam atender a um alto padrão a fim de se qualificarem como cidadãos. Devem estar dispostos a ajudar a governar, e podem se qualificar em função de sua nobreza, riqueza ou virtude, a depender da constituição. Uma aristocracia, por exemplo, enfatiza em demasia a nobreza e a riqueza.

Não importa qual constituição esteja sob consideração. Aristóteles sustenta que serão somente os *homens* aqueles que atenderão a esse padrão e, por conseguinte, serão cidadãos. Platão, em *A república*, defendeu que as mulheres podem realizar as mesmas atividades que os homens, ainda que não de maneira igual e, portanto, haveria guardiãs e governantes mulheres na cidade ideal. Vimos Aristóteles observar, na *Ética*, que homens e mulheres não podem ter uma amizade perfeita entre si, pois as mulheres são inferiores aos homens. Agora, na *Política*, ele vai mais além, asseverando carecer de controle ou autoridade a potência racional nas mulheres. As mulheres precisam dos homens para lhes dizer o que fazer, e, uma vez que, por natureza, são incapazes de regular adequadamente seus próprios assuntos, tampouco o são dos que dizem respeito à cidade (1259b-1260a). Este, obviamente, não é o melhor momento de Aristóteles, e nem sequer chegamos à sua notória discussão da escravidão.

Como você provavelmente sabe, a escravidão era um fenômeno difundido no mundo antigo. Era muito comum que a guerra envolvesse a escravização de povos conquistados, de modo que era típico uma rica casa grega, ou romana, incluir escravos que executavam certas tarefas, sejam elas manuais ou nem tão manuais. Na exposição de Aristóteles quanto à escravidão, vemos o lado negativo de sua fidelidade à opinião comum e à pesquisa empírica. Ele parece pensar que, uma vez que a escravidão é um fenômeno tão difundido, ela deve ser explicada filosoficamente – e sua explicação soa um tanto quanto uma defesa do indefensável. Mesmo isso talvez seja muito leniente para dizer a respeito dele. Afinal, Aristóteles está disposto a rejeitar a opinião adquirida quando lhe convém. E está ciente de que rejeitar a naturalidade da escravidão é uma opção, pois menciona uma visão sustentada por outros, segundo a qual toda escravidão é devida ao costume, não à natureza (1253b). Mas ele não quer se associar a essa visão, e, em vez disso, adota o que sem dúvida vê como uma de suas posições caracteristicamente moderadas, intermediárias. Ele argumenta que algumas pessoas são o que ele chama de "escravos naturais", e que não só é permissível escravizar essas pessoas, como efetivamente é a coisa certa a fazer (1254a). Um escravo natural, tal como ele o apresenta, é uma "ferramenta viva", e se encontra em uma posição ainda mais inferior à de uma mulher livre no que diz respeito à condução de sua própria vida. É bom para o escravo ser posse de alguém, assim como é bom para uma mulher ser dominada por seu marido ou por seu pai (1254b).

Obviamente, não defenderei as ideias de Aristóteles acerca da escravidão, Mas devemos levar em conta seus objetivos nessa discussão[135]. Ele não tenta persuadir seu leitor de que a escravidão em geral é legítima – a despeito da visão abolicionista mencionada há pouco, poucos leitores antigos precisariam ser persuadidos a esse respeito. Em vez disso, seu objetivo é articular um conjunto de regras ou limites a serem impostos à escravidão. É errado, em seu ver, escravizar aqueles que não são escravos naturais. Assim, submeter cidades gregas inteiras à servidão depois de uma vitória na guerra não é definitivamente aceitável, dado que muitos dos que vivem nessas cidades não serão escravos naturais (1255a). São pessoas cujas almas as tornam adequadas para serem cidadãs participantes de uma comunidade política, e não meras ferramentas para outros homens. Platão defendeu argumento similar em *A república* ao exortar que os gregos parassem de escravizar uns aos outros, embora também tenha dito que aqueles que estavam fora da sociedade grega – os chamados "bárbaros" – eram ideais para a escravidão (471a-b). Aristóteles concorda, e observa, por exemplo, que todos os que vivem na Ásia são escravos naturais. Ele relaciona isso ao clima, em linguagem familiar ao *corpus* hipocrático – também ali é dito que o caráter de uma pessoa é afetado pelo próprio ambiente. Tanto é assim,

135. Para mais a respeito da escravidão, cf., e.g, Fortenbaugh (1977); Schofield (1990, p. 1-21); Smith (1991, p. 142-155); Brunt (1993, p. 434-488); Garnsey (1996).

segundo Aristóteles, que o clima da Grécia é perfeitamente temperado, de modo que os gregos tendem a não ser naturalmente servis (1327b). Segue-se que os bárbaros não podem se envolver em organizações políticas propriamente ditas, uma vez que não têm as almas de que necessitariam para se envolver de modo bem-sucedido nesses arranjos. E, com efeito, ele diz abruptamente que, entre os bárbaros, ninguém é um governante natural: suas cidades são "comunidades de escravos" (1252b).

Devemos reconhecer também que as concepções de Aristóteles acerca das mulheres e da escravidão vêm acompanhadas de concepções mais atrativas que ele sustenta acerca de outros tópicos. Em sua *Ética*, por exemplo, ele sustentou que a vida feliz é uma vida que se vive de acordo com a razão, conclusão que muitos julgarão plausível. As ideias de Aristóteles a respeito das mulheres e dos escravos naturais são simplesmente corolário disso, dado sua afirmação empírica de que tais pessoas não são plenamente dotadas de razão. Essas pessoas ficariam melhor se alguém que é plenamente racional se incumbisse delas. Quando Aristóteles passa a discutir sua visão das organizações políticas ideais, encontramos as mesmas ideias em cena. Ele só enfrenta esses problemas, de fato, a partir do livro VII da *Política*, obra que ao todo é composta de oito livros. Os últimos dois livros são quase uma versão enxuta de *A república*, obra que ele tem sempre em mente ao longo da *Política*. Ele concorda com pouquíssimas recomendações de Platão, mas adota a ordem de tópicos de *A república*. Não apenas discute os tipos defeituosos de cidade e a situação das mulheres, como também a natureza da cidade ideal e de que maneira a educação funcionaria em tal cidade.

Quanto a esses tópicos, Aristóteles mais uma vez deixa claro que escreve para legisladores reais. Pode-se imaginá-lo pensando em um leitor que, por exemplo, está encarregado de redigir um código legal ou de estabelecer uma colônia em algum lugar na costa do Mediterrâneo (aqui você pode se lembrar que, segundo uma lenda, pediu-se a Heráclito que redigisse leis para sua cidade natal de Éfeso, e que o grande sofista Protágoras foi indicado por Péricles para estabelecer leis para uma nova colônia). Assim, Aristóteles fornece uma abundância de detalhes, a despeito de suas reservas a pronunciamentos universais na esfera prática. Ele recomenda, por exemplo, que a cidade tenha acesso fácil ao mar (1327a), e que ela deve construir muralhas de defesa (1330b). No que concerne a arranjos políticos, no caso ideal haverá um grupo de homens excelentes que servem como cidadãos e partilham o governo da cidade (1328b). Eles tentarão criar as condições necessárias para atingir uma vida feliz. Por exemplo, os cidadãos terão lazer em demasia, entre outras coisas para se dedicar à filosofia, embora esses mesmos cidadãos também possam servir como soldados, tal qual, em grande parte, Platão recomendara (1329a). Como em *A república*, essa classe governante dependerá da presença de muitos trabalhadores e agricultores para manter o funcionamento da cidade. E, é claro, haverá escravos e mulheres, os quais serão excluídos dos benefícios fornecidos pela cidade ideal.

Esta é a solução ótima, mas não é como as coisas usualmente se passam. Aristóteles se orgulha de ser um realista. Tem-se a impressão de que ele julga o projeto utópico de Platão fantasioso e ridículo, embora ele também se permita uma descrição da melhor cidade possível no final da *Política*. Antes de chegar ao caso ideal, ele dispendeu muito tempo na discussão da política no mundo real. Se estivermos interessados em compreender a dinâmica política que prevalece hoje, talvez com a proposta de melhorar a legislação existente, em vez de partir do zero, desejaremos estudar as cidades que já existem. Já mencionei alhures o relato antigo segundo o qual Aristóteles e seus discípulos coligiram vasto número de constituições reais de cidades, material do qual ele claramente se serve ao aludir amiúde ao modo como procedem os espartanos ou os cartagineses. Desse conjunto de informações, Aristóteles conclui que os tipos básicos de constituição são aqueles já mencionados: monarquia, aristocracia e governo constitucional, com a constante ameaça de que eles podem se transformar em versões pervertidas que buscam o interesse dos governantes, mais do que o da comunidade. Uma vez que Aristóteles supõe que essa cidade ideal geralmente permanecerá apenas isso – um ideal –, ele também descreve o melhor arranjo que será praticável em circunstâncias usuais.

Isto nos traz de volta para a oposição entre ricos e pobres. Em uma aristocracia pura ou em uma oligarquia, os ricos e bem-nascidos comandam a cena. Em uma democracia pura, ou governo constitucional, é a maioria dos homens livres, que usualmente são menos ricos, que dão as ordens. Aristóteles vê ambos esses arranjos como excessivos. Ele nos lembra que, para a pessoa individual, a virtude é um meio entre extremos, como ele mostrou na *Ética*. O mesmo ponto valerá no nível da cidade. O que queremos é uma organização que sirva aos interesses tanto dos poucos ricos quanto da maioria pobre. Como podemos alcançar essa solução intermediária, que Aristóteles chama de Estado "misto"? A recomendação que ele faz soará familiar a quem quer que siga a política britânica ou a norte-americana: conferir poder à classe média. Os cidadãos que não são nem ricos nem pobres, mas que estão no meio, devem ocupar os cargos mais influentes na cidade (1295b-1296a). É claro, pode-se perguntar por que a classe média buscará necessariamente o benefício de todos os cidadãos. Decerto, hoje em dia alguns se preocupam que a classe média possa impor pesados tributos aos ricos, ou retirar apoio muito necessário dos pobres. Mas Aristóteles parece presumir que os interesses da classe média formarão naturalmente um compromisso entre os interesses dos ricos e dos pobres. É claro, isso pode não ocorrer em todos os casos, mas não é implausível que os interesses dessa classe se coadunem com os interesses tanto de uns quanto de outros.

É nesta altura que um leitor da *Política* pode levantar a sobrancelha e pensar: "e Alexandre o Grande?" Aristóteles foi o tutor do maior conquistador do mundo antigo, um homem que, em vida, foi reverenciado como deus e, ademais, foi tomado como modelo de liderança por reis e imperadores pelos séculos seguintes. Como podemos conciliar esse conselho de conferir poder à classe média com a associação de Aristóteles com um indivíduo singular que acumulou toda a autoridade política em si mesmo? Bem, se estivermos à espera de que Aristóteles aluda especificamente à família real macedônia, fecharemos a *Política* desapontados. Mas ele diz algo relevante em relação a um animal político tão notável quanto Alexandre. No meio de sua discussão dos vários arranjos políticos, ele efetua uma pausa para considerar um caso em que um pequeno grupo ou um único homem tem excelência que ultrapassa a de toda a cidade tomada em conjunto. Se semelhante governante super-humano aparecesse, pensa Aristóteles, o correto seria que todos simplesmente se submetessem a ele – rejeitar o domínio de um homem como esse seria como recusar o domínio de Zeus (1284a-b, 1288a).

Está claro, para colocá-lo de forma branda, que essa é uma circunstância excepcional; mas ela ilustra um pressuposto que Aristóteles tem sustentado o tempo todo: o poder político é naturalmente concedido àqueles cujos dons o tornam apto a mantê-lo. Em certo nível, esta é outra observação empírica e, portanto, neutra. A razão pela qual as democracias surgem é que a maioria é formidável tão somente quando trabalha em conjunto, em virtude do aspecto numérico. A razão pela qual as oligarquias surgem é que a riqueza é uma fonte de força política. Mas Aristóteles também afirma que é assim que as coisas *devem* ser. Se um homem é excelente, ele deve ajudar a governar a cidade. E se todo um grupo traz força militar ou econômica para o cenário, é correto que ele receba uma parcela correspondente de poder. Como ocorre com Platão, as ideias políticas de Aristóteles derivam de profundas convicções acerca da justiça. Mas ele não tem em mente nada similar à nossa ideia moderna de direitos humanos – ele se contenta em manter mulheres e escravos naturais fora da vida política, uma vez que eles não podem contribuir para nada. A justiça que ele tem em mente tem mais a ver com reciprocidade: aqueles que tornam a cidade forte têm voz no processo de decisão.

Na filosofia política de Aristóteles, a excelência é tanto a fonte da legitimidade política quanto o fruto da *polis*. Quanto mais homens excelentes viverem na cidade, melhor ela será governada e mais se poderá dizer que essa cidade é bem-sucedida. Seu propósito, afinal, era produzir homens excelentes, homens que são felizes de acordo com os padrões mostrados em sua *Ética a Nicômaco*. É por isso que sua cidade ideal é tão somente uma cidade de cidadãos excelentes que são apoiados por uma subclasse de mulheres e de trabalhadores que não podem atingir a excelência, mas cujas vidas são melhoradas ao viverem sob o domínio de bons governantes. Essa condição serve como fim último de todas as cidades – o ideal em direção ao qual os legisladores reais devem trabalhar. Mas, como dissemos, Aristóteles pensa em si mesmo como realista. Ele deseja fornecer não apenas argumentos racionais a respeito de assuntos políticos, como também as ferramentas para persuadir as pessoas a mudar suas crenças. Reconhece ele que um raciocínio menos que perfeito, bem como a emoção, desempenham papel de monta em nossas vidas práticas e em qualquer cidade real. E é a emoção que ocupará o centro do palco agora, na medida em que examinemos as duas outras obras de Aristóteles: a *Retórica* e a *Poética*.

41

DIREÇÃO CÊNICA: A *RETÓRICA* E A *POÉTICA* DE ARISTÓTELES

De Esopo, decerto já se ouviu falar, certo? Do grego, das inúmeras fábulas com animais como protagonistas? Eis que Aristóteles se afigura como uma das mais antigas fontes a fazer-lhe menção. Ele relata a seguinte anedota. Esopo se encontrava na cidade-estado de Samos, localizada em uma ilha, o lar de Pitágoras, defendendo o caso de um líder da cidade que fora acusado de explorar sua posição em troca de dinheiro. Esopo, é claro, tinha uma fábula pronta para essa ocasião. Parece que havia essa raposa, que ficara presa em um buraco no rio. Pulgas começaram a sugar o seu sangue, e a pobre raposa não tinha como se defender. Então, um porco-espinho apareceu por lá e se ofereceu para espantar as pulgas. "Não, obrigada", disse a raposa. "As pulgas estão cheias do meu sangue; se você as expulsar, outras virão, e ainda estarão famintas". Da mesma maneira, concluiu Esopo, meu cliente já é rico. Assim, vocês farão bem em deixá-lo em paz – melhor do que substituí-lo por um homem mais pobre que faria bem em roubar mais do dinheiro de vocês. Ora, isso, meus amigos, é retórica.

Aristóteles conta essa história para ilustrar o uso de fábulas, apenas uma de muitas técnicas que ele explica em sua obra, a *Retórica* (1393b-1394a). Na *Retórica*, Aristóteles retoma os mesmos temas que vimos explorados em diálogos platônicos como o *Górgias*. No mundo grego antigo, e especialmente na Atenas democrática, o discurso público era uma das mais importantes habilidades que um homem educado poderia ter. Tratava-se de um caminho para o poder político, e também ajudaria se você estivesse envolvido em um processo judicial. Assim, já antes de Platão, como vimos quando examinamos os sofistas, numerosos autores haviam voltado sua atenção para as habilidades e técnicas requeridas para persuadir uma audiência. Górgias foi apenas um desses autores – muitos outros são mencionados na *Retórica* de Aristóteles. Desse modo, esta é uma área na qual ele não foi pioneiro. Ele pode ter sido o primeiro a escrever acerca de lógica e de zoologia, o primeiro a redigir um tratado sistemático acerca da, e assim por diante. Mas quando voltou sua atenção para a retórica, estava acrescentando outro volume a uma estante repleta de tratados acerca do assunto.

É claro, quando Aristóteles não pode reivindicar ser o primeiro, ele faz a segunda melhor coisa: ele se queixa de que todos os seus predecessores estavam errados. Nesse caso, ele critica retóricos anteriores por abarcar apenas uma parte do assunto (1354a). Eles dizem, sobretudo, como provocar emoção em uma audiência. Esta é uma importante técnica retórica – como veremos, Aristóteles também a discute com alguma profundidade. Mas os retóricos deixaram de fora algo ainda mais importante, a saber, a classificação e o estudo do que Aristóteles chama de "entimemas" (1355a). Trata-se de argumentos destinados não a provar uma proposição, mas simplesmente a persuadir uma audiência. A maior contribuição de Aristóteles ao estudo da retórica será uma classificação desses entimemas, ou argumentos persuasivos. Devo mencionar, de passagem, que a crítica de Aristóteles a seus predecessores induziu alguns doutos em inquietarem-se quanto à *Retórica* tal como chegou até nós. Pode essa parte inicial, na qual ele critica autores de manuais de retórica por se concentrarem na emoção, de fato pertencer à mesma obra original com a cuidadosa discussão da emoção que vem depois? Outro problema é que o terceiro e último livro da *Retórica* acrescenta de repente uma longa discussão quanto ao estilo e à metáfora, o que não parece fazer parte do plano concebido nos livros I e II. Assim, como sucede com obras como a *Metafísica*, há a preocupação de que a nossa *Retórica* não seja tanto um texto composto por Aristóteles quanto uma compilação posterior de material aristotélico. Não me aprofundarei nisso, a não ser para dizer que não considero o argumento acerca das emoções decisivo. A crítica de seus predecessores não consiste em que eles se concentram nas emoções, mas que eles *somente* se concentram nelas, o que é apenas um dos diversos tópicos que um bom estudo da retórica incluiria.

Pelo fato de apresentar os entimemas, não as emoções, no centro de seu relato, Aristóteles vê a retórica como uma disciplina intimamente relacionada à lógica. Em seus trabalhos lógicos, Aristóteles discutiu argumentos demonstrativos que provam coisas com absoluta certeza, e também argumentos dialéticos, que argumentam a partir de premissas. Agora, na *Retórica*, ele enfrenta outro tipo de argumento: argumentos persuasivos. Além desses entimemas, o bom retórico deve ser capaz de usar "exemplos". A fábula utilizada por Esopo é um exemplo, não um entimema. Aristóteles compara o uso de exemplos ao uso da indução nas ciências filosóficas propriamente ditas (1393a). Alguém que faz zoologia pode observar características comuns a pombos e galinhas, e alcançar uma melhor compreensão dos pássaros por meio da indução. De modo similar, Esopo pede a sua audiência para pensar que é pouco provável alguém que já está satisfeito nos faça mal, seja esse alguém uma pulga sedenta ou um político cobiçoso.

Mas são os entimemas que tendem a provocar o maior interesse entre os leitores filosóficos da *Retórica*. O que significa um argumento ser meramente persuasivo? Bem, é fácil perceber por que os entimemas diferem da demonstração. Um argumento demonstrativo deve se basear, em última instância, em primeiros princípios, lidar com necessidades universais, e assim por diante – todas as exigências que vimos esboçadas nos *Segundos analíticos*. Em comparação, Aristóteles, na verdade, desencoraja o retórico de construir uma longa cadeia de inferências para alcançar sua conclusão, uma vez que isso apenas confundirá a audiência (1395b). Ademais, um retórico lidará a todo momento com alguma decisão ou caso particular, não com necessidades universais. É mais difícil, porém, perceber a diferença entre entimemas e argumentos dialéticos. Um argumento dialético se baseia apenas em premissas de comum acordo. Pode-se concordar com as premissas apenas em prol da argumentação, mas, mais tipicamente, escolhemos premissas que são conhecidas e altamente aceitas – chamadas de *endoxa* –, sejam elas ou não definitivamente verdadeiras. Um entimema faz algo bem similar ao apelar a premissas que a audiência julgará convincentes, sejam elas verdadeiras ou não.

Talvez a maneira correta de pensar quanto a isso é que um entimema é apenas um *tipo* ou *classe* de argumento dialético. Afinal, em retórica não escolhemos apenas qualquer antiga premissa famosa, nós argumentamos com base no que persuadirá a audiência específica que temos diante de nós. Aristóteles nos diz, por exemplo, aquilo que pessoas jovens ou mais antigas podem julgar convincentes na intenção de ajudar-nos a talhar nossos argumentos para a audiência que temos em vista. Argumentos dialéticos, ainda, podem dizer respeito a qualquer tópico, até mesmo tópicos abstratos como a metafísica ou a alma. Já os entimemas lidam com assuntos práticos. Assim, Aristóteles diz que a retórica é afim à ética ou à filosofia política, assim como à lógica (1356a). Do mesmo modo que em ética utilizamos a razão para lidar com uma situação prática específica, assim também, em matéria de retórica, tentamos adaptar nossos argumentos ao caso que ora defendemos e à audiência diante de nós.

Porquanto a retórica, à semelhança da ética, se ocupe das infinitamente variáveis particularidades de casos individuais, não nos pode Aristóteles oferecer argumentos já prontos que funcionem em todos os contextos, não mais do que nos poderia dar instruções gerais e infalíveis de como ser bom. Em vez disso, na *Ética*, ele nos forneceu um útil guia para descrever as virtudes como meios entre os extremos. Desse modo, aqui na *Retórica*, ele oferece regras práticas, estratégias que tendem a ser úteis em uma variedade de contextos. Ele os denomina *topoi*, que significa “lugares” em grego (1358a). A palavra provavelmente provém de um truque mnemônico utilizado para se lembrar dos numerosos tropos retóricos: você pode se imaginar caminhando em Atenas, e associar cada tipo de entimema a um lugar na cidade (Aristóteles discute esse artifício mnemônico em outro trabalho, chamado *Da memória*). Em geral, a dialética usa a mesma técnica de lembrar tipos de argumentos, os quais podem ser preenchidos com detalhes a serem aplicados ao caso em discussão. É por isso que a obra de Aristóteles acerca da dialética é chamada de *Tópicos* – se você estava se perguntando quanto a isso desde que comecei a tratar de Aristóteles, desculpe-me por manter o suspense por tanto tempo. No caso da retórica, os pretensos *topoi* incluiriam expedientes como invocar precedentes, enumerar os possíveis resultados de um curso de ação proposto a fim de mostrar serem todos indesejáveis, usar jogos de palavras baseados nos nomes das pessoas envolvidas em um caso, ou apelar para os desejos vis do público se o oponente houver apelado para os seus desejos nobres, e vice-versa.

Assim, há muitos tipos de argumentos retóricos. Mas, de maneira geral, há apenas três tipos de retórica, pois havia três contextos na Grécia antiga que requeriam discurso retórico. Em primeiro lugar, pode-se discorrer em um ambiente jurídico, seja em um processo civil ou criminal[136]. Em segundo lugar, havia contextos explicitamente políticos – como quando se está tentando persuadir a assembleia ateniense a tomar alguma decisão. Em terceiro e último lugar, pode-se discorrer em louvor ou censura a uma pessoa específica, por exemplo, em uma oração fúnebre. Aristóteles chama os tipos de retórica correspondentes a esses contextos de forense, deliberativo e epidítico (1358b). Em nenhum desses três tipos o orador se restringiria a entimemas: as audiências ficavam entediadas com discursos contínuos. Em vez disso, o orador inseriria entimemas ao longo de sua fala, juntamente com exemplos e outras matérias, por exemplo, uma narrativa de como um crime foi cometido, quando você está em um processo judicial (1416b-1417a).

Qualquer que seja o tópico, o que se almeja não é provar o caso acima de qualquer dúvida – embora, é claro, seria ótimo se fosse possível fazê-lo. Em vez disso, o orador tenta meramente mostrar que a posição defendida é a mais provável. A discussão da oratória forense feita por Aristóteles não usa a frase-padrão "inocente até que se prove culpado". É mais como "ele provavelmente é culpado, e isto é suficiente para nós". Assim, pode-se defender o cliente ao dizer: "Começaria ele uma luta com esse outro homem, como é acusado de fazer? Meu cliente é pequeno, e homens pequenos usualmente não iniciam lutas com homens maiores". Ou pode-se dizer algo a respeito de uma raposa e de um porco-espinho, ou ainda de uma girafa. Além de mexer na balança da probabilidade com argumentos e exemplos, tem-se outras duas ferramentas à disposição. É muito importante fazer a audiência pensar que

136. É preciso lembrar que as divisões do direito em civil e criminal não correspondem exatamente ao direito moderno. Um assassinato, por exemplo, era um assunto privado (*dikê*), isto é, dizia respeito às famílias da vítima e do perpetrador. Já uma acusação de sacrilégio, como foi o caso de Sócrates, dizia respeito a toda a cidade, e por isso era pública (*graphê*). Cf. Roberts (1998, p. 59) [N.T.].

você, o orador, é digno de crédito. Assim, Aristóteles fornece um conselho de como parecer virtuoso e confiável diante de uma audiência (1377b-1378a). A outra ferramenta é esse velho recurso, suscitar emoções.

Isto conduz Aristóteles a fornecer, no segundo livro da *Retórica*, sua mais aprofundada discussão das emoções. Aquilo em que ele está realmente interessado, ali, como ocorre amiúde, é apontar causas: O que torna as pessoas raivosas, ou as induz a sentirem piedade? Ele se mostra um agudo estudioso da psicologia humana, e observa, por exemplo, que ficamos com raiva quando somos insultados, e que ficamos com mais raiva ainda se o insulto provém de um amigo do que de um inimigo (1379b). Um conhecimento dessas causas nos ajudará a provocar na audiência emoções de piedade, de medo, de raiva e assim por diante, a fim de atraí-la para o nosso lado ao proferirmos discursos. Mas não é demasiado vil persuadir as pessoas ao lhes manipular as emoções? Por que Aristóteles encoraja o uso de semelhantes táticas? Praticamente tudo o quanto mostramos que ele afirmara poderia ter sido dito por um sofista. Pode-se imaginar o antigo mestre de Aristóteles sentado no canto e ouvindo com um descontente franzir de lábios enquanto seu discípulo nos ensina como defender os dois lados de um argumento, como faziam Górgias e Protágoras, e como apelar tanto às emoções quanto à razão da audiência.

Mas, é claro, Aristóteles não sustenta, tal qual Górgias e Protágoras, que a retórica é a maior das artes humanas. Para ele, a retórica é uma ferramenta necessária na sociedade grega, e, por conseguinte, merece ser compreendida. Tampouco se trata de um mero projeto sociológico: Aristóteles negaria que a verdade é irrelevante quando se está engajado em retórica. Ele tampouco pensa que uma retórica deva usar qualquer estratagema, não importa o quão baixo seja, contanto que funcione. No que diz respeito à verdade, temos de admitir que, ao contrário da demonstração, e mesmo da dialética, a retórica não ajuda a descobrir a verdade. Mas, de um modo de ver favorável, Aristóteles sustenta que aqueles que argumentam pela verdade tendem, contanto que tudo o mais permaneça inalterado, a ser mais persuasivos. Não obstante, ao orador compete sustentar qualquer causa que lhe caiba defender, e, quanto maior for sua habilidade, tanto maior será a probabilidade de obter êxito. A esse respeito, parece que Górgias estava certo em comparar a retórica à luta: é uma técnica que pode ser usada tanto para boas causas quanto para más. Entretanto, trata-se, com efeito, de uma técnica, de uma arte, não de um mero "vale-tudo", isto é, de uma luta para conquistar uma audiência. Aristóteles menciona uma série de argumentos que parecem ser entimemas, mas que não se qualificam para tal porque são claramente falaciosos (1400b-1402a). Os entimemas apenas persuadem, em lugar de fornecer algo a sua audiência, mas isso não significa que podem ser inválidos. A retórica pode não ser filosofia, mas, como a filosofia, e, aliás, como a luta, há regras que a regem.

A *Retórica* tem uma série de coisas em comum com uma última obra de Aristóteles que desejo examinar: a *Poética*. Tal qual a *Retórica*, a *Poética* parece estar incompleta, uma vez que é notório que carece de uma discussão acerca da comédia e que lida, sobretudo, com a tragédia. Mais uma vez, como a *Retórica*, discute o estilo e a estrutura de todo um tipo de discurso, e se defronta com o tópico da emoção humana. Por fim, também tem um contexto político. Isso é menos óbvio na *Poética* do que na *Retórica*. Mas lembre-se de que a discussão da poesia feita por Platão ocorreu em sua obra-prima política, *A república*. O próprio Aristóteles, no último livro de sua *Política*, discute a música, a qual para os gregos estava intimamente ligada à poesia. Seu propósito ali é discutir a educação, e é interessante notar que, ao fazê-lo, ele menciona uma das mais famosas ideias expressas na *Poética*: de que a poesia pode suscitar uma espécie de catarse, em grego, *katharsis* (1449b). De fato, Aristóteles não diz tanto acerca da catarse quanto se poderia esperar, dada a fama da ideia. Ele diz um pouco mais, mas não muito, ao lidar com a educação na *Política*. Os objetivos políticos e pedagógicos da poesia permanecem, em grande medida, implícitos na *Poética*. A obra se inclui de maneira muito clara na área da filosofia que hoje chamamos de "estética". O que Aristóteles se propõe a fazer na maior parte da *Poética*, ou pelo menos na parte que chegou até nós, é dizer o que torna um poema belo ou agradável. Ele nos diz no início que existem vários tipos de poesia (1448-1449b), assim como menciona diferentes tipos de retórica em sua obra acerca do assunto. O hábito aristotélico de fornecer classificações está em evidência aqui, tal qual seu interesse nos propósitos e nas estruturas das coisas. Na maior parte da *Poética* que sobreviveu, ele discute os propósitos e estruturas da tragédia, embora faça uma breve discussão das características da poesia épica no final.

Se fosse necessário resumir a atitude de Aristóteles em relação à tragédia em cinco palavras, não seria inadequado dizer: ele sabe o que aprecia. Tem firmes visões quanto ao que constitui uma boa tragédia, de modo que nomeia e expressa admiração por Eurípedes – no contexto épico, é um grande fã de Homero (1459b). Defende a ambos contra pretensos críticos, ao mesmo tempo em que se queixa de outros autores. Eurípedes faz o que um bom tragediógrafo deve fazer: a despeito de outras falhas de sua obra, ela tem o tipo certo de trama, a saber, o tipo que pode levar a audiência a fazer a catarse de emoções como a piedade e o temor (1453a). Como se sabe, Aristóteles também discutiu a piedade na *Retórica*. Ele diz ali que uma história que suscita piedade é uma que podemos imaginar acontecendo conosco (1385b). Também pensa nesses termos na *Poética* ao afirmar que os poetas trágicos não devem representar um homem vil que alcança a boa fortuna, tampouco fazer com que um infortúnio recaia em um homem de tal excelência que nos seja impossível estabelecer qualquer identificação com ele (1452b). Tampouco devem mostrar um homem mau recebendo a má sorte que merece, uma vez que isso não será visto com simpatia. É a comédia que lida propriamente com pessoas ruins; a tragédia é um grande empreendimento, de modo que deve retratar pessoas que são admiráveis. Assim, idealmente, um homem decente, mas basicamente normal – o famoso "herói trágico" de Aristóteles – deve ter alguma mudança dramática de fortuna, e para pior, por meio de uma reviravolta ou descoberta repentina (1453a). Isso desencadeia a torrente de piedade e temor na audiência, a qual fará a catarse de suas emoções e, assim, desencadeará prazer.

Este, portanto, é o propósito da tragédia, que aprendemos a chamar de sua causa final. E, como também aprendemos, causas formais são moldadas para servir a causas finais. Assim como a forma ou a estrutura de uma girafa serve a seus propósitos biológicos, a forma de uma tragédia deve incessantemente servir ao objetivo de gerar piedade e temor. Para Aristóteles, isso é alcançado não tanto ao retratar personagens ou espetáculos desse e daquele tipo – métodos de atuação imersiva ou efeitos visuais extraordinários não lhe causariam admiração. Em vez disso, ele coloca toda a sua ênfase na trama e insiste que uma boa trama tem unidade de ação, a qual procede de maneira plausível e direta até o momento da reviravolta ou da descoberta (1451a-1452a). Ele enumera as partes de uma tragédia e afirma que elas precisam formar um todo unificado, assim como o fazem as partes de uma girafa. Essa noção foi influente até muito tempo depois, quando dramaturgos na modernidade europeia expandiram-na, de forma que incluíram a ideia de que uma peça deve ser igualmente unificada em termos de espaço e de tempo, em vez de mudar o cenário de cena a cena. Essa ideia não surge em Aristóteles, mas não está muito longe do espírito de sua *Poética*.

O interlocutor implícito, e ocasionalmente explícito, ao longo da *Poética* é Platão (é claro). Enquanto escreve, Aristóteles tem sempre em mente *A república*, e pode-se ler a *Poética* como uma sutil resposta à teoria estética desse diálogo. Uma das mais marcantes diferenças entre as duas obras é também a mais básica. Onde Platão se queixa de que a poesia é uma arte imitativa, e assim, afastada da realidade, Aristóteles observa, de maneira mais otimista, que a imitação, ou *mimesis*, é naturalmente agradável a todos os homens (1448b). Nosso deleite com a imitação caminha junto com nosso prazer no aprendizado. A razão pela qual nos comprazemos com a poesia é que "todos os seres humanos inclinam-se ao saber", como diz Aristóteles no início da *Metafísica*. Na *Poética*, Aristóteles parece aludir a um questionamento feito a Sócrates em *A república*, quando Glauco diz que pessoas que gostam de coisas como o teatro – os chamados "amantes de visões e de sons" – são como filósofos em seu desejo por aprender (475d-e). Sócrates responde com uma rigorosa distinção entre filósofos que buscam conhecimento do que existe, e esses amantes de visões que se contentam tanto com o que existe quanto com o que não existe. Aristóteles é mais generoso com o frequentador de teatros. Fica feliz em ver ambos os impulsos – a sede por conhecimento filosófico e a fome por imitação teatral – como parte do mesmo impulso humano natural.

Este é apenas um dos inúmeros casos em seus escritos nos quais Aristóteles se envolve direta ou indiretamente com Platão. É claro, Aristóteles é visto amiúde como antiplatônico – e nós o vimos se desculpar por atacar Platão, com a famosa observação de que a verdade nos é mais cara do que nossos amigos. Mas isso não faz justiça à sutileza da relação de Aristóteles com seu mestre. Sua resposta à *A república*, seja na *Política*, seja na *Poética*, é particularmente fundamentada e explícita, mas em quase tudo escrito por ele, Platão era tido em consideração. Ao que parece, ele espera que seu leitor conheça bem Platão, uma vez que ele com frequência responde aos diálogos sem nem mesmo se incomodar em dizer explicitamente que o faz – e não responde simplesmente a um "platonismo" em geral, mas a passagens específicas de diálogos específicos a respeito de uma ampla gama de tópicos. Ocasionalmente, ele se envolve com o "platonismo", como nós usualmente o pensamos hoje: uma concepção metafísica acerca de causas eternas e imateriais. Nesses contextos, Platão não era o único pensador na mente de Aristóteles. Para ele, a teoria platônica estava associada a um movimento, e não a um só mestre. Os mais significativos defensores desse movimento eram dois colegas alunos de Platão, os quais levaram adiante as tradições da Academia depois que aquele morrera: Espeusipo e Xenócrates. Nós os examinaremos abaixo, bem como o proeminente representante da escola de Aristóteles, Teofrasto. Primeiramente, porém, desejo examinar um tipo de filósofo antigo que, ao que parece, era mais bem-vindo na Academia do que no Liceu.

42

Tudo o que você pode fazer: mulheres e filosofia antiga

Neste volume, os filósofos têm várias coisas em comum. Todos eles vieram das terras reunidas em torno do Mar Mediterrâneo. Todos falavam grego. É de se presumir que todos apreciassem óleo de oliva (especialmente Tales, que ficou rico com o material). Mas há algo que talvez não tenha chamado a atenção de vocês, pelo menos até ver o título deste capítulo: eram todos homens. É óbvio que eram, certo? Quando conjuramos uma imagem de um filósofo antigo, não pensamos em um homem, provavelmente mais velho, com uma grande barba, vestido com uma toga? Na verdade, os gregos não usavam togas, os romanos é que o faziam, mas não é esse mito que tento desfazer neste momento. Em vez disso, quero banir a noção de que não havia mulheres filósofas na Antiguidade. Havia, embora não saibamos tanto acerca delas quanto gostaríamos.

Muitas mulheres filósofas do mundo antigo de fato só deixaram os seus nomes. Arqueólogos trouxeram à tona muitas inscrições de túmulos que nos dizem que a pessoa sepultada era uma mulher, e filósofa. Interessante, sem dúvida, mas sem grande utilidade para o historiador da filosofia. Felizmente, restaram evidências mais detalhadas de algumas pensadoras. Nesses casos, precisamos admitir, infelizmente, que lidamos com meros fragmentos de informação de segunda mão. Mas, afinal, isto não nos impediu no caso de Tales e dos outros pré-socráticos. E é entre estes últimos que encontramos uma figura que é tida como a primeira filósofa: Teano, que foi aluna ou mulher (ou ambas as coisas) de Pitágoras[137]. Temos uma suposta citação de uma obra que ela escreveu a respeito do tópico da piedade, a qual corrige a difundida impressão de que Pitágoras derivou todas as coisas do número. Em vez disso, explica Teano, as coisas vêm a ser em sequência e, portanto, *em acordo com* o número. Outras fontes enfatizam suas virtude e modéstia. Em uma anedota, Teano é elogiada pela beleza de seu braço, e diz: "Não é para o público". Em outra, perguntam-lhe quanto tempo depois de fazer sexo uma mulher pode assistir a um festival religioso. Se o parceiro sexual for seu marido, então, de imediato; "de outro modo, nunca", respondeu Teano (Hawley, 1994, p. 77-78).

Essas histórias são mais típicas do que essa observação técnica acerca do pitagorismo. As ideias das filósofas antigas, é claro, foram preservadas pelos homens, isso, por certo, quando o foram, e as citações nos dizem mais a respeito dos homens que as citaram do que das mulheres citadas. Repetidas vezes encontramos mulheres sendo citadas por suas visões no que tange ao sexo, aos deveres de uma boa mulher, à boa gestão de uma família ou do lar, e assim por diante. Outra pitagórica, chamada Fíntis, é citada como autora de um texto acerca da moderação das mulheres. Esta filósofa asseverou a adequação da filosofia às mulheres, com fundamento no princípio segundo o qual, conquanto haja certas atividades as quais pertencem em especial aos homens ou às mulheres, a filosofia não se inclui entre elas. Ora, a filosofia é a tentativa de tornar a alma excelente, e as almas das mulheres também podem ser excelentes – precisamente por serem moderadas (embora não corajosas, ou sábias, uma vez que essas são virtudes masculinas). Isso consiste em ter bom comportamento em relação a seus maridos, ao próprio corpo, a suas casas, a suas famílias e aos deuses. Não muito feminista, e tampouco particularmente pitagórica. De fato, o argumento de que as mulheres devem fazer filosofia parece um tanto ou quanto a uma paráfrase da qual Platão diz, em *A república* (mais será dito quanto a isso neste capítulo), que uma fonte posterior provavelmente colocou na boca de Fíntis.

---

137. A alcunha de "primeira filósofa" provém do Padre da Igreja Clemente de Alexandria, conforme relata Hawley (1994, p. 77). Este artigo constitui excelente prolegômeno à matéria; todavia, para aprofundamentos de maior envergadura, recomenda-se a consulta de Waith, 1987. As reflexões que se seguem haurem substancialmente dessas duas fontes.

Um dos mais interessantes textos atribuídos a uma filósofa lida com tópicos similares. Trata-se de *Da harmonia das mulheres*, de Perictíone, que era ninguém menos do que a mãe de Platão! Tendo criado Platão e dois dos principais personagens em *A república* (seus irmãos Glauco e Adimanto), Perictíone já prestara significativo serviço à filosofia da maneira que normalmente se esperava na sociedade grega antiga. Mas não ficou por aí, e pôs por escrito seus próprios pensamentos a respeito da virtude apropriada às mulheres. Ou, pelo menos, assim querem que acreditemos. Na verdade, o autor desse texto também parece ser influenciado por Platão, dado que até mesmo alude aos três aspectos da alma constantes de *A república.* As mulheres devem suprimir seus desejos por comida, vestuário e riqueza em opulência. Por outro lado, "Perictíone" emite uma nota moderada quando menciona que riqueza e honra são bem-vindas se vêm, embora não sejam necessárias. Não defende um ascetismo radical, portanto, mas endossa os valores tradicionais da família na cultura grega antiga. A virtude de uma mulher envolve, de maneira deveras crucial, a preservação de seu casamento e, por extensão, de sua família como um todo. Perictíone pode concordar com Fíntis e com o próprio Platão quanto às mulheres também poderem ser filósofas, ainda que o lugar delas seja em casa.

Podemos estar seguros ao presumir que esse pequeno texto não foi realmente retirado de um tratado escrito pela mãe de Platão. Na verdade, há muitos motivos para ser cético quanto a ter sido escrito por uma filósofa (se assim for, talvez escrito por uma outra mulher chamada Perictíone?). Embora demonstre competência filosófica do autor ou autora, e alguma familiaridade com os escritos de Platão, poderíamos até mesmo nos sentir menos deprimidos se fosse escrito por um homem. Como ocorre com frequência ao lidarmos com um texto de uma pensadora, a excitação inicial é seguida por desapontamento na medida em que o texto usa considerações filosóficas derivativas para respaldar o papel inferior e restrito a casa. Um fragmento escrito por uma segunda mulher chamada "Teano" até mesmo encoraja esposas a suportar o adultério de seus maridos com alegria: "Se ele se associar à cortesã visando ao prazer, associa-se à sua esposa visando ao que é benéfico" (Waith, 1987, p. 44). Aqui ela ecoa o sentimento francamente misógino encontrado em um discurso atribuído a Demóstenes: "Temos cortesãs para nosso prazer, concubinas para as exigências do corpo, e esposas para criar crianças legítimas e cuidar fielmente do lar" (Demóstenes *apud* Annas, 1996, p. 7).

Obviamente, não se pode inferir disso tudo que filósofas da Antiguidade raramente, ou jamais, discorreram ou pensaram acerca de tópicos que não fossem relacionados a "matérias femininas". Em vez disso, devemos inferir que autores masculinos tenderam a citar, ou fingir citar, mulheres no que tange a assuntos como sexo, virtude feminina e família. Ainda assim, é significativo que mulheres pudessem se apresentar como filósofas, e que fossem reconhecidas como modelos de virtude – ainda que não, o mais das vezes, como mestras de metafísica ou especialistas em epistemologia. A imagem da primeira Teano estabelece o tom da apreciação, porquanto a sua 'filosofia' consistia, em larga medida, no exercício da virtude. Como já temos visto, e como veremos ainda mais no próximo volume desta série, a filosofia no mundo antigo não se reduzia a uma investigação acadêmica. Tratava-se de um modo de vida. Com efeito, quando lemos numa inscrição lapidar que uma mulher era "filósofa", isso poderia não significar que ela escreveu tratados de lógica de física, mas que viveu uma vida de autocontenção e de virtude. Na Antiguidade tardia, tornar-se-á possível aos cristãos, tanto homens quanto mulheres, descreverem-se como "filósofos" e como "filósofas", termo pelo qual significavam tão somente a sua condição de ascetas, os quais dedicavam a vida à virtude e a Deus[138]. Isso podia já ter acontecido com as mulheres filósofas da época de Platão e de Aristóteles. Isso poderia ajudar a explicar por que muitas das referências a semelhantes mulheres são a pitagóricas, famosas por seu modo de vida rigoroso e religioso. Iâmblico, nossa fonte para as lendas concernentes ao próprio Pitágoras, refere-se a não menos do que dezessete pitagóricas. Havia até mesmo comédias antigas escritas a respeito de mulheres que procedem de modo pitagórico.

Por outro lado, ser um modelo de virtude não é *incompatível* com propor doutrinas filosóficas. Como vimos, Teano era citado por suas concepções acerca da metafísica dos números, e não apenas por sua modéstia relativa à formosura de seu braço. Será que outras mulheres faziam filosofia em

138. Cf. Barnes, 2002 (p. 293-306), que menciona o fenômeno das mulheres filósofas serem recordadas em inscrições.

um sentido mais doutrinal? Ao que parece, sim. O exemplo mais famoso da Antiguidade diz respeito a uma certa Hipátia, a qual foi possivelmente uma platônica e, por certo, matemática extremamente habilidosa que ensinou a estudantes (homens). Ela aparecerá um pouco mais tarde, tendo vivido – e sido morta por uma turba de cristãos – no final do IV e início do século V d.C. Assim, nós discutiremos sua obra no próximo volume de nossa história da filosofia. Mais próximo à época que ora abarcamos, há Areta de Cirene. Se os relatos dos autores antigos, incluindo o bom e velho Diógenes Laércio, estiverem de algum modo próximos à verdade, Areta realmente contribuiu em demasia para a escola filosófica cirenaica. Mais uma vez, essa escola é algo que examinaremos no próximo volume. Para os presentes fins, o que se tem de notar é que Areta foi a diretora da escola, tendo assumido esse cargo depois de seu pai, Aristipo. Foi sucedida na direção da escola por seu pupilo e filho, também chamado Aristipo[139]. Em homenagem a essa relação, o mais jovem dos Aristipos era conhecido pelo epíteto "instruído pela mãe". Ela não ensinou apenas a seu filho. Diz-se que teve mais de cem alunos e que escreveu quarenta livros acerca de tópicos de ética e de física.

Há, então, Aspásia, a filósofa de antes da época de Aristóteles, acerca de quem estamos mais bem informados (Areta, que acabamos de discutir, teria sido aproximadamente contemporânea de Aristóteles)[140]. Ela veio de Mileto, a cidade filosófica original. Sua fama, ou talvez, a fama que ela merece ter, baseia-se em uma série de fontes que estabelecem uma conexão romântica, política e intelectual entre ela e Péricles. Um texto que lhe diz respeito é *Menexeno*, um diálogo atribuído a Platão cuja autenticidade é discutida. O autor faz Sócrates dizer que o discurso fúnebre de Péricles em homenagem aos mortos em guerra por Atenas foi de fato escrito por Aspásia – uma das numerosas alusões antigas a sua influência em Péricles. Sócrates também afirma ter aprendido a arte da retórica diretamente de Aspásia, bem como de ter memorizado o discurso fúnebre que ela escrevera para Péricles (235e-236a)[141]. Sócrates, então, reproduz esse discurso para

139. Cf. DL, 2.86.

140. Agradeço a George Boys-Stones por sua ajuda com a pesquisa neste ponto.

141. Sobre o diálogo, cf. Huby (1957, p. 104-114).

seu jovem companheiro, Menexeno, recitação que constitui praticamente o restante do diálogo. Na verdade, esse diálogo deveria chamar-se *Aspásia*, em vez de *Menexeno*.

O conteúdo do discurso, na verdade, não é particularmente filosófico. Divide-se, de maneira geral, em três partes. Na primeira parte, Sócrates – em outras palavras, Péricles, ou, ainda, Aspásia – faz um resumo dos feitos militares dos atenienses. A segunda parte é um discurso dentro do discurso (dentro do diálogo), no qual ouvimos o que os atenienses diriam a seus entes queridos antes de partirem em campanha militar. Essa seção alude a este lema délfico, "Nada em excesso", e se aplica à atitude do homem sábio em relação à fortuna: quando boas coisas lhe acontecem, ele não ficará excessivamente feliz, tampouco ficará excessivamente triste quando a maré se voltar contra ele (247e-248a). Por fim, há a conclusão que trata do dever da cidade em relação aos mortos, e, então, insta os ouvintes a serem igualmente moderados em relação a seu luto pelos mortos. Como é usual em Platão, é difícil saber qual pode ser a finalidade de tudo isso, bem como por que ele fornece um papel principal a Aspásia. Estará ele exibindo sua habilidade em compor retórica à moda de Péricles, ao mesmo tempo em que zomba deste por sua dependência de uma conselheira? Ou estará talvez prestando tributo a Aspásia, como seria sugerido por uma leitura não irônica da pretensão de Sócrates de ter aprendido com ela?

De qualquer modo, o diálogo sugere que Platão (se é que ele de fato escreveu o *Menexeno*) via Aspásia como parte do movimento sofístico. Vimos que esse movimento estava associado a Péricles, e também que Anaxágoras pode ter sido levado a julgamento por impiedade porque também estava vinculado ao grande estadista e orador. Isto é algo que Aspásia tem em comum com Anaxágoras e com Sócrates. É de se presumir, devido à sua proeminência política, que também ela foi levada a julgamento, mas, graças a Péricles, fora absolvida. Mas havia mais em Aspásia além de retórica e de uma associação com um famoso líder ateniense. Ela era presença marcante o suficiente no círculo de Sócrates para ser mencionada em Xenofonte[142], e pensadores "socráticos" Ésquines e Antístenes escreveram diálogos em que

142. *Memorabilia*, 2.6.

ela aparecia como personagem. Nessas fontes vemos Aspásia como algo próximo a uma figura socrática feminina, a qual encoraja virtude e fornece um modelo de sabedoria e de temperança a outros.

Aspásia nos traz à mente outra mulher filósofa encontrada em Platão: Diotima, no *Banquete*. Como vimos, ali também Sócrates se retrata como pupilo de uma mulher, e repete suas ideias em um discurso dentro do diálogo. Surge inevitavelmente a pergunta de saber se Diotima está sendo descrita de maneira acurada e, na verdade, se sequer chegou a existir. Bem menos tinta foi gasta na investigação da Diotima histórica do que no Sócrates histórico, mas a pergunta certamente provocou sua parcela de discussão[143]. De minha parte, diria que o debate quanto à existência Diotima provavelmente é insolúvel, bem como, de certa maneira, irrelevante. Embora fosse muito bom acrescentar outro nome a nossa crescente lista de antigas pensadoras, mesmo que ela fosse real, não podemos esperar saber o que quer que seja a respeito da Diotima histórica. A Diotima do *Banquete* é uma construção literária, assim como o Protágoras do *Protágoras* e do *Teeteto*, e, de fato, até mesmo o Sócrates platônico. E no caso de Diotima, não dispomos de fontes não platônicas que possamos usar para conferir o retrato feito por Platão, tal qual o fizemos quando usamos Xenofonte e Aristófanes para procurar saber mais acerca de Sócrates.

No que se refere à razão pela qual Platão escolhe uma mulher para essa passagem culminante do diálogo, também isto está destinado a permanecer matéria de especulação. Assim, especulemos! Entre outras coisas, como vimos até agora neste capítulo, era comum que homens gregos citassem "mulheres sábias" quando escreviam acerca de tópicos como sexo e criação de filhos, temas que são fundamentais no discurso de Diotima. A esse respeito, Platão simplesmente usa um artifício literário comum ao permitir que Sócrates repita as ideias de uma mulher (este ponto permanece válido seja a mulher em discussão fictícia ou não). Um segundo aspecto é que Platão pode ter usado uma mulher como oradora para fornecer à passagem

143. Para uma útil lista de contribuições para ambos os lados da discussão, cf. Ward (1996, p. 226-227, n. 59). Uma possibilidade tentadora é que Diotima seja uma versão ficcional de Aspásia, uma vez que sabemos que Sócrates se associou a ela, ao passo que nenhuma outra fonte além de Platão discute Diotima.

certo caráter religioso, até mesmo oracular. Nós o vemos fazer isso em outro lugar, quando se refere a certos sacerdotes e *sacerdotisas*, ao introduzir a teoria da rememoração no *Mênon* (81a). Para um exemplo similar além de Platão, podemos considerar Temistocleia, uma sacerdotisa délfica que, segundo a tradução, ensinou Pitágoras[144].

Mesmo com todas essas misteriosas pitagóricas e possíveis personagens platônicos fictícios, nossa colheita de pensadoras da Antiguidade pode parecer escassa. Ela, porém, aumentará com a próxima seção de nossa história quando teremos a chance de examinar não só Hipátia, como pensadoras cristãs como Macrina, irmã dos Padres da Capadócia. Por ora, nosso exame de mulheres na filosofia antiga estaria incompleto se não nos detivéssemos um pouco mais nas observações a respeito das mulheres encontradas nos autores que nos ocuparam ao longo deste livro. Tome-se Hipócrates. O corpo de escritos atribuídos a ele inclui escritos acerca da medicina das mulheres, e insiste, com efeito, quanto à necessidade de um ramo específico da medicina que estude o tratamento das mulheres (cf. King, 1994, p. 102-114). Para os autores hipocráticos, a teoria dos humores é crucial para apreender a diferença entre mulheres e homens. As mulheres são, por natureza, mais úmidas e quentes do que os homens, o que explica sua carne mais macia e mais flexível. A razão pela qual menstruam é que precisam expelir o excesso de líquido de seus corpos em uma base regular – se os ciclos menstruais não ocorrem, um sangramento pelo nariz é um bom plano B. Sexo e criação de filhos são bons para as mulheres porque ajudam a manter o útero aberto, de modo que o líquido pode ser canalizado para fora do corpo. Já a atividade física é ruim, uma vez que o corpo feminino é inadequado para isso.

Não pela primeira vez, é provável que esse material antigo provoque reações mistas em nós. Pelo lado positivo, os autores hipocráticos pelo menos pensam muito acerca das mulheres ao levarem suas necessidades médicas como objeto de estudo sério. Com frequência, também chamam mulheres para seu próprio tratamento. Pode-se confiar nas mulheres para

144. Para a comparação entre Temístocles e Diotima, sou tributário de Hawley (1994, p. 72).

emitir juízos acerca da saúde de seus próprios corpos, pelo menos em alguma medida (ao mesmo tempo em que continuam consultando um médico, o qual, afinal, precisa de horas pagas) (King, 1994, p. 110). Pelo lado negativo, sua teoria como um todo presume que o corpo masculino é o ideal – as mulheres são, por natureza, *excessivamente* úmidas – e, é claro, isso racionaliza os papéis tradicionais impostos às mulheres, enfatizando sua necessidade de ter relações sexuais, de criar filhos, de evitar exercício físico. Uma mulher saudável, fica bem claro, é aquela que está apta a permanecer em casa cuidando dos filhos, bem como a que limita suas ambições de gerir o lar. Aqui, Aristóteles tem muito em comum com os hipocráticos. Embora discordasse deles, ao considerar os corpos das mulheres excessivamente frios, e não quentes, ele concordava que as mulheres são mais úmidas do que os homens. O que é mais importante, tal qual o era aos autores hipocráticos, é ele considerar metade da raça humana como *naturalmente* falha, no aspecto físico. No caso de Aristóteles, é claro, é muito mais do que a metade, uma vez que, como vimos, ele também pensa que os não gregos são naturalmente adequados à escravidão.

Já tocamos nas lamentáveis observações de Aristóteles a respeito das mulheres na *Ética* (elas não podem ser perfeitas amigas dos homens, uma vez que são inevitavelmente inferiores (*Et. Nic.* 1158b) bem como no tópico do papel desempenhado pelas mulheres em sua teoria da reprodução. Assim, não precisamos nos deter mais no ponto de que Aristóteles não era feminista. Isso é verdade até se tomarmos como base os padrões postos por outros autores antigos. É peculiar que ele não tenha estabelecido nenhuma disposição para o estudo da filosofia por mulheres. Já os pitagóricos haviam admitido que mulheres se tornassem filósofas, ou assim os indícios nos fazem crer. Os estoicos, os epicuristas e os cínicos, três grupos de filósofos que examinaremos no próximo volume, todos eles acreditavam que as mulheres poderiam e deveriam fazer filosofia. O estoico Cleantes escreveu um livro chamado *Que a virtude é a mesma em homens e mulheres*, enquanto um estoico romano posterior, Musônio Rufo, defendeu explicitamente que as mulheres deveriam empreender filosofia (uma vez que isso lhes ajudaria a executar mais perfeitamente seus papéis no lar!). No que diz respeito aos epicuristas, havia mulheres na primeira geração de estudantes da escola.

De particular importância foi Leontina, supostamente uma ex-cortesã, que se envolveu diretamente com Epicuro, sendo, a um só tempo, sua estudante e amante. E há, então, os cínicos, os filósofos da contracultura que zombavam da convenção, abraçavam a pobreza e fustigavam seus contemporâneos por hipocrisia. Uma das cínicas mais famosas era uma mulher: Hipárquia, parceira de Crates.

Mas, é claro, o filósofo antigo mais famoso por acolher as mulheres na filosofia foi o próprio Platão. Já examinamos brevemente a passagem relevante em nossa discussão a respeito da justiça em *A república*, mas vamos revisitá-la agora. É claro que Platão, ou Sócrates, percebe o quão escandalosas suas propostas pareceriam. A ideia de que as mulheres poderiam ser guardiãs provocaria riso, e não concordância (452a). Assim, Sócrates sente a necessidade de argumentar em favor das mulheres se envolverem em atividades tradicionalmente masculinas. Seu argumento é aquele aludido por Fíntis e "Perictíone", como vimos anteriormente neste capítulo. A saber, que embora haja, por certo, esferas de atividade próprias a mulheres (como tecer e cozinhar, 455c), elas também são dotadas, em geral, das naturezas de diferentes homens. Algumas mulheres, como os homens, são melhores do que outras em aprender, enquanto outras são mais inclinadas à guerra. Algumas, sobretudo, são mais propensas à filosofia, ao amor pelo saber (456a). Admite-se, pode-se esperar que homens com aptidão para a filosofia ou para a guerra sejam superiores a mulheres com naturezas similares, uma vez que, de maneira geral, as mulheres são mais fracas do que os homens. Ainda assim, seria um desperdício da natureza das melhores mulheres se não lhes fosse atribuída uma parcela da função dos guardiães. A mensagem de Platão para as mulheres, portanto, é a seguinte: tudo o que podemos fazer, vocês podem fazer pior. Ainda assim, nós deixamos que vocês o façam.

Há duas maneiras de encarar essa passagem – bem, talvez quinze maneiras, mas simplifiquemos as coisas. A leitura otimista é aquela que brevemente indiquei antes neste livro: Platão mostra-se um pensador progressista, comparado com a atitude ignorante de seus contemporâneos. Esse tratamento de Platão adquire plausibilidade se o compararmos (digamos) a Aristóteles. Por outro lado, como Julia Annas corretamente afirmou, "Dificilmente é um argumento feminista sustentar que as mulheres não têm uma esfera especial porque os homens se saem melhor do que elas em absolutamente tudo" (Annas, 1997, p. 7). Para Annas, o argumento de Platão não é de fato relevante para as preocupações do feminismo atual. Ele apenas deseja evitar que sua cidade ideal desperdiçasse recursos. Platão está tão convencido quanto Aristóteles de que as mulheres são inferiores aos homens (isso fica demasiado claro em outros lugares; por exemplo, *Timeu* 90e, onde diz que homens covardes são punidos nascendo como mulheres na próxima encarnação). Mas o bem da cidade exige que se extraia cada pedaço de utilidade dos cidadãos, mesmo dos que são inferiores.

Poderíamos lembrar aqui, também, que não é realmente do interesse dos filósofos (sejam eles homens ou mulheres) governar – eles (ou elas) têm de "retornar à caverna" e assumir a liderança pelo bem da cidade. De modo similar, aqui, Platão tem o bem da cidade em vista, não o bem das mulheres que também deverão servir como guardiãs. Não há interesse algum em lhes permitir alcançar uma sensação de autorrealização, ou em libertá-las das exigências sociais em prol de seu bem-estar psicológico. Além disso, há um espaço para crítica feminista até mesmo de sua afirmação aparentemente mais progressista, a saber, de que as mulheres têm a mesma natureza que os homens. Poderíamos, em vez disso, pensar que as mulheres são *diferentes* dos homens por natureza, mas diferentes de uma maneira que seja valiosa? Em vez disso, autores antigos, e Platão está entre eles, tendem a pensar nas mulheres como meras versões pioradas dos homens, bem como no feminino como negação ou privação do masculino. Essa tendência mesma tornou textos antigos um rico terreno de investigação para filósofas feministas, e gostaria de terminar este capítulo mencionando apenas um exemplo.

É um exemplo surpreendente, em termos de fontes antigas: a teoria do lugar na *Física* de Aristóteles. Tratamos disso com certa brevidade ao examinarmos sua teoria física. Como vimos, Aristóteles vê o lugar de algo não como um tipo de extensão tridimensional ocupado por um objeto – como nossa noção de "espaço" –, mas como a fronteira limitante de algo, por exemplo, o limite interno do ar que cerca o seu corpo. A filósofa francesa Luce Irigaray escreveu um ensaio fascinante a respeito desse texto (Irigaray,

1998, p. 41-58)[145]. Diferentemente da discussão de Platão do receptáculo, em seu *Timeu* – o princípio material ou espacial passivo que é comparado em um ponto a uma mãe –, Aristóteles não tenta descrever o lugar em termos de gênero[146]. Mas Irigaray argumenta que o lugar aristotélico é implicitamente feminino. De fato, a mulher é lugar, lugar este que é definido pelo homem à luz do que ela contém (como durante o sexo, ou ao carregar uma criança) e não lhe é permitido ser algo em si mesma. Assim, preocupações aristotélicas no que tange ao lugar são reconfiguradas como preocupações quanto à feminilidade. Por exemplo, a pergunta de saber se um lugar pode estar em outro lugar se torna a pergunta de saber se há algum lugar para a mulher, dado que ela é compreendida de maneira tão negativa. E a ideia de Aristóteles de que os elementos têm "lugares naturais" é explorada para pensar acerca da maneira pela qual o macho é atraído pela fêmea.

Irigaray não está apenas envolvida numa reinterpretação subversiva, aqui, embora isto seja certamente parte de sua estratégia. Ela também critica a teoria aristotélica do lugar em seus próprios termos. Ela acusa Aristóteles de imaginar que o que ocupa um lugar é sempre rígido, com fronteiras bem-definidas. Referindo-se a fluidos corporais como mucosas, ela argumenta que a compreensão aristotélica de lugar fracassará em casos nos quais os corpos porosos, ou corpos que estão conectados, se encontram – aqui, o que cerca não é um recipiente com uma fronteira interna rígida, mas uma espécie de ponte entre uma coisa e outra. É claro, mesmo com esse tipo de crítica direta, Irigaray faz uso de Aristóteles para seus próprios fins filosóficos. Neste caso, a rejeição da dicotomia entre um lugar passivo, definido em termos negativos (mulher), e uma coisa rígida, definida de maneira positiva e que tem um lugar (homem), lhe permite articular sua própria posição ética. Para ela, a relação entre o homem e a mulher (corporificada em sexo físico) pode ser entendida não como uma contém o

145. No que se segue, me apoio também no ensaio de Freeland (1998, p. 59-92) acerca Irigaray.

146. Julia Kristeva, outra pensadora contemporânea que se envolveu seriamente com filosofia antiga, baseou-se na ideia do Receptáculo como espaço (*chora*) em Platão. Para uma introdução à obra de Kristeva, cf. McAfee (2004).

outro, mas como um "desenvolvimento mútuo" no qual ambos os parceiros moldam e são moldados um pelo outro.

Obviamente, esta não é uma discussão-padrão da história da filosofia. Como diz Cynthia Freeland ao discutir o trabalho de Irigaray, "pode não ficar claro se estamos lendo um comentário acadêmico a Aristóteles, um texto de biologia primitiva ou um romance erótico" (Freeland, 1998, p. 60). Não obstante, Irigaray está envolvida, em certo sentido, em uma das mais tradicionais e longevas maneiras de fazer filosofia: releitura e reinterpretação dos antigos, mormente de Platão e de Aristóteles. Essa maneira de filosofar adquirirá notabilidade na Antiguidade tardia, mas já começou na época de Platão e de Aristóteles na medida em que seus estudantes e sucessores expuseram e expandiram as ideias de seus mestres. Ocorre que Platão praticou o que pregou, e tinha alunas de filosofia – os nomes de Asioteia e Lastênia nos são conhecidos. Elas aparentemente continuaram a estudar na Academia sob a direção do sucessor imediato de Platão, Espeusipo. Aristóteles também foi fiel ao que disse, de modo que não teve alunas. Mas teve alunos, e seu Liceu continuou a funcionar depois de sua morte. Um exame dos destinos de ambas as escolas depois da morte dos dois grandes mestres será uma conclusão adequada para esta primeira parte de nossa história da filosofia, e nos dará uma oportunidade de vislumbrar o que teremos à frente, no próximo volume.

43

A próxima geração: os seguidores de Platão e de Aristóteles

Como disse no início, meu objetivo nesta série de livros é abarcar a história da filosofia sem quaisquer lacunas. Terminamos de ver Aristóteles, e é precisamente aí que, em geral, haveria uma lacuna. Em um curso de graduação, poder-se-ia esperar, razoavelmente, passar de Aristóteles para, quem sabe, Descartes, e, nesse processo, saltar por cerca de 2 mil anos de história. Uma estratégia mais esclarecida poderia incluir um exame de Tomás de Aquino, no século XIII – ainda omitindo a maior parte de dois milênios. Melhor ainda seria avançar somente até Plotino ou Agostinho na Antiguidade tardia. É claro, é muito justo ser seletivo ao conceber um currículo de filosofia e se concentrar nos nomes familiares. Mas permito-me o luxo de não passar por cima de nada. No próximo volume examinarei em detalhe os movimentos filosóficos que já começaram na época em que Aristóteles estava vivo, e que dominaram o período helenístico. Há alguns nomes conhecidos lá, também: estoicos, epicuristas e céticos. Mas passar diretamente para essas escolas helenísticas também deixaria algo de fora.

Uma das características mais marcantes e intrigantes da filosofia helenística é que Platão e Aristóteles desempenham um papel relativamente pequeno nela. Embora os estoicos e outros, de fato, tenham respondido a eles, foram precisos cerca de duzentos anos para que sua influência se tornasse dominante. Não obstante, Platão e Aristóteles haviam estabelecido escolas, com propriedade física para mantê-las em funcionamento e grupos de discípulos para levar adiante o seu trabalho. É esse legado imediato que desejo examinar neste capítulo, primeiramente ao olhar para a chamada

"Antiga Academia": os dois sucessores imediatos de Platão, Espeusipo e Xenócrates – o qual não deve ser confundido com o pensador pré-socrático Xenófanes. Em segundo lugar, examinarei o Liceu, para ver como a escola de Aristóteles prosseguiu sem seu mestre. Aqui, a principal personalidade a ser discutida é Teofrasto. Sei o que você deve ter pensado: certo, Aristóteles exibe uma gama de conhecimentos de impressionante caráter enciclopédico; investiga tudo, desde a lógica, animais, regras da boa poesia etc. Mas, e quanto às *plantas*? Bem, Teofrasto é exatamente o homem para preencher essa lacuna em particular.

Antes de examinarmos as raízes do aristotelismo com Teofrasto, porém, examinemos o breve florescimento de platonismo estrito logo depois da morte de Platão. Acabei de mencionar que os sucessores imediatos de Platão na direção da Academia, Espeusipo e Xenócrates, são referidos com frequência sob a rubrica de "Antiga Academia". Isto ocorre para distingui-la da chamada "Nova Academia", que veio depois deles. A Nova Academia apoiou-se em um Platão bem diferente daquele que inspirou Espeusipo e Xenócrates. Os membros da Nova Academia eram céticos. Ficaram particularmente impressionados pelos primeiros diálogos, os diálogos "socráticos", nos quais Sócrates levanta perguntas filosóficas, refuta quaisquer respostas que lhe sejam dadas e encerra a discussão com uma expressão de aporia. Espeusipo e Xenócrates, em vez disso, foram inspirados pelo Platão cujas especulações matemáticas, lógicas e metafísicas são exibidas em diálogos como o *Timeu* e o *Sofista*. Essa vertente do platonismo não estaria em voga por alguns séculos, para retornar somente como uma vingança, no Império Romano.

Quando digo que a Antiga Academia tomou sua deixa nos diálogos platônicos posteriores, mais técnicos, deixo, com efeito, algo de fora. Mas, assim sendo, Platão também o deixou de fora. Pareceria que Espeusipo e Xenócrates estavam tentando desenvolver ideias que foram discutidas na Academia de Platão, mas que ou foram omitidas dos diálogos ou foram mencionadas somente de maneira muito oblíqua. Essas ideias são referidas, às vezes, com o nome histriônico de "doutrinas não escritas". Uma vez que até mesmo o mais intrépido historiador da filosofia não é capaz de ler doutrinas não escritas, temos de nos apoiar em fontes indiretas de informação quanto a esse aspecto dos ensinamentos de Platão. Isso significa, sobretudo, apoiarmo-nos em Aristóteles. Ele é nossa principal fonte para algumas das ideias que Platão aparentemente não julgou adequado compartilhar conosco em seus diálogos. É também nossa principal fonte para a maneira pela qual Espeusipo e Xenócrates levaram adiante essas ideias. Assim, é um tanto quanto infeliz que Aristóteles pensasse que as doutrinas não escritas fossem ridículas e que, dificilmente, mereceriam ser levadas a sério. Imagine Donald Trump tentando explicar os princípios do marxismo e você estará muito próximo da confiabilidade de Aristóteles como repórter desse tópico em particular.

A mais famosa história acerca das doutrinas não escritas de Platão, porém, não é encontrada em Aristóteles, mas em autores posteriores, a começar com o aluno de Aristóteles, Aristóxenes – o qual, no entanto, apenas relata o que Aristóteles lhe dissera. De qualquer modo, a história é que Platão se ofereceu a proferir uma palestra pública acerca do tópico do Bem. Apareceu uma audiência, à espera de ouvir como conseguir a felicidade, talvez por meio da riqueza, da saúde e de outros bens assim. Em vez disso, ouviram uma longa palestra acerca de matemática, e foram embora totalmente estupefatos (cf. Gaiser, 1980, p. 5-37). Essa história, um tanto quanto deprimente, sugere que ainda que Platão tivesse escrito essas doutrinas, *ainda assim* poderíamos não ser capazes de compreender do que ele tratava. Mas se isso tem alguma base verídica, mostra que Platão acreditava que a matemática estava no núcleo da filosofia, incluindo o que hoje pensaríamos como ética: investigação a respeito da natureza do Bem.

Embora não encontremos essa história da palestra acerca do Bem nas próprias obras de Aristóteles, nós o vemos explicar, ou pelo menos caçoar, das ideias de Platão acerca dos números e acerca de como eles se relacionam à sua teoria das Formas. A teoria tal como Aristóteles a conta é complicada e misteriosa. Muitos estudiosos de Platão preferem ignorar estas abstrações pouco atraentes que Aristóteles atribui a Platão, pois dão primazia às riquezas literárias dos diálogos platônicos autênticos. Outros pensam que podem encontrar vestígios das chamadas doutrinas não escritas nos diálogos. Como quer que seja, não podemos compreender a Antiga Academia sem pelo menos dizer algo a respeito dessa teoria. Então, aí vai. Platão parece ter tomado ideias dos pitagóricos obcecados com a matemática. Estava particularmente interessado na produção de números a partir de dois princípios: um princípio da unidade e um princípio da multiplicidade. Platão aparentemente chamava o segundo princípio de "o grande e o pequeno" (Aristóteles, *Metaph.* A 6, 987a). A ideia é que se poderia alcançar números ao impor algum limite ou unidade a um contínuo. Imagine uma escala musical, por exemplo – lembre-se de que, para os gregos, música e matemática estavam intimamente relacionadas. O que se tem é uma gama de sons, que só se tornam notas musicais quando certos limites ou intervalos são impostos. Na Antiga Academia isso era às vezes entendido em termos manifestamente sexuais: a unidade é um princípio masculino, a multiplicidade um princípio feminino, e, de sua cópula, nascem os números (e você que pensava que a metafísica pitagórica era entediante!).

Aristóteles nos diz ainda que Espeusipo e Xenócrates tomaram essas ideias de Platão e tentaram elaborá-las em detalhe. Uma anedota a respeito de Xenócrates relata que ele perguntou a um aspirante a aluno se ele sabia alguma coisa de geometria ou de astronomia. O candidato a filósofo admitiu que não conhecia, e Xenócrates o mandou embora, dizendo: "Você não tem jeito para a filosofia"[147]. Isso deve ser posto junto com a lenda da placa posta na entrada da Academia: "Que só entre aqui quem souber geometria". Haja ou não alguma verdade nessas histórias, os sucessores de Platão certamente concordavam com esse sentimento. Apresentavam sua versão pitagorizada do platonismo no ambiente da Academia de Platão, cuja direção Espeusipo assumira depois da morte de Platão, em 347 a.C. Espeusipo era sobrinho de Platão, de modo que se tratava de levar adiante o negócio da família. Xenócrates a assumiu em seguida, em 339, supostamente para aborrecimento de Aristóteles, o qual, em um acesso de irritação, criou a escola rival, o Liceu.

Aqui eu deveria lembrar que a Academia se situava em um bosque nomeado em homenagem ao herói Academo, fora das muralhas de Atenas.

---

147. Para discussões e citações de nossa informação acerca da Antiga Academia, cf. Dillon (2003). No que se segue, citarei a partir desse trabalho com frequência. A anedota acerca de Xenócrates é citada por Dillon em Dillon (2003, p. 95). Xenócrates pode ter tido em mente passagens em Platão que conferem um papel central à astronomia no progresso em direção à filosofia: *A república* 528e-530c, e *Timeu* 46e-47c.

Platão parece ter adquirido uma casa próximo a esse bosque, que era propriedade pública – ele e seus associados teriam praticado filosofia tanto nos agradáveis arredores do bosque público quanto na casa privada[148]. Segundo todos os relatos, eles dispendiam muito tempo com matemática. Aristóteles é novamente nossa fonte para certas teorias astronômicas desenvolvidas na Academia; por exemplo, por Eudoxo, associado de Platão, o qual concebeu modelos matemáticos dos movimentos planetários que vemos no céu noturno. Nos diálogos, Platão recomenda a astronomia como uma escada para a filosofia, e isso foi certamente posto em prática na Academia. Outra atividade favorita era a classificação e a divisão. Já mencionei a história de Diógenes, o cínico: ao zombar da definição de homem proposta pela Academia como "bípede implume", ele lançou uma galinha depenada e disse: "Eis aqui o homem de Platão". Ele não foi o único a se divertir com isso. Um autor cômico chamado Epicrates retrata os filósofos acadêmicos sentados tentando decidir se a abóbora é um vegetal, uma árvore ou uma espécie de gramínea (cf. Dillon, 2003, p. 7-8).

Na verdade, esta é uma prática acadêmica descrita nos diálogos, por exemplo, no *Sofista*, com seu método de reunião e divisão. Os sucessores de Platão também escreveram tratados acerca do método lógico. Espeusipo, supõe-se, disse que, a não ser que se possam enumerar todas as maneiras pelas quais uma coisa difere de outra, carece-se de conhecimento acerca de ambas (Dillon, 2003, p. 79). Mas, como tudo o mais que ele escreveu, esses tratados acerca da divisão e da classificação se perderam. É por isso que dependemos do testemunho um tanto quanto tendencioso de Aristóteles. Ele se concentra principalmente em sua teoria dos primeiros princípios, a qual se baseava na teoria de Platão acerca da unidade e da multiplicidade. Aristóteles nos informa que Espeusipo derivou uma série de outros princípios desses dois fundamentos básicos (Dillon, 2003, p. 49-50; 56-57). Para Espeusipo, o uno, ou mônada, interage com a multiplicidade, a chamada "día-

148. Em 2013 este tradutor participou do XXIII Congresso Mundial de Filosofia, em Atenas. Houve uma sessão especial no local da Antiga Academia, ainda hoje um bosque nos arredores de Atenas. Não há vestígios físicos da Academia, por lá. Na ocasião, o estudioso de Aristóteles Enrico Berti pronunciou uma palestra, dizendo que "não haviam encontrado um platônico para discursar" [N.T.].

de", para gerar números, e, depois, figuras geométricas, como triângulos, por exemplo. A alma do mundo, por conseguinte, constrói um universo físico com base nas figuras geométricas. Isso soa demasiado estranho, mas deve-se lembrar que o *Timeu* de fato discorre a respeito de uma alma do mundo e oferece uma análise geométrica dos quatro elementos, afirmando que o fogo, o ar, a terra e a água são constituídos por formas atômicas feitas de triângulos. Assim, a estranheza, tanto escrita quanto não escrita, já começara com Platão.

A grande queixa de Aristóteles em relação a Espeusipo é que seu sistema é "episódico" (*Met.* Z.2, 1028b). Em outros termos, todos esses níveis – os princípios do número, os números, as figuras, e, então, os corpos – parecem ser mais ou menos independentes, como as camadas em um sanduíche que ameaça desmontar quando você tenta comê-lo. Ele também apresenta Espeusipo como se ele eliminasse as Formas platônicas e as substituísse por números (cf. *Met.* M.1, 1076a; Dillon, 2003, p. 108). Mas isto é provavelmente uma distorção. Em vez disso, Espeusipo estava de certa maneira identificando as Formas com os números, ou talvez com os princípios que os geram. Aristóteles não fica muito impressionado com Xenócrates, mas ele dá a entender que este último esforçou-se em mais de uma ocasião para interligar os níveis de seu sistema (cf. *Met.* N.3, 1090b; Dillon, 2003, p. 111). Xenócrates também apresenta uma mônada e uma díade como geradores de primeiros princípios. Abaixo disso, ele concebe três níveis de realidade: Formas, entidades matemáticas e os corpos que podem ser vistos. Ele pensa nas entidades matemáticas como uma espécie de nível médio que pode unir as Formas e os corpos. Mais uma vez, ele situa a alma nesse nível médio, e até mesmo diz que ela é um "número em movimento" – associa o movimento e a estrutura da vida ao número (cf. Aristóteles, *Da alma* I.2, 404b; Dillon, 2003, p. 123).

Tudo isso soa demasiado abstrato e, se você não for muito generoso, nem mesmo muito filosófico. Isso sugere que a Antiga Academia estava levando uma boa ideia muito longe, a boa ideia sendo a convicção pitagórica e platônica de que a realidade tem uma estrutura matemática subjacente. Mas as ideias da Antiga Academia têm um caráter duradouro. Em particular, a ideia de que a realidade deriva de um único princípio ou unidade se tornará fundamental no platonismo da Antiguidade tardia, e dali passou a influenciar ideias religiosas acerca de Deus no judaísmo, no cristianismo e no islamismo. Nessas tradições havia constante debate quanto a saber se o primeiro e único princípio está além de nossa compreensão, ou se pode ser compreendido como a primeira das causas. Espeusipo e Xenócrates antecipam esse debate. Relata-se que Espeusipo teria dito que o princípio da unidade transcende até mesmo a bondade e o ser (cf. Dillon, 2003, p. 63)[149]. No próximo volume veremos que autores posteriores fizeram afirmações similares, por uma variedade de razões. A razão de Espeusipo é que, uma vez que o princípio é a fonte dessas coisas, ele não pode partilhar delas. Já Xenócrates disse que a mônada era uma espécie de mente divina (cf. Dillon, 2003, p. 101), tal qual o Deus de Aristóteles, talvez. Talvez ele até mesmo quisesse que as Formas platônicas fossem ideias nesse intelecto semelhante a Deus. Aqui, portanto, na infância do platonismo, temos uma das mais fundamentais tensões que ocuparão nossa atenção quando alcançarmos a filosofia antiga tardia e medieval. É Deus, o primeiro princípio, tão transcendente a ponto de ultrapassar nossos conceitos e nossa linguagem? Ou Ele é, de certa maneira, como nós, porém melhor, uma mente que pode pensar acerca de tudo, em vez de apenas acerca de umas poucas coisas de cada vez?

Deve-se dizer também que Espeusipo e Xenócrates não passaram todo o seu tempo preocupados com números e deuses. Também tinham algo a dizer quanto ao tema da ética. Existe uma grande história acerca de Xenócrates indo com Platão e Espeusipo à corte do tirano Dioniso, em Siracusa. Você deve se lembrar do capítulo a respeito da biografia de Platão que essa associação terminou mal. Segundo alguns relatos, Platão escapou por pouco; quase não perdeu a vida. Supostamente, Dioniso ameaçou executá-lo, e o fiel Xenócrates se adiantou e disse: "Somente depois de cortar minha cabeça, senhor". Mas antes dessas cenas desagradáveis, todos já tinham ido embora, como é notório. Claramente, se você convida filósofos para sua corte, precisa promover uma festa regada a bebidas, e foi isso o que Dioniso fez. Xenócrates bebeu mais do que todos à mesa, e foi premiado com uma

---

149. Aqui Espeusipo extrapola a passagem frequentemente citada de *A república* que diz que a Forma do Bem está "além do ser em dignidade e poder" (509b), a qual foi discutida no capítulo 22, acerca da alegoria da caverna.

coroa dourada. Em um gesto de desprezo pela riqueza material, ele deixou a coroa na cabeça de uma estátua de Hermes que havia na cidade[150].

O desprezo pelas coisas que mais valorizamos é confirmado pelo pouco que conhecemos acerca da ética da Antiga Academia (cf. *Et. Nic.* X.2, 1172b). Parece que eles não se importavam muito com o prazer. Xenócrates encoraja-nos a cuidar tanto da alma quanto do corpo, porém mais especialmente da alma, que ele diz ser nosso *daimon* ou espírito guardião. Antes dele, Espeusipo recomenda uma vida em acordo com a natureza, isto é, evitar, tanto quanto possível, o conflito e a perturbação. Isso significa evitar tanto o prazer como a dor. Essas ideias de viver naturalmente e alcançar uma existência tranquila, imperturbada, será um lugar-comum na filosofia helenística, e é interessante vê-las emergir entre os sucessores imediatos de Platão. No próximo volume, veremos filósofos helenísticos em disputa quanto ao papel do prazer na boa vida, bem como a relação entre o prazer e a virtude. Isso já era um tópico controverso na Academia. Não foram somente Espeusipo e Xenócrates que levantaram a discussão, mas também o menino prodígio Eudoxo. Este, segundo a *Ética* de Aristóteles, estava disposto a aceitar que o prazer é, de fato, o bem[151]. Um argumento fornecido por Eudoxo é que a dor é claramente má; uma vez que o prazer é o oposto da dor, ele deve ser bom. Espeusipo refutou isso. Ele admitia que a dor é má, mas que isso não significa que o prazer seja bom. Se a felicidade reside em uma vida tranquila, neutra, então poderia ser um meio-termo entre os dois extremos da dor *e* do prazer, ambos os quais seriam maus.

Os sucessores de Platão, portanto, trataram de uma gama demasiado ampla de tópicos e deram continuidade às atividades lógicas, metafísicas e éticas da Academia. Já no Liceu, eles também mantinham a chama acesa. Nesse caso, temos a vantagem de que a tocha foi passada para um homem cujos escritos estão parcialmente conservados hoje em dia. Foi Teofrasto, a quem já encontramos como parceiro nas investigações biológicas de Aristóteles na Ilha de Lesbos – na verdade, Teofrasto provinha da cidade de Eresos, em Lesbos. Talvez houvesse uma espécie de divisão de trabalho

150. Para anedotas a respeito de Espeusipo e de Xenócrates, cf. *DL*, 4.

151. Cabe lembrar que a discussão a respeito do prazer como o bem aparece no início do diálogo *Filebo*, de Platão. Cf. Rouanet (2020, p. 196-207) [N.T.].

ali, pois Teofrasto desenvolveu um conhecimento especializado em plantas, o qual é equiparável às proezas zoológicas de Aristóteles. Seus escritos remanescentes acerca das plantas constituem valioso indício das ideias antigas a respeito de botânica, por meio de uma classificação de plantas em seus tipos de modo verdadeiramente aristotélico[152]. Outra obra, *Das pedras*, empreende um trabalho classificatório e descritivo similar em relação ao reino mineral.

Teofrasto parece ter se preocupado em preencher as lacunas e completar a filosofia natural de Aristóteles, bem como explicar características do mundo inanimado e tópicos menores que Aristóteles deixara inexplicados. Por exemplo, ele escreveu a respeito das causas da tontura e do suor e – talvez depois de toda a pesquisa que ele realizara acerca de plantas e de pedras – da fadiga (cf. Teofrasto, 2003). Seu mestre deixara não apenas um corpo de textos, mas implicitamente todo um programa de pesquisa que poderia ser seguido por seus alunos. Não que esses alunos seguissem Aristóteles de maneira servil. Sabe-se que Teofrasto levantou alguns questionamentos à definição de lugar de Aristóteles, por exemplo. Pode-se atestar sua combinação de fidelidade e criatividade em sua obra remanescente mais importante, usualmente chamada de *Metafísica* (cf. Teofrasto, 2010). Ali, de maneira deveras criativa, Teofrasto funde ideias da física e da metafísica de Aristóteles para explicar os princípios do universo – por exemplo, como Deus influencia nosso cosmo por meio do movimento do céu. Embora siga um caminho traçado por Aristóteles, Teofrasto introduz, aqui e ali, um problema complicado. Ele em geral aceita a teleologia de Aristóteles – a visão segundo a qual a natureza não faz nada em vão. Mas se pergunta qual o propósito de alguns fenômenos naturais; por exemplo, por que os homens têm mamilos, ou por que o veado perde seus chifres.

O aristotelismo não morreu com Teofrasto. Seu sucessor, Estratão, foi outro especialista, neste caso por se concentrar em teorias físicas, em vez de em pesquisa empírica, como Teofrasto. Houve também Eudemo, que pode ter organizado a *Ética a Eudemo*, de Aristóteles (daí seu nome), e cuja área de especialidade era a matemática. Aristóxenes, o rapaz que mencionei re-

152. A série Loeb da Harvard University Press tem uma edição bilíngue grego-inglês de *Das plantas*, em vários volumes.

latar a história a respeito da palestra de Platão acerca do Bem, escreveu acerca de música. Mas todas essas figuras morreram por volta da primeira metade do século III a.C. Teremos de esperar até o final do século I, por volta da época de Cícero e a queda da República romana, para um ressurgimento do aristotelismo. Mesmo então, porém, os sucessos imediatos de Aristóteles não foram esquecidos. Teofrasto imitou seu mestre ao transmitir por escrito uma boa quantidade de informação das primeiras ideias filosóficas gregas. Assim, relatos posteriores acerca dos pré-socráticos com frequência se apoiam em obras perdidas de Teofrasto – na verdade, ele pode ser o guia mais importante para a filosofia pré-socrática além do próprio Aristóteles. Especialmente importante foi sua discussão crítica de teorias pré-aristotélicas da sensação, as quais conhecemos por intermédio de uma adaptação posterior do texto teofrastiano.

Claramente, a Antiga Academia e os primeiros peripatéticos (como eram chamados os aristotélicos) não representam nem de perto um ponto culminante do pensamento antigo. Foram pensadores menores que levaram adiante a obra dos dois grandes nomes gregos, Platão e Aristóteles. A história foi demasiado severa com eles na medida em que seus textos, em grande parte, se perderam (ainda que saibamos mais a respeito deles do que das alunas de Platão, as quais não passam de nomes para nós). O que sabemos sugere o que poderia ter acontecido se a filosofia antiga houvesse estabelecido de imediato o padrão que eventualmente prevaleceria na Antiguidade tardia. Alguns séculos depois, o platonismo concorrerá, e, em última instância, se reconciliará, com o aristotelismo. Platônicos escreverão comentários a respeito de Aristóteles, às vezes atacando-o, mas usualmente apenas expondo e explicando suas ideias. Ambas as tradições unirão forças contra inimigos comuns. Para que tudo isso acontecesse, talvez platônicos e aristotélicos precisassem de alguns inimigos contra os quais valesse a pena se unir. E os poucos séculos seguintes certamente fornecerão isso, na medida em que várias novas escolas filosóficas surgirão no período que chamamos de era helenística.

Se você gostou dos atomistas, adorará as teorias físicas de Epicuro. Ou, se você gostou de Eudoxo, e pensa que o prazer é o bem, então as éticas epicurista e cirenaica serão o tipo de coisa que te dará satisfação. E se apreciou o gosto de Eudoxo pela astronomia, espere até chegar a Ptolomeu. Leitores de temperamento antissocial (ou que gostam de uma anedota divertida) podem se emocionar com os feitos contraculturais dos cínicos. Almas mais ambiciosas podem apreciar a tradição estoica, que estabeleceu uma ética e uma epistemologia tão exigentes que fariam até mesmo Platão corar, e vimos um de seus membros se tornar imperador (dica: não foi Calígula). Os primeiros estoicos se equiparavam a Aristóteles por seu rigor lógico, bem como por sua inovação, e enfrentaram como seus inimigos os céticos – que serão almas gêmeas para aqueles de vocês que ainda não formaram sua opinião a respeito de todo esse embate da filosofia. E se essas escolas helenísticas não forem suficientes, a Antiguidade tardia tem diferentes atrativos a oferecer. Há o ressurgimento do platonismo e do aristotelismo que acabamos de mencionar, os quais tornaram possíveis os escritos do maior filósofo da tradição grega além de Platão e Aristóteles: Plotino. Já em sua época de vida, no século III d.C., havia uma crescente onda de tensão e influência entre a filosofia helenística e a nova fé do cristianismo. Este tema tornou-se fundamental para o pensamento de outro grande filósofo, Agostinho, o qual será apenas o mais significativo dentre os numerosos Padres da Igreja cujas doutrinas examinarei. Junte-se a mim, para o restante da Antiguidade – no Volume 2 da série *Uma história da filosofia sem lacunas*.

Bibliografia

Obras em português

ARISTÓTELES. *Categorias*. Trad. José Veríssimo Teixeira da Mata. Prefácio Francis Wolff. São Paulo: Unesp, 2019.

ARISTÓTELES. *Da alma*. Trad. José Veríssimo Teixeira da Mata. São Paulo: Unesp, 2013.

ARISTÓTELES. *Da interpretação*. Trad. José Veríssimo Teixeira da Mata. São Paulo: Unesp, 2013.

ARISTÓTELES. *Sobre o céu*. Trad. de Rodolfo Lopes e Maria de Fátima Sousa e Silva. Revisão científica de Marco Zingano. Lisboa: Imprensa Nacional, 2022.

ARISTÓTELES. *Metafísica*. Trad. Vivianne de Castilho Moreira. Petrópolis: Vozes, 2024.

DIÓGENES LAÉRCIO. *Vidas e doutrinas dos filósofos ilustres*. Trad. Mário da Gama Kury. Brasília: Editora UnB, 1988.

HADOT, P. *Filosofia como maneira de viver*. Trad. bras. São Paulo: É Realizações, 2016.

HADOT, P. *O que é a filosofia antiga?* Trad. 6. ed. São Paulo: Loyola, 1999.

HESÍODO. *Os trabalhos e os dias*. Trad. Maru de Camargo Neves Lafer. São Paulo: Iluminuras, 2020.

HESÍODO. *Teogonia* – A origem dos deuses. Trad. José Antonio Alves Torrano. São Paulo: Iluminuras, 2000.

HOURDAKIS, A. *Aristóteles e a educação*. Trad. Luiz P. Rouanet. São Paulo: Loyola, 2001.

KANT, I. *Fundamentação da metafísica dos costumes*. Trad. Paulo Quintela. Lisboa: Edições 70, 2009.

PLATÃO. *A república*. Trad. Maria Helena da Rocha Pereira. 9. ed. Lisboa: Calouste Gulbenkian, 2005.

PLATÃO. *Diálogos*. Trad. Carlos Alberto Nunes. 2. ed. Belém: Editora da UFPA. (Obras completas de Platão).

PLATÃO. *Górgias*. Trad., ensaio introdutório e notas por Daniel R. Lopes. Ed. bilíngue grego-português. São Paulo: Perspectiva/Fapesp, 2011.

PLATÃO. *Mênon*. Texto estabelecido e anotado por J. Burnet. Trad. M. Iglésias. Ed. bilíngue grego-português. Rio de Janeiro: PUC-Rio; São Paulo: Loyola, 2001.

PLATÃO. *O banquete, Fédon, Sofista, Político*. Trad. J. Souza, J. Paleikat e J. Costa. 2. ed. São Paulo: Abril Cultural, 1972.

PLATÃO. *Parmênides*. Trad. M. Iglésias. 4. ed. Ed. bilíngue grego-português. São Paulo: Loyola, 2004.

ROUANET, L. P. Distinção entre memória (Mnéme) e reminiscência (Anámnese) no Filebo de Platão. *Hypnos*, São Paulo, v. 45, 2º sem. 2020, p. 196-207.

SOUZA, J. C. (Trad.). *Pré-socráticos*. São Paulo: Abril Cultural, 1978 (Col. Os pensadores).

TUCÍDIDES. *História da guerra do Peloponeso*. Tradução, prefácio e notas introdutórias de Raúl Miguel Rosado Fernandes e Maria Gabriela dos Santos Palma Granwehr. 2. ed. Lisboa: Fundação Calouste Gulbenkian, 2013.

XENOFONTE. *Memoráveis*. Tradução, introdução e notas de Ana Elias Pinheiro. São Paulo: Anna Blume, 2012.

Obras citadas

ACKRILL, J. L. Aristotle on Eudaimonia. *Proceedings of the British Academy*, v. 60, p. 339-359, 1974.

ANSCOMBE, G. E. M. Aristotle and the sea battle. *Mind*, v. 65, p. 1-15, 1956.

BAILEY, D. T. J. The third man argument. *Philosophy Compass*, v. 4, p. 666-681, 2009.

BARNES, J. Ancient philosophers. In: CLARK, G.; RAJAK, T. (orgs.). *Philosophy and Power in the Graeco-Roman World*. Oxford: Oxford University Press, 2002. p. 293-306.

BARNES, J. *Method and Metaphysics*: Essays in Ancient Philosophy. Oxford: Oxford University Press, 2011.

BARNEY, R. *Names and Nature in Plato's Cratylus*. Londres: Routledge, 2001.

BARNEY, R.; BRENNAN, T.; BRITTAIN, C. (orgs.). *Plato and the Divided Self.* Cambridge: Cambridge University Press, 2012.

BOYS-STONES, G. R.; HAUBOLD, J. H. (orgs.). *Plato and Hesiod.* Oxford: Oxford University Press, 2010.

BROWN, L. Being in the Sophist: a syntactic inquiry. *Oxford Studies in Ancient Philosophy*, v. 4, p. 49-70, 1986.

BROWN, L. What is the 'mean relative to us' in Aristotle's Ethics? *Phronesis*, v. 42, p. 77-93, 1997.

CHARLES, D. Aristotle on Well-Being and intellectual contemplation. *Proceedings of the Aristotelian Society*, v. 73, p. 205-223, 1999.

COOPER, J. M. Plato's theory of human motivation. *History of Philosophy Quarterly*, v. 1, p. 2-31, 1984.

CRIVELLI, P. *Plato's Account of Falsehood*: A Study of the Sophist. Cambridge: Cambridge University Press, 2011.

DILLON, J. M.; GERGEL, T. *The Greek Sophists.* Londres: Penguin Books, 2003.

DILLON, J. *The Heirs of Plato*: A Study of the Old Academy (347-274 BC). Oxford: Oxford University Press, 2003.

FINE, G. Knowledge and belief in Republic V. *Archiv für Geschichte der Philosophie*, v. 60, p. 121-139, 1978.

FINE, G. *Plato on knowledge and Forms.* Oxford: Oxford University Press, 2003.

FREDE, M. Being and becoming. *Oxford Studies in Ancient Philosophy*, v. suplementar, p. 37-52, 1988.

FREDE, M. Prädikation und Existenzaussage: Platons Gebrauch von "Ist" und "Ist nicht" im Sophistes. *Phronesis*, v. 12, p. 1-37, 1967.

GAISER, K. Plato's enigmatic lecture 'On the Good'. *Phronesis*, v. 25, p. 5-37, 1980.

GASKIN, R. *The Sea Battle and the Master Argument.* Berlim: Walter de Gruyter, 1995.

GEACH, P. Plato's Euthyphro: An analysis and commentary. *The Monist*, v. 50, p. 369-382, 1966.

GEACH, P. The third man again. *Philosophical Review*, v. 65, p. 72-82, 1956.

GIGON, O. (org.). *Vita Aristotelis Marciana.* Berlim: Walter de Gruyter, 1962.

GRAHAM, D. W. Was Anaxagoras a reductionist? *Ancient Philosophy*, v. 24, p. 1-18, 2004.

HADOT, P. *Philosophy as a Way of Life*: Spiritual Exercises from Socrates to Foucault. Org. A. I. Davidson, trad. M. Chase. Oxford: Blackwell Publishers, 1995.

HADOT, P. *What is Ancient Philosophy?* Trad. M. Chase. Cambridge: Harvard University Press, 2002.

HAWLEY, R. The problem of women philosophers in Ancient Greece. In: ARCHER, L. J.; FISCHLER, S.; WYKE, M. (orgs.). *Women in ancient societies*: an illusion of the night. Londres: Palgrave Macmillan, 1994. p. 70-87.

HENRY, D. Aristotle on the mechanism of inheritance. *Journal of the History of Biology*, v. 39, p. 425-455, 2006.

HIPPOCRATES. *Ancient Medicine. Airs, Waters, Places. Epidemics 1 and 3. The Oath. Precepts. Nutriment.* Trad. Paul Potter. Cambridge, MA: Harvard University Press, 2022. (Loeb Classical Library, v. 147).

HIPPOCRATES. *Prognostic. Regimen in Acute Diseases. The Sacred Disease. The Art. Breaths. Law. Decorum. Dentition.* Trad. Paul Potter. Cambridge, MA: Harvard University Press, 2023. (Loeb Classical Library, v. 148).

HIPPOCRATES. *On Wounds in the Head. In the Surgery. On Fractures. On Joints. Mochlicon.* Trad. E. T. Withington. Cambridge, MA: Harvard University Press, 1928. (Loeb Classical Library, v. 149).

HIPPOCRATES. *Nature of Man. Regimen in Health. Humours. Aphorisms. Regimen 1–3. Dreams.* Trad. W. H. S. Jones. Cambridge, MA: Harvard University Press, 1931. (Loeb Classical Library, v. 150).

HIPPOCRATES. *Affections. Diseases 1–2.* Trad. Paul Potter. Cambridge, MA: Harvard University Press, 1988. (Loeb Classical Library, v. 472).

HIPPOCRATES. *Diseases 3. Internal Affections. Regimen in Acute Diseases.* Trad. Paul Potter. Cambridge, MA: Harvard University Press, 1988. (Loeb Classical Library, v. 473).

HIPPOCRATES. *Epidemics 2 and 4–7.* Trad. Wesley D. Smith. Cambridge, MA: Harvard University Press, 1994. (Loeb Classical Library, v. 477).

HIPPOCRATES. *Places in Man. Glands. Fleshes. Prorrhetic 1–2. Physician. Use of Liquids. Ulcers. Haemorrhoids and Fistulas.* Trad. Paul Potter. Cambridge, MA: Harvard University Press, 1995. (Loeb Classical Library, v. 482).

HIPPOCRATES. *Anatomy. Nature of Bones. Heart. Eight Months' Child. Coan Prenotions. Crises. Critical Days. Superfetation. Girls. Excision of the Fetus. Sight.* Trad. Paul Potter. Cambridge, MA: Harvard University Press, 2012. (Loeb Classical Library, v. 509).

HIPPOCRATES. *Generation. Nature of the Child. Diseases 4. Nature of Women. Barrenness.* Trad. Paul Potter. Cambridge, MA: Harvard University Press, 2012. (Loeb Classical Library, v. 520).

HIPPOCRATES. *Diseases of Women 1–2.* Trad. Paul Potter. Cambridge, MA: Harvard University Press, 2012. (Loeb Classical Library, v. 538).

HOBBES, T. *Leviathan.* Org. J. C. A. Gaskin. Oxford: Oxford University Press, 2008.

HUBY, P. M. The Menexenus reconsidered. *Phronesis*, v. 2, p. 104-114, 1957.

HUME, D. *A Treatise of Human Nature.* Editado por David Fate Norton e Mary J. Norton. Oxford: Clarendon Press, 2007.

HURSTHOUSE, R. A false doctrine of the mean. *Proceedings of the Aristotelian Society*, v. 81, p. 57-72, 1980.

INWOOD, B. Anaxagoras and infinite divisibility. *Illinois Classical Studies*, v. 11, p. 17-33, 1986.

IRWIN, T. *Aristotle's First Principles.* Oxford: Oxford University Press, 1988.

KAHN, H. Aristotle and altruism. *Mind*, v. 90, p. 20-40, 1981.

KANT, I. *Grounding for the Metaphysic of Morals.* Trad. J. W. Ellington. Indianapolis: Hackett Publishing Company, 1981.

KARAMANOLIS, G. *Plato and Aristotle in Agreement?.* Oxford: Oxford University Press, 2006.

KECHAGIA, E. *Plutarch Against Colotes*: A Lesson in the History of Philosophy. Oxford: Oxford University Press, 2011.

KENNY, A. *Aristotle on the Perfect Life.* Oxford: Oxford University Press, 1992.

KING, H. Producing woman: Hippocratic Gynecology. In: ARCHER, L. J.; FISCHLER, S.; WYKE, M. (orgs.). *Women in Ancient Societies.* Londres: Macmillan Press, 1994. p. 102-114.

KOLBERT, E. Everybody have fun: what can policymakers learn from happiness research? *New Yorker*, 22 mar. 2020.

KRAUT, R. *Aristotle on the Human Good.* Princeton: Princeton University Press, 1989.

KRETZMANN, N.; STUMP, E. *The Cambridge Translations of Medieval Philosophical Texts, v. 1: Logic and the Philosophy of Language.* Cambridge: Cambridge University Press, 1988.

LEIGH, F. Modes of being at Sophist 255c-e. *Phronesis*, v. 57, p. 1-28, 2012.

LEWIS, E. Anaxagoras and the seeds of a physical theory. *Apeiron*, v. 33, p. 1-23, 2000.

MACKENZIE, M. M. Heraclitus and the art of paradox. *Oxford Studies in Ancient Philosophy*, v. 6, p. 1-37, 1988.

MORRISON, D. R. *Bibliography of Editions, Translations and Commentary on Xenophon's Socratic Writings, 1660-Present*. Pittsburgh: Mathesis Publications, 1988.

MOSS, J. Akrasia and perceptual illusion. *Archiv für Geschichte der Philosophie*, v. 91, p. 119-156, 2009.

NORMAN, R. Aristotle's philosopher-God. *Phronesis*, v. 14, p. 63-74, 1969.

O'CONNOR, D. K. Socrates and political ambition: the dangerous game. *Proceedings of the Boston Area Colloquium in Ancient Philosophy*, v. 14, p. 31-52, 1998.

ROBERTS, J. W. *The city of Sokrates*. Londres/Nova York: Routledge, 1998.

ROUANET, L. P. Some remarks about comedy in Aristotle, Plato, and Aristophanes. In: SFENDONI-MENTZOU, D. (org.). *Proceedings of the World Congress Aristotle 2400 Years, May 23-28, 2016*. Tessalonika: Aristotle University of Thessaloniki, 2019. p. 390-395.

SAYRE, K. *Plato's Literary Garden*: How to Read a Platonic Dialogue. Notre Dame: University of Notre Dame Press, 1995.

SCALTSAS, T. A necessary falsehood in the third man argument. *Phronesis*, v. 37, p. 216-232, 1992.

SCHWEIZER, P. Self-predication and the third man. *Erkenntnis*, v. 40, p. 21-42, 1994.

SCOTT, G. A. (org.). *Philosophy in Dialogue*: Plato's Many Devices. Evanston: Northwestern University Press, 2007.

SEDLEY, D. *Creationism and its critics*. Berkeley: University of California Press, 2007.

SEDLEY, D. Is Aristotle's teleology anthropocentric? *Phronesis*, v. 36, p. 179-196, 1991.

SEDLEY, D. *Plato's Cratylus*. Cambridge: Cambridge University Press, 2003.

SHEFFIELD, F. C. C. *Plato's Symposium*: The Ethics of Desire. Oxford: Oxford University Press, 2006.

SILVERMAN, A. Ascent and descent: the Philosopher's regret. *Social Philosophy and Policy*, v. 24, p. 40-69, 2007.

SMITH, N. D. Aristotle's theory of natural slavery. In: KEYT, D.; MILLER JR., F. D. (orgs.). *A Companion to Aristotle's Politics*. Oxford: Blackwell, 1991. p. 142-155.

SORABJI, R. Body and soul in Aristotle. *Philosophy*, v. 49, p. 63-89, 1979.

SORABJI, R. *The Philosophy of the Commentators 200-600 AD*. 3 v. Londres: Duckworth, 2004.

STALLEY, R. F. Persuasion and the tripartite soul in Plato's Republic. *Oxford Studies in Ancient Philosophy*, v. 32, p. 63-89, 2007.

STRANG, C. Plato and the third man. *Proceedings of the Aristotelian Society*, v. suplementar 37, p. 147-164, 1963.

TARÁN, L. Heraclitus: the river fragments and their implications. *Elenchos*, v. 20, p. 9-52, 1999.

TEOFRASTO. *On First Principles*. Org. e trad. D. Guttas. Leiden: Brill, 2010.

VAN ECK, J. Not being and difference: on Plato's Sophist 256d5-258e3. *Oxford Studies in Ancient Philosophy*, v. 23, p. 63-84, 2002.

VLASTOS, G. Degrees of reality in Plato. In: BAMBROUGH, R. (org.). *New Essays on Plato and Aristotle*. Londres: Routledge & Kegan Paul, 1965. p. 1-20.

VLASTOS, G. The individual as an object of love in Plato. In: VLASTOS, G. *Platonic Studies*. Princeton: Princeton University Press, 1981. p. 1-34.

VLASTOS, G. The third man argument in the Parmenides. *Philosophical Review*, v. 63, p. 319-349, 1954.

WARDY, R. Aristotelian rainfall or the lore of averages. *Phronesis*, v. 38, p. 18-30, 1993.

WHITE, F. C. The compresence of opposites in Phaedo 102. *Classical Quarterly*, v. 27, p. 303-311, 1977.

WHITING, J. E. Aristotle's function argument: a defence. *Ancient Philosophy*, v. 8, p. 33-48, 1988.

YOUNG, C. M. Plato and computer dating. *Oxford Studies in Ancient Philosophy*, v. 12, p. 227-250, 1994.

Leituras adicionais

Primórdios da filosofia grega

BARNES, J. *The presocratic philosophers*. Londres: Routledge, 1982.

CASTON, V.; GRAHAM, D. (orgs.). *Presocratic philosophy*: essays in honour of Alexander Mourelatos. Aldershot: Ashgate, 2002.

CURD, P.; GRAHAM, D. (orgs.). *The Oxford handbook of presocratic philosophy*. Oxford: Oxford University Press, 2008.

FURLEY, D. *Cosmic problems*. Cambridge: Cambridge University Press, 1989.

FURLEY, D.; ALLEN, R. (orgs.). *Studies in presocratic philosophy*. 2 v. Londres: Routledge, 1970-1975.

KIRK, G.; RAVEN, J.; SCHOFIELD, M. (orgs.). *The presocratic philosophers*: a critical history with a selection of texts. Cambridge: Cambridge University Press, 1983.

LONG, A. (org.). *The Cambridge companion to early Greek philosophy*. Cambridge: Cambridge University Press, 1999.

MOURELATOS, A. *The pre-socratics*. Garden City: Anchor Press, 1974.

WARREN, J. *The presocratics*. Stockfield: Acumen, 2007.

Tales, Anaximandro, Anaxímenes e Xenófanes

ALGRA, K. The beginnings of cosmology. In: LONG, A. (org.). *The Cambridge companion to early Greek philosophy*. Cambridge: Cambridge University Press, 1999. p. 45-65.

ENGMAN, J. Cosmic justice in Anaximander. *Pronesis*, v. 36, p. 1-25, 1991.

FREUDENTHAL, G. The theory of the opposites and an ordered universe: physics and metaphysics in Anaximander. *Pronesis*, v. 31, p. 197-228, 1986.

GRAHAM, D. A new look at Anaximenes. *History of Philosophy Quarterly*, v. 20, p. 1-20, 2003.

GRAHAM, D. *Explaining the cosmos*: the Ionian tradition of scientific philosophy. Princeton: Princeton University Press, 2006.

GRAHAM, D. *The texts of early Greek philosophy*. Part I. Cambridge: Cambridge University Press, 2010.

HÖLSCHER, U. "Anaximander and the beginnings of Greek Philosophy", in D. J. Furley e R. E. Allen (orgs.), *Studies in Presocratic Philosophy*, vol. 1, 1970, p. 281-322.

HUSSEY, E. "The beginnings of Epistemology: From Homer to Philolaus", in S. Everson (org.), *Epistemology*. Cambridge, 1990, p. 11-38.

LESHER, J. *Xenophanes of Colophon: Fragments: A Text and Translation with Commentary*. Toronto, 1992.

MOGYORÓDI, E. "Xenophanes as philosopher: Theology and Theodicy", in A. Laks e C. Louguet (orgs.), *Qu'est-ce que la philosophie présocratique?* Lille, 2002, p. 253-86.

SCHOFIELD, M. "The Ionians", in C. C. W. Taylor (org.). *The Routledge History of Philosophy*, col. 1. Londres, 1997, p. 47-87.

Pitágoras

BURKERT, W. *Love and science in ancient Pythagoreanism*. Trad. E. Minar. Cambridge: Harvard University Press, 1972.

DILLON, J.; HERSHBELL, J. *Iamblicus*: on the Pythagorean way of life. Atlanta: Scholars Press, 1991.

HUFFMAN, C. The Pythagorean conception of the soul from Pythagoras to Philolaus. In: FREDE, D.; REIS, B. (orgs.). *Body and soul in ancient philosophy*. Berlim: De Gruyter, 2009. p. 21-44.

KAHN, C. *Pythagoras and the Pythagoreans*: a brief history. Indianapolis: Hackett, 2001.

PHILIP, J. *Pythagoras and early Pythagoreanism*. Toronto: University of Toronto Press, 1966.

Heráclito

DILCHER, R. *Studies in Heraclitus*. Hildesheim: Olms, 1995.

GRANGER, H. Argumentation and Heraclitus' book. *Oxford Studies in Ancient Philosophy*, v. 26, p. 1-17, 2006.

KAHN, C. *The art and thought of Heraclitus*. Cambridge: Cambridge University Press, 1979.

MACKENZIE, M. Heraclitus' theory of soul and its antecessors. In: EVERSON, S. (org.). *Psychology*. Cambridge: Cambridge University Press, 1991. p. 13-14.

TARÁN, L. Heraclitus: the river fragments and their implications. *Elenchos*, v. 20, p. 9-52, 1999.

Parmênides

CURD, P. Parmenidean monism. *Phronesis*, v. 36, p. 241-64, 1991.

CURD, P. *The legacy of Parmenides*: Eleatic monism and later presocratic thought. Princeton: Princeton University Press, 1998.

LONG, A. Parmenides on thinking being. *Proceedings of the Boston Area Colloquium in Ancient Philosophy*, v. 12, p. 125-51, 1996.

MACKENZIE, M. Parmenides' dilemma. *Phronesis*, v. 27, p. 1-12, 1982.

MOURELATOS, A. *The route of Parmenides*: a study of word, image, and argument in the fragments. New Haven: Yale University Press, 1970.

OWEN, G. Eleatic questions. *Classical Quarterly*, v. 10, p. 84-102, 1960. Reimpresso em: ALLEN, R.; FURLEY, D. (orgs.). *Studies in presocratic philosophy*, v. 1: *Eleatics and pluralists*. Londres: Routledge, 1975. p. 48-81.

Zenão e Melisso

BOSTOCK, D. "Zeno and te potential infinite", *Proceedings of the Aristotelian Society*, 73 (1972), p. 37-51.

FARIS, J. *The Paradoxes of Zeno*. Aldershot, 1996.

HASPER, P. S. "Zeno unlimited". *Oxford Studies in Ancient Philosophy*, 30 (2006), p. 49-85.

LEAR, J. "A note on Zeno's arrow", in *Phronesis* (1981), p. 91-194.

McKIRAHAN, R. "Zeno's dichotomy in Aristotle", *Philosophical Inquiry*, 23 (2001), p. 1-24.

OWEN, G. "Zeno and the mathematicians", *Proceedings of the Aristotelian Society*, 58 (1958), p. 199-222.

PALMER, J. "Melissus and Parmenides". *Oxford Studies in Ancient Philosophy*, 26 (2004), p. 19-54.

Os atomistas

FURLEY, D. *Two studies in the Greek atomists*. Princeton: Princeton University Press, 1967.

HASPER, P. The foundations of presocratic atomism. *Oxford Studies in Ancient Philosophy*, v. 17, p. 1-14, 1999.

KONSTAN, D. Atomism and its heritage: minimal parts. *Aperion*, v. 27, p. 77-121, 1994.

MANN, W. Anaxagoras and the homoiomere. *Phronesis*, v. 25, p. 228-49, 1980.

O'KEEFE, T. The ontological status of sensible qualities for Democritus and Epicurus. *Ancient Philosophy*, v. 17, p. 119-134, 1997.

SCHOFIELD, M. *An essay on Anaxagoras*. Cambridge: Cambridge University Press, 1980.

Anaxágoras

GRAHAM, D. "The postulates of Anaxagoras", *Apeiron*, 27 (1994), p. 77-121.

MANN, W. "Anaxagoras and the *Homoiomere. Phronesis*, 25 (1980), p. 228-249.

SCHOFIELD, M. *An Essay on Anaxagoras*. Cambridge, 1980.

VLASTOS, G. "The physical theory of Anaxagoras", *Philosophical Review*, 59 (1950), p. 31-57.

Empédocles

CURD, P. A new Empedocles? Implications of the Strasburg fragments for presocratic philosophy. *Proceedings of the Boston Area Colloquium in Ancient Philosophy*, v. 17, p. 27-50, 2001.

O'BRIEN, D. Empedocles' cosmic cycle. *Classical Quarterly*, v. 38, p. 295-312, 1988.

O'BRIEN, D. Empedocles revisited. *Ancient Philosophy*, v. 15, p. 403-470, 1995.

PRIMAVESI, O. The structure of Empedocles' cosmic cycle: Aristotle and the Byzantine anonymous. In: PIERRIS, A. (org.). *The Empedoclean kosmos*: structure, process and the question of cyclicity. Patras: Institute for Philosophical Research, 2005. p. 245-64.

Os hipocráticos

LLOYD, G. *Hippocratic writings*. Harmondsworth: Penguin, 1978.

LONGRIGG, J. *Greek medicine*: from the heroic to the hellenistic age. Londres: Duckworth, 1998.

NUTTON, V. *Ancient medicine*. Londres: Routledge, 2004.

SMITH, W. *The Hippocratic tradition*. Ithaca: Cornell University Press, 1979.

EIJK, P. *Medicine and philosophy in classical antiquity*: doctors and philosophers on nature, soul, health and disease. Cambridge: Cambridge University Press, 2005.

Os sofistas

BETT, R. The sophists and relativism. *Phronesis*, v. 34, p. 139-69, 1989.

BROADIE, S. The sophists and Socrates. In: SEDLEY, D. (org.). *The Cambridge companion to Greek and Roman philosophy*. Cambridge: Cambridge University Press, 2003. p. 73-97.

DILLON, J.; GERGEL, T. *The Greek sophists*. Londres: Penguin, 2003.

GRAHAM, D. *The texts of early Greek philosophy*. Parte 2. Cambridge: Cambridge University Press, 2010.

GUTHRIE, W. *The sophists*. Cambridge: Cambridge University Press, 1971.

KERFERD, G. *The sophistic movement*. Cambridge: Cambridge University Press, 1981.

WARDY, R. *The birth of rhetoric*: Gorgias, Plato and their successors. Londres: Routledge, 1996.

ZILIOLI, U. *Protagoras and the challenge of relativism*. Aldershot: Ashgate, 2007.

Sócrates

AHBEL-RAPPE, S.; KAMTEKAR, R. (orgs.). *A companion to Socrates*. Oxford: Blackwell, 2005.

BENSON, H. (org.). *Essays on the philosophy of Socrates*. Nova York: Oxford University Press, 1992.

BRICKHOUSE, T.; SMITH, N. *Plato's Socrates*. Oxford: Oxford University Press, 1994.

BRICKHOUSE, T.; SMITH, N. *The trial and execution of Socrates*: sources and controversies. Oxford: Oxford University Press, 2002.

JUDSON, J.; KARASMANIS, V. (orgs.). *Remembering Socrates*. Oxford: Oxford University Press, 2006.

MORRISON, D. (org.). *The Cambridge companion to Socrates*. Cambridge: Cambridge University Press, 2011.

NEHAMAS, A. Socratic intellectualism. *Proceedings of the Boston Area Colloquium in Ancient Philosophy*, v. 2, p. 275-316, 1987.

O'CONNOR, D. Socrates and political ambition: the dangerous game. *Proceedings of the Boston Area Colloquium in Ancient Philosophy*, v. 14, p. 31-52, 1998.

PRIOR, W. (org.). *Socrates*: critical assessments of leading philosophers. 4 v. Londres: Routledge, 1996.

TRAPP, M. *Socrates from antiquity to the enlightenment*. Aldershot: Ashgate, 2007.

VANDER WAERDT, P. (org.). *The Socratic movement*. Ithaca: Cornell University Press, 1994.

VLASTOS, G. (org.). *The philosophy of Socrates*: a collection of critical essays. Nova York: Anchor Books, 1971.

VLASTOS, G. *Socrates*: ironist and moral philosopher. Cambridge: Cambridge University Press, 1991.

VLASTOS, G. *Socratic studies*. Cambridge: Cambridge University Press, 1994.

WOOLF, R. The practice of a philosopher. *Oxford Studies in Ancient Philosophy*, v. 26, p. 97-129, 2004.

WOOLF, R. Socratic authority. *Archiv für Geschichte der Philosophie*, v. 90, p. 1-38, 2008.

XENOFONTE. *Conversations of Socrates*. Trad. H. Treddenick e R. Waterfield. Londres: Penguin, 1990.

XENOFONTE. *Ditos e feitos memoráveis de Sócrates*. Trad. E. Bini. 2. ed. Bauru: Edipro, 2024.

Platão

BENSON, H. (org.). *A companion to Plato*. Oxford: Blackwell, 2006.

COOPER, J.; HUTCHINSON, D. (orgs.). *Plato*: complete works. Indianapolis: Hackett, 1997.

FINE, G. (org.). *Plato 1*: metaphysics and epistemology. Oxford: Oxford University Press, 1999.

FINE, G. (org.). *Plato 2*: ethics, politics, religion, and the soul. Oxford: Oxford University Press, 1999.

FINE, G. (org.). *Plato on knowledge and forms*. Oxford: Oxford University Press, 2003.

FINE, G. (org.). *The Oxford handbook of Plato*. Oxford: Oxford University Press, 2008.

IRWIN, T. *Plato's ethics*. Oxford: Oxford University Press, 1995.

KRAUT, R. (org.). *The Cambridge companion to Plato*. Cambridge: Cambridge University Press, 1992.

MASON, A. *Plato*. Durham: Acumen, 2010.

NEHAMAS, A. *Virtues of authenticity*: essays on Plato and Socrates. Princeton: Princeton University Press, 1999.

ROWE, C. *Plato and the art of philosophical writing*. Cambridge: Cambridge University Press, 2007.

VLASTOS, G. *Platonic studies*. Princeton: Princeton University Press, 1981.

Platão: Apologia *e* Eutífron

ALLEN, R. *Plato's Eutyphro and the earlier theory of forms*. Londres: Routledge, 1970.

BRICKHOUSE, T.; SMITH, N. *Socrates on trial*. Oxford: Oxford University Press, 1990.

BURNYEAT, M. The impiety of Socrates. *Ancient Philosophy*, v. 17, p. 1-12, 1997.

DIMAS, P. Eutyphro's thesis revisited. *Phronesis*, v. 51, p. 1-28, 2006.

KAMTEKAR, R. *Plato's Eutyphro, Apology and Crito*: critical essays. Lanham: Rowman & Littlefield, 2005.

REEVE, C. *Socrates in the Apology*. Indianapolis: Hackett, 1989.

Platão: Cármides *e* Eutidemo

DYSON, M. Some problems concerning knowledge in Plato's Charmides. *Phronesis*, v. 19, p. 102-11, 1974.

MCCABE, M. Silencing the sophists: the drama of Plato's Euthydemus. *Proceedings of the Boston Area Colloquium in Ancient Philosophy*, v. 14, p. 139-168, 1998.

MCCABE, M. Looking inside Charmides's cloak. In: SCOTT, D. (org.). *Maieusis*: essays for Myles Burnyeat. Oxford: Oxford University Press, 2007. p. 1-19.

ROBINSON, T. (org.). *Plato*: Euthydemus, Lysis, Charmides: proceedings of the Fifth Symposium Platonicum. Sankt Augustin: Academia, 2000.

TUOZZO, M. *Plato's Charmides*: positive elenchus in a "Socratic" dialogue. Nova York: Cambridge University Press, 2001.

Platão: Górgias

DODDS, E. *Plato*: Gorgias. Oxford: Oxford University Press, 1959.

DOYLE, J. The fundamental opposition in Plato's Gorgias. *Oxford Studies in Ancient Philosophy*, v. 30, p. 87-100, 2006.

DOYLE, J. Socrates and Gorgias. *Phronesis*, v. 55, p. 1-25, 2010.

IRWIN, T. (trad.). *Plato*: Gorgias. Oxford: Oxford University Press, 1979.

KAHN, C. Drama and dialectic in Plato's Gorgias. *Oxford Studies in Ancient Philosophy*, v. 1, p. 75-121, 1983.

Platão: Mênon

BENSON, H. The priority of definition and the Socratic elenchus. *Oxford Studies in Ancient Philosophy*, v. 8, p. 16-65, 1990.

DAY, J. *Plato's Meno in focus*. Londres: Routledge, 1994.

SCOTT, D. *Recollection and experience*: Plato's theory of learning and its successors. Cambridge: Cambridge University Press, 1995.

TARRANT, H. *Recollecting Plato's Meno*. Londres: Duckworth, 2005.

WEISS, R. *Virtue in the cave*: moral inquiry in the Meno. Oxford: Oxford University Press, 2001.

Platão: Teeteto

BOSTOCK, D. *Plato's Theaetetus*. Oxford: Oxford University Press, 1988.

BURNYEAT, M. *The Theaetetus of Plato*. Indianapolis: Hackett, 1990.

BURNYEAT, M. Protagoras and self-refutation in Plato's Theaetetus. In: EVERSON, S. (org.). *Epistemology*. Cambridge: Cambridge University Press, 1989. p. 39-59.

CHAPPEL, T. *Reading Plato's Theaetetus*. Indianapolis: Hackett, 2005.

FINE, G. False beliefs in the Theaetetus. *Phronesis*, v. 24, p. 70-80, 1979.

FINE, G. Protagorean relativisms. *Boston Area Colloquium in Ancient Philosophy*, v. 19, p. 211-43, 1996.

MCDOWELL, J. *Plato*: Theaetetus. Oxford: Oxford University Press, 1973.

WOOLF, R. A shaggy soul story: how not to read the wax tablet model in Plato's Theaetetus. *Philosophy and Phenomenological Research*, v. 69, p. 573-604, 2004.

Platão: Fédon

BOSTOCK, D. *Plato's Phaedo*. Oxford: Oxford University Press, 1986.

DANCY, R. *Plato's introduction of forms*. Cambridge: Cambridge University Press, 2004.

DEVEREUX, D. Separation and immanence in Plato's theory of forms. *Oxford Studies in Ancient Philosophy*, v. 12, p. 63-90, 1994.

GALLOP, D. *Plato's Phaedo*. Oxford: Oxford University Press, 1975.

NEHAMAS, A. *Virtues of authenticity*. Princeton: Princeton University Press, 1999.

SCOTT, D. *Recollection and experience*. Cambridge: Cambridge University Press, 1995.

SEDLEY, D. Platonic causes. *Phronesis*, v. 43, p. 114-32, 1998.

VLASTOS, G. Reasons and causes in the Phaedo. *Philosophical Review*, v. 78, p. 291-325, 1969.

Platão: A república

ANNAS, J. *An introduction to Plato's Republic*. Oxford: Oxford University Press, 1981.

COOPER, J. Plato's theory of human motivation. *History of Philosophy Quarterly*, v. 1, p. 3-21, 1984.

FERRARI, G. (org.). *The Cambridge companion to Plato's Republic*. Cambridge: Cambridge University Press, 2007.

MENN, S. On Plato's Politeia. *Proceedings of the Boston Area Colloquium in Ancient Philosophy*, v. 21, p. 1-55, 2006.

REEVE, C. *Philosophers-kings*: the argument of Plato's Republic. Princeton: Princeton University Press, 1988.

SANTAS, G. Two theories of good in Plato's Republic. *Archiv für Geschichte der Philosophie*, v. 57, p. 223-45, 1986.

SCHOFIELD, M. *Plato*: political philosophy. Oxford: Oxford University Press, 2006.

SHOREY, P. The idea of good in Plato's Republic. In: SHOREY, P. *Selected papers*. Nova York: Garland, 1980.

WHITE, N. *A companion to Plato's Republic*. Indianapolis: Hackett, 1979.

WILBERDING, J. Plato's two forms of second-best morality. *Philosophical Review*, v. 118, p. 351-374, 2009.

Platão: Parmênides

MALCOLM, J. *Plato on the self-prediction of the forms*. Oxford: Oxford University Press, 1991.

MCCABE, M. *Plato's individuals*. Princeton: Princeton University Press, 1994.

MEINWALD, C. *Plato's Parmenides*. Nova York: Oxford University Press, 1991.

PANAGIOTOU, S. The day and sail analogies in Plato's Parmenides. *Phoenix*, v. 41, p. 10-24, 1987.

SAYRE, K. *Parmenides' lesson*: translation and explication of Plato's Parmenides. South Bend: University of Notre Dame Press, 1996.

Platão: Sofista

BLUCK, R. *Plato's Sophist*: a philosophical commentary. Manchester: Manchester University Press, 1975.

BROWN, L. Innovation and continuity: the battle of gods and giants in Plato's Sophist 245-249. In: GENTZLER, J. (org.). *Method in ancient philosophy*. Oxford: Oxford University Press, 1998. p. 181-207.

CHARLES, D. (org.). *Definition in Greek philosophy*. Oxford: Oxford University Press, 2010.

LEIGH, F. Being and power in Plato's Sophist. *Apeiron*, v. 43, p. 1-23, 2010.

MCDOWELL, J. Falsehood and not-being in Plato's Sophist. In: SCHOFIELD, M.; NUSSBAUM, M. (org.). *Language and logos*. Cambridge: Cambridge University Press, 1982. p. 115-134.

NOTOMI, N. *The unity of Plato's Sophist*: between the sophist and the philosopher. Cambridge: Cambridge University Press, 1999.

RIJK, L. *Plato's Sophist*: a philosophical commentary. Amsterdã: North-Holland, 1986.

ROUANET, L. Socrates, the greatest sophist? In: HANNAH, P. (org.). *An anthology of philosophical essays*. n. 9. Atenas: Atiner, 2015. p. 111-19.

***Platão:* Crátilo**

ADEMOLLO, F. *The Cratylus of Plato*: a commentary. Cambridge: Cambridge University Press, 2011.

BARNEY, R. *Names and nature in Plato's Cratylus*. Londres: Routledge, 2001.

MACKENZIE, M. Putting the Cratylus in its place. *Classical Quarterly*, v. 36, p. 124-150, 1986.

SCHOFIELD, M.; NUSSBAUM, M. (orgs.). *Language and logos*. Cambridge: Cambridge University Press, 1982.

SEDLEY, D. *Plato's Cratylus*. Cambridge: Cambridge University Press, 2003.

***Platão:* Timeu**

BURNYEAT, M. Eikôs mythos. *Rhizai*, v. 2, p. 143-165, 2005.

GREGORY, A. *Plato's Philosophy of Science*. Londres: Bristol Classical Press, 2000.

JOHANSEN, T. *Plato's Natural Philosophy*. Cambridge: Cambridge University Press, 2004.

MENN, S. *Plato on God as Nous*. Carbondalle: Southern Illinois University Press, 1995.

REYDAM-SCHILS, G. *Plato's Timaeus as Cultural Icon*. Notre Dame: University of Notre Dame Press, 2003.

SILVERMAN, A. Timaean particulars. *Classical Quarterly*, v. 42, p. 87-113, 1992.

***Platão:* Lísias, Fedro, Banquete**

LESHER, J.; NAILS, D.; SHEFFIELD, F. (orgs.). *Plato's Symposium*: Issues in Interpretation and Reception. Cambridge: Harvard University Press, 2006.

NEHAMAS, A.; WOODCRUFF, P. *Plato*: Symposium. Indianapolis: Hackett Publishing Company, 1989.

NEHAMAS, A.; WOODCRUFF, P. *Plato: Phaedrus*. Indianapolis: Hackett Publishing Company, 1995.

PENNER, T.; ROWE, C. *Plato's Lysis*. Cambridge: Cambridge University Press, 2005.

PRICE, A. *Love and Friendship in Plato and Aristotle*. Oxford: Clarendon Press, 1989.

REEVE, C. Telling the truth about love: Plato's Symposium. *Proceedings of the Boston Area Colloquium in Ancient Philosophy*, v. 8, p. 89-114, 1992.

ROWE, C. *Plato*: Phaedrus. Warminster: Aris & Phillips, 1986.

SHEFFIELD, F. *Plato's Symposium: The Ethics of Desire*. Oxford: Oxford University Press, 2006.

VLASTOS, G. The individual as object of love in Plato. In: *Platonic Studies*. Princeton: Princeton University Press, 1981. p. 3-34..

Platão acerca do mito

ANNAS, J. Plato's myths of judgement. *Phronesis*, v. 27, p. 119-143, 1982.

BOYS-STONES; HAUBOLD, J. (orgs.). *Plato and Hesiod*. Oxford: Oxford University Press, 2010.

O'CONNOR, D. Rewriting the poets in Plato's characters. In: *The Cambridge Companion to the Republic*. Cambridge: Cambridge University Press, 2007. p. 55-89.

PARTENIE, C. (org.). *Plato*: Selected Myths. Oxford: Oxford University Press, 2004.

PARTENIE, C. (org.). *Plato's Myths*. Cambridge: Cambridge University Press, 2009.

Aristóteles

ACKRILL, J. *Aristotle the Philosopher*. Londres: Oxford University Press, 1981.

ACKRILL, J. (org.). *A New Aristotle Reader*. Oxford: Oxford University Press, 1987.

ANAGNOSTOPOULOS, G. (org.). *A Companion to Aristotle*. Oxford: Wiley, 2009.

BARNES, J. *Aristotle*. Oxford: Oxford University Press, 1982.

BARNES, J. (org.). *Aristotle*: The Complete Works. 2 vols. Princeton: Princeton University Press, 1984.

BARNES, J. (org.). *The Cambridge Companion to Aristotle*. Cambridge: Cambridge University Press, 1995.

BARNES, J.; SCHOFIELD, M.; SORABJI, R. (orgs.). *Essays on Aristotle*. 4 vols. Londres: Duckworth, 1975-1979.

IRWIN, T. *Aristotle's First Principles*. Oxford: Clarendon Press, 1988.

IRWIN, T. (org.). *Aristotle*: Metaphysics, Epistemology, Natural Philosophy. Nova York: Oxford University Press, 1995.

LEAR, J. *Aristotle*: The Desire to Understand. Cambridge: Cambridge University Press, 1988.

LLOYD, G. *Aristotle*. Cambridge: Cambridge University Press, 1968.

MORAVCSIK, J. (org.). *Aristotle*: A Collection of Critical Essays. Garden City: Anchor Books, 1967.

SHIELDS, C. (org.). *The Oxford Handbook of Aristotle*. Oxford: Oxford University Press, 2012.

Aristóteles: lógica

CRIVELLI, P. *Aristotle on Truth*. Cambridge: Cambridge University Press, 2004.

HINTIKKA, J. *Time and Necessity*: Studies in Aristotle's Theory of Modality. Oxford: Clarendon Press, 1973.

JONES, B. "An introduction to the first five chapters of Aristotle's Categories". *Phronesis*, v. 20, p. 146-172, 1975.

LEAR, J. *Aristotle and Logical Theory*. Cambridge: Cambridge University Press, 1980.

LESZL, W. "Aristotle's logical works and his conception of logic". *Topoi*, v. 23, p. 71-100, 2004.

Aristóteles: epistemologia

ADAMSON, P. "*Posterior Analytics* II.19: A dialogue with Plato?", in V. Harte, M. M. McCabe, R.W. Sharples e A. Sheppard (orgs.), *Aristotle and the Stoics Reading Plato*. Londres, 2010, p. 1-19.

BARNES, J. *Aristotle:* Posterior analytics. Oxford, 1996.

BURNYEAT, M. F. "Aristotle on understanding knowledge", in E. Berti (org.), *Aristotle on Science*: The Posterior analytics. Pádua, p. 97-139.

FEREJOHN, M. *The Origins of Aristotelian Science*. New Haven, 1980.

FREDE, M. "Aristotle's rationalism, in M. Frede e G. Striker (orgs.), *Rationality in Greek Thought*. Oxford, 1996.

Aristóteles: substância

BURNYEAT, M. *A Map of Metaphysics Zeta*. Pittsburgh: Mathesis Publications, 2001.

CHARLES, D. *Aristotle on Meaning and Essence*. Oxford: Clarendon Press, [s.d.].

FREDE, M. *Essays in Ancient Philosophy*. Oxford: Clarendon Press, 1987.

GILL, M. L. *Aristotle on Substance*. Princeton: Princeton University Press, 1989.

LOUX, M. *Primary Ousia*: An Essay on Aristotle's Metaphysics Z and H. Ithaca, NY: Cornell University Press, 1991.

SCALTSAS, T.; CHARLES, D.; GILL, M. L. (orgs.). *Unity, Identity, and Explanation in Aristotle's Metaphysics*. Oxford: Clarendon Press, 1994.

SHIELDS, C. *Order in Multiplicity*: Homonymy in the Philosophy of Aristotle. Oxford: Clarendon Press, 1999.

WEDIN, M. *Aristotle's Theory of Substance*: The Categories and Metaphysics Zeta. Oxford: Oxford University Press, 2000.

Aristóteles: as quatro causas

ANNAS, J. "Aristotle on inefficient causes". *Philosophical Quarterly*, v. 32, p. 311-326, 1982.

CHARLES, S. "Aristotle on hypothetical necessity and irreducibility". *Pacific Philosophical Quarterly*, v. 69, p. 1-53, 1988.

CODE, A. "The persistence of Aristotelian matter". *Philosophical Studies*, v. 29, p. 357-367, 1976.

FINE, K. "Aristotle on matter". *Mind*, v. 101, p. 35-57, 1992.

JOHNSON, M. *Explanation and Teleology in Aristotle's Science of Nature*. Cambridge: Cambridge University Press, 2010.

MEYER, S. "Aristotle, teleology and reduction". *Philosophical Review*, v. 101, p. 791-825, 1992.

Aristóteles: Física

BOSTOCK, D. *Space, Time, Matter and Form*: Essays on Aristotle's Physics. Oxford: Clarendon Press, 2006.

COOPE, U. *Time for Aristotle*. Oxford: Clarendon Press, 2005.

FALCON, A. *Aristotle and the Science of Nature*: Unity without Uniformity. Cambridge: Cambridge University Press, 2005.

JUDSON, L. (org.). *Aristotle's Physics*: A Collection of Essays. Oxford: Clarendon Press, 1991.

MORISON, B. *On Location*: Aristotle's Concept of Space. Oxford: Clarendon Press, 2002.

SORABJI, R. *Matter, Space, and Motion*. Londres: Duckworth, 1988.

SORABJI, R. *Time, Creation, and the Continuum*. Londres: Duckworth, 1983.

WATERLOW, S. *Nature, Change, and Agency in Aristotle's Physics*. Oxford: Clarendon Press, 1982.

***Aristóteles*: A alma (De anima)**

DEVEREUX, D.; PELLEGRIN, P. (orgs.). *Biologie, logique et métaphysique chez Aristote*. Paris: CNRS Éditions, 1990.

GOTTHELF, A. *Teleology, First Principles, and Scientific Method in Aristotle's Biology*. Oxford: Oxford University Press, 2012.

HENRY, D. "Aristotle on the mechanism of inheritance". *Journal of the History of Biology*, v. 39, p. 425-455, 2006.

LENNOX, J. G. *Aristotle's Philosophy of Biology*. Cambridge: Cambridge University Press, 2001.

LLOYD, G. E. R. *Aristotelian Explorations*. Cambridge: Cambridge University Press, 1996.

***Aristóteles:* Ética**

BOSTOCK, D. *Aristotle's Ethics*. Oxford: Oxford University Press, 2000.

BROADIE, S. *Ethics with Aristotle*. Oxford: Oxford University Press, 1991.

COOPER, J. *Reason and Human Good in Aristotle*. Cambridge, MA: Harvard University Press, 1975.

GOTTLIEB, P. *The Virtue of Aristotle's Ethics*. Cambridge: Cambridge University Press, 2009.

KRAUT, R. (org.). *The Blackwell Guide to Aristotle's Nicomachean Ethics*. Malden, MA: Blackwell Publishing, 2006.

MILLER, J. *Aristotle's Nicomachean Ethics*: A Critical Guide. Cambridge: Cambridge University Press, 2011.

PRICE, A. *Love and Friendship in Plato and Aristotle*. Nova York: Oxford University Press, 1989.

RORTY, A. "The place of pleasure in Aristotle's Ethics". *Mind*, v. 83, p. 481-493, 1974.

RORTY, A. (org.). *Essays on Aristotle's Ethics*. Berkeley: University of California Press, 1980.

SCOTT, D. "Aristotle on well-being and intellectual contemplation". *Proceedings of the Aristotelian Society*, v. supl., p. 225-242, 1999.

STERN-GILLET, S. *Aristotle's Philosophy of Friendship*. Albany, NY: State University of New York Press, 1995.

URMSON, J. *Aristotle's Ethics*. Oxford: Blackwell Publishing, 1988.

Aristóteles: Sobre mente e Deus

BURNYEAT, M. *Aristotle's Divine Intellect*. Milwaukee: Marquette University Press, 2008.

CASTON, V. "Aristotle on consciousness". *Mind*, v. 111, p. 751-815, 2002.

KONINCK, T. "Aristotle on God as thought thinking itself". *Review of Metaphysics*, v. 47, p. 471-515, 1994.

FREDE, M.; CHARLES, D. (orgs.). *Aristotle's Metaphysics Lambda*. Oxford: Oxford University Press, 2000.

HEINAMAN, R. "Aristotle and the mind-body problem". *Phronesis*, v. 35, p. 83-102, 1990.

IRWIN, T. "Aristotle's philosophy of mind". *In:* EVERSON, S. (org.). *Psychology*. Cambridge: Cambridge University Press, 1991, p. 56-83.

WARDY, R. *The Chain of Change*: A Study of Aristotle's Physics VII. Cambridge: Cambridge University Press, 1990.

Aristóteles: filosofia política

KEYT, D.; MILLER, F. (orgs.). *A Companion to Aristotle's Politics*. Oxford: Blackwell Publishing, 1991.

KRAUT, R. *Aristotle*: Political Philosophy. Oxford: Oxford University Press, 2002.

KRAUT, R.; SKULTETY, S. (orgs.). *Aristotle's Politics*: Critical Essays. Lanham, MD: Rowman & Littlefield Publishers, 2005.

LORD, C.; O'CONNOR, D. (orgs.). *Essays on the Foundations of Aristotelian Political Science*. Berkeley: University of California Press, 1991.

PATZIG, G. (org.). *Aristoteles' "Politik"*. Göttingen: Vandenhoeck & Ruprecht, 1990.

PHILLIPS SIMPSON, P. *A Philosophical Commentary on the Politics of Aristotle*. Chapel Hill, NC: University of North Carolina Press, 1998.

ROWE, C.; SCHOFIELD, M. (orgs.). *The Cambridge History of Greek and Roman Political Thought*. Cambridge: Cambridge University Press, 2000..

Aristóteles: Retórica *e* Poética

DOW, J. "A supposed contradiction about emotion-arousal in Aristotle's Rhetoric". *Phronesis*, v. 52, p. 382-402, 2007.

FORTENBAUGH, W. "Aristotle's Rhetoric on emotions". *Archiv für Geschichte der Philosophie*, v. 52, p. 40-70, 1970.

FURLEY, D.; NEHAMAS, A. (orgs.). *Aristotle's Rhetoric*: Philosophical Essays. Princeton: Princeton University Press, 1994.

HALLIWELL, S. *Aristotle's Poetics*. Chapel Hill, NC: University of North Carolina Press, 1986.

RAPP, C. "The nature and goals of Rhetoric". *In:* ANAGNOSTOPOULOS, G. (org.). *A Companion to Aristotle*. Oxford: Blackwell Publishing, 2009, p. 579-596.

RORTY, A. (org.). *Essays on Aristotle's Poetics*. Princeton: Princeton University Press, 1992.

RORTY, A. (org.). *Essays on Aristotle's Rhetoric*. Berkeley: University of California Press, 1996.

ROUANET, L. "Some remarks on comedy in Aristotle, Plato, and Aristophanes". *In:* SFENDONI-MENTZOU, D. (org.). *Proceedings of the World Congress "Aristotle 2400 Years"*. Tessalônica, GR: Aristotle University of Thessaloniki, 2019, p. 390-395.

Mulheres na filosofia antiga

ANNAS, J. "Plato's Republic and feminism". *Philosophy*, v. 51, p. 307-321, 1976.

FREELAND, C. *Feminist Interpretations of Aristotle*. University Park, PA: Pennsylvania State University Press, 1998.

FREELAND, C. "Feminism and ideology in Ancient Philosophy". *Apeiron*, v. 33, p. 365-406, 2000.

MAYHEW, R. *The Female in Aristotle's Biology*: Reason or Rationalization. Chicago: University of Chicago Press, 2004.

WAITHE, M. *A History of Women Philosophers. V. 1: 600 B.C-500 A.D.* Dordrecht: Kluwer Academic Publishers, 1987.

WARD, J. (org.). *Feminism and Ancient Philosophy*. Nova York: Routledge, 1996..

Seguidores de Platão e Aristóteles

BALTUSSEN, H. *Theophrastus Against the Presocratics and Plato*. Leiden: Brill, 2000.

DILLON, J. *The Heirs of Plato*: A Study of the Old Academy. Oxford: Oxford University Press, 2003.

FORTENBAUGH, W.; HUBY, P.; SHARPLES, R.; GUTAS, D. *Theophrastus of Ephesus*: Sources for His Life, Writings, Thought and Influence. Leiden: Brill, 1992.

GUTAS, D. *Theophrastus*: On First Principles. Leiden: Brill, 2010.

TARÁN, L. *Speusippus of Athens*. Leiden: Brill, 1981.

TARRANT, H. "Speusippus' ontological classification". *Phronesis*, v. 19, p. 130-145, 1974.

ÍNDICE ANALÍTICO

N

O

P

R

Conecte-se conosco:

facebook.com/editoravozes

@editoravozes

@editora_vozes

youtube.com/editoravozes

+55 24 2233-9033

www.vozes.com.br

Conheça nossas lojas:

www.livrariavozes.com.br

Belo Horizonte – Brasília – Campinas – Cuiabá – Curitiba
Fortaleza – Juiz de Fora – Petrópolis – Recife – São Paulo

EDITORA VOZES

VOZES NOBILIS

Vozes de Bolso

Vozes Acadêmica

EDITORA VOZES LTDA.
Rua Frei Luís, 100 – Centro – Cep 25689-900 – Petrópolis, RJ
Tel.: (24) 2233-9000 – E-mail: vendas@vozes.com.br